WOLFGANG THIELKE

Das praktische Kursbuch HAUSMITTEL

WOLFGANG THIELKE

Das praktische Kursbuch HAUSMITTEL

Krankheiten vorbeugen, erkennen und selbst behandeln

Die besten Hausmittel gegen alle Krankheiten und Beschwerden

Weltbild

Aus der Umklammerung der Angst müssen Sie sich befreien.

Mündige Patienten möchten Beschwerden möglichst präventiv verhindern oder frühzeitig erkennen und heilen.

Selbstbehandlungsmaßnahmen haben Grenzen. Bei vielen Beschwerden und Krankheiten ist ärztlicher Rat unabdingbar.

Wer an Heuschnupfen leidet, sollte blühende Wiesen unbedingt meiden.

Oftmals genügt der Griff in die Hausapotheke nicht. Es bedarf zudem umfangreichen Wissens über Ursachen, Wirkungen, Hintergründe und Alternativen der Selbstbehandlung.

Kopfschmerzen und Migräne verursachen äußerst unangenehme Schmerzen. Doch Vorsicht beim Gebrauch von Schmerzmitteln.

Zivilisationskrankheit und Ursache zahlreicher Beschwerden: Übergewicht.

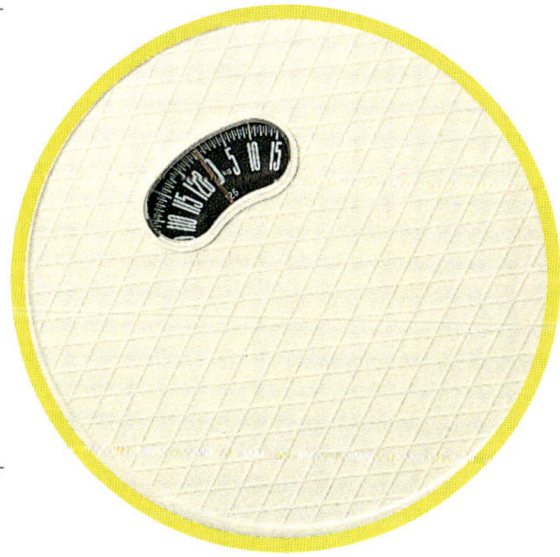

Medikamente sollten stets so dosiert werden, wie es Arzt oder Hersteller vorgeben. Missbrauch kann zu Schädigungen führen.

Vorwort

Niemals gab es in der Geschichte der Medizin so viele Mittel, Medikamente, Therapien, Verfahren und Methoden zur Heilung einer Vielzahl von Beschwerden und Krankheiten. Dies ist unbestritten ein Vorteil. Doch das Positive wird mehr und mehr beeinflusst vom ständigen Zeitmangel und den spürbaren Auswirkungen der Gesundheitsreform, die es den Ärzten vielfach unmöglich machen, jedem Patienten und seiner Erkrankung gerecht zu werden. Die alltägliche Praxis hat für jeden Kranken oder Ratsuchenden nur noch wenige Minuten Zeit. Fragen der Patienten nach Ursachen und Auswirkungen, nach verschiedenen Behandlungsmethoden und wirkungsvoller Vorsorge bleiben deshalb oft unvollständig oder gar nicht beantwortet. Gleichzeitig werden die Patienten immer selbstbewusster, mündiger und kritischer. Ihnen genügt es längst nicht mehr, nur ein Rezept zu erhalten. Sie wollen Informationen über die Erkrankung und ihre Ursachen, über individuelle Heilungschancen und wollen oftmals nicht vom Heilungsprozess ausgeschlossen sein, sondern sich aktiv daran beteiligen. Mündige Patienten möchten ihre Krankheiten möglichst präventiv verhindern oder frühzeitig erkennen und heilen.

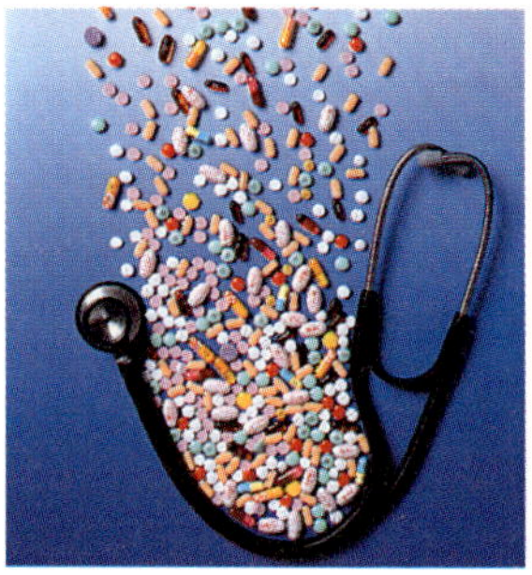

Eine Vielzahl der gebräuchlichen Medikamente und Arzneimittel birgt ernste Risiken und Nebenwirkungen.

Kenntnisse und Informationen

Unkomplizierte Erkrankungen werden schon seit Jahren zunehmend eigenverantwortlich behandelt. Doch mit dem Griff in die Hausapotheke allein ist vielen Krankheiten nicht wirkungsvoll beizukommen, wenn über Ursache und Wirkung, Hintergründe und Verlauf sowie über Konsequenzen und Alternativen der Selbstbehandlung wenig Wissen vorhanden ist. Eine erfolgreiche Behandlung erfordert Kenntnisse über den menschlichen Körper und seine Funktionen sowie die Querverbindungen zu Geist und Seele. Dieses Buch gibt Ihnen die Möglichkeit, mit vielen Informationen, therapeutischen Anweisungen und Verhaltensempfehlungen die häufigsten Krankheiten rechtzeitig zu erkennen und erfolgreich zu behandeln. Die Behandlungstipps schließen die Methoden der Schulmedizin, altbewährte und moderne Hausmittel sowie alternative Therapieverfahren ein.

Die unterschiedlichen Heilrichtungen – Schulmedizin, Hausmittel, alternative Medizin und Homöopathie – konkurrieren keineswegs miteinander, sondern ergänzen einander, so dass Sie die Behandlungsmethode nach individuellen Erfordernissen und Neigungen auswählen können.

Kleiner Wegweiser

Das Buch verschweigt jedoch nicht, wo die Grenzen der Selbsthilfe liegen und wann unbedingt ärztlicher Rat eingeholt werden muss oder die Behandlung dem Arzt überlassen werden sollte.

Unter dem jeweiligen Stichwort finden Sie einen Katalog der häufigsten krankheitstypischen Symptome. Ob Ihr Empfinden mit den beschriebenen Symptomen übereinstimmt, erfahren Sie unter der Rubrik Ursachen und Hintergründe der betreffenden Krankheit; über Behandlungs- und Vorbeugemaßnahmen informieren die entsprechenden Abschnitte.

Mit diesem Wissen erhalten Sie eine fundierte Grundlage, Ihre Krankheiten nicht nur zu erkennen und ihre Ursachen zu ermitteln, sondern Sie können auch abwägen, ob Selbsthilfe oder Behandlung durch den Arzt die bessere Wahl ist. Selbst wenn Sie sich aus Sicherheitsgründen für die ärztliche Behandlung entscheiden sollten, kann eine sinnvolle Eigeninitiative in der Therapie zu entscheidenden Effekten führen. Dann sollten Sie jedoch mit dem Arzt den Umfang der Selbsthilfemaßnahmen absprechen.

Mehr Informationen zur Homöopathie und den weiteren Therapieformen entnehmen Sie bitte dem Glossar am Ende des Buches, das wie ein Lexikon verschiedenste Begriffe, Methoden und Anwendungen erläutert.

Die Therapievorschläge stellen lediglich eine Empfehlung dar. Die Kriterien hierfür sind: Hohe Effizienz, keine oder nur geringe Nebenwirkungen, einfache Anwendung und niedrige Kosten. Welche Therapie Sie letztlich anwenden wollen, entscheiden einzig und allein Sie selbst. Die Medikationsvorschläge zielen in der Regel auf die Behandlung der Krankheitssymptome.

Auch die alternativen Heilmethoden beseitigen oftmals nicht die Ursache. Die homöopathischen Mittel zielen jedoch auf eine ganzheitliche Behandlung ab.

Viele traditionelle Hausmittel sind heute noch genauso wirkungsvoll wie zu Großmutters Zeiten.

Risiken und Nebenwirkungen

Weitere aufgeführte Medikamente sollten immer so dosiert werden, wie es Arzt oder Hersteller vorgeben. Ein Missbrauch durch Überdosierung kann in vielen Fällen zu Schädigungen führen. Auch die oft zitierte Formel »viel hilft viel« sollte bei der Anwendung von empfohlenen Mitteln keineswegs angewendet werden.

Grundsätzlich gilt: Halten Sie sich stets an die angegebenen Rezepturen und Dosierungen. Veränderungen in der Zusammensetzung oder Überdosierung von Medikamenten und Wirkstoffen führen meist zu unerwünschten Effekten. Vermeiden Sie zusätzliche Risiken und Nebenwirkungen.

Wenn Furcht zur Krankheit wird

Angst entsteht aus mangelndem Selbstbewusstsein und Selbstverständnis.

Angst ist normalerweise eine wichtige, manchmal sogar lebensrettende Reaktion auf reale Gefahren oder unbekannte Situationen. Angst wird jedoch auch vor angenommenen Gefahren entwickelt. Auch das ist ein wirksamer Selbstschutz. Werden diese vermuteten Gefahrensituationen als harmlos erlebt, weicht die Angst. In unbekannten Situationen wird die Angst abgebaut, wenn die Erfahrung gemacht wird, dass keine Gefahr besteht oder man gelernt hat, mit einer bestehenden Gefahr umzugehen.

Dieser selbstverständliche Abbau der Furcht ist bei ängstlichen Menschen gestört oder nicht vorhanden. Sie können die Angst sogar auf gefahrlose Situationen ausdehnen. Vielfach ohne vernünftigen Grund geraten die betroffenen Menschen in Furcht und Panik: Ihre Angst kann vor der Dunkelheit, vor fremden Menschen, vor dem Fliegen, vor Tieren, in Extremfällen sogar vor dem Einkaufen oder einer Straßenüberquerung bestehen. Experten sprechen dann von Phobien (griech. = krankhafte Ängste), deren Ursachen oftmals weit zurück in den Kindertagen liegen. Manchmal entwickelt sich aus dem Wissen um die Überängstlichkeit eine lähmende Angst vor der Angst. Ein Teufelskreis, den Betroffene nur mit Hilfe und Verständnis durchbrechen können.

Angst vor der Angst – ein Teufelskreis

Erfahrung und Vorstellung schüren die Furcht

Rückenschmerzen ➛ **Seite 308**
Hexenschuss ➛ **Seite 178**

Angst kann bestehen vor: Aufzügen, Flugreisen, Autofahrten, Krankheiten, Supermärkten, Dunkelheit, Tieren, Verantwortung, Schreiben, Reden, Sex, Alleinsein, Menschenmassen, Tunnels, großen Höhen, fremder Umgebung … und vielen anderen besonderen, aber auch alltäglichen und gewöhnlichen »Anlässen«. Normalerweise ist Angst ein lebenswichtiger Schutzfaktor, der das Risiko einer Gefährdung oder Bedrohung signalisiert. Steht die Angst in keinem normalen Verhältnis zum auslösenden Ereignis oder ist objektiv keine Gefahr vorhanden, besteht eine Angststörung. Ursache ist eine Wahrnehmungstäuschung, die seelischer, aber auch physischer Natur sein kann. Möglicherweise sind auch beide Faktoren beteiligt. Negative Erfahrungen, also tatsächliche Begebenheiten, können ebenso eine Rolle spielen wie Fantasie und Vorstellungsvermögen. Auslöser für die Angstschübe können schlechte Nachrichten, Leistungsdruck, Sorgen, aber auch Horrorfilme oder Erinnerungen an »furchtbare« Erlebnisse sein. Angst kann einen Patienten aber auch ohne jeden ersichtlichen äußeren Grund »überfallen«.

SYMPTOME

Angstanfälle im Minuten- oder Halbstundentakt, die nicht mehr kontrollierbar sind und sich zu Panikattacken steigern. Wer davon befallen wird, wagt sich im schlimmsten Fall nicht mehr aus dem Haus. Die Angstschübe werden begleitet von starkem Herzschlag bis Herzrasen, Atemnot, Mundtrockenheit, Hyperventilation, Muskelanspannung vor allem im Nacken- und Rückenbereich, Zittern, Taubheitsgefühl, Schweißausbrüchen, mitunter Schwindel und Übelkeit, feuchten Händen und kalten Füßen. Das Wahrnehmungsvermögen ist stark eingeschränkt, Konzentrationsschwäche und Passivität machen den Patienten unansprechbar, er wird beherrscht von der Angst.

Ein Leben frei von Angst gibt es nicht. Angst gehört zur menschlichen Befindlichkeit. Gefährlich wird es jedoch, wenn der Mensch so von seiner Angst überflutet wird, dass er kein normales Leben mehr führen kann.

Die Hintergründe von Ängsten und Phobien

Wer Angst hat, wird von dem Gefühl beherrscht, dass ständig etwas Schlimmes passieren kann. Angstschübe entstehen oft erst, weil man bemerkt, dass man Angst hat. Wird der »Kloß im Hals« als Angstsignal gewertet, steigert sich die Angst. Dabei pumpen die Nebennierenrinden noch mehr Adrenalin ins Blut, was die Arterien verengt und die Pulsfrequenz weiter erhöht. Die Angst kann allerdings auch mit geringem Selbstbewusstsein zusammenhängen. Sensible, fantasievolle und kreative Menschen sind gefährdeter als »Eisblocktypen«.

Ohrenschmerzen und Ohrenprobleme
➳ Seite 278

Innenohr als Angstmotor

Forscher vermuten, dass die Angst vorm Fliegen, vor großen Höhen, Tunnels oder Aufzügen ihren Ursprung im Innenohr haben könnte. Dort liegt das Gleichgewichtszentrum. Ist es durch eine Infektion oder durch vermehrte Flüssigkeitsbildung in seiner Funktion beeinträchtigt, verliert der Patient die Kontrolle über sein Gleichgewicht; dass dann Höhe, Dunkelheit und Bewegung des Bodens Ängste erzeugen, erscheint durchaus logisch.

Seminare wider die Furcht
Fluggesellschaften wie die Lufthansa oder die Swissair veranstalten Seminare zur Überwindung der Flugangst. Auskünfte erhalten Sie über die Verkaufsbüros der Fluggesellschaften.

Wann zum Arzt?

- Wenn Sie wegen der Angstzustände noch nie von einem Arzt oder Heilpraktiker auf organische Ursachen untersucht wurden.
- Wenn Sie häufig an Selbstmord denken.
- Wenn Sie sich immer mehr von den Menschen zurückziehen.
- Wenn Sie vom Arzt verordnete Medikamente einnehmen und unter Nebenwirkung im Beipackzettel ausdrücklich Angstzustände aufgeführt sind.

So beugen Sie vor

Denken Sie positiv: Beginnen Sie den Tag mit einem Lächeln. Klopfen Sie sich auf die Schulter, und loben Sie sich. Sehen Sie unbekannten Situationen neugierig statt skeptisch entgegen.

Aus der Umklammerung der Angst müssen Sie sich befreien, bevor Sie sie erstarren lässt und reaktionsunfähig macht.

Gehen Sie aufrecht, und richten Sie den Blick nach vorn. Mit gesenktem Blick können Sie erschreckt oder negativ überrascht werden, weil Sie Ihre Umwelt nicht wahrnehmen.
Meiden Sie unnötige Aufregung vor einer kritischen Situation: Trinken Sie z. B. keinen Kaffee vor einem Gespräch mit Ihrem Chef. Kaffee erhöht Ihre Pulsfrequenz.
Malen Sie sich in Ihrer Fantasie nicht ständig aus, was alles passieren könnte. Wenn Sie Ihre Angstauslöser aus der Zeitung beziehen, sollten Sie die Seiten mit den schlechten Nachrichten überblättern. Wenn Ihre Ängste durch Fernsehkrimis geschürt werden: Schalten Sie einfach auf ein anderes »harmloseres« Programm um.
Verdrängen Sie Ihre Ängste nicht ins Unterbewusstsein. Reden Sie darüber mit verständnisvollen Angehörigen oder Freunden.

Behandlung von Ängsten und Phobien

Lenken Sie sich mit körperlicher Aktivität ab. Bewegen Sie sich. Dabei entspannen sich die Muskeln und das Adrenalin »verbrennt«. Danach regieren Sie entspannter auf die angsterregende Situation.
Oder Sie stellen sich der Angst und konfrontieren sich mit der angeblich bedrohlichen Situation. Erleben Sie, dass trotz Ihrer Befürchtung nichts passiert. Diese Erfahrung wird Ihre Angst mildern. Akzeptieren Sie Ihre Angst. Dies ist die erste Etappe auf dem Weg, die Phobie sozusagen Schritt für Schritt anzugehen. Wenn Sie beispielsweise Angst vor Tieren haben, bleiben Sie vorerst auf Distanz. Schauen Sie sich erst Fotos von den Tieren an, wenn Sie das ohne Angstschub können, beobachten Sie andere Menschen im Umgang mit den Tieren. Vertrauen Sie sich Besitzern von Tieren an, sie werden Ihre Begegnungen mit Tieren gefahrlos gestalten.
Trainieren Sie Ihre Selbstsicherheit. Lassen Sie Ihnen bekannte Gegenstände unter einer Decke verbergen. Ertasten Sie, um welche Gegenstände es sich handelt.
Steigert sich Ihre Angst? Dann sollten Sie Hilfe bei einem Therapeuten suchen. Warten Sie nicht, bis Sie psychisch und physisch am Ende sind und sich gar nicht mehr aus dem Haus trauen.

Begreifen Sie die Angst als sinnvolles Geschehen. Nur dann sind Sie in der Lage, die Angst zu beherrschen und sie als notwendigen und wichtigen Impuls für die Entwicklung Ihrer Persönlichkeit zu nutzen.

Mit Entspannungsübungen gegen die Angst

Angst und Entspannung schließen einander aus. Entspannungstechniken, wie beispielsweise autogenes Training, funktionelle Entspannung, Atemübungen, Yoga oder Meditation, können wirkungsvoll dazu beitragen, Ängste abzubauen. Durch bewusste Entspannungsübungen entkrampft sich die Muskulatur, erweitern sich die Blutgefäße und die Herz- und Kreislauffunktion wird gedrosselt – man fühlt sich rundum wohl, wird unter Umständen sogar müde und schläft völlig entspannt ein. Ist erst einmal die Physis – der Körper – entspannt, lässt auch die Psyche – die Seele – los: Innere Anspannungen lösen sich, Angstzustände ebben ab.

HOMÖOPATHIE

Medikament	Potenz	deutsche Bezeichnung	Dosis	Anwendung
Arsenicum album	C30	Weißes Arsenik	1-mal täglich 3 Globuli	Bei unkontrollierbaren Ängsten (z. B. vor Einbrechern, vor dem Alleinsein), Angst um die Gesundheit, nächtlicher Angst mit Unruhe zwischen 0 und 2 Uhr und Durst nach kleinen Schlucken
Phosphorus	C100	Phosphor	1-mal wöchentlich 1 Globulus	Bei Angst vor dem Alleinsein
Rhus toxicodendron	C30	Giftsumach	Dreitägig, jeweils morgens 1 Globulus	Bei Angst im Bett
Kreosotum	D30	Buchenholzteerkreosot	1-mal täglich 1 Globulus	Bei Angst vor dem Geschlechtsverkehr (beim Gedanken daran)
Cina	C30	Zitwerblüten	Jeweils 1 Globulus bei Bedarf	Bei Angst vor Aufenthalt im Freien

HOMÖOPATHIE

Medikament	Potenz	deutsche Bezeichnung	Dosis	Anwendung
Aconitum	D6	Eisenhut	Halbstündlich 5 Globuli bis zur Besserung innerhalb von 2 Stunden	Bei Angstattacken, Panik, Todesangst mit starkem Herzklopfen, Luftmangel, Angst vor vielen Menschen, Angst in engen Räumen, Angst nach draußen zu gehen
Argentum nitricum	D12	Silbernitrat	Halbstündlich 5 Globuli bis zur Besserung innerhalb von 2 Stunden	Bei Höhenangst, Angst vor Menschen, vor dem Vorstellen oder Auftritt, Lampenfieber, Prüfungsangst
Gelsemium	D12	Falscher Jasmin	Halbstündlich 5 Globuli bis zur Besserung innerhalb von 2 Stunden	Bei Aufregung, lähmender Angst, Schwächezuständen, Prüfungsangst
Cocculus	D6	Kockelskörner	Halbstündlich 5 Globuli bis zur Besserung innerhalb von 2 Stunden	Bei mangelndem Selbstvertrauen, Versagensangst, Verzagtheit, Selbstmitleid, Weinerlichkeit
Lycopodium	D12	Bärlapp	Halbstündlich 5 Globuli bis zur Besserung innerhalb von 2 Stunden	Bei Versagensangst, mangelndem Selbstvertrauen, Misstrauen, Melancholie
Acidum phosphoricum	D6	Phosphorsäure	Halbstündlich 5 Globuli bis zur Besserung innerhalb von 2 Stunden	Bei Desinteresse, Unfähigkeit zu empfinden, Unbeteiligtheit

Adressen

MASH Münchner-Angst-Selbsthilfe, Bayerstraße 77a, 80335 München, Telefon: 089/5438080

Unübersehbare pubertäre Unreinheiten

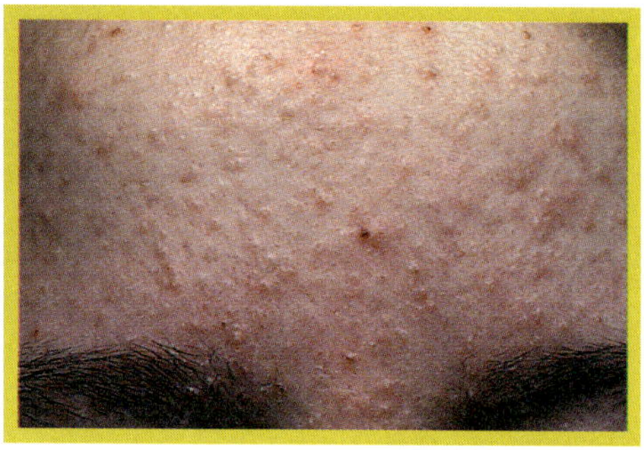

Akne ist ein ungeliebter Begleiter der Pubertät. Die Hautveränderung wird durch den Hormonschub beeinflusst.

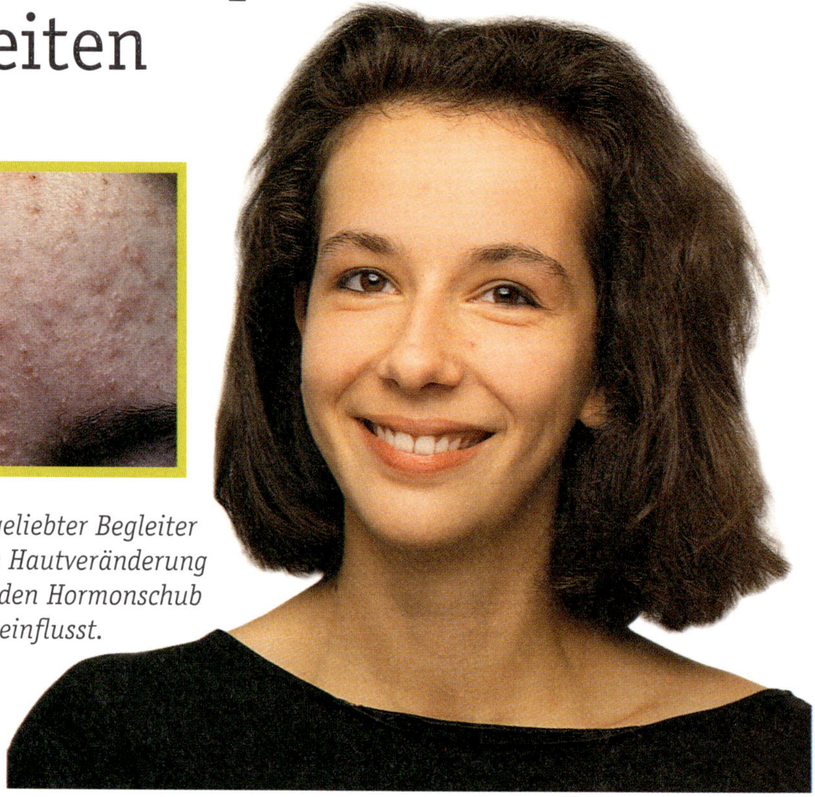

Rund 5,5 Millionen Mal pro Jahr werden in der Bundesrepublik Ärzte wegen Akne konsultiert. Die Betroffenen sind in der Regel zwischen 12 und 20 Jahre alt.

Die Pubertät wird auch das Pickelalter genannt. In dieser Zeit leiden viele junge Menschen unter einer starken Talgproduktion. Die hormonelle Veränderung ist der Grund für die fettige Haut. Meist verschwindet die pubertätsbedingte Akne von selbst. Die Veranlagung zur Bildung von Akne kann jedoch auch genetisch bedingt sein. Es gibt viele gut gemeinte Ratschläge und Rezepte. Wenn sie auch bei den Tippgebern bestens funktionieren mögen, es gibt keine Garantie, dass sie auch in anderen Fällen erfolgreich wirken. Beispielsweise gelten Pickeldiäten, also der Verzicht auf bestimmte Lebensmittel wie Schokolade, bis heute wissenschaftlich als erfolglos. Es gibt allerdings grundsätzliche Bedingungen für die Bildung von Pickeln. Mangelnde Hygiene begünstigt zum Beispiel die Ansiedlung von Bakterien auf der Haut. Diese Bakterien verursachen dann in den Talgdrüsengängen kleine Entzündungen, die Keimzellen für Pickel.

SYMPTOME

Auftreten schwarzer und weißer Mitesser (die schwarzen Mitesser sind geöffnete Talgdrüsen, die weißen geschlossene Talgdrüsengänge). Hautgrieß, eitergefüllte Pickel, Knötchen und Zysten. Befallene Hautpartien: hauptsächlich Gesicht, Brust, Schultern und Rücken. Bei nichtpubertätsbedingter Akne können sich die Pickelzonen auch über den gesamten Körper verteilen. Die Größe der Pickel und Pusteln ist unterschiedlich. Mitunter treten Pickel an bestimmten Stellen (Stirn, Nasenflügel, Kinn, Mundbereich) konzentriert auf, manchmal gibt es auch Pickelschübe. Es können sich auch Abszesse bilden, wenn Pickel sehr nah beieinander entstehen.

Wenn die Drüsen zu viel Talg produzieren

Der gewöhnlichen Akne liegt eine vermehrte Talgproduktion zu Grunde. Der Talg verhärtet als so genannter Mitesser in den Talgdrüsengängen und verstopft sie. Bakterien, die auf der Haut siedeln, dringen in die Gänge ein und rufen darin Entzündungen hervor – es entstehen eitergefüllte Pickel. Talgdrüsen sind in der Pubertät übermäßig produktionsfreudig. Das hängt vermutlich mit der Bildung männlicher Geschlechtshormone zusammen. Junge Männer leiden deshalb häufiger unter Akne als Mädchen. Die Krankheit kann jedoch auch im Erwachsenenalter auftreten. Dann ist unter Umständen eine Hormonstörung die Ursache.
Es gibt Akne, die durch Medikamente ausgelöst wird (z. B. Kortison, Brom, Jod, Lithium sowie die Vitamine B6, B12 und D). Als weitere Ursache gilt der Kontakt mit polychlorierten Kohlenwasserstoffen. Diese so genannte Chlorakne wurde durch einen Chemieunfall im italienischen Seveso bekannt.

Mögliche Auslöser von Akne

- **Geschlechtshormone**
- **Vererbung**
- **Medikamente**
- **Hautkontakt mit Ölen und Fetten**
- **Kosmetika auf Ölbasis**

Unreine Haut – eine Erblast?

Neben den Geschlechtshormonen spielt vermutlich auch die Vererbung eine ursächliche Rolle. Haben beide Elternteile als Jugendliche unter Akne gelitten, dann liegt die Wahrscheinlichkeit, dass auch ihre Kinder Akne bekommen, bei 50 Prozent.

Akne führt bei den Betroffenen nicht selten zu psychischen Problemen: Jugend ist in der Werbung oft mit Schönheitsidealen verknüpft. Leiden junge Menschen unter Akne, fühlen sie sich hässlich und abstoßend. Ist die Belastung dadurch sehr groß, sollte Akne jedenfalls behandelt werden. Allerdings verschwindet die Akne nach der Pubertät meist von selbst.

Mädchen haben eine Möglichkeit: Antibabypillen können den Akneverlauf günstig beeinflussen und manchmal sogar stoppen, indem sie mit ihrem Gestagenanteil den männlichen Hormonen entgegenwirken. Fragen Sie dazu Ihren Frauenarzt.

Verzicht auf Schokolade verhindert Pickel nicht

Lebensmittel oder Süßigkeiten haben nur wenig Einfluss auf die Entstehung der Akne. Auch der immer wieder zitierte Verzicht auf Schokolade hat keine hemmende Wirkung auf die Pickel. Lebensmittel können allenfalls über allergische Reaktionen die Akne unterstützen.

So halten Sie die Akne in Schach

- Vermeiden Sie fetthaltiges Make-up! Damit gießen Sie gewissermaßen Öl ins Feuer. Die Oberfläche der Haut ist bei Akne von sich aus bereits mehr als genug mit Fett versorgt.
- Waschen mit einem seifenfreien synthetischen Hautwaschmittel kann die Ausbreitung stoppen. Maximal zweimal täglich.
- Eine gezielte Versorgung mit Biotin (einem Vitamin des B-Komplexes) kann den Akneverlauf mildern. Das Hautvitamin steckt in Leber, Eigelb, Hefe, Geflügel, Soja, Walnüssen, Naturreis und Vollkorngetreide.
- Pickel und Pusteln nicht gewaltsam ausdrücken, das kann Dauernarben hinterlassen.

Behandlung unreiner Haut

Eine Blitzkur gibt es nicht. Einfache Hygienemaßnahmen können den Verlauf erheblich abmildern. Treten Mitesser und Pickel auf, drücken Sie diese nicht gewaltsam aus, die Gefahr, benachbartes Gewebe dabei zu beschädigen und dadurch größere Entzündungsherde zu verursachen, ist einfach zu groß.

Mitesser – so werden Sie sie los

Bei Mitessern sollte die betroffene Stelle mit einem Dampfbad aufgeweicht werden. Mit einem Kosmetiktuch kann er dann vorsichtig gelöst werden. Heftiges Ausdrücken unbedingt vermeiden. Wenn die Porengänge beschädigt werden, entstehen meist Pickel.

Pickel – richtig ausgedrückt

1. Legen Sie für zehn Minuten eine feuchtheiße Kompresse oder einen Waschlappen auf den Pickel. Das weicht die Haut auf.
2. Waschen Sie die Hände gründlich.
3. Desinfizieren Sie die Pickelstelle großflächig mit Alkohol oder einer handelsüblichen Lösung.
4. Ziehen Sie die Haut um den Pickel auseinander, bis Spannung entsteht.
5. Stechen Sie den Eiterpickel mit einer Nadel an, die zuvor mit einem Feuerzeug oder kochendem Wasser sterilisiert wurde.
6. Drücken Sie behutsam den Fuß des Pickels, sodass der Eiter austritt. Legen Sie zuvor ein Kosmetiktuch zwischen Finger und Haut, damit keine Bakterien übertragen werden.
7. Beruhigen Sie die Haut mit einer kühlenden Kompresse (z. B. mit Kamillentee getränkt) oder tragen Sie Lavendelöl direkt auf die geöffnete Haut auf. Lavendelöl ist ein ätherisches Öl, das die Wundheilung beschleunigt.

Echte Kamille kühlt entzündete Hautpartien und hat eine entspannende Wirkung.

Lotionen und Cremes

Handelsübliche Mittel, die auf die Haut aufgetragen werden, öffnen die Poren, entfernen den Talg und verhindern Entzündungen in den Talgdrüsengängen. Bewährt haben sich Mittel, die Benzoylperoxide enthalten, aber auch antibiotische Lotionen und schwefelhaltige Cremes. Benzoylperoxid setzt in den Drüsengängen Sauerstoff frei. Vorsicht: Vor Gebrauch austesten, ob der Patient nicht allergisch auf diesen Stoff reagiert.

Medikamente vom Arzt

Wirken äußerlich verwendete Mittel nicht, können Antibiotikatabletten (Tetrazyklin) einen 80-prozentigen Erfolg bewirken, wenn sie über sechs Monate hinweg ohne Unterbrechung eingenommen werden. Hier gilt jedoch: Sprechen Sie mit Ihrem Arzt. Wägen Sie mit ihm zusammen eventuelle Nebenwirkungen wie Verdauungsstörungen ab. Schwangere dürfen dieses Medikament nicht anwenden.

Allergien
➳ Seite 22

Vitamin-A-Säure sollte nur bei sehr schwerer Akne eingesetzt werden. Die Anwendung muss ein Arzt verordnen. Medikamente mit diesem Wirkstoff vermindern die Fettproduktion und trocknen die Haut aus. Beim Einsatz von Vitamin-A-Säure verschlimmert sich die Akne zunächst, nach zwei Monaten sind die Erfolge jedoch unübersehbar.

Teebaumöl eignet sich sehr gut zur Behandlung von Akne. Es verfügt über hervorragende Heilwirkungen – desinfizierend, austrocknend – und hat keinerlei Nebenwirkungen.

Kann Sonnenlicht helfen?

Von intensiver Bestrahlung mit Sonnenlicht ist abzuraten. Das UV-Licht kann zwar günstig auf die Akne wirken, indem es die Haut austrocknet; Sonnenbäder regen jedoch auch die Schweißdrüsen zu vermehrter Schweißproduktion an. Dadurch wird die Haut feucht, die verstopften Talgdrüsengänge quellen möglicherweise nach innen auf und schaffen damit günstige Voraussetzungen für eine Entzündung.

Alternative Heilmethoden

Träufeln Sie drei Tropfen Teebaumöl auf ein Wattepad, und betupfen Sie damit Pickel, Pusteln und unreine Haut. Das ätherische Öl desinfiziert geöffnete Talgdrüsengänge und verhindert nachhaltig die Entstehung von Pickeln. Das Öl kann aber auch in selbst gefertigten Waschlotionen wirken. Dazu werden drei bis sechs Tropfen Teebaumöl unter einen Liter lauwarmes Wasser gemischt. Eine noch bessere Wirkung erzielen Sie, wenn Sie Lavendelöl mit Teebaumöl vermengen. Die Zugabe von Teebaumöl zu Gesichtslotionen, mit denen Sie bereits gewisse Erfolge bei der Behandlung der Akne erzielen konnten, hat sich ebenfalls bewährt. Vermischen Sie etwa 15 bis 20 Tropfen mit 100 Milliliter Lotion und reinigen Sie damit die betroffenen Hautpartien.
Mit Arnika-Gel können Sie die Entstehung der Pickel bremsen. Arnika wirkt entzündungshemmend.

HOMÖOPATHIE

Medikament	Potenz	deutsche Bezeichnung	Dosis	Anwendung
Sulfur	C30	Schwefel	3-mal täglich 1 Globulus	Bei schmerzhafter Akne
Hepar sulfuris	D6	Kalkschwefel-leber	3-mal täglich 1 Globulus	Innere Schwefelgaben
Kalium bromatum	D3 bis D6	Kaliumbromid	Maximal 3-mal täglich 3 Globuli bis Besserung eintritt	Bei schmerzhafter Akne
Ledum	D3	Sumpfporst	Maximal 3-mal täglich 3 Globuli bis Besserung eintritt	Bei Verschlechterung absetzen und abwarten
Junglans	D3	Walnuss	3-mal täglich 3 Globuli	Bei schmerzhafter Akne

Kamillenkompressen und Heilerdepackungen können lindernd wirken. Zur Heilerdepackung wird das feinkörnige Pulver (aus der Apotheke oder Drogerie) mit warmem Wasser zu einem Brei verrührt und etwa zwei Millimeter dick auf die Haut aufgetragen. Nach 20 bis 30 Minuten mit Wasser abwaschen.
Erfolge können auch mit Packungen aus dem antibiotisch wirkenden Bienenkittharz Propolis oder mit Mandelkleie erzielt werden. Bei entzündlicher Akne kann möglicherweise Honig helfen. Der neuseeländische Manukahonig enthält ungewöhnlich viele antibakteriell wirkende Substanzen.
Auskünfte: Allos, Walter Lang, Imkerhof GmbH, 49457 Mariendrebber, Telefon: 05445/98990, Internet: www.Allos.de

Adressen

Deutsche Haut- und Allergiehilfe, Fontanestraße 14, 53173 Bonn, Telefon: 0228/351091, Fax: 0228/363743

Gefahr droht überall

Wie kaum eine Krankheit sind die Allergien auf dem Vormarsch. Millionen Menschen leiden darunter, und die Zahl der Neuerkrankungen steigt ständig. Neue Schätzungen gehen davon aus, dass nahezu 30 Prozent der Bevölkerung unter mehr oder weniger starken Allergien leiden. Inzwischen sind etwa 20.000 Allergie auslösende Stoffe bekannt, deshalb ist eine Suche nach der Ursache mitunter sehr kompliziert und langwierig. Die Allergie auslösenden Stoffe sind harmlos. Das Immunsystem des Körpers hält diese Allergene jedoch für gefährlich und mobilisiert seine Abwehrstoffe. Sogar im Übermaß. Selbst ein einmaliger Kontakt kann schon ausreichen, und das Immunsystem von Allergikern versucht zeitlebens, die angeblichen Feinde unschädlich zu machen.

Allergien sind Überreaktionen des Körpers. Sie werden durch Pollen, Tierhaare, Hausstaubmilben, Insekten, Chemikalien oder Nahrungsmittel ausgelöst.

Wenn die Abwehr verrückt spielt

Allergien sind unangemessene, überschießende Reaktionen des Körpers auf Substanzen, die für nichtallergisch reagierende Personen völlig harmlos sind. Diese Stoffe können in Kontakt mit den Augen, der Nase oder der Haut kommen oder über den Mund in den Körper gelangen: Pollen, Tierhaare, Hausstaubmilben, Insektengifte, chemische Stoffe wie Gase, aber auch Inhaltsstoffe von Nahrungsmitteln.

So entsteht eine Allergie

Diese an sich harmlosen Substanzen (Ausnahmen sind z. B. Gifte von Bienen oder Wespen) werden vom Immunsystem der Allergiker als bedrohliche Eindringlinge (Antigene = körperfremde Proteine) bewertet. Ihr Immunsystem versucht, die angeblich

»körperfremden« Stoffe durch selbst erzeugte Antikörper zu zerstören. Weil sich das Immunsystem die einmal als Feinde erkannten Stoffe merkt, reagiert es bei wiederholtem Kontakt sehr viel schneller als bei der ersten Begegnung. Dann wird im Überfluss Histamin ausgeschüttet, das heftige Reaktionen beispielsweise an Schleimhäuten hervorrufen kann.

1001 Gründe

Allergien haben in den letzten Jahrzehnten bedrohlich zugenommen. Über die Gründe rätseln die Wissenschaftler noch. Fest steht, dass die Umweltbelastung durch Gifte und chemische Stoffe die Entwicklung allergischer Reaktionen begünstigt.

Eine Hautallergie, so genannte Kontaktdermatitis (z. B. Nesselsucht) auslösender Stoff ist Nickel. Mit Nickel kann Ihre Haut beispielsweise durch Jeansknöpfe, Brillengestelle, Modeschmuck, Uhrarmbänder oder Uhren in Kontakt kommen. Oder durch hohe Nickelgehalte in Produkten, die auf die Haut aufgetragen werden, z. B. Melkfett.

Allergien spielen sich im Immunsystem des Körpers ab. Dabei differenzieren Ärzte und Wissenschaftler zwei unterschiedliche »Allergietypen«:
- **Eine plötzliche Überempfindlichkeitsreaktion, die sich auf ein Organ beschränkt, aber auch den ganzen Körper erfassen kann**
- **Eine sich langsam entwickelnde Überempfindlichkeit**

SYMPTOME

- Heuschnupfen (allergische Rhinitis): tropfende, laufende Nase, besonders außerhalb normaler Erkältungszeiten, Niesattacken, tränende und juckende Augen
- Asthma: pfeifende, rasselnde Atemgeräusche bei unerwarteten Anfällen, zeitweise Atemnot, das Gefühl zu ersticken
- Nesselsucht: rote brennende oder nässende Flecken und Bläschen auf der Haut
- Neurodermitis (atopisches Ekzem): heftig juckende entzündliche Hautveränderungen, die meist schubweise auftreten, darunter vergröberte Falten, Hauttrockenheit, aber auch nässende, stark gerötete Hautstellen
- Anaphylaktischer Schock: Juckreiz, Hautrötung, Blässe, Atemnot, Blutdruckabfall, mitunter Übelkeit und Erbrechen

Zu Nahrungsmittelallergie auslösenden Stoffen zählen beispielsweise: Proteine von Kuhmilch, Weizenmehl, Zitrusfrüchte, Tomaten, Fisch, Hühnereier, Soja, Mais, Nüsse, Erdnüsse und andere Hülsenfrüchte, Schokolade, Kiwis oder Sellerie. Etwa 90 Prozent der Nahrungsmittelallergien beziehen sich auf die ersten sechs

Nesselsucht ➳ Seite 262

Heuschnupfen
➳ Seite 174
Asthma
➳ Seite 40

Lebensmittel. Heuschnupfen und/oder Asthma wird z. B. von folgenden Stoffen ausgelöst: Blütenpollen, Hausstaub, Hausstaubmilben (bzw. deren Fäkalien), Schimmelpilzen, Tierhaare. Allergien können auch »die Etage wechseln«. Dies bedeutet, dass beispielsweise aus einer Nahrungsmittelallergie zusätzlich auch leicht ein Heuschnupfen entstehen kann.

So sorgen Sie vor

- Allergien können praktisch von einer unendlich langen Liste von Stoffen ausgelöst werden. Eine wirksame Vorbeugung kann sich deshalb nur auf die allgemeine Lebensweise beziehen.
- Meiden Sie den Kontakt mit fremden Stoffen.
- Ernähren Sie sich ausgewogen, und achten Sie darauf, dass wenig Schadstoffe in der Nahrung enthalten sind.
- Finden Sie das rechte Maß für Bewegung und Ruhe, Anspannung und Entspannung. Achten Sie darauf, dass Stress nicht zum Dauerzustand wird. Stress zählt zu den Begünstigern von allergischen Reaktionen.
- Wenn Sie ein Kind erwarten: Entschließen Sie sich zum Stillen. Das ist die beste Vorsorge, die Sie Ihrem Kind vor einer Allergie gewähren können. Ernähren Sie Ihr Baby möglichst in den ersten sechs Monaten mit Muttermilch. Zusätzliche Beikost sollten Sie so spät wie möglich einsetzen, keinesfalls jedoch vor dem fünften Monat. Achten Sie beim Kauf von vorgefertigter Babykost auf den Hinweis: »allergenfrei«.

Aktiv und selbstbewusst sein – sich (trotzdem) wohl fühlen. So kann man Beeinträchtigungen durch eine Allergie ausgleichen und überspielen.

Voraussetzungen für die Entstehung einer Allergie

Die Wahrscheinlichkeit, an einer Allergie zu erkranken, ist umso höher, je mehr Personen in der näheren Verwandtschaft allergisch reagieren. Wenn Vater und Mutter darunter leiden, besteht bereits ein 50-prozentiges Risiko, dass Sie eine Allergie bekommen können. Auch wenn in der Familie zwar niemand an einer vom Arzt diagnostizierten Allergie leidet, Vater, Mutter oder Geschwister jedoch über häufigen Schnupfen oder Husten ohne Grund, z. B. eine Erkältung oder Hautausschläge unbekannter Ursache sowie häufige Erkrankungen des Magen-Darm-Traktes klagen, zählt dies zu den Allergie begünstigenden Faktoren. Die angeborene Neigung zur Überempfindlichkeit wird Atopie genannt. Diese muss allein nicht ausreichen, um eine Allergie zu entwickeln. Treffen jedoch Allergene und ungünstige Umweltfaktoren (z. B. Allergene in Nahrungsmitteln) zusammen wiederholt auf einen atopisch reagierenden Menschen, kann bei ihm eine Allergiebereitschaft ausgelöst werden. Er wird sensibilisiert. Ein erneuter Kontakt mit dem Allergen kann dann die atopische Allergie manifestieren.

Nach wissenschaftlichen Studien ist die Allergieanfälligkeit bei gestillten Kindern geringer als bei Flaschenkindern.

Allergierisiko eines Neugeborenen in Abhängigkeit von der Atopiebelastung der Familie

Allergisch – was können Sie tun?

Selbsthilfemaßnahmen gegen die Allergie

Vermeiden Sie Allergene! Das ist einfach gesagt, in der Praxis jedoch schwierig umzusetzen. Hier einige Ratschläge:

- Wenn Sie unter Heuschnupfen oder Asthma leiden: Verzichten Sie bei starkem Pollenflug auf den Aufenthalt im Freien. Lassen Sie Pollenfilter in die Autolüftung oder die Klimaanlage Ihrer Wohnung einbauen. Planen Sie Ihren Urlaub in möglichst pollenfreien Monaten oder verbringen Sie ihn im Hochgebirge (unter 10 °C herrscht Vegetationsruhe, und in der Höhenluft befinden sich weniger Pollen als in der Tieflandluft).

Auch wenn es schwer fällt: Wenn der Auslöser einer Allergie Tierhaare sind, sollten Sie sich von Ihrem vierbeinigen Hausfreund trennen. Dies ist die einzig wirksame Möglichkeit, den Allergie auslösenden Stoff aus Ihrer direkten Umgebung zu entfernen.

• Wenn Sie auf Hausstaubmilben reagieren: Verzichten Sie auf Teppichböden. Glatte Böden lassen sich leichter vom Staub reinigen. Für die Hausstaubmilben ist ein sauberer Boden tödlich. Reduzieren Sie die Luftfeuchtigkeit in Ihrer Wohnung. Damit können Sie das Milbenproblem vielleicht schon im Ansatz lösen. Die Tierchen brauchen nämlich für ihr Familienleben ein ausgewogenes (feuchtes) Kleinklima. Ist es in Ihrer Wohnung sehr trocken, klappt es nicht mehr mit der Milbennachzucht. Bedenken Sie, dass Topfpflanzen Feuchtigkeit ausatmen und ihre Erde ein willkommener Tummelplatz für Milben ist. Doch auch Sie selbst sind ein wandelnder Feuchtigkeitsspender. Regelrechte Milbenbiotope können deshalb Matratzen und Matratzenschoner sein. Saugen und lüften Sie deshalb regelmäßig Ihre Matratzen. Kontrollieren Sie allerdings unbedingt, ob Ihr Staubsauger einen Mikrofilter besitzt. Wenn nicht, schaffen Sie sich ein Gerät mit diesem Filter an. Sonst verteilen Sie die aufgesaugten Winzlinge in der Atemluft.

• Wenn Sie vornehmlich bei der Reinigung auf die Milben reagieren, überlassen Sie die Arbeit unempfindlichen Personen. Betreten Sie den Raum erst wieder, wenn sich die umhergewirbelten Tierchen »gesetzt« haben.

• Wenn Sie auf Schimmelpilze reagieren: Behandeln Sie feuchte Stellen in der Wohnung mit Präparaten gegen Pilze.

• Wenn Sie gegen Tierhaare allergisch sind: Verzichten Sie auf Haustiere. Meiden Sie Wohnungen, in denen Tiere gehalten werden. Kompromisse sind schlechte Lösungen, z. B. dass die Tiere nur zu bestimmten Teilen der Wohnung Zugang haben. Dann werden die Haare mit der Kleidung und den Schuhen eingeschleppt. Setzen Sie sich durch, Ihre Gesundheit geht vor!

• Wenn Sie Nahrungsmittel als Allergieursache vermuten: Verdammen Sie nicht pauschal alle Lebensmittel mit Allergie auslösenden Zutaten. Wenn Sie beispielsweise nur gegen Sellerie allergisch sind, genügt es, nur den Sellerie wegzulassen. Informieren Sie sich beim Arzt aber auch über so genannte Querverbindungen. Wer etwa auf Sellerie allergisch reagiert, könnte genauso leicht durch Beifuß- oder Birkenpollen erkranken.

• Wenn Sie auf Nickel reagieren: Meiden Sie körperlichen Kontakt mit diesem Metall. Uhren, Brillengestelle, Gürtelschnallen, Jeansknöpfe und Modeschmuck können Sie mit einer Schutzschicht aus Zaponlack überziehen. Nickel ist in vielen Produkten des Alltags enthalten. So können z. B. einige Lebensmittelzubereitungen Nickel enthalten. Das Metall ist nicht zugesetzt, sondern gelangt über den Zubereitungsprozess hinein.

Wann zum Arzt?

Wenn Sie den Verdacht haben, dass eine Allergie Ihre Beschwerden verursacht, sollten Sie den Rat eines Arztes einholen. Wenn Ihnen Ihr Hausarzt nicht weiterhelfen kann, scheuen Sie sich nicht, einen Allergologen zu konsultieren. Fachärzte mit dieser Bezeichnung verfügen meist über umfangreiche Erfahrungen.

Behandlung der Allergie durch den Arzt

Relativ einfach und wirksam ist die gebräuchliche Therapie mit Antihistaminika (z. B. Astemizol, Lisino), Kortikosteroiden (kortisonhaltige Präparate) oder cromoglicinsäure- und ketotifenhaltigen Medikamente (z. B. Vividrin, Zaditen). Bevor Sie jedoch in Eigenregie zu irgendwelchen Medikamenten greifen, sollten Sie mit Ihrem Arzt sprechen. Die Wirkstoffe unterscheiden sich in ihren Nebenwirkungen erheblich. Kortisonpräparate, Cromoglicin und Ketotifen wirken übrigens erst nach einer längeren Einnahmezeit. Nur Antihistaminika zeigen relativ schnell Erfolge.
Wenn Sie genau wissen, welches Allergen die Ursache für Ihre Allergie ist, und Sie nicht über lange Zeiträume von Medikamenten abhängig sein möchten, sollten Sie eine Hyposensibilisierung versuchen. Dabei wird in monatelanger bis mehrjähriger Behandlung der Körper an die Allergene gewöhnt. Diese Behandlung sollte nur ein erfahrener Arzt durchführen. Mitunter treten gravierende Nebenwirkungen auf, wenn es bei der Behandlung zu einem anaphylaktischen Schock kommt.

Allergie aus dem Kochtopf
Töpfe und Bestecke aus Edelstahl enthalten Nickel. Beim Kochen kann Nickel in die Nahrung gelangen. Vor allem dann, wenn aggressive Säuren in Nahrungsmitteln enthalten sind, so löst z. B. die Oxalsäure des Rhabarbers, Sauerampfers oder Spinats Nickel aus dem Stahl heraus.

Homöopathie

Für die Behandlung von Allergien auf homöopathischer Basis existieren sehr viele Medikamente für die unterschiedlichsten Indikationen. Lassen Sie sich von einem Heilpraktiker oder Arzt (Homöopath) beraten.

Adressen

Deutsche Allergie- und Asthmahilfe, Bonusstraße 32, 21079 Hamburg, Telefon: 040/763 13 22, Fax: 040/763 13 39

Engpässe für das Blut

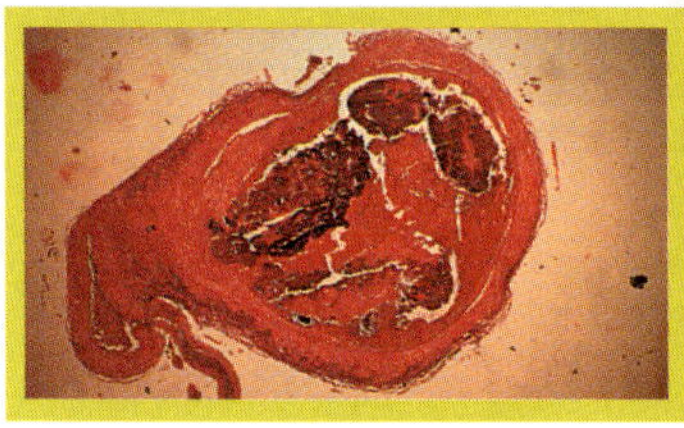

Querschnitt durch eine Arterie: oben ohne Ablagerungen, unten mit Fettablagerungen (rot) und Kalk (blau). Ungesunde Ernährung, Bewegungsmangel und Nikotin sind die Hauptursachen für Arterienverkalkung.

Durchblutungsstörungen gehören zu den häufigsten Erkrankungen. Vor allem ältere Menschen sind davon betroffen. Die in der Umgangssprache als Arterienverkalkung bezeichnete Krankheit beginnt zunächst mit der Ablagerung von Fetten in den Arterien. Sind erst einmal Engpässe entstanden, kommt auch Kalk dazu. Das Fatale: Man bemerkt die Krankheit erst, wenn sich Folgeerkrankungen einstellen. Arteriosklerose beginnt unerkannt und beschwerdefrei. Meist, wenn das Leben mit allen Freuden genossen wird, wenn der Bewegungsdrang abnimmt oder der sportliche Ehrgeiz nachlässt und man es sich richtig gut gehen lässt. Arteriosklerose ist letztendlich nicht zu verhindern. Die Altersarteriosklerose gehört zum Schicksal zahlreicher Menschen – doch Sie können sie hinauszögern.

SYMPTOME

Normalerweise ist diese Krankheit beschwerdefrei. Zeigen sich Anzeichen wie ein Kribbeln im Arm oder Krämpfe und Schmerzen in den Muskeln von Armen und Beinen, eine starke Beeinträchtigung des Kurzzeitgedächtnisses oder Schmerzen in der Brust, dann ist bereits eine Folgeerkrankung eingetreten. Suchen Sie daher unbedingt einen Arzt auf.

Die schleichende Krankheit

Arteriosklerose ist in den meisten Fällen Ursache von Herzinfarkt und Schlaganfall. Die Medizin unterscheidet zwischen einer Arteriosklerose jüngerer Menschen und der so genannten Altersarteriosklerose (ab dem 50. Lebensjahr).

Männer leiden deutlich häufiger an Arteriosklerose als Frauen.

Die Ursachen der Gefäßverengung

Bei jungen Menschen – und das können bereits zwanzigjährige sein – erkrankt die Innenwand der Arterien. Es kommt zu Blutungen, Gewebsveränderungen und Fettablagerungen. Die Arterie verliert insgesamt an Elastizität, und besonders die fein verästelten Arterien können dadurch verstopfen. Fettstoffwechselstörungen können die Ursache sein, aber auch Diabetes mellitus (Zuckerkrankheit), Bluthochdruck, Nikotin, Bewegungsmangel sowie psychische Belastung zählen zu den Risikofaktoren.
Bei der Altersarteriosklerose spielen neben der natürlichen Abnutzung der Bluthochdruck und der zu hohe Cholesteringehalt im Blut die größte Rolle.

Cholesterinspiegel ⋙ Seite 84

Wie der Körper sich hilft

Die Arteriosklerose bleibt lange Zeit unbemerkt, da sich der Körper zunächst selbst hilft und Beschwerden entsprechend ausbleiben. Kollateralgefäße – Querverbindungen zwischen den Arterien – werden vom Körper gebildet. Diese »Ersatzleitungen« umgehen verengte, nicht mehr durchlässige Stellen der Arterien. Statt durch die verkalkten Arterien bewegt sich der Blutstrom durch die kleineren Ersatzgefäße. Damit wird eine ausreichende Versorgung der Organe gewährleistet. Nicht ausgeschlossen ist, dass auch diese Kollateralgefäße verstopfen.

Folgeerkrankungen der Arteriosklerose

- **Schlaganfall**
- **Herzinfarkt**
- **Angina pectoris**
- **Durchblutungsstörungen**
- **Nierenversagen**

Vorbeugung – die beste Strategie gegen Arteriosklerose

Tun Sie etwas, bevor Ihre Arterien irreversibel geschädigt sind. Durch Bewegung baut der Körper so genannte Kollateralkreisläufe auf, mit denen der Blutkreislauf geschädigte Gefäße umgeht und sich auf diese Weise selbst helfen kann. Zu Beginn eines solchen Trainings eignet sich eine Belastung, bei der Sie Ihren Puls für

Achtung!
Arteriosklerose muss vom Arzt behandelt werden. Sie können die Behandlung allenfalls hilfreich unterstützen. Die wichtigsten Maßnahmen sind: Rauchen einstellen, Fettverzehr reduzieren und mehr Bewegung!

etwa 20 bis 30 Minuten bei 120 bis 130 Schlägen pro Minute minus Lebensalter halten. Am besten zweimal wöchentlich.
Härten Sie sich ab: Duschen Sie kalt, wenden Sie kneippsche Wechselbäder an, gehen Sie zum Wassertreten ins Frei- oder Hallenbad – das sind nur einige der effektiven und preisgünstigen Methoden, um die Arterien zu weiten und zu trainieren.
Bei Anwendung von kaltem Wasser ziehen sich die Arterien zusammen, bei warmem Wasser weiten sie sich. Diese Flexibilität geht bei der Arteriosklerose durch die Ablagerungen verloren. Der Reflex des Verengens soll das Blut vor einer zu starken Abkühlung schützen, der Reflex des Weitens bringt mehr Blut ins Gewebe, um zu kühlen. Dabei werden auch »ruhende« Kapillargebiete eröffnet. Sie erfahren dadurch eine Durchblutung.
Stellen Sie Ihre Ernährung um. Reduzieren Sie den Verzehr von fettem Fleisch und Fleischerzeugnissen drastisch. Mageres Fleisch und Fleischerzeugnisse sollten höchsten zwei- bis dreimal pro Woche gegessen werden. Tierische Fette, z. B. Butter, Schmalz oder Knochenmark, sollten Sie durch pflanzliche Fette oder besser Öle mit einem hohen Anteil mehrfach ungesättigter Fettsäuren ersetzen. Diese Maßnahme zielt vor allem auf die verminderte Aufnahme von Cholesterin. Dieser fettähnliche Stoff kommt nur in Lebensmitteln tierischer Herkunft vor. Lassen Sie Ihren Cholesterinwert vom Arzt überprüfen. Werte über 200 sind Alarmzeichen und verlangen eine regelmäßige Kontrolle. Eine tägliche Aufnahme bis zu 300 Milligramm Cholesterin gilt als ungefährlich. Normalerweise enthält die Durchschnittskost jedoch mehr als das Doppelte an Cholesterin.

Das beste Mittel, einer Arteriosklerose vorzubeugen: Sport, ausgewogene Ernährung – und Knoblauch!

Behandlung der Arteriosklerose

• Sport ist wichtig, aber passen Sie unbedingt die Bewegungsintensität der körperlichen Belastbarkeit an. Steigern Sie die Intensität, wenn es Ihnen gut geht, drosseln Sie Tempo und Leistung, wenn es Ihnen schlechter geht, aber stellen Sie sie nicht ein. Bevor Sie jedoch mit dem Sport beginnen, sollten Sie sich beim Hausarzt einem Belastungstest unterziehen.

- Wenden Sie ansteigende Armbäder an. Dabei werden die Arme wechselweise in lauwarmes Wasser gehalten, das langsam (in 10 bis 15 Minuten) von 34 °C auf 37 °C erwärmt wird. Damit wird die Durchblutung verbessert.
- Vermeiden Sie Dauerstress-Situationen. Bei Stress verengen Adrenalinstöße die Adern und erhöhen damit den Blutdruck, um die Leistungsbereitschaft von Muskeln und Organen zu fördern. Adrenalin ist ein Hormon des Nebennierenmarks, das den Körper in Situationen erhöhter Leistungsanforderung »auf Trab« bringt. Diese nützliche Eigenschaft kehrt sich jedoch in eine Belastung für den Körper um, wenn der Stress über lange Zeit anhält. Entspannen Sie sich.
- Wenn Sie Übergewicht haben: Fasten Sie.

Plötzliche Kalt-Heiß-Anwendungen sollten auf keinen Fall bei bestehender Arteriosklerose erfolgen. Sie können zu einer Verkrampfung der Blutgefäße führen.

Alternative Heilmethoden

Essen Sie Knoblauch. Der Wirkstoff Allicin erweitert die Gefäße und senkt den Blutdruck. Sie müssen jedoch sehr viel Knoblauch verzehren, das heißt mehrere Zehen täglich.

Weißdorntee und Weißdornpräparate helfen Ihnen, zu entspannen, und stärken Herz und Kreislauf.

HOMÖOPATHIE

Medikament	Potenz	deutsche Bezeichnung	Dosis
Cactus grandifloris	D3	Königin der Nacht	Jeweils morgens und abends 2 Globuli
Magnesium phosphoricum	D3 bis D6	Phosphorsaure Magnesia	Zweistündlich 1 Globulus bis Besserung eintritt, höchstens über 14 Tage einnehmen

Adressen

Deutsche Herzstiftung e.V., Vogtsstraße 50, 60322 Frankfurt/M., Telefon: 069/955128 80, Fax: 069/955128 13

Die älteste Pein der Menschheit

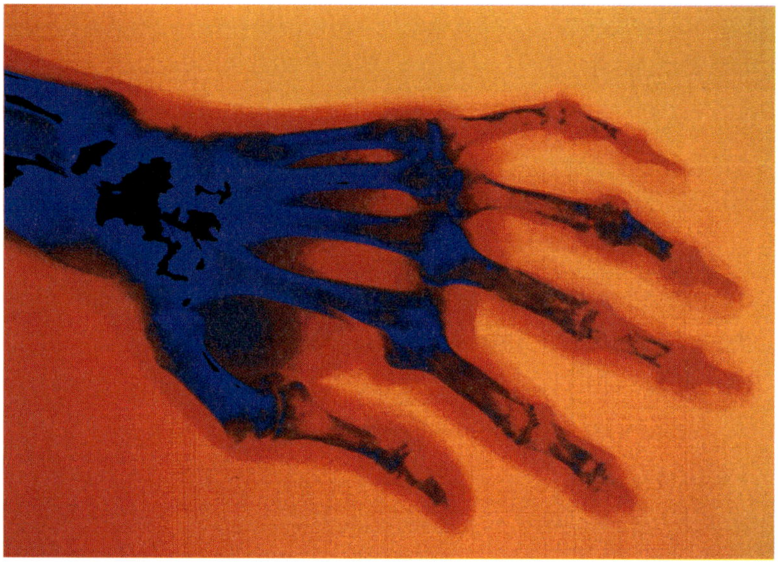

Typische Arthritissymptome sind Verdickungen, Knoten und letztlich Deformierungen der Gelenke.

Runter mit dem Gewicht

Zu viel Gewicht gehört zu den Hauptbelastungen, die Gelenke zu tragen haben. Auf Dauer werden die Gelenke dadurch anfälliger für Entzündungen.

Entzündungen in den Gelenken sind so etwas wie ein Eigentor der menschlichen Immunabwehr. Anstatt einen Feind zu bekämpfen, »fressen« die Abwehrzellen das eigene Gewebe von Knorpel und Knochen. Dabei setzen sie Botenstoffe frei, die eine Entzündung auslösen. Mit einer Veränderung der Ernährungsgewohnheiten kann die chronische Polyarthritis in ihren Auswirkungen erheblich gemindert werden. Zwei Tage langes Fasten führt zu überraschender Besserung. Anschließend verhindert eine laktovegetabile Kost den Anstieg der entzündungsfördernden Arachidonsäure.

Entzündete Gelenke

Chronische Polyarthritis ist eine Autoimmunkrankheit. Dabei wird körpereigenes Gewebe in den Gelenken vom Immunsystem angegriffen. Entzündungen entstehen und verdicken schließlich die Gelenke. Zunächst werden die Innenhäute von der eigenen Immunabwehr angegriffen. Sie sondern darauf mehr und veränderte Gelenkflüssigkeit ab, als gebraucht wird. Das Gelenk schwillt an und schmerzt. Die Gelenkinnenhaut wuchert und stört bei Bewegungen. Dadurch wird der Knorpel beschädigt. Später kann die Arthritis auf den Knochen übergehen und ihn zerstören. Verformungen und Versteifung des Gelenks sind die letztendliche Folge.

SYMPTOME

Schmerzhafte Gelenkentzündung mit Schwellung und Steifheit. Besonders häufig sind betroffen: Gelenke von Fingern, Zehen, Händen, Schultern, Knie, Hüften und Hals. In schweren Fällen erfolgt eine Deformation der Finger-, Hand- und Zehengelenke (Knotenbildung). Vorbote: eiskalte Finger. Beginn mit Fieber, warmen Gelenken und leichten Schmerzen. Typisch: Morgensteifigkeit. In fortgeschrittenem Stadium einer chronischen Polyarthritis kann es zu Funktionsverlusten kommen.

Der Herzchirurg Christian Barnard musste seinen Beruf als Chirurg wegen einer beginnenden Arthritis aufgeben. Heute kann er seine Hände jedoch wieder schmerzfrei bewegen. Barnard erreichte das mit dem Krebsmittel Methotrexat. Er schluckte einmal pro Woche drei Tabletten zu 2,5 Milligramm. Schon nach zwei Monaten verschwand die Arthritis. Damit es so bleibt, nimmt Barnard das Zellgift weiter ein. Es verhindert das für Arthritis typische Wuchern der Gelenkinnenhaut.

Ursachen der Arthritis

Warum jemand an chronischer Polyarthritis erkrankt, ist wissenschaftlich bislang ungeklärt. Als Ursachen werden genetisch bedingte Voraussetzungen und bakterielle Infektionen nach Verletzungen vermutet. Sicher spielen Übergewicht und bestimmt auch die psychische Verfassung eine nicht zu unterschätzende Rolle.

Meistens sind Frauen betroffen

Die meisten Arthritispatienten sind ihr weiteres Leben lang auf Medikamente angewiesen. Dadurch lassen sich die Symptome aus Sicht der Medizin wirksam bekämpfen. Die Krankheit ist weltweit verbreitet und wohl die älteste bekannte Pein der Menschheit: Sowohl die Neandertaler als auch die ägyptischen Pharaonen litten darunter. Frauen sind übrigens zwei- bis dreimal häufiger betroffen als Männer.

Sicherheit durch Ultraschall

Eine Ultraschallmessung bei Ihrem Arzt kann Ihnen Information darüber geben, ob Sie an einer Arthritis leiden oder nicht. Die Messung zeigt die Folgen dieser Erkrankung wie Verdickungen an den Gelenken, gelenknahe Osteoporose oder auch Gelenkspaltverschmälerungen. Weitere Sicherheit kann durch Röntgen oder Blutuntersuchungen gewonnen werden.

Warten Sie nicht auf Wundermittel – tun Sie etwas

Beugen Sie vor

Wenn Sie Sport treiben, meiden Sie »schnelle« Sportarten mit plötzlichen Richtungsänderungen wie Badminton, Tischtennis oder Squash. Wenn Sie joggen, tragen Sie unbedingt Schuhe mit einem Luftpolster, das wie ein Stoßdämpfer wirkt – also gelenkschonend ist –, oder laufen Sie nur auf Wegen mit Waldbodencharakter. Im Prinzip sind jedoch alle Sportarten erlaubt, auch wohl dosiertes Krafttraining im Fitnesscenter. Achten Sie hier jedoch peinlichst auf eine korrekte Bewegungsausführung der Übungen. Fragen Sie die Fitness-Instruktoren um Rat. Absolut positiv wirken Radfahren und Schwimmen, da beide Sportarten die Gelenke vom Körpergewicht entlasten.
Stellen Sie Ihre Ernährung um: Verzichten Sie auf fettes Fleisch und tierische Fette. In tierischem Fett (ausgenommen Öle bestimmter Seefische) ist Arachidonsäure enthalten. Sie fördert die Bildung von Entzündungsauslösern.

Medikamente und Bewegungstherapie

Strengen Sie sich ruhig ab und zu an. Sport führt nicht zu einer Entzündung der Gelenke, er trainiert vielmehr Herz und Lunge und verbessert dadurch den Allgemeinzustand.

Mit Antirheumatika wird der Verlauf der chronischen Polyarthritis verlangsamt. Daneben werden Substanzen zur Schmerzlinderung und zur Dämpfung des Immunsystems verabreicht.
Mit zielgerichteter Bewegungstherapie lernen die Patienten wieder Verrichtungen des täglichen Lebens zu bewältigen. Diese physiotherapeutischen Maßnahmen lindern Schmerzen und Steifigkeit und machen die befallenen Gelenke wieder benutzbar.
Als letztes Mittel bei schwerer Gelenkschädigung werden Prothesen aus Metall oder Kunststoff implantiert.

Das können Sie selbst tun

Bewegen Sie sich. Vor allem im warmen Wasser wird der Schmerz spürbar gelindert. Spezielle physiotherapeutische Übungsabfolgen aus Schwing- und Gehübungen sowie Rumpfbeugen im brusttiefen Wasser trainieren die Muskeln.
Ebenso wirksam ist Radfahren. Wie beim Schwimmen, wo das Wasser einen Teil des Körpergewichts trägt, werden auch hier trotz der sportlichen Bewegung die Gelenke nicht übermäßig beansprucht und belastet.

Wenn die Schmerzen zu groß werden: Legen Sie eine Eispackung auf. Sie haben kein Eis? Dann genügt z. B. auch ein Beutel mit tiefgefrorenen Erbsen. 15 Minuten lang auflegen, zehn Minuten Pause, dann wieder 15 Minuten kühlen usw.
Fasten Sie zwei Tage lang. Dann stellt sich spontan eine Besserung ein. Eine Nulldiät bewirkt, dass der Körper keine Arachidonsäure aufnimmt, die besonders reichlich in tierischem Fett und fettem Fleisch enthalten ist. Diese Säure initiiert die Bildung von Entzündungsmediatoren. Anschließend ist eine laktovegetabile Ernährung empfehlenswert. Arachidonsäure bildet der menschliche Körper auch selbst aus Linolsäure. Diese Säure ist besonders reichlich in Weizenkeimöl, Erdnussöl und Diätmargarine enthalten.
Eine spezielle Arthritiskost gibt es nicht, essen Sie aber viel mehr Seefisch. Makrelen, Heringe und Kabeljau enthalten die wichtigen Omega 3 Fettsäuren. Sie stehen in dem Ruf, die Bildung von so genannten Entzündungsmechanismen zu hemmen. Süßwasserfische, z. B. Forellen, Aal oder Karpfen enthalten dagegen keine derartigen Fettsäuren. Vorsicht auch bei Ölen: Nur Olivenöl und Rapsöl enthalten Omega-3-Fettsäuren.
Arthritiker leiden oft unter einem Mangel an Vitamin C und Spurenelementen. Hohe Dosen Vitamin E und C können in Verbindung mit Zink und Selen helfen; fragen Sie dazu Ihren Arzt.
Die Teufelskrallenwurzel enthält zudem Substanzen, die schmerz- und entzündungshemmend wirken.

Tragen Sie ein Kupferarmband
Möglicherweise fehlt Arthritispatienten Kupfer oder sie können das normalerweise in der Nahrung enthaltene Spurenelement nicht aufnehmen. Beobachtungen haben allerdings gezeigt, dass Arthritiskranke Kupfer über die Haut aufnehmen. Ein Kupferarmband kann also helfen.

HOMÖOPATHIE

Medikament	Potenz	deutsche Bezeichnung	Dosis	Anwendung
Bryonia	C30	Zaunrübe	1-mal täglich morgens 3 Globuli	Bei Schmerzen
Rhus toxicodendron	C30	Giftsumach	1-mal täglich morgens 3 Globuli	Wenn die Schmerzen bei Bewegung geringer werden

Adressen

Deutsche Rheumaliga, Rheinallee 69, 53173 Bonn, Telefon: 0228/957500, Fax: 0228/95750 20

Ab 50 ist jeder Zweite betroffen

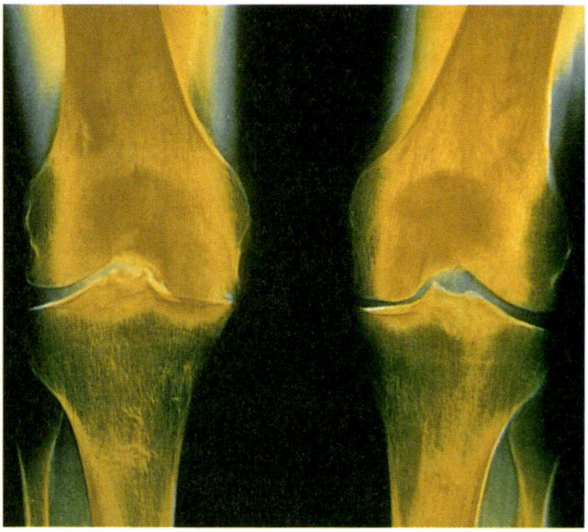

Das biologische Alter lässt sich nicht aufhalten. Die Gelenke gehören zu den am stärksten strapazierten Körperteilen. Gewicht und Bewegung, aber auch körperliche Arbeit oder Sport bleiben nicht ohne Verschleißspuren. Arthrose ist die typische Verschleiß- oder Abnutzungserscheinung, die durch eine langfristige Überbeanspruchung der Gelenke entsteht. Das »Einrosten« der Gelenke kann jedoch nur durch Bewegung verhindert werden.

Wenn es in den Gelenken knirscht

Arthrose ist eine typische Abnutzungs- und Verschleißerscheinung besonders der Knie- und Hüftgelenke. Man bekommt das Gefühl, das Gelenk würde am Knochen reiben. Es spannt und knirscht bei der kleinsten Bewegung.

Die degenerative und deformierende Gelenkserkrankung Arthrose kann auch bereits jüngere Menschen bei entsprechender Veranlagung und Belastung ereilen. Auslösender Faktor ist ein Missverhältnis zwischen Belastung und Beschaffenheit bzw. Leistungsfähigkeit der betroffenen Gelenke.

SYMPTOME

Häufig schmerzende Wirbelsäule, Hüftgelenke, Schultern und Knie, speziell beim Laufen, Treppensteigen oder Heben und Tragen schwerer Lasten. Vorzeichen: »Knirschen« bei Bewegungen oder Spannungsgefühle. Typisch: Nach einer Ruhepause sind die Schmerzen besonders stark, lassen jedoch bei weiterer Bewegung nach.

Ursachen der Arthrose

Durch den Knorpelabbau kommen sich die knöchernen Partner des Gelenks immer näher, was letztendlich zu einem verstärkten Knorpelabrieb führt. Kleine Knorpelteilchen reizen die empfindliche Gelenkinnenhaut und verursachen Abnutzung und Verschleiß

der Gelenkknorpel. Der Auslöser kann bereits ein erster Riss im Gelenk sein. Knorpelzellen sterben ab, verlieren ihre Fähigkeit, Gelenkschmiere aufzunehmen bzw. abzugeben, mit der Folge, dass der Knorpel seine Elastizität und Schutzfunktion einbüßt. Starken Einfluss auf diese Entwicklung haben Übergewicht, ständige, oft einseitige Beanspruchung und/oder Bewegungsmangel.
Arthrose wird durch angeborene oder erworbene Fehlstellungen begünstigt (X- oder O-Beine, Hüftgelenksluxationen, unterschiedliche Beinlängen, Putzfrauenknie). Sowohl Krankheiten wie Rheuma und Diabetes als auch unfallbedingte Verletzungen können Ursache einer Arthrose sein.

Rheuma
➻ **Seite 302**

Bewegung hilft

So beugen Sie vor

Lassen Sie jede Fehlstellung frühzeitig behandeln. Im Säuglingsalter sind Fehlstellungen in der Regel korrigierbar, später sind die Eingriffe erheblich komplizierter.
Vermeiden Sie Übergewicht. Wenn Sie mehr wiegen, als für Ihre Größe normal ist (BMI errechnen ➻ Übergewicht Seite 342), sollten Sie konsequent abnehmen. Bedenken Sie, dass zu viel Gewicht nicht nur zu Arthrose führen kann, sondern auch deren Heilungschancen nahezu unmöglich macht. Überwinden Sie Ihre Bequemlichkeit. Bewegen Sie sich. Treiben Sie Sport. Geben Sie gelenkentlastenden Sportarten den Vorzug, z. B. Schwimmen oder Radfahren. Trainieren Sie gelenkschonend an Geräten in einer Physiotherapiepraxis. Und wenn Sie gerne joggen: Tragen Sie dazu dämpfende Sportschuhe, trainieren Sie möglichst nur auf weichen Böden.
Vermeiden Sie langes Stehen oder Gehen auf hartem Untergrund (z. B. Museen, Schaufensterbummel). Wenn sich dies nicht umgehen lässt, machen Sie öfter eine Pause, setzen Sie sich. Benutzen Sie auf langen Strecken das Fahrrad.

Nikotin und Alkohol führen zu Stoffwechselveränderungen im Knorpelgewebe, woraus sich eine Arthrose entwickeln kann.

Bei kleinsten Anzeichen zum Arzt

Übersehen Sie die ersten Symptome nicht großzügig als Zipperlein. Irreversibler Gelenkverschleiß kann die Folge sein.
Verwechseln Sie Arthrose auch nicht mit Arthritis. Anfängliche Symptome können sich ähneln, und selbst für erfahrene Ärzte ist eine eindeutige Diagnose nicht leicht.

Arthritis
➻ **Seite 32**

Sind die Hüftschmerzen unerträglich, sollten Sie mit dem Arzt über eine Operation reden. Dann wird ein neues Gelenk eingesetzt. Das ist eigentlich eine Routineoperation, die in jedem Jahr an 75.000 Patienten durchgeführt wird. Das künstliche Gelenk kann bis zu 20 Jahre lang seinen Dienst tun.

Behandlung der Arthrose

Das klassische Schmerzmittel bei Arthrose ist Ibuprofen. Die entsprechenden Salben sind rezeptfrei in der Apotheke zu erhalten. Ibuprofen- oder diclofenachaltige Mittel werden als Rheumamittel eingesetzt. Sie wirken entzündungshemmend und können die auftretenden Schmerzen wirkungsvoll lindern. Achtung: Bei empfindlichen Patienten kann es allerdings zu allergischen Reaktionen einschließlich Schock oder Blutungen im Magen oder Darm kommen.

Ihre Apotheke hält Schwefelmoorbäder bereit. Einmal in der Woche darin baden; das lindert die Beschwerden. Auch das Einreiben der betroffenen Gelenke mit Rizinusöl kann gegen den Schmerz im Gelenk helfen.

Kälte oder Wärme? Thermalbäder, Fango, Heublumenauflagen oder Cold-Hot-Packs sind bei chronischen und entzündlichen Arthrosezuständen einzusetzen. Kalte Anwendungen, also Eis, Wasser, Cold-Hot-Packs oder kühlende Gele helfen bei akuten Schmerzschüben.

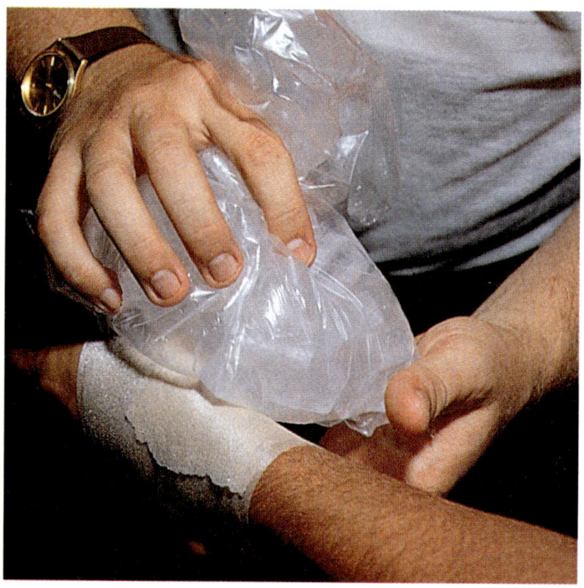

Erste Hilfe bei akuten Schmerzen: der Eisbeutel.

Ernährungsänderungen können den Krankheitsverlauf jedenfalls günstig beeinflussen. Wer an Arthrose leidet, hat einen höheren Bedarf an den Vitaminen C, E, B1, B6 und B12. Das heißt mehr Obst und Gemüse essen. Drosseln Sie auch den Fleischverzehr, besser Sie stellen sich gleich auf Fisch um: Seefische enthalten die wertvollen Omega-3-Fettsäuren, die entzündungshemmend wirken.

Präparate mit Mistelextrakt können gelenknah eingespritzt werden. Fragen Sie hierzu jedoch vorab unbedingt Ihren Arzt. Das Mittel verursacht zunächst Entzündungen und starke Schmerzen, soll jedoch sehr heilsam sein.

Adressen

Deutsche Rheumaliga, Rheinallee 69, 53173 Bonn, Telefon: 0228/957500, Fax: 0228/9575020

Deutsche Arthrose-Hilfe e.V., Postfach 110551, 60040 Frankfurt/M., Telefon: 06831/946677

HOMÖOPATHIE

Medikament	Potenz	deutsche Bezeichnung	Dosis	Anwendung
Apis	D6	Honigbiene	Stündlich 5 Globuli bis zur Besserung nach spätestens 5 Stunden	Bei Schmerzen mit geschwollenem Gelenk
Calcium fluoratum	D6	Kalziumfluorid	Stündlich 5 Globuli bis zur Besserung nach spätestens 5 Stunden	Bei geschwollenen, schmerzenden Gelenken
Ferrum phosphoricum	D6	Phosphorsaures Eisen	Viertelstündlich 5 Globuli bis zur Besserung nach spätestens 5 Stunden	Bei allen akuten Entzündungszuständen (Gelenk heiß!) gleich welcher Herkunft
Kalium chloratum	D6	Kaliumchlorid	Halbstündlich 5 Globuli bis zur Besserung nach spätestens 5 Stunden	Bei Schmerz nur in Bewegung. Sofort einsetzen, wenn das Gelenk einen inneren Erguss (Gelenkwasser) zeigt
Calcium phosphoricum	D6 bis D12	Phosphorsaurer Kalk	5-mal täglich 5 Globuli bis zur Besserung nach spätestens 5 Stunden	Als Begleitmittel bei tuberkulösen Gelenkentzündungen
Rhus toxidendron	D12	Giftsumach	Stündlich 5 Globuli bis zur Besserung nach spätestens 5 Stunden	Bei Beschwerden an der Gelenkkapsel
Ruta	D6	Weinraute	Stündlich 5 Globuli bis zur Besserung nach spätestens 5 Stunden	Bei Gelenkhautentzündung
Bryonia	D6	Zaunrübe	Stündlich 5 Globuli bis zur Besserung nach spätestens 5 Stunden	Bei starken Schmerzen (mit Bandage keine Schmerzen)

Wenn der Atem in Not gerät

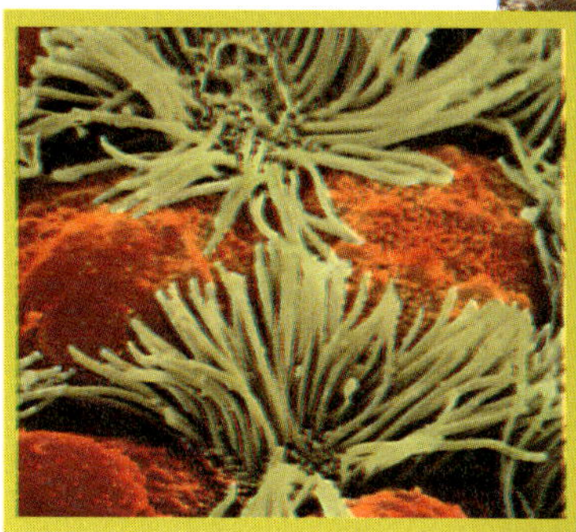

Asthma ist eine Verkrampfung der Atemwege. Wenn es draußen kalt und feucht ist, sollten Sie sich nicht im Freien aufhalten.

Die schlimmste Zeit für Asthmatiker ist der feuchtkalte Herbst. Rund vier Millionen Deutsche greifen dann zum lindernden Spray. Aber auch Industrieabgase und Zigarettenrauch machen Asthmapatienten das Atmen schwer. Bestimmte Berufsgruppen sind besonders gefährdet und auch die Psyche kann für einen Asthmaanfall verantwortlich sein. Denn Stress und seelische Belastungen können die Asthmaanfälle initiieren.

Etwa zehn Prozent der Deutschen leiden unter Asthma. In den Industrieländern ist die Tendenz ansteigend. Die Veranlagung für Asthma wird vererbt.

SYMPTOME

Akute Atemnot bis Atemversagen, Hustenattacken und Schleimauswurf treten anfallartig auf. Deutlich zu hörende Rasselgeräusche bei der Atmung, selbst über größere Distanz hin. Der Atem geht keuchend, pfeift, giemt und brummt. Beim Anfall selbst Engegefühl in der Brust, die Haut wird feuchtkalt und weiß, die Lippen verfärben sich blau, Hals- und Zungenvenen sind prall gefüllt.

Engpass in den Bronchien

Asthma ist nicht gleich Asthma. Der Mediziner unterscheidet zwischen dem Bronchialasthma und dem Herzasthma. Hier geht es uns um das Bronchialasthma, einer Erkrankung der Bronchien. Letztere stellen die Verbindung zwischen Luftröhre und Lunge her. Deren kleinste Verzweigungen, die Bronchiolen, können sich zur Regelung der Luftzufuhr muskulär verengen und erweitern. Bei einer Asthmaerkrankung ziehen sich diese Muskeln jedoch krampfartig zusammen, sodass schwere Atemnot eintritt und Erstickungsgefahr droht. Typische Folge ist eine Veränderung der Bronchialschleimhaut. Viele der Flimmerhärchenzellen gehen zu Grunde; dafür vermehren sich die schleimproduzierenden Becherzellen, wodurch sich die Schleimabsonderung verstärkt. Dieser Schleim verstopft nun seinerseits die Bronchien und erschwert dem Asthmapatienten zusätzlich die Atmung.

Was die Atemnot verursacht

Bei Kindern, Jugendlichen und jungen Erwachsenen sind 90 Prozent aller Asthmaanfälle auf allergische Reaktionen zurückzuführen. Besondere Bedeutung haben hierbei Allergene, die eingeatmet werden, wie beispielsweise: Hausstaub, Blütenpollen, Hausstaubmilben, Tierhaare, Textilfasern, Hautschuppen, Kosmetika (Sprays, Puder), Schimmelpilzsporen.
Tritt Asthma nach dem 40. Lebensjahr auf, liegen nur in etwa der Hälfte aller Fälle allergische Reaktionen zu Grunde, die andere Hälfte geht auf das Konto von Atemwegsinfektionen oder Lungenerkrankungen. Hier sind besonders berufsbedingte Ursachen zu beobachten.

Achtung!
Asthmaanfälle können lebensgefährlich sein. Deshalb sollten Sie unbedingt einen Arzt aufsuchen. Die hier vorgestellten Behandlungsmöglichkeiten können die ärztliche Therapie wirkungsvoll unterstützen.

Behandlung der Atemnot

Für die Therapie gibt es unterschiedliche Ansatzpunkte, wobei es natürlich zuallererst darauf ankommt, die akuten Beschwerden des Asthmatikers zu lindern, um sich dann die Ursachen vorzunehmen.

Hilfe vom Arzt

Für die akute Behandlung werden Asthmasprays oder Inhalatoren verschrieben. Sie enthalten Wirkstoffe wie Theophyllin, Kortison

Allergie
➳ Seite 22

oder andere bronchienerweiternde Substanzen. Asthmasprays strömen direkt in die Bronchien. Sie wirken beruhigend auf die verkrampfte Bronchiolenmuskulatur und weiten die Luftwege. Daneben kann der Arzt auch schleimlösende Medikamente und bei Bedarf Beruhigungsmittel verschreiben.

Asthmaauslöser
- **Körperliche Anstrengungen**
- **Kalte Luft**
- **Zigarettenrauch und Alkoholdämpfe**
- **Angst, Stress, psychische Belastungen**
- **Infekte durch Viren oder Bakterien**
- **Allergene wie Hausstaub, Pollen, Tierhaare oder Milben, Smog, Abgase, Luftverschmutzungen**

Allergene meiden – so gut es geht

Gehören Sie zu den Asthmatikern, deren Krankheit auf einer allergischen Reaktion beruht, sollten Sie die Ursachen abstellen oder, wenn das nicht möglich ist, die speziellen Situationen meiden. Ist Hausstaub der Auslöser, könnte beispielsweise schon eine Matratze aus Schaumgummi helfen, in der sich die Hausstaubmilben nicht halten können.

So beugen Sie vor

Wenn es draußen sehr kalt ist, sollten Sie abwägen, ob Sie wirklich das Haus verlassen müssen. Wenn Sie es tun, bedecken Sie Mund und Nase mit einem Schal. Nie direkt die kalte Luft durch den Mund einatmen.
Küchendünste, rauchige Kneipenluft oder offene Kamine können spontane Asthmaanfälle auslösen. Chemische Substanzen wie Ammoniakdämpfe können sich auf die Bronchien »schlagen«.

Aromatherapie – einfach ausprobieren!

Wenn der Anfall kommt

Entwickeln Sie Strategien gegen das Asthma. Asthmaschübe kündigen sich an. Lernen Sie die Vorzeichen richtig zu deuten, und versuchen Sie sich möglichst zu entspannen. Unterbrechen Sie Ihr Gespräch, und suchen Sie sich einen Sitzplatz. Sitzen Sie möglichst entspannt oder gerade. Am besten setzen Sie sich rittlings auf den Stuhl und stützen die Arme auf die Lehne. Das unterstützt Ihre Ausatmung. Wenn Sie außerdem den Bauch etwas vorwölben, erleichtern Sie Ihrem Zwerchfell, dem wichtigsten Atemmuskel, die Arbeit. Stehen Sie erst wieder auf, wenn Sie sicher sind, nicht mehr husten zu müssen. Achten Sie auf die Atmung: Versuchen Sie ruhig und gleichmäßig zu atmen.

HOMÖOPATHIE

Medikament	Potenz	deutsche Bezeichnung	Dosis	Anwendung
Cuprum	D3 bis D4	Kupfer	1 Globulus viertelstündlich bis Besserung eintritt, maximal 8 Stunden	Wenn die Anfälle eher nachts auftreten
Drosera	D3 bis D4	Stechapfel	1 Globulus viertelstündlich bis Besserung eintritt, maximal 8 Stunden	Bei Husten, der bis zum Brechreiz und sogar Erbrechen führt und bei unlösbarem Schleim
Kalium bromatum	D3 bis D4	Kaliumbromid	1 Globulus viertelstündlich bis Besserung eintritt, maximal 8 Stunden	Bei Anfällen
Arsenicum album	D3 bis D4	Jod und weißes Arsenik	1 Globulus viertelstündlich bis Besserung eintritt, maximal 8 Stunden	Bei Anfällen mit Erstickungsangst

Die Natur kann helfen

Ein Ortswechsel kann wahre Wunder bewirken. Neben der örtlichen Entfernung von den Allergenen hilft häufig ein Klimawechsel. Reizklima, wie an der See oder auch im Hochgebirge – ab einer Höhe von 1500 Meter –, lindern die Beschwerden, nicht selten tritt eine Heilung ein.

Der ideale Sport für Asthmapatienten ist Schwimmen. Die hohe Luftfeuchtigkeit trocknet den Rachen nicht aus; damit wird ein Hustenreiz ausgeschlossen.

Adressen

Allergiker und Asthmabund, Hindenburgstraße 110, 41061 Mönchengladbach, Telefon: 02161/814940
Deutsche Allergie- und Asthmahilfe, Bonusstraße 32, 21079 Hamburg, Telefon: 040/7631322, Fax: 040/7631339
AFA Arbeits- und Forschungsgemeinschaft für Atempflege e.V., Waldstraße 5, 10551 Berlin, Telefon: 030/3953860, Fax: 030/3953823

Manchmal mehr als eine Magenverstimmung

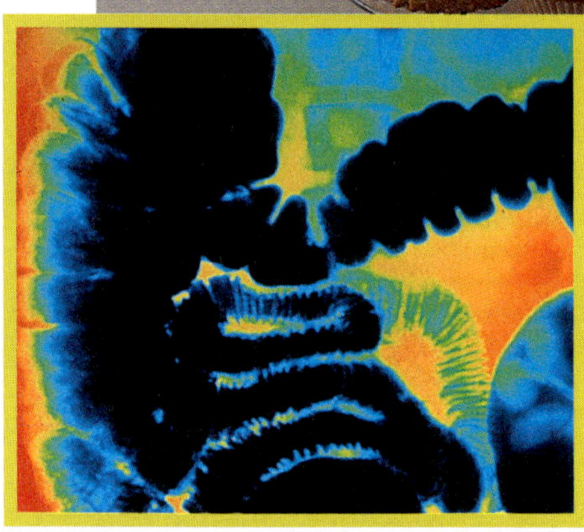

Bauchschmerzen sind ein Symptom, keine Krankheit. Die Ursache der Schmerzen kann harmlos sein – es können jedoch auch ernsthafte Erkrankungen dahinter stecken. Kinder klagen häufig über Bauchweh.
Vielfach sind Blähungen oder auch kolikartige Schmerzen die Ursache. Generell gilt: die geäußerten Beschwerden ernst nehmen. Bei Erwachsenen beruhen Oberbauchschmerzen manchmal nur auf einem überstrapazierten Magen.

Süß, fett, lecker! Doch manches, was wir unserem Verdauungstrakt zumuten, ist des Guten zu viel. – Er tritt in den Ausstand.

SYMPTOME

Diffuses Druckgefühl im Oberbauch bis zu heftigen kolikartigen Schmerzen und Darmkrämpfen, Blähungen, oftmals begleitet von Aufstoßen, Sodbrennen, Übelkeit, Erbrechen, Völlegefühl, gurgelnden und knurrenden Geräuschen.

Bauchschmerzen – eine Beschwerde mit vielen Ursachen

Bei leichteren Bauchschmerzen, die nach dem Essen auftreten, kann es sich schlicht um eine Überforderung des Magens durch zu üppige, zu süße, zu fette oder auch verdorbene Speisen handeln. Auch zu hastig verschlungenes Essen kann Bauchweh bewirken.
Deutlich lokalisierte, heftige oder lang anhaltende Schmerzen, gar mit Schweißausbrüchen oder Ohnmacht verbunden, sprechen jedoch für eine andere Ursache, die vom Arzt behandelt werden muss: z. B. Blinddarmentzündung, Magen- oder Darmentzündung, Erkrankungen von Leber oder Bauchspeicheldrüse, Gallenkolik, Eierstockentzündung, Darmverschluss oder Magengeschwüre.

Wenn es zu gut schmeckt

Leider besitzen wir keine Essbremse. Der Appetit spielt uns deshalb zu oft einen Streich, vor allem wenn es gut schmeckt. Obwohl wir längst satt sein müssten, essen wir auch noch den Nachtisch. Dies rächt sich stets mit einem quälenden Völlegefühl. Wenn der Hunger längst gestillt sein müsste, lässt sich der Appetit noch von vielen weiteren Faktoren beeinflussen. Augen und Nase essen mit. Was schön aussieht und gut riecht kann nicht schaden. Was bei unseren Vorfahren vielleicht noch seine Berechtigung hatte, ist bei der heutigen Vielfalt von Angebot und Zusammensetzung der Nahrung kein Maß mehr. Dennoch beeinflusst dieser Gedanke unbewusst auch heute das Essverhalten des modernen Menschen. Auch psychologische Gründe können Ursache dafür sein, dass man zu viel isst. Manchmal soll dadurch nur ein »Mangel« auf einem ganz anderen Gebiet kompensiert werden.

Achtung!
Heftige Schmerzattacken, Fieber, keuchende Atmung, ein harter stark auftreibender Blähbauch, rasender Puls oder das Erbrechen von Blut sind zwingende Gründe, zum Arzt zu gehen.

Kinder, Kinder!

Wenn Kinder Schmerzen haben, klagen sie oft unabhängig davon, wo es ihnen tatsächlich wehtut, über »Bauchweh«. Sie können meist nicht lokalisieren, wo das eigentliche Schmerzzentrum liegt.
Eltern sollten aber auch daran denken, dass hinter der Klage des Kindes über Bauchweh gar keine körperlichen Schmerzen stecken könnten, sondern vielleicht ein diffuses Gefühl von Unlust, das ihnen »auf den Magen geschlagen ist«. Oder sie haben einfach nur »Wut im Bauch«. Seelenkummer, vielleicht Probleme in der Schu-

le, ist gar nicht selten der Auslöser für »Bauchweh«. Eltern reagieren meist besorgt – und das ist auch richtig! Sie sollten jeden Hinweis ernst nehmen und durch Fühlen, leichtes Drücken, Abtasten und vor allem Nachfragen kontrollieren. Die Frage »Hast du dich geärgert?« kann dann oft schon Vieles klären. Wer sein Kind beim Spiel genau beobachtet, kann unter Umständen feststellen, ob es tatsächlich körperliche Beschwerden hat. Manchmal muss das Kind auch nur zur Toilette. Kombinationen mit Fieber, hartem und gespanntem Bauch (sofort reagieren!), Schweißausbrüchen, Krämpfen, Erbrechen, Schmerzen beim kleinen Geschäft oder Durchfall sind Anzeichen für eine akute Störung. Der Besuch bei einem Kinderarzt ist dann dringend angeraten.

Manchmal haben Kinder einfach nur »Wut im Bauch«.

Bauchschmerzen – nicht immer harmlos

Bauchschmerzen sind ein Hauptsymptom sehr vieler ernster Krankheiten, z. B.:

- Blinddarmentzündung
- Magenschleimhautentzündung
- Niereninfektionen
- Harn- bzw. Nierensteine
- Harnwegsinfekte
- Erkrankungen der Gallenblase
- Entzündungen von Gebärmutter oder Eileitern
- Menstruationsstörungen
- Leistenbruch
- Schwere Infektionen

Bauchschmerzen sind in der Regel harmlos, können jedoch auch auf ernsthafte Erkrankungen hinweisen.

Woran Frauen denken sollten

Starke Schmerzen im Unterbauch können auf eine Entzündung der Eierstöcke hinweisen. Weitere Symptome: Die Schmerzen können sich beim Gehen verschlimmern, die Bauchmuskulatur ist angespannt. Fieber? Dann sind die Bauchschmerzen in jedem Fall eine Sache für den Arzt. Treten die Schmerzen vor allem während der Menstruation, dem Geschlechtsverkehr oder anderer körperlicher Betätigung auf, ist die Entzündung vielleicht schon chronisch geworden. Übelkeit und Brechreiz können als Hinweis auf eine Bauchfellentzündung als Folge der Eierstockentzündung gedeutet werden. Sie kann lebensgefährlich sein.

Achtung!
Insbesondere Frauen sollten auf Unterleibsschmerzen äußerst sensibel reagieren. Chronische Entzündungen und ihre unmittelbaren Folgen können lebensbedrohlich sein.

Übervoller Bauch – Was lindert den Schmerz?

Sie haben zu üppig gegessen – jetzt melden sich Magen und Darm mit Schmerzen und Völlegefühl? Was schafft Abhilfe?

Die Verdauung fördern

»Milch trinken!« – das galt lange als allererste Hilfsmaßnahme bei Bauchweh. Doch Vorsicht, ist der Magen randvoll, wird die Milch eher zu einer zusätzlichen Belastung. Besser geeignet ist dagegen Buttermilch oder der säuerlich schmeckende Brottrunk (enthält verdauungsfördernde Milchsäure) als Verdauungshilfe. Außerdem hilfreich: Essen Sie einen mageren Jogurt (ohne Fruchtzusatz und Zucker).
Magenbitter oder Kräuterschnäpse werden immer wieder nach dem Genuss fetter Speisen empfohlen. Sie sind jedoch keine wirkliche Verdauungshilfe, sondern verdünnen nur das Fett.
Die gute alte Wärmflasche kann dagegen Wunder bewirken.

Vorsicht mit Milch und fetten Milchprodukten: Sie belasten den vollen Magen zusätzlich.

Feuchtwarme Wickel lindern spontan den Schmerz. Ein Handtuch mit heißem Wasser tränken und über den Bauch legen. Ein trockenes Handtuch darüber binden, hinlegen, Beine anziehen und ruhig und flach atmen.

Auch ein Verdauungsschlaf kann für Erleichterung sorgen. Besser ist jedoch, das Völlegefühl durch Bewegung (Spaziergang) loszuwerden.

Treten öfters Blähungen auf, können Präparate zur Verbesserung der Darmflora helfen (z. B. Azidophilus-Zyma). Diese Mittel enthalten Darmbakterienkulturen.

Schnaps hat keinerlei verdauungsfördernde Wirkung.

Überfordern Sie Ihren Magen nicht

- Mäßigen Sie sich. Wenn es auch noch so gut schmeckt, essen Sie nicht mehr, als Sie brauchen. Vermeiden Sie »hastiges« Essen.
- Wenn die Termine zu eng liegen, lassen Sie besser eine Mahlzeit ausfallen, statt sie hinunterzuschlingen. Begnügen Sie sich mit einem kleinen Imbiss und holen sie die Mahlzeit nach, wenn Sie mehr Luft haben.
- Trinken Sie etwas vor dem Essen, am besten Wasser oder Saft. Auch während des Essens Trinkpausen einlegen!
- Essen Sie lieber öfter und kleinere Mengen. Fünf Mahlzeiten sind besser als drei.
- Wenn Sie wissen, welche Speisen bei Ihnen zu Blähungen führen: Lassen Sie sie weg.
- Ein Kaffee oder Espresso nach dem Essen kann die Verdauung fördern. Zwei bis drei Tassen pro Tag sollten Ihnen aber genügen.

Verringern Sie Ihr Esstempo und stellen Sie Ihren Speiseplan ausgewogen zusammen. Kräuterteemischungen beruhigen den »nervösen Magen« und sind daher besonders empfehlenswert.

Kräutertee beruhigt Magen und Darm

Heilkräutertee aus Kamille, Minze und Melisse kuriert den angegriffenen Magen-Darm-Trakt. Melisse wirkt beruhigend und krampflösend auf die Magenwände. Kamille hemmt Entzündungen, der Wirkstoff Bisabol stärkt die Schleimhäute. Minze desinfiziert und mindert die Empfindlichkeit der Magenschleimhaut gegenüber zahlreichen Reizstoffen. Jeweils einen Teelöffel Kamillenblüten, Minze- und Melissenblätter mit einem halben Liter kochendem Wasser übergießen. Nach zehn Minuten abseihen und heiß in kleinen Schlucken trinken.

Kümmeltee hilft bei Blähungen: Zwei Teelöffel Kümmel mit einem halben Liter kochendem Wasser übergießen, fünf Minuten ziehen

lassen, abgießen und über den Tag verteilt zwei bis drei Tassen trinken.
Tee aus Tausendgüldenkraut (ein bis zwei Teelöffel über acht Stunden in einem halben Liter kaltem Wasser einweichen, absei- hen und zu den Mahlzeiten trinken) wirkt besonders bei diffusen Beschwerden im Bauchbereich.

HOMÖOPATHIE

Medikament	Potenz	deutsche Bezeichnung	Dosis	Anwendung
Nux vomica	D3 bis D6	Brechnuss	Halbstündlich 1 Globulus im akuten Stadium bis Besserung eintritt	Bei Völlegefühl, Sodbrennen, verdorbenem Magen, Magenschmerzen nach beruflichem Ärger
Bryonia	D6	Zaunrübe	Halbstündlich 1 Globulus im akuten Stadium bis Besserung eintritt	Bei Unterkühlung
Carbo vegetabilis Pentarkan®			Halbstündlich 1 Globulus im akuten Stadium bis Besserung eintritt	Bei Magenkrämpfen
Staphisagria	D6	Stephanskraut	Halbstündlich 1 Globulus im akuten Stadium bis Besserung eintritt	Bei Stress
Arsenicum album	C30	Weißes Arsenik	Halbstündlich 1 Globulus im akuten Stadium bis Besserung eintritt	Bei Magenschmerzen mit Durchfällen

Adressen

Deutsche Gesundheitshilfe Magen & Darm, Postfach 94 03 03, 60461 Frankfurt/M., Telefon: 069/789 47 47

Wenn das Auge gerötet ist

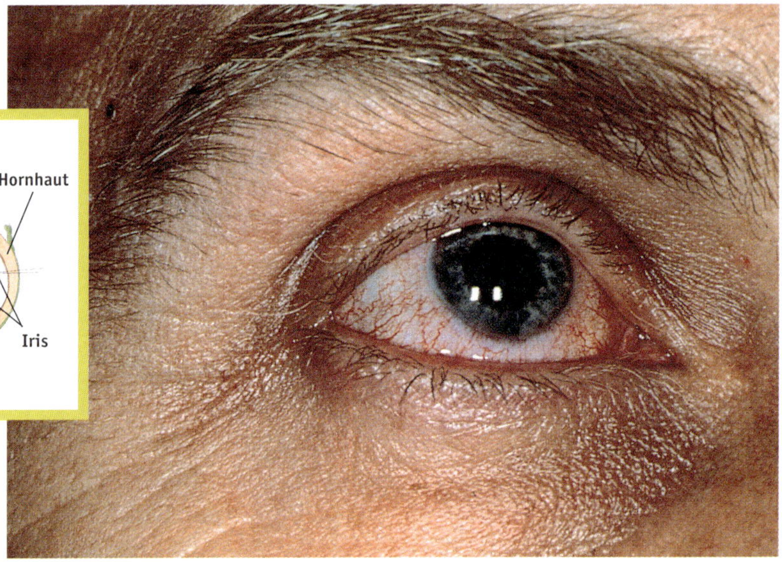

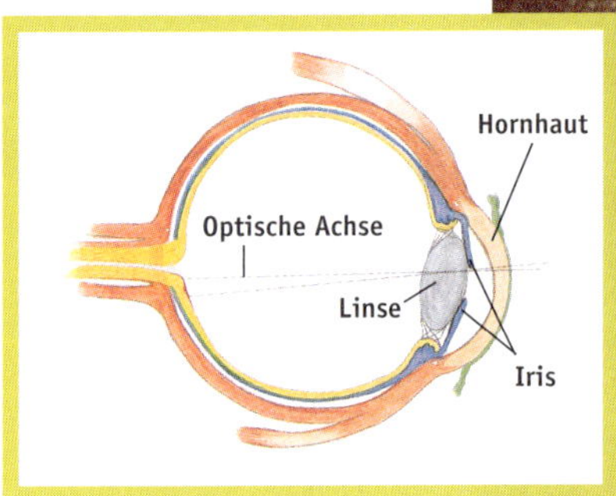

Die Augen sind hoch empfindliche Sinnesorgane. Bakterien oder Viren, die in das Auge eindringen, können Entzündungen hervorrufen.

Die »einfachen« Bindehautentzündungen sind unangenehm, aber leicht heilbar. Trotzdem sollten Sie eine Bindehautentzündung nicht einfach beiseite wischen. Oft sind Bakterien oder Viren die Auslöser. Überanstrengung sowie eine Vernachlässigung der natürlichen Augenbewegungen können jedoch das Auftreten der Erkrankung begünstigen.

Die Ursache sind meist Bakterien oder Allergien

Bei einer Bindehautentzündung verfärbt sich die Bindehaut rot, schwillt an, juckt manchmal, schmerzt und produziert klebrige Absonderungen.

Sowohl Bakterien als auch Viren können eine Bindehautentzündung hervorrufen. Ebenso oft sind Allergien die Ursache. Bindehautentzündungen sind zum Beispiel eine häufige Begleiterscheinung der Heuschnupfens. Auch Verletzungen oder Reizungen der Bindehaut durch Rauch, Insekten, Staub, Zugluft, Wind, Chlor (z. B. im Schwimmbad) oder ätzende Dämpfe können eine Bindehautentzündung initiieren. Die gereizten oder vorgeschädigten Bindehäute infizieren sich dann besonders leicht mit Bakterien.

SYMPTOME

Rötung, Tränenfluss, Jucken und Brennen, gelegentlich Lichtempfindlichkeit. Geschwollene Lider, verklebte Lider nach dem Schlafen. Das ständige unangenehme Gefühl, einen Fremdkörper, »Sand«, im Auge zu haben.

Bei Kindern geraten Bakterien meist mit den Händen ins Auge. Selbst Neugeborene können schon unter Bindehautentzündungen leiden. Dann stammen die Erreger aus dem Geburtskanal. Diese Infekte sind gefährlich, da das Kind erblinden kann; sie müssen sofort behandelt werden.

Tränen müssen sein

Stressreize und Überanstrengung des Auges, beispielsweise durch Arbeit am Computer, beeinflussen den Lidschlag und die Absonderung von Flüssigkeit im Auge. Die Bindehaut produziert eine tränenähnliche Flüssigkeit, mit der die Hornhaut und die Lider befeuchtet werden. Und nur, wenn Hornhaut und Bindehaut ausreichend mit Tränenflüssigkeit benetzt sind, sind sie wirksam gegen Keime geschützt. Eine mangelnde Produktion von Tränenflüssigkeit kann Auslöser für eine Bindehautentzündung sein. Besonders Frauen nach den Wechseljahren und Menschen, die unter Rheuma leiden, sind häufiger davon betroffen.

Entzündete Augen – gerötete Augen

Die Blutgefäße der Bindehaut sind im Normalzustand nicht mit bloßem Auge erkennbar. Erst im krankhaften Zustand schwellen sie an und werden dadurch sichtbar. Eine Entzündung lässt die sonst blassrosa gefärbten Bindehäute dunkelrot aussehen.

Nicht immer ansteckend

Infizierte Bindehautentzündungen sind oft am Eiter erkennbar, der morgens das Auge verklebt. Meist sind Bakterien (Staphylokokken) die Verursacher. Dann ist die Erkrankung für die Mitmenschen vergleichsweise wenig ansteckend. Sind jedoch bestimmte Viren (sie lösen meist Halsschmerzen aus) die Ursache, kann die Bindehautentzündung sehr ansteckend sein und epidemieartig Familienangehörige und Arbeitskollegen »überfallen«.
Auch Viren, die Masern oder eine Herpesinfektion auslösen, können für die Bindehautentzündung verantwortlich sein.
Schließlich kann auch jeder starke Reiz genügen, wie z. B. Staub, Rauch, Dämpfe oder eine UV-Einstrahlung, etwa durch eine Höhensonne, eine Bindehautentzündung auszulösen. Eine so verursachte Entzündung ist natürlich nicht ansteckend.

Vorsicht …
… ist bei Tropfen geboten, die vor Monaten schon einmal »gut geholfen« haben. Augentropfen verderben bzw. werden unwirksam. Sie helfen nicht mehr, sondern schaden dann.

Oft eine Allergie

Eine Bindehautentzündung bei Erwachsenen hat ihren Ursprung meist in allergischen Reaktionen. Pollenallergiker, die unter Heuschnupfen leiden, sind zu bestimmten Jahreszeiten sehr anfällig für Bindehautentzündungen. Auch auf Kosmetika (z. B. Mascara) kann das Auge allergisch reagieren.
Bindehautentzündungen mit allergischem Ursprung plagen oftmals Kontaktlinsenträger. Die Bindehaut reagiert sensibel auf die Reinigungs- und Aufbewahrungsflüssigkeiten für die Linsen. Wechseln Sie einfach die Marke, aber achten Sie darauf, dass die neue Lösung anders zusammengesetzt ist.

Eine Bindehautentzündung muss richtig behandelt werden

Wenn Sie eine infizierte Bindehautentzündung haben, verwenden Sie Handtücher, die zum Abtrocknen der Augen benutzt wurden, nicht ein zweites Mal. Sie infizieren sich sonst immer wieder aufs Neue.

Die Behandlung richtet sich nach der Ursache der Entzündung. Sie sollten daher zunächst in jedem Fall zum Arzt gehen. Bei jeder Bindehautentzündung, die länger als 24 Stunden dauert, besteht die Gefahr, dass die Hornhaut Schaden nimmt, wenn keine Behandlung erfolgt.
Gegen Virusinfektionen gibt es verschreibungspflichtige Medikamente, z. B. Zovirax gegen das Herpesvirus, das auch am Auge auftreten kann. Der Arzt muss entscheiden, ob sie angewendet werden sollen. Viele Virusinfektionen heilen innerhalb von zwei bis vier Wochen von selbst wieder ab.
Gegen bakterielle Infektionen verschreibt der Arzt Augentropfen oder -salben, die Antibiotika enthalten (z. B. Chloramphenicol). Antibiotika wirken nur gegen Bakterien. Verkrustungen und Eiter wäscht man mit warmem Wasser ab.
Liegt keine Infektion vor, wird mit Augentropfen oder Augensalbe (z. B. Bepanthen) behandelt, die Vitamine enthält. Diese Medikamente sind meist nicht verschreibungspflichtig.
Allergische Bindehautentzündungen werden in der Regel mit Antihistaminika behandelt. Auch kortisonhaltige Präparate haben sich durchaus bewährt. Werden sie angewendet, muss eine bakterielle Infektion oder eine andere Ursache unbedingt ausgeschlossen werden können. Kortison mindert die Abwehrkraft gegen Bakterien und eine bakteriell verursachte Krankheit könnte sich entsprechend erheblich verschlimmern.

Wenn Sie ins gechlorte Schwimmbad gehen: nicht tauchen oder aber eine Taucherbrille aufsetzen.

Augentrost – ein altes Hausmittel

In der Volksmedizin werden Kompressen empfohlen, die mit einem Aufguss aus Augentrost (in der Apotheke erhältlich) getränkt sind. Diese Pflanze hat ihren Namen durch ihre augenheilenden Eigenschaften erhalten. Das blühende Kraut enthält als Wirkstoffe das Glykosid Aucubin, Caterpol und Euphrosid. Zubereitung: Einen halben Teelöffel Augentrost für eine Tasse Aufguss, ein bis zwei Minuten ziehen lassen, kalt auf die Kompresse träufeln. Gut bewährt haben sich auch Kompressen, die mit einer Mischung aus Augentrost, Kamille und Fenchel getränkt sind.
Salbeitee kann ebenfalls zur Tränkung der Kompressen benutzt werden.

Vorsicht bei jeder Eigenbehandlung an den Augen. Fragen Sie stets Ihren Augenarzt, ob Sie zusätzlich oder ausschließlich eine alternative Heilmethode anwenden sollten.

HOMÖOPATHIE

Medikament	Potenz	deutsche Bezeichnung	Dosis	Anwendung
Aconitum	D4	Eisenhut	Halbstündlich 1 Globulus bis Besserung eintritt; maximal 2 Tage	Vornehmlich bei Ostwind und plötzlich auftretenden Beschwerden
Argentum nitricum	D6	Silbernitrat	Halbstündlich 1 Globulus bis Besserung eintritt; maximal 2 Tage	Bei dem Gefühl eines Splitters im Auge; Verbesserung der Beschwerden bei Abkühlung
Silicea	C12	Silizium	Alle 2 Stunden 1 Globulus bis Besserung eintritt; maximal 2 Tage	Bei Entzündungen mit Eiterbildung
Natrium sulfuricum	D6	Schwefelsalz	Halbstündlich 1 Globulus bis Besserung eintritt; maximal 8 Stunden	Bei Juckreiz der Lidränder, Fremdkörpergefühl und gelblich grünem Eiter

Wie Sie lästige Luft loswerden

Schmackhaft – aber leider oft blähend: Kohl in jeder Form. Bewegung hingegen hält auch den Darm »auf Trab«.

»Jedes Böhnchen gibt ein Tönchen.« Es kann manchmal zur Qual werden, wenn man die Darmwinde nicht unauffällig ablassen kann. Aber: Bevor Sie stechende und drückende Schmerzen ertragen, sollten Sie eine Möglichkeit finden, sich kurzzeitig unauffällig zu entschuldigen. Vermeiden Sie jedenfalls beim nächsten Essen blähende Speisen.

SYMPTOME

Aufgetriebener Bauch, gurgelnde und knurrende Geräusche im Darm, stechender bis kneifender Schmerz im Bauch, Darmwinde mit unangenehmen Duftnoten.

Im Darm wird Gas gebildet

Zu einer Luftansammlung im Darm kann es kommen, wenn man beim Essen viel Luft schluckt.
Meistens beruhen Blähungen auf einer zu heftigen Gasbildung im Darm. Dies geschieht, wenn Kohlenhydrate und Zucker aus der Nahrung auf ihrem Weg durch den Darm nicht richtig verdaut wer-

den und nicht ausreichend abgebaut bis in den letzten Darmabschnitt, den Dickdarm, gelangen. Die den gesunden Dickdarm besiedelnden Darmbakterien, unsere so genannte Darmflora, produzieren dann beim Abbau der zu reichlich anfallenden Kohlenhydrate ebenso reichlich Gase. Auch zur Gärung kann es kommen. Oft enthält das Essen einfach zu viele nicht spaltbare Kohlenhydrate (Hülsenfrüchte, Kohl, Zwiebeln). Viele Menschen reagieren auf Vollkornprodukte mit einer heftigen Gasentwicklung. Häufige Ursache für wiederkehrende Blähungen sind eine ungenügende Durchmischung und Weiterbeförderung des Nahrungsbreis im Darm. Auch fettreiche Speisen können blähen. Werden unverträgliche Speisen gegessen, können Blähungen die Folge sein.

Darmwinde bestehen aus Wasserstoff, Kohlendioxid und Methan. Diese Gase werden beim Aufschluss von Kohlenhydraten und Aminosäuren durch Darmbakterien gebildet und freigesetzt.

Nicht immer harmlos

Mit Darmwinden sind in der Regel keine Beschwerden verbunden. Auch Blähungen zählen zu den vorübergehenden Unpässlichkeiten. Wer jedoch ständig von Blähungen gequält wird, sollte sicherheitshalber Leber, Galle, Bauchspeicheldrüse und das Herz kontrollieren lassen. Aber: Sagen Sie dem Arzt offen, was der Grund Ihres Besuches ist. Blähungen gehören zu den so genannten Tabuthemen. Über Blähungen wird entweder gar nicht oder in scherzhafter bis abfälliger Weise gesprochen.

So bringen Sie Ihren Darm »auf Trab«

Im Allgemeinen genügen ein paar recht einfache Maßnahmen, um bei Blähungen Abhilfe zu schaffen.

Verdauungsstörungen, Verstopfung, einseitige oder falsche Ernährung und zu hastiges Essen verursachen in der Regel heftige Blähungen.

Massieren Sie den Darm

Eine Darmmassage mit sanftem Druck kann Wunder bewirken. Legen Sie sich auf den Rücken, winkeln Sie die Beine an und streichen Sie mit der flachen Hand langsam im Uhrzeigersinn über den Darm. Fahren Sie mit der Hand immer spiralförmig zum Nabel, und die Blähungen erreichen schnell und schmerzlos den Ausgang.

Blähende Lebensmittel meiden:

Folgende Nahrungsmittel wirken im Allgemeinen blähend:

- Gemüse: Weißkohl, Rotkohl, Grünkohl, Wirsing, Blumenkohl,

Rosenkohl, Linsen, Erbsen, Bohnen, Zwiebeln, Lauch, Knoblauch, Paprikaschoten, Pilze, Rettich, Radieschen, Meerrettich.

- Obst: Zwetschgen, Pflaumen, Stachelbeeren, Kirschen, Aprikosen, Bananen, selten auch Birnen.
- Gebäck und Brot: Frisches Hefeteiggebäck und Hefeteigspeisen, frisches Brot, grobkörniges und feuchtes Vollkornbrot.

Folgende blähungshemmende Mittel sind nicht rezeptpflichtig:
- **Meteosan**
- **Sabsimplex**
- **Lefax**

Stellen Sie fest, welche Lebensmittel bei Ihnen blähend wirken oder auf welche Lebensmittel Sie mit Unverträglichkeit reagieren. Dann sollten Sie Speisezubereitungen daraus möglichst konsequent meiden.

Bohnen und andere Hülsenfrüchte verlieren ihren blähenden Effekt, wenn man sie lange einweicht oder lange gart. Nachteil: Die Gemüse sind ausgelaugt und haben keinen »Biss« mehr. Wenn Sie auf frisches Brot reagieren: Lassen Sie das Brot einen Tag liegen oder kaufen Sie nur Brot vom Vortag.

Würzen Sie die Speisen mit Kümmel, essen Sie Brot, das mit Kümmel gebacken wurde.

Bewegung

Das einfachste und kostensparendste Mittel, um Blähungen loszuwerden: Bewegung. Machen Sie einen ausgedehnten Spaziergang. Dabei wird der Darm stimuliert und befördert die Winde zum After. Spaziergänge haben gleichzeitig einen weiteren Nutzen: Draußen stören die übel riechenden Winde nicht.

Es gibt zahlreiche Lebensmittel, die grundsätzlich Blähungen hervorrufen. Zu diesen gehören u. a. alle Kohlarten.

Treiben Sie regelmäßig Sport: Joggen, Radfahren, Schwimmen usw. Das trainiert nicht nur Ihren Kreislauf, sondern hält auch den Darm fit.

Verdauungsstörungen vorbeugen

Kauen Sie die Speisen gründlich. Speichel verdaut die Nahrung bereits vor. Pflegen Sie Ihre Darmflora. Essen Sie Jogurts mit lebenden magensaftresistenten Bakterien, so genannte probiotische Kulturen (z. B. LC1) oder rohes Sauerkraut. Trinken Sie milchsäurehaltigen Brottrunk. Sie können auch Aufbaupräparate aus der Apotheke einsetzen, z. B. Hylak oder Azidophilus-Zyma.

HOMÖOPATHIE

Medikament	Potenz	deutsche Bezeichnung	Dosis	Anwendung
Chamomilla	D12	Echte Kamille	1-mal täglich 5 Globuli bis zur Besserung	Bei Blähungen, Magenschmerzen, übler Laune, Ärger und Zorn
Lycopodium	C30	Bärlapp	3-mal täglich über 3 Wochen	Bei empfindlichem Magen und seelischer Belastung
Colchicum	D6	Herbstzeitlose	Stündlich 5 Globuli bis zur Besserung nach spätestens 5 Stunden	Bei Übelkeit und Abneigung gegen das Essen
Carbo vegetabilis Pentarkan®			Nach Anweisung auf der Packungsbeilage	

Tees und andere hilfreiche Wirkstoffe

Tees aus Kümmel, Fenchel, Anis und Koriander sind besonders wirksam. Gegen Sodbrennen hat sich eine Teemischung mit Fenchel und Eibischblättern bewährt: Mischen Sie je zehn Gramm Fenchel, Eibischblätter, Kamille, Melisse und Süßholz. Überbrühen Sie einen Teelöffel der Kräutermischung mit einer Tasse Wasser und trinken Sie eine halbe Tasse davon (ungesüßt) jeweils eine Stunde nach den Mahlzeiten.

Frische Petersilie kann hilfreich sein. Blähungen können verschwinden, wenn nach jeder Mahlzeit zwei Stängel gegessen werden.

Tropfen aus Enzianwurzel (fünfprozentig) reduzieren die gasbildenden Prozesse im Darm.

Digestodoron reguliert die Darmbeweglichkeit. Das Mittel besteht aus Extrakten von Farnen und Weiden. Digestodoron ist in Tablettenform oder als Tropfen erhältlich. Digestodoron wirkt jedoch erst nach mehreren Wochen.

Einreibungen mit Kümmelöl (zehnprozentig; Ol. Carum carvi 1,0, Ol. olivarum ad 10,0) gelten als »Geheimtipp«.

Säuglinge und kleine Kinder leiden oftmals unter schmerzhaften Blähungen. Dann hilft Fencheltee. 1 TL Fenchel mit 1 Liter kochendem Wasser übergießen, 10 Minuten ziehen lassen, abseihen und am besten vor den Mahlzeiten verabreichen.

Wenn das Wasserlassen schmerzt

Viel Trinken beugt einer schmerzhaften Blasenentzündung vor.

Die Übeltäter sind meist Bakterien. Diese können aber vielfach nur dann eine Blasenentzündung auslösen, wenn die natürlichen Abwehrmechanismen von Harnröhre und Blase geschwächt sind. Ein häufig unterdrückter Harndrang und Unterkühlungen sind daher oft Wegbereiter einer Blasenentzündung. Eine Behandlung mit Antibiotika kann nur die Erreger beseitigen. Damit Sie nicht wieder krank werden, müssen Sie Ihr Verhalten ändern.

Schützen Sie sich vor Unterkühlung – auch im Sommer!

Dann schlagen Bakterien zu

Ursache einer Blasenentzündung sind fast immer Bakterien, vor allem so genannte Kolibakterien. Sie siedeln auch bei einem gesunden Menschen in großer Zahl im Darm und im Bereich des Harnröhrenausgangs. Zu Auslösern einer Entzündung werden sie erst, wenn sie in die Blase gelangen und vor allem, wenn sie sich durch ungünstige Bedingungen dort stark vermehren können. Dies ist zum Beispiel bei einem unvollständigen Entleeren der Bla-

se der Fall oder wenn man den unumgänglichen Gang zur Toilette zu lange hinauszögert.
Dieser so genannte verhaltene Urin ist eine ideale Brutstätte für Bakterien. Schließlich können Unterkühlungen (z. B. kalte Füße) am Anfang einer Harnblasenentzündung stehen, ebenso nachlässig, aber auch übertrieben gehandhabte Hygiene und geschwächte Abwehrkräfte (aufgrund physischer und/oder psychischer Beeinträchtigung).

Blasenentzündung – ein »Frauenleiden«

Frauen sind häufiger betroffen als Männer. Ihre Harnröhre ist sehr kurz, sodass Bakterien leichter in die Blase aufsteigen können. Männer erkranken an einer Blasenentzündung meist durch zurückgehaltenen Harn aufgrund einer Prostatavergrößerung.
Sehr wichtig zur Vermeidung einer Blasenentzündung ist bei Frauen die richtige Intimpflege: Der Genitalbereich muss stets von vorne nach hinten gewaschen werden, sonst besteht die Gefahr, Keime vom After zur Scheide und in die Harnröhre zu wischen.

Hohes Fieber ist bei einer Blasen- und Harnwegsentzündung ungewöhnlich. Erhöht sich die Temperatur dennoch wesentlich, sollten Sie den Arzt informieren. Es könnte sich um eine Ausweitung der Entzündung auf die Nieren handeln.

SYMPTOME

Häufiger Harndrang, wobei meist nur kleine Mengen Harn abgelassen werden können, begleitet von stechenden, brennenden Schmerzen. Der Harn kann unangenehm riechen und blutige oder trübe Beimengungen enthalten. Manchmal tritt auch eine Erkältung auf. Schwere Infektionen können von Übelkeit und Appetitmangel und/oder heftigen Schmerzen im Unterbauch begleitet sein.

Behandeln Sie sich nur selbst, wenn der Arzt das erlaubt

Nehmen Sie eine Blasenentzündung ernst. Wenn sie schlimmer wird, können auch die Nieren erkranken. Ein Antibiotikum »besiegt« die Entzündung innerhalb von 24 Stunden. Nur ein Arzt kann entscheiden, wie schwerwiegend die Erkrankung ist und ob die Einnahme eines Antibiotikums notwendig ist.
Sie können auch selbst eine Menge tun, um eine künftige Erkrankung zu vermeiden und bestehende Beschwerden zu lindern.

Achtung!
Blasentees dürfen Sie keinesfalls trinken, wenn Sie unter Ödemen (Wasseransammlungen) leiden, die durch eine eingeschränkte Herz- oder Nierentätigkeit hervorgerufen wurden. In derartigen Fällen ist die erhöhte Flüssigkeitszufuhr gesundheitsschädlich.

Viel mehr trinken!

Bei den ersten Anzeichen einer Blasenentzündung sollte erheblich mehr getrunken werden und zwar mindestens eineinhalb bis zwei Liter Flüssigkeit pro Tag. Dadurch wird der Urin verdünnt, er wirkt auf die entzündete Blase weniger reizend und spült die Blase sowie die Harnleiter gründlich durch. In einer gut »durchspülten« Blase finden Bakterien und Krankheitserreger keinen Halt.
Geeignet sind Wasser, Säfte oder Tees. In der Apotheke gibt es spezielle Blasentees. Was Sie nicht trinken sollten: Kaffee und schwarzen Tee.
Bevorzugen Sie harntreibende Tees: z. B. eine Kombination aus Bohnenschalen, Zinnkraut, Brennnesselblättern, Goldruten und Birkenblättern. Dazu überbrühen Sie zwei Esslöffel Bohnenschalen- und Liebstöckelpulver mit einem Liter kochendem Wasser, 15 Minuten ziehen lassen, dann abseihen. Über den ganzen Tag verteilt, möglichst in kleinen Schlucken, trinken. Ebenfalls gut geeignet sind Tees aus Bärentraube, Goldrute, Kamille, Brunnenkresse, Schachtelhalm, Hauhechelwurzel, Brennnesselkraut und Weidenrinde.
Ein Teelöffel Natriumbikarbonat in Wasser oder Tee aufgelöst alle sechs Stunden hält den pH-Wert des Urins im basischen Bereich.

Harntreibender Blasentee spült Blase und Harnleiter gründlich durch und sorgt für spürbare Linderung.

Wärme

Wärme fördert die Durchblutung der Blasenschleimhaut und unterstützt so deren Abwehrmechanismen gegen eindringende Keime. Benutzen Sie eine Wärmflasche oder – noch besser – legen Sie sich ins warme Bett.
Grundsätzlich gilt: Vermeiden Sie Unterkühlung.

Stärken Sie Ihre Abwehrkräfte

- Härten Sie sich ab – gehen Sie zum Beispiel täglich bei jedem Wetter spazieren.
- Sie können Ihre Abwehrkräfte auch mit der täglichen Einnahme von 500 Milligramm Vitamin C (Askorbinsäure) wirkungsvoll unterstützen. Zur allgemeinen Stärkung empfehlen sich auch stündlich 20 Tropfen Echinazin, später dreimal 20 Tropfen pro Tag.
- Gegen die Schmerzen helfen krampflösende Zäpfchen.

Bringt die Selbstbehandlung keine Besserung der Beschwerden, sollten Sie Ihren Arzt konsultieren: Nur er kann feststellen, ob gegebenenfalls andere Erkrankungen, z. B. Nierensteine, Prostataerkrankungen etc., vorliegen.

Unterdrücken Sie Ihr »dringendes Bedürfnis« nicht.

Um künftige Blasenentzündungen zu vermeiden, denken Sie daran: Jedes Unterdrücken des Harndrangs gibt den Bakterien in der Blase die Chance, sich stark zu vermehren. Häufiges Wasserlassen und ein vollständiges Entleeren der Blase spült sie aus, ehe es so weit kommt.

HOMÖOPATHIE

Medikament	Potenz	deutsche Bezeichnung	Dosis	Anwendung
Belladonna	D6	Tollkirsche	3-mal täglich 3 Globuli	Bei Fieber und starken brennenden Schmerzen
Cantharis	D6	Spanische Fliege	3-mal täglich 3 Globuli	Bei Harndrang und -zwang; brennenden, schneidenden Schmerzen

Adressen

DGU Deutsche Gesellschaft für Urologie, Homberger Straße 5, 40474 Düsseldorf, Telefon: 0211/494167 oder 494183, Fax: 0211/494498

Wenn's in die Hose geht

Beckenbodengymnastik – bei Blasenschwäche eine gute Hilfe

Verständlich – die Sache ist uns peinlich. Aber sie sollte uns nicht so peinlich sein, dass man nicht darüber reden könnte. In vielen Fällen gibt es Mittel und Methoden zur Besserung. Wichtig ist, dass die Betroffenen engagiert mithelfen.

Ein Leiden mit vielen Ursachen

Der unkontrollierte Harnabgang, der auf einer Schwächung des Harnröhrenschließmuskels beruht (Stressinkontinenz), ist ein Leiden, das viele ältere Menschen betrifft. Die Funktionstüchtigkeit der Schließmuskeln von Harnröhre und Anus lassen mit dem Alter nach. Erhöht sich der Druck im Bauchraum, was zum Beispiel beim Husten der Fall ist, kann er dem Druck nicht mehr standhalten und eine kleine Menge Harn tritt aus. Eine derartige Stressinkontinenz ist auch eine häufige Beschwerde von Frauen kurz nach der Geburt eines Kindes. Dann ist der Harnröhrenschließmuskel noch gedehnt. Männer leiden hingegen häufiger unter einer Überlaufinkontinenz: Es geht unwillkürlich Harn ab, da die Prostata stark vergrößert ist und die Harnröhre einengt. Ihre Harnblase kann sich durch den behinderten Ablauf nicht völlig entleeren, sie bleibt immer mit einer mehr oder weniger großen Menge Harn gefüllt und »läuft ständig über«. Bei der selteneren Dranginkontinenz lässt sich das Entleeren der vollen Blase nicht mehr willkürlich unterdrücken. Ohne dass man es verhindern könnte, zieht sich die Blasenmuskulatur auf einen Nervenimpuls hin zusammen und treibt den Urin aus.

Schließlich können sowohl Erkrankungen der Harnorgane als auch Störungen der Gehirnfunktion Ursache oder Auslöser der Blasenschwäche sein.

SYMPTOME

Unkontrollierbarer Harnabgang (Inkontinenz).
Bei der Stressinkontinenz: unwillkürlicher Harnabgang meist kleinerer Harnmengen, ohne dass man vorher einen Harndrang verspürt, zum Beispiel beim Lachen, Husten, Niesen, Heben schwerer Lasten, beim Sport, bei Freude, Vorfreude.
Bei der Dranginkontinenz: starker Harndrang, der nicht willentlich unterdrückt werden kann.
Bei der Überlaufinkontinenz: ständiger, tropfenweiser Harnverlust.

Auch bei einem gesunden Menschen können psychische Anlässe wie Freude, Stress, Ärger, Wut oder Angst eine spontane Blasenschwäche auslösen. Ist der Harnröhrenschließmuskel geschwächt, geschieht das natürlich besonders leicht.

In der Bundesrepublik leiden rund vier Millionen Menschen unter Harninkontinenz. Die überwiegende Mehrheit – circa 80 Prozent – von ihnen sind Frauen. Bei mehr als 50 Prozent der Erkrankungen handelt es sich um Stressinkontinenz.

Frauen sind häufiger betroffen

Frauen leiden dreimal so häufig unter Blasenschwäche wie Männer. Besonders betroffen sind sie in den Wechseljahren. Dies liegt daran, dass die Beckenbodenmuskulatur durch die hormonelle Umstellung etwas schwächer wird und der Blasenverschluss dadurch nicht mehr richtig funktioniert.
Sowohl östrogenhaltige Präparate als auch ein gezieltes Training der Beckenbodenmuskulatur (Beckenbodengymnastik) können wirksam helfen. Die Beckenbodengymnastik hilft auch, den durch eine Geburt etwas gedehnten Harnröhrenschließmuskel wieder zu straffen.

Bei der Behandlung ist vor allem eigenes Engagement gefragt

In der Behandlung bestehen erhebliche Unterschiede zwischen der Stressinkontinenz, der Dranginkontinenz und der Überlaufinkontinenz. Daher sollten Sie sich bei einem unwillkürlichen Harnverlust in jedem Fall einem Arzt anvertrauen. Er kann zunächst die genaue Ursache feststellen und durch eine auf Ihre Symptome abgestimmte Behandlung gezielt weiterhelfen.

Auch das Erlernen des so genannten autogenen Trainings kann helfen. Damit können Sie »vergessene« Muskeln eventuell wieder mit dem Willen beherrschen lernen.

Stressinkontinenz – vor allem Training hilft

Sehr bewährt hat sich die so genannte Beckenbodengymnastik. Sie trainiert die Muskeln, die den Bauchraum nach unten abschließen. Zu diesen Muskeln gehören auch die Schließmuskeln.

Beckenbodentraining

Entspannen Sie Beine, Gesäß- und Bauchmuskeln. Stellen Sie sich vor, Sie müssten eine fiktive Darmentleerung durch Kontraktion des Ringmuskels am Anus verhindern. Im Wechsel von Anspannung und Entspannung lernen Sie diesen Muskel zu beherrschen und zu trainieren. Ebenso können Sie mit dem Schließmuskel der Harnröhre verfahren. Stellen Sie sich vor, Sie müssten eine Harnentleerung unterbrechen und wieder in Gang setzen. Dann spüren Sie die Tätigkeit der vorderen Beckenmuskeln. Damit Sie fit werden, halten Sie die Anspannungsphase wenigstens vier Sekunden durch. Wenn Sie das mindestens dreimal täglich zwei Minuten lang absolvieren, werden Ihre Schließmuskeln wieder fit. Man kann diese und andere Übungen auch unter Anleitung eines Krankengymnasten erlernen. Fragen Sie Ihren Arzt danach.

Das Beckenbodentraining vermittelt Ihnen ein Bewusstsein für die verschiedenen Muskelpartien Ihres Becken- und Gesäßbereiches.

»Schwachpunkte« erkennen

Wenn Sie wissen, bei welchen Anlässen Sie »undicht« werden, dann spannen Sie die Schließmuskeln vor dieser Situation schon an. Entleeren Sie ihre Blase vorausschauend vor Situationen, in

denen Sie nicht jederzeit zur Toilette gehen können. Kalkulieren Sie ein, dass Sie mit dem Älterwerden langsamer werden. Sie brauchen mehr Zeit, um die Toilette zu erreichen. Bei starkem Drang kann das schon zu spät sein. In der Nacht sollten Sie zur Sicherheit einen Nachttopf parat halten.
Versuchen Sie, Ihre Blase an einen bestimmten Entleerungsrhythmus zu gewöhnen. Beginnen Sie mit drei Stunden, die Sie langsam auf sechs Stunden steigern. Für den Fall, dass Sie nicht durchhalten, muss eine Toilette verfügbar sein. Konsumieren Sie weniger harntreibende Getränke, wie z. B. Grapefruitsaft, Kaffee und andere koffeinhaltige Getränke oder Alkohol. Auch wenn es schwer fällt, bevorzugen Sie Wasser und Früchtetee.

Gehen Sie zur Toilette, wenn Sie müssen. Das Aufschieben des Urinierens führt immer zu einer randvollen Blase, die dann beim kleinsten Husten überläuft.

HOMÖOPATHIE

Medikament	Potenz	deutsche Bezeichnung	Dosis	Anwendung
Kalium carbonicum	D12	Kaliumkarbonat	Max. 1- bis 3-mal täglich 1 Globulus	Bei unwillkürlichem Harnabgang durch Schnäuzen oder Husten
Cantharis	D6	Spanische Fliege	3-mal täglich 3 Globuli	Wenn der Harn nur mit großer Mühe gehalten werden kann
Belladonna	D6	Tollkirsche	3-mal täglich 3 Globuli	Bei Blasenkrämpfen
Petroselinum	D6	Petersilie	3-mal täglich 5 Globuli	Bei Harnröhrenkatarrh mit starkem Ausfluss, Reizblase und Prostatabeschwerden

Adressen

Deutsche Arbeitsgemeinschaft Selbsthilfegruppen, Friedrichstraße 28, 35392 Gießen, Telefon: 0641/7022478
DGU Deutsche Gesellschaft für Urologie, Homberger Straße 5, 40474 Düsseldorf, Telefon: 0211/494167 oder 494183, Fax: 0211/494498

Unschön, aber meist harmlos

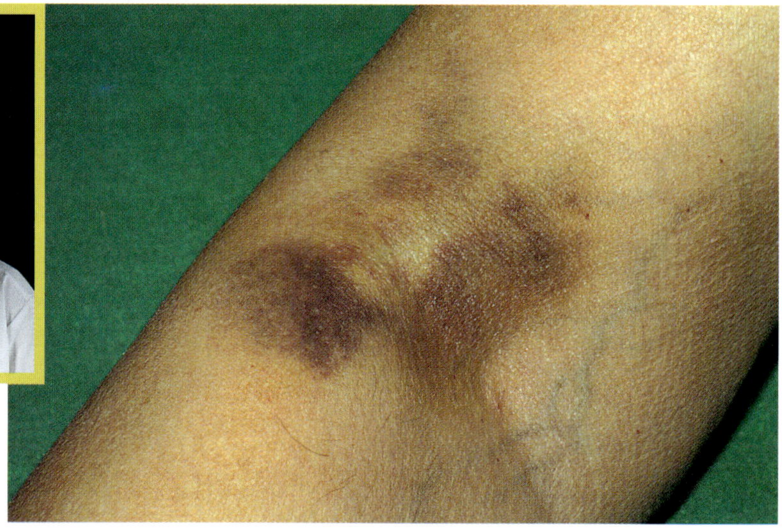

Ob »Veilchen« oder Bluterguss nach einer Injektion, ein blauer Fleck trägt nicht zur Verschönerung bei – ist aber in der Regel harmlos.

Bei vielen Menschen kann bereits eine kräftige Berührung zu einem blauen Fleck führen. Besonders Frauen mit sehr schwachem Bindegewebe reagieren auf Stöße oft mit einer sichtbaren Blutansammlung unter der Haut.

Eine Verletzung unter der Haut

Wenn Sie blaue Flecken bei sich feststellen, jedoch keine Ursache dafür ausmachen können, sollten Sie unbedingt Ihren Arzt aufsuchen. Denn auch Blutkrankheiten können zunächst unerklärliche blaue Flecken hervorrufen.

Der typische blaue Fleck, das blaue Auge (»Veilchen«) und die Prellung haben immer eine gemeinsame Ursache: Unter der Haut oder im tiefer liegenden Gewebe wurde ein Blutgefäß beschädigt. Meist geschieht das durch Gewalteinwirkung, z. B. ein Stoß, Schlag oder Fall. Das ausgetretene Blut breitet sich unter der Haut aus. Dort gerinnt es und bleibt einige Tage sichtbar. Der Blutfarbstoff, der dem Blut seine rote Farbe verleiht, wird durch so genannte Enzyme abgebaut zu einem zunächst blaugrünen, dann gelblich braunen Farbstoff. Daher wechselt der Bluterguss seine Farbe. Schmerz tritt meist auf, wenn auch Muskelgewebe gequetscht wurde. Der »Pferdekuss« am Oberschenkel – so genannt, weil er in früher Zeit meist tatsächlich das Resultat eines Pferdetritts war – ist ein solcher Erguss mit Muskelquetschung.

SYMPTOME

Ein Bluterguss (Hämatom) ist eine zunächst blaue, später grünlich gelbe Verfärbung unter der Haut. Schwellungen und Schmerzen treten vor allem bei Berührung auf. Das Hämatom kann auch erst nach einigen Tagen sichtbar werden.

Jeder Stoß – ein blauer Fleck?

Je tiefer die Verletzung, umso länger braucht das Blut, um bis zur Haut vorzudringen und als Hämatom sichtbar zu werden. Außerdem reagieren die Körperregionen unterschiedlich empfindlich auf Druck. An einigen Stellen führt schon ein mittlerer Druck zu einem blauen Fleck, beispielsweise am Schienbein.

Aber auch schwerwiegende Erkrankungen (zum Beispiel der Leber oder des Blut bildenden Systems) können »blaue Flecke« verursachen. Treten Hämatome also wiederholt ganz »ohne Ursache« auf, sollte der Arzt aufgesucht werden.

Meist genügt die kalte Kompresse – im Zweifel zum Arzt

Allererste Hilfe: Kühlen

Eiskalte Kompressen haben einen dreifachen Nutzen:

- Sie lindern den Schmerz,
- sie verhindern eine Schwellung und
- sie sorgen dafür, dass die verletzten Blutgefäße sich schneller schließen.

Je tiefer die Verletzung, desto länger muss die verletzte Körperpartie gekühlt werden.

Verletzungen tief im Muskel erfordern eine Kühlung von 45 Minuten, an Knochen und Gelenken (z. B. Knie oder Handgelenk) von mindestens 20 bis 30 Minuten.

Wenn das Eis taut, muss die Kühlkompresse mit neuem Eis gefüllt werden. Es eignen sich Eiswürfel. Wenn Sie keine haben, tut es zum Beispiel auch eine Packung tiefgekühlter Erbsen. Besonders bequem, weil anschmiegsamer, sind Kühlgele (Apotheke). Alles nicht zur Hand? Dann den Körperteil unter fließendes kaltes Wasser halten bzw. mit fast tropfnassen Handtüchern kühlen.

Eine Behandlung mit heparinhaltigen Gelen oder Salben (apothekenpflichtige Sportsalben) kann die Bildung von blauen Flecken deutlich verringern.

Beim Spielen und Toben gibt's regelmäßig Schrammen und blaue Flecken.

Schmerz?

Dann sollten Sie sich jedenfalls vom Arzt helfen lassen.
Schmerzmittel sollten nur nach seinen Anweisungen eingenommen werden. Nicht empfehlenswert sind in diesem Fall Schmerzmittel, die Azetylsalizylsäure enthalten (z. B. Aspirin); diese Substanz verzögert die Blutgerinnung und damit den Verschluss der verletzten Gefäße unter der Haut. Der blaue Fleck wird also größer.

Wie zu Großmutters Zeiten

Kompressen und Umschläge mit Essigsaurer Tonerde sind ein uraltes Hausmittel. Einen Esslöffel in einem halben Liter Wasser verrühren, Kompresse damit tränken und auf die Prellung oder den blauen Fleck legen.
Teebaumöl hilft, wenn es auf den Bluterguss getupft wird. Es fördert den Heilungsprozess.

Starke Prellungen

Starke Prellungen sollten bandagiert werden. Mit Kompressionsverbänden kann eine beginnende Schwellung gestoppt werden. Wenn Sie darin ungeübt sind, lassen Sie sich von der Sprechstundenhilfe beim Arzt zeigen, wie ein solcher Verband richtig angelegt wird.
Der Abbau des Blutes kann durch Enzympräparate (aus der Apotheke) beschleunigt und unterstützt werden.
Nur in seltenen Fällen, bei stark schmerzenden Hämatomen, die sich beulenartig ausstülpen, greift der Arzt zum Skalpell, um Linderung zu verschaffen, indem er das Hämatom öffnet und das geronnene Blut entfernt.

Quarkwickel – ein altes Hausmittel: Quark circa einen Zentimeter dick auf die verletzte Körperpartie auftragen, mit Tüchern umwickeln und etwa zwei Stunden einwirken lassen.

Verkehrsunfall? Zum Arzt!

Nehmen Sie Prellungen, die durch Unfälle entstanden sind, sehr ernst. Eine kleine Beule am Kopf kann schon am nächsten Tag Kopfschmerzen bereiten. Für blaue Flecken gilt: Je tiefer die Prellung, desto später erscheint die Blaufärbung unter der Haut. Dies kann unter Umständen Tage dauern. Durch einen Schock können außerdem oftmals Schmerzen nicht richtig eingeschätzt werden. Sie sollten sicherheitshalber den »Schaden« (auch aus juristischen Gründen!) vom Arzt begutachten lassen.

Wiederholungstäter Psyche

Oft entsteht ein blauer Fleck immer wieder an der gleiche Stelle. Dies deutet darauf hin, dass Sie entweder nicht genügend Bewegungsspielraum haben oder nicht genügend auf sich aufpassen. Entschärfen Sie Ihre Wohnung. Wenn sich am Mobiliar nichts korrigieren lässt, helfen optische Signale (Aufkleber) vorübergehend, dass Sie die Hindernisse wahrnehmen und mit mehr Abstand um(her)gehen.

Sind es immer wieder dieselben Gelegenheiten und Anlässe, bei denen Sie sich einen blauen Fleck holen z. B. Eile, Stress, Ärger, Schreck, Erwartungsfreude, Angst? Dann ist das wiederholtes »Anecken« vielleicht auch ein unbewusstes »Protestieren« gegen eine räumlich oder psychisch einengende Situation.

Bei einer starken Prellung oder einem Bluterguss an äußerst empfindlichen Körperteilen wie Kopf und Genitalien sollten Sie unbedingt einen Arzt konsultieren.

HOMÖOPATHIE

Medikament	Potenz	deutsche Bezeichnung	Dosis	Anwendung
Hypericum perforatum	D12	Johanniskraut	Halbstündlich 5 Globuli	Gegen die Schmerzen in nervenreichem Gewebe
Arnica	D8	Arnika	Halbstündlich 5 Globuli	Gegen die Schwellung; wenn nicht innerhalb 2 Stunden erfolgreich: unbedingt Arzt aufsuchen!
Bellis perennis	D12	Gänseblümchen	Halbstündlich 5 Globuli bis zur Besserung der Beschwerden	
Ruta	D6	Weinraute	Halbstündlich 5 Globuli bis zur Besserung der Beschwerden nach max. 2 Stunden	Wenn die Prellung nahe am Knochen liegt

Ständig unter Druck

Wenig Bewegung, fettes Essen und zu viel Alkohol sind die Ursachen für Bluthochdruck. Folgekrankheiten können z. B. Arteriosklerose und Herzinfarkt sein.

Wer ständig unter Stress steht, gleichzeitig kaum Zeit für körperliche Bewegung findet, vielleicht dazu noch raucht, zu viel und zu fett isst und reichlich Alkohol trinkt, muss damit rechnen, dass das »ungesunde« Leben nicht ohne Folgen bleibt. Die genannten Risikofaktoren erhöhen allerdings nur die Gefahr, an Bluthochdruck zu erkranken – seine eigentliche Ursache sind sie aber nicht. Bei 90 Prozent der Menschen, die an Bluthochdruck erkranken (Hypertoniker) kann die Medizin bisher zwar die Risikofaktoren, aber noch keinen eindeutigen Grund benennen.

SYMPTOME

Die ersten Zeichen der Krankheit sind für den Betroffenen oft nicht bemerkbar, da sich ein hoher Blutdruck (Hypertonie) schleichend einstellt. Erkannt wird die Krankheit daher in der Regel über den Wert, den ein Blutdruckmessgerät übermittelt: Bei mehr als 160/95 mmHg (Millimeter Quecksilber/Durchschnittswert bei unterschiedlichen Messungen) ist das Krankheitsbild eindeutig und behandlungsbedürftig. Typische Anzeichen: Schwindel, Sehstörungen, Atemnot und Kopfschmerzen.

Ursache oft noch unklar – Risikofaktoren wohl bekannt

In den meisten Fällen beruht Bluthochdruck auf einer gestörten Funktion der kleinen Blutgefäße, die die Organe mit Blut versorgen. Sie verengen sich anhaltend. Damit dennoch genügend Blut durch sie hindurch fließen kann, muss der Druck erhöht werden, mit dem das Blut über die Pumpleistung des Herzens durch den Körperkreislauf transportiert wird. Also schlägt das Herz mit größerer Kraft, und der Blutdruck steigt. Bleiben die kleinen Gefäße dauerhaft verengt, bleibt auch der Blutdruck dauerhaft erhöht. Bei etwa 90 Prozent der Menschen, die unter einem Bluthochdruck leiden, kennt man die Ursache einer solchen krankhaften, dauerhaften Blutgefäßverengung nicht. Etwa zehn Prozent leiden an einer Grundkrankheit, deren Folge wiederum Bluthochdruck ist.
Solche Grundkrankheiten sind bestimmte Nieren- oder Herzerkrankungen, eine Schilddrüsenüberfunktion, Tumoren der Nebennieren, angeborene Stoffwechselerkrankungen oder Schäden, die im Spätstadium einer Zuckerkrankheit auftreten.

Nur bei circa fünf bis zehn Prozent der Kranken lässt sich die Ursache für Hypertonie diagnostizieren (sekundäre Hypertonie). Bei 90 bis 95 Prozent aller Patienten bleibt die Ursache unbekannt (primäre oder essenzielle Hypertonie).

Schwangere sollten vorsichtig sein

Etwa zehn Prozent aller schwangeren Frauen leiden in der zweiten Schwangerschaftshälfte an einem zu hohen Blutdruck. Er beruht auf einer vorübergehenden Störung der Nierenfunktion in der Schwangerschaft, äußert sich oft in »geschwollenen« Beinen und verschwindet in der Regel nach der Geburt des Kindes wieder. Dennoch ist Vorsicht geboten: Es kann zu einer Verschlimmerung der Beschwerden mit Krämpfen und Sehstörungen kommen. Um eine Gefährdung von Mutter und Kind zu vermeiden, ist ärztliche Kontrolle unbedingt geboten.

Achtung!
Hypertonie im Verlauf einer Schwangerschaft ist sowohl für die werdende Mutter als auch das Kind ein gesundheitliches Risiko. Beraten Sie sich eingehend mit Ihrem Arzt.

Die Risikofaktoren

Vor allem reichliches und fettes Essen und das daraus resultierende Übergewicht, Rauchen, Alkohol sowie Bewegungsmangel sind Faktoren, die zu hohen Blutdruck und vor allem das Entstehen von so genannten Folgekrankheiten des Bluthochdrucks (zum Beispiel Arteriosklerose und Herzinfarkt) begünstigen. Stress, Frust und Angst sorgen für hohe Adrenalinausschüttungen; diese wiederum erhöhen automatisch den Blutdruck.

Das Risiko des Bluthochdrucks steigt mit zunehmendem Alter deutlich an: Bis zum 35. Lebensjahr sind rund zehn Prozent, ab dem 65. Lebensjahr rund 25 Prozent davon betroffen.

Bluthochdruck kann auch durch bestimmte Medikamente ausgelöst oder verschlimmert werden. Dazu gehört zum Beispiel die »Pille«, manche Hustensäfte und kortisonhaltige Präparate. Wenn Sie unter Bluthochdruck leiden, sollten Sie vor jeder Medikamenteneinnahme Rücksprache mit Ihrem Arzt nehmen.

Volkskrankheit Bluthochdruck

Etwa 20 Prozent der deutschen Bevölkerung leiden unter Bluthochdruck. Wahrscheinlich ist die »Dunkelziffer« aber noch einmal doppelt so hoch. Das Heimtückische an der Krankheit ist, dass sie sehr lange keinerlei Beschwerden verursacht. Meist wird eine Erkrankung erst offenbar, wenn sie bereits zu schweren Schäden an Herz und Kreislauf geführt hat.

Gefährliche Folgen

Auf ein dauerhaftes Verengen der Blutgefäße reagiert das Herz mit verstärkter Pumpleistung, um mit verstärktem Druck dennoch eine ausreichende Blutmenge durch das Kreislaufsystem zu transportieren. Der so gestiegene Druck bringt einen Teufelskreis in Gang: Immer größer wird die Kraft, die das Herz aufbringen muss, um das Blut gegen den gestiegenen Druckwiderstand voranzutreiben. Schließlich nimmt es vor »Überanstrengung« schweren Schaden. Auch die Blutgefäße werden durch den dauerhaft zu hohen Innendruck nachhaltig schwer geschädigt, was eine Kette von zum Teil lebensbedrohlichen Folgekrankheiten nach sich ziehen kann: Arteriosklerose (Arterienverkalkung), Schlaganfall, Herzkranzgefäßerkrankungen und Herzinfarkt, Nierenversagen, Augenschäden.

Achtung!
Ist der Blutdruck über einen längeren Zeitraum erhöht, besteht die Gefahr, einen Gehirnschlag, Herz- oder Nierenerkrankungen, Gefäß- oder Augenschäden zu erleiden.

Die Sache mit dem Salz

Kochsalz enthält, wie der chemische Name Natriumchlorid verrät, das Element Natrium. Natrium spielt eine große Rolle bei der Verengung der Blutgefäße – und eine dauerhafte Verengung der kleinen Blutgefäße im Kreislaufsystem zeichnet verantwortlich für einen hohen Blutdruck.

Neuere Untersuchungen konnten nicht bestätigen, dass Kochsalz immer an der Entstehung von Bluthochdruck beteiligt ist. Die meisten Menschen können Salz essen, ohne dass der Blutdruck dadurch steigt. Wenn Sie Zweifel haben, ob Sie dazu gehören, lassen Sie vom Arzt testen, ob Salz bei Ihnen blutdruckerhöhend wirkt. Sollte Ihr Blutdruck auf Salz reagieren, sparen Sie daran beim Würzen und vermeiden Sie salzhaltige Lebensmittel. Durch eine hohe Kalziumaufnahme können Sie den Blutdruck günstig beeinflussen. Die höchsten Kalziumwerte haben Lebensmittel aus Milch!

DURCHSCHNITTLICHE BLUTDRUCKWERTE (gemessen in der Armbeuge)

Alter	Systolischer Druck	Diastolischer Druck
Neugeborene	60–80	keine Wertangaben möglich
Säuglinge	80–85	keine Wertangaben möglich
bis 10 Jahre	85–100	keine Wertangaben möglich
10 bis 30 Jahre	120	80
30 bis 50 Jahre	125	85
40 bis 60 Jahre	135	90
über 60 Jahre	150–160	90–95

Zur regelmäßigen Blutdruckkontrolle empfiehlt es sich gegebenenfalls, sich ein Messgerät anzuschaffen. Die Kosten werden in der Regel von der Krankenkasse übernommen, wenn das Gerät ärztlich verordnet wurde. Ihr Arzt kann Sie dabei beraten und Ihnen Funktionsweise und Anwendung erklären.

Behandeln heißt vor allem selbst handeln

Eine Blutdruckerhöhung verläuft zunächst symptomlos. Wenn Sie den Bluthochdruck »spüren«, ist es oft schon zu Folgeschäden gekommen. Deshalb die Empfehlung: Kontrollieren Sie Ihren Blutdruck regelmäßig.
Stellt der Arzt einen Bluthochdruck fest, wird er, unabhängig davon, ob er gleichzeitig Medikamente verordnet, immer dringend empfehlen: »Ändern Sie Ihre Lebensweise!«

Verzicht auf Alkohol und Nikotin

Auch wenn es Ihnen schwerfällt – Sie sollten das Rauchen reduzieren oder besser aufgeben! Rauchen ist einer der Hauptrisikofaktoren für Arteriosklerose und Herzinfarkt.

Und auch Ihren Alkoholkonsum sollten Sie einschränken. Wenn Sie gerne Rotwein trinken, bevorzugen Sie Qualität statt Quantität.

Bewegung ist wichtig

Bewegen Sie sich mehr. Treiben Sie mehrmals pro Woche Sport, z. B. ein mäßiges Ausdauertraining wie Joggen, Schwimmen, Radfahren. Auch Gymnastik, Tanzen und Wandern sind geeignet. Mäßige, aber regelmäßige Bewegung kann den Blutdruck deutlich senken. Vermeiden Sie aber jeden Leistungssport.

Die richtige Ernährung

So können Sie vorbeugen

- **Übergewicht reduzieren**
- **Regelmäßig Sport treiben**
- **Ausreichend schlafen**
- **Stress vermeiden**
- **Auf Alkohol und Nikotin verzichten**
- **Tierische Fette und Salz vermeiden**
- **Auf kaliumreiche Ernährung umstellen**

Essen Sie weniger tierische Fette, z. B. Butter, Sahne, Käse, Speck, Wurst. Sie enthalten nicht nur reichlich Kalorien, sondern auch zuviel Cholesterin. Cholesterin trägt wesentlich zur Entstehung der Arteriosklerose bei.

Wenn Sie Fleisch essen, dann bevorzugen Sie magere Sorten.

Falls Sie auf Salz reagieren, würzen Sie sparsamer mit Salz oder verwenden Sie natriumarme Salze (z. B. Sinasalz). Essen Sie möglichst viele kalziumhaltige Lebensmittel: Milchprodukte, Nüsse, Kohl oder Petersilie.

Auch eine kaliumreiche Ernährung ist empfehlenswert: Im Gegensatz zu Natrium, das im Kochsalz enthalten ist und das Wasser in den Zellen bindet, mobilisieren hohe Kaliummengen den Wasserabtransport. Weniger Flüssigkeit im Blut bedeutet auch weniger Druck. Viel Kalium ist enthalten in Bohnen und anderen Hülsenfrüchten, Blattgemüse, Kresse, Tomaten, Kartoffeln, Feigen, Datteln, getrockneten Aprikosen und Bananen.

Ihr Speiseplan sollte so bemessen sein, dass Sie nicht zunehmen oder sogar bestehendes Übergewicht reduzieren.

Stress vermeiden!

Wer seinen Bluthochdruck auf Dauer senken will, muss lernen, nicht unter dauerndem Stress zu leben. Zugegeben, das klingt leichter als es ist, aber versuchen Sie sich von unnötigen Belastungen und selbst gesetzten Verpflichtungen zu befreien. Mindern Sie Ihren eigenen Leistungsdruck.

Wenn Sie viel managen müssen, delegieren Sie Verantwortung. Suchen Sie sich ein neues Hobby, das Ihnen eine stressfreie Beschäftigung bietet. Entspannen Sie sich häufiger. Wenn Ihnen dies auf sich alleine gestellt nicht gelingt:

Besuchen Sie ein Biofeedback-Training. Dort werden Entspannungstechniken unter therapeutischer Anleitung erlernt. Erkundigen Sie sich bei Ihrer Kasse nach dem Kursangebot.

Medikamente nur vom Arzt

Es gibt eine Vielzahl sehr gut wirksamer Medikamente zur Behandlung einer Hypertonie. Welches Präparat das Richtige ist, entscheidet der Arzt nach gründlicher Untersuchung. Infrage kommen unter anderem gefäßerweiternde und/oder harntreibende Wirkstoffe sowie solche, die das Herz entlasten.
Grundsätzlich gilt: Blutdrucksenkende Medikamente (Antihypertensiva) dürfen nicht abrupt absetzt werden. Dies könnte einen plötzlichen Blutdruckanstieg bewirken.

Kohlensäurebäder (Apotheke) weiten die Blutgefäße. Der Druck im Adernetz sinkt. Fragen Sie jedoch vorher Ihren Arzt.

Knoblauch und andere pflanzliche Heilmittel

Knoblauch ist ein altes Heilmittel, das unter anderem die Durchblutung fördert. Um Wirkung zu erzielen, müssen nicht nur ein paar Zehen gegessen werden, sondern ganze Knollen. Wer's weniger würzig und geruchsärmer liebt, sollte auf Knoblauchpräparate zurückgreifen (in der Apotheke erhältlich).
Sie können auch Knoblauchschnaps aus 50 Gramm Knoblauch auf 100 Milliliter 42-prozentigem Alkohol herstellen (Zehen in Alkohol zwei Wochen ziehen lassen, dann Zehen zerquetschen, mit Papierfilter abseihen). Den Schnaps tropfenweise (20 Tropfen jeweils mittags und abends) einnehmen.

Versuchen Sie Arzneimittelkombinationen

- Weißdorn, Knoblauch und Mistel
- Rauwolfia-Wurzel und Maiglöckchen (z. B. Raucolyt)

Weißdornpräparate und Weißdorntee senken die Pulsfrequenz und mindern den Blutdruck. Teezubereitung: Zwei Teelöffel Blüten und Früchte (Apotheke) mit einer Tasse kochendem Wasser brühen, nach zehn Minuten abseihen.
Misteltees und Misteltropfen (aus der Apotheke) verringern die Spannung der Blutgefäßmuskeln (Anleitungen auf handelsüblichen Präparaten unbedingt beachten).

Knoblauch hält die Adern frei, reguliert die Blutfette und verdünnt das Blut. Dadurch ist er ganz besonders geeignet, um hohem Blutdruck vorzubeugen oder einen bereits bestehenden Bluthochdruck zu senken.

Adressen

Deutsche Liga zur Bekämpfung des hohen Blutdrucks, Berliner Straße 46, 69120 Heidelberg, Telefon: 06221/474800 (Herz-Kreislauf-Telefon), Fax: 06221/402274

Ständig ohne Power

»The German disease«, die deutsche Krankheit, so nennen die Engländer den Blutunterdruck. Sie finden, das sei keine Krankheit, sondern eine gute Fügung des Schicksals. Menschen mit Blutunterdruck leben meist sehr lang.

Blutunterdruck führt zu Leistungs- und Konzentrationsschwäche. Vor dem Aufstehen – Kreislauf »ankurbeln«: Fünf Minuten Gymnastik können schon ausreichen.

Eine Regulationsstörung im Kreislaufsystem

Niedriger Blutdruck ist eigentlich eine gestörte Balance zwischen der Pumpkraft des Herzens und dem Querschnitt der Blutgefäße. Komplizierte Regulationskreise im Körper sorgen normalerweise dafür, dass einem Blutdruckabfall im Körper durch eine erhöhte Pumpleistung des Herzens und eine Verengung der Blutgefäße entgegengewirkt wird: Wird mehr Blut durch die engeren Gefäße getrieben, steigt der Druck. Diese in Sekundenschnelle ablaufende Regulation ist bei einem Menschen mit Blutunterdruck gestört, oft verläuft sie stark verzögert. Der niedrige Blutdruck ist meist konstitutionell bedingt und betrifft schlanke, hochgewachsene Menschen. In seltenen Fällen sind Herzerkrankungen und hormonelle Störungen verantwortlich. Auch Medikamente mit bluthoch-

drucksenkender Wirkung können für einen niedrigen Blutdruck verantwortlich sein.
Ein Ausfall der blutdruckregelnden Körperreflexe kann zudem durch eine Zuckerkrankheit (Diabetes mellitus) verursacht werden. Schließlich können starke Blutverluste nach Operationen oder Unfällen sowie ein Schock einen plötzlichen niedrigen Blutdruck verursachen.

SYMPTOME

Schwarzwerden vor den Augen, kalte Hände und Füße, Schweißausbrüche, eingeschränkte Leistungsfähigkeit, Konzentrationsstörungen, häufiges Gähnen, Antriebsschwäche, Mattigkeit und Müdigkeit. Blutunterdruck (Hypotonie) beginnt im Durchschnitt bei Frauen unter 100/80 mmHg, bei Männern unter 110/80 mmHg.

Sauerstoffmangel im Gehirn

Eine Auswirkung des niedrigen Blutdrucks (Hypotonie) ist unter anderem: Das Gehirn wird zu gering durchblutet, es entsteht Sauerstoffmangel. Deshalb kommt es zu Schwindel, Ohnmacht, Leistungsabfall oder Konzentrationsschwäche.
Am deutlichsten wird der niedrige Blutdruck nach abruptem Aufstehen aus der Sitz- oder Liegeposition. Dann fließt das Blut vermehrt in die Beine und der Blutdruck im Oberkörper sinkt deutlich ab. Während das Herz bei einem gesunden Menschen mit einer ungestörten Blutdruckregulation den sinkenden Druck sofort durch vermehrte Leistung ausgleicht, bleibt diese Anpassung beim Hypotoniker aus oder erfolgt verzögert. Der Druck fällt dementsprechend so tief, dass er nicht mehr genügt, das Blut aus den Beinen über die Venen wieder »nach oben«, zurück zum Herzen, zu drücken. Es versackt gewissermaßen in den unteren Körperregionen.

Niedriger Blutdruck ist nicht immer spürbar. Rund 2,5 Millionen Menschen in der Bundesrepublik sind davon betroffen. Niedriger Blutdruck ist, wenn er keine Beschwerden bereitet, beinahe ein Glücksfall: Menschen mit Blutunterdruck haben eine überdurchschnittlich hohe Lebenserwartung.

Gefahr in der Schwangerschaft

Eine Gefahr besteht, da ein niedriger Blutdruck zu Veränderungen im Mutterkuchen führen kann. Bekommt das Baby hierdurch nicht genug Sauerstoff, kann es schwere Schäden davontragen. Eine regelmäßige ärztliche Überwachung und gegebenenfalls eine Therapie sind daher notwendig.

Trainieren Sie Ihren Kreislauf

Wenn der Arzt festgestellt hat, dass Ihren Beschwerden ein konstitutionell bedingter Blutunterdruck zu Grunde liegt, sind meist keine Medikamente zur Behandlung erforderlich.

Von der Arzneimittelkommission der Deutschen Ärzteschaft wird folgendes Trainingsprogramm empfohlen:
- **Wassertreten**
- **Kneippgüsse**
- **Wechselduschen**
- **Atemgymnastik**
- **Regelmäßig Sport treiben, z. B. Schwimmen**

Das bringt den Kreislauf in Schwung

• Treiben Sie Sport – langsam gesteigertes Ausdauer- und Krafttraining sind sehr hilfreich.

• Machen Sie im Bett vor dem Aufstehen fünf Minuten Gymnastik: Radfahren, Beugen und Strecken der Arme. Bleiben Sie dabei liegen.

• Duschen Sie erst warm, zum Abschluss aber immer kalt. Massieren Sie dabei den Körper mit einem rauen Schwamm (Luffa) oder einer Bürste. Wenn Sie tagsüber matt werden: Spritzen Sie sich kaltes Wasser ins Gesicht. Im Winter: Nehmen Sie lockeren Schnee in die Hände und tupfen Sie damit Ihr Gesicht ab.

• Hilfe bringen tagsüber auch kalte Armbäder (20 Sekunden lang eintauchen). Kneifen Sie sich, wenn Sie Müdigkeit überfällt. Dieser alte Autofahrertrick vertreibt den Schlaf. Der spontane Schmerzreiz bringt Ihren Kreislauf in Schwung.

• Kopfrechnen fördert die Durchblutung des Gehirns. Wenn Sie an der Kasse des Supermarkts stehen, rechnen Sie einmal aus, was bei der Kassenrechnung rauskommen wird.

• Kneippsche Anwendungen wie Wassertreten und Bäder bringen Sie auf Trab. Versuchen Sie ansteigende Fußbäder mit steigender Wassertemperatur von 35 °C auf 42 ° C in 20 Minuten. Zusätze mit Rosmarinöl steigern die Wirkung.

• Gehen Sie in die Sauna, nehmen Sie aber sicherheitshalber eine Begleitperson mit. Wichtig: Lassen Sie sich Zeit, um ins Schwitzen zu kommen. Wenn Sie danach Durst haben, verzichten Sie auf Alkohol. Dieser wirkt blutdrucksenkend.

• Stellen Sie Ihr Bett am Kopfteil auf Ziegelsteine oder auf sehr dicke Holzklötze. Wenn Ihr Kopf etwa 20 Zentimeter höher liegt als die Füße, muss das Herz mehr Kraft aufwenden, um das Blut in den Kopf zu pumpen. Diese Anstrengung trainiert den Herzmuskel, mehr zu leisten.

Kaffee und kleine Mahlzeiten

Verteilen Sie die Mahlzeiten besser über den Tag. Statt dreimal sollten sie fünfmal essen. Aber essen Sie dafür jeweils weniger.

Dadurch wird der Magen entlastet und Sie sind nach dem Essen nicht mehr so müde.
Wenn Sie schlecht aus dem Bett kommen: Lassen Sie sich einen Kaffee bringen. Koffein wirkt sofort und beschleunigt Ihre Herzleistung.

Ein Nickerchen in Ehren ...

... aber nur, wenn daraus keine stundenlange Siesta wird. Zu niedriger Blutdruck führt oft nach dem Mittagessen zu einem Leistungstief. Bevor Sie unkonzentriert werden, legen Sie sich hin. Aber stellen Sie den Wecker. Mehr als eine halbe Stunde ist nicht nötig.

Aromatherapie

Düfte lösen über das limbische System im Gehirn direkte Körperreaktionen aus.
Die Aromen bestimmter ätherischer Öle, wie Zitrusöle oder Orangenduft, wirken sehr anregend. Ebenso wirken Mischungen, beispielsweise Ylang-Ylang oder Muskatellersalbei und Rosmarin. Sie sollen gewissermaßen den Körper »in Spannung« versetzen. Die Stimulanz kann über das Einatmen erfolgen. Dabei werden die Aromamoleküle von der Nase aufgenommen. Direkte Einwirkung über die Haut erfolgt durch Bäder und Massage. Vorsicht: nicht überdosieren. Damit erreichen Sie das Gegenteil. Auch Allergiker sollten Vorsicht walten lassen.
Anwendungen mit Rosmarin (in Naturkosmetikläden, der Apotheke oder Drogerie erhältlich) sind als Zusatz zum Vollbad oder als Tee sehr gut geeignet.

Was Sie sonst noch tun können

- **Nehmen Sie sich am Morgen Zeit zum Aufstehen**
- **Trinken Sie eine Tasse Kaffee oder schwarzen Tee, um den Blutdruck zu heben**
- **Trinken Sie viel – alkoholfreie – Flüssigkeit**

HOMÖOPATHIE

Medikament	Potenz	deutsche Bezeichnung	Dosis	Anwendung
Calcium carbonicum Hahnemanni	D6	Kalziumkarbonat	3-mal täglich 3 Globuli	Zur Stärkung der Konstitution
Kalium carbonicum	D6	Kaliumkarbonat	3-mal täglich 3 Globuli	Zur Stärkung der Konstitution

Oft der Grund für Husten

Bei einer Bronchitis verkleben die feinen Flimmerhärchen der Bronchien (oben). Dadurch entsteht der Hustenreiz. Linderung verschafft ein Saft aus schwarzem Winterrettich und Kandiszucker.

Sie bezeichnen es als Husten. Häufigdiagnostiziert der Arzt dann eine Bronchitis, eine Entzündung der oberen Atemwege. Sie geht mit Hustenreiz und oft auch einem weißlichen bis grünlichen Auswurf einher. Eine akute Bronchitis ist bei Kindern und Jugendlichen eine der häufigsten Erkrankungen. Sie dauert etwa 14 Tage und sollte vollständig auskuriert werden. Andernfalls kann daraus leicht eine chronische Krankheit werden.

SYMPTOME

Erst kitzelt und kratzt es im Hals, dann folgt ein trockener Husten, der nach einigen Tagen lockerer wird. Beim Husten können Schmerzen hinter dem Brustbein entstehen. Meist von Fieber und anderen Erkältungssymptomen begleitet. Typisches Kennzeichen einer schweren Bronchitis: schleimiger Auswurf beim Husten.

Erst Viren, dann Bakterien

Die Bronchitis wird meist von Viren verursacht, zum Beispiel von Grippeviren, die in der Regel auch für vorausgehenden Schnupfen und Halsschmerzen verantwortlich sind. Seltener sind hingegen Bakterien direkt für die Entzündung der Bronchien maßgeblich, aber sehr oft befallen Bakterien die von den Viren bereits vorgeschädigte Bronchienschleimhaut und verschlimmern die Entzündung somit erheblich. Die Bronchialschleimhäute schwellen an und geben mehr Sekret ab. Die Absonderungen können von den feinen Flimmerhärchen der Bronchien nicht mehr befördert werden, sie verkleben. Dadurch entsteht der Hustenreiz. Der Auswurf ist zunächst eher glasig oder schleimig, bei einer schweren bakteriellen Infektion kann er auch eitrig sein und ist dann gelblich grün.

Bei weißlichem oder gelblichem Auswurf: **Arzt aufsuchen. Er verordnet dann meist schleimlösende Mittel und gegebenenfalls ein Antibiotikum, das gegen eine bakterielle Infektion hilft.**

Winterzeit – Hustenzeit

Die Bronchitis ist eine typische »Winterkrankheit«. Die oftmals trockene Heizungsluft in den Räumen greift die Schleimhäute der oberen Atemwege an, mangelnde Abhärtung schwächt die Abwehrkräfte zusätzlich – Viren und Bakterien können leichter »zuschlagen«. Säuglinge, alte und kranke Menschen sind besonders gefährdet.

Das hilft bei Husten

Eine akute Bronchitis zeigt spätestens nach einer Woche Besserungserscheinungen.

Wenn Ihr trockener Husten länger anhält, Sie noch immer Fieber haben oder unter Atembeschwerden leiden, müssen Sie zum Arzt, damit die Bronchitis nicht chronisch wird oder die Entzündung auf die Lunge übergreift.

Wann sollten Sie Ihren Arzt aufsuchen?

- **Wenn der Husten schlimmer wird oder nach einer Woche noch keine Besserung eingetreten ist**
- **Bei Fieber**
- **Wenn Sie Blut husten**
- **Wenn Sie Atembeschwerden haben**

Der beste Schutz – Abhärtung

- Nach jedem Voll- oder Brausebad kalt abduschen.
- Gehen Sie oft spazieren, auch im Winter. Treiben Sie viel Sport im Freien, auch in der kalten Jahreszeit.
- Ziehen Sie sich nicht zu warm an. Vermeiden Sie auch nachts übertriebenes Zudecken. Zu warm verpackt schwitzen Sie leicht, dann besteht erst recht Erkältungsgefahr.

- Achten Sie auf eine vitaminreiche Kost. Besonders viel Vitamin C wappnet Sie im Vorfeld gegen Infektionen und Erkältungskrankheiten.
- Stabilisieren Sie Ihr Immunsystem mit Verstärkern, z. B. Echinazin (in der Apotheke erhältlich).

Als Erstes – schonen

Wenn es Sie trotzdem erwischt hat, baden Sie heiß, trinken Sie einen Holunder- oder Lindenblütentee, legen Sie sich gut zugedeckt ins Bett und schwitzen Sie. Das ist nicht nur heilsam, sondern schafft auch Abwehrkräfte gegen die nächste Grippewelle. Und auch in den nächsten Tagen gilt: Wenn Sie sich elend fühlen, schonen Sie sich und legen Sie sich ins Bett.

Holunderblütentee regt die Abwehrkräfte an und stärkt das Immunsystem gegen die nächste Grippewelle.

Möglichst viel trinken …

… vor allem in kleinen Schlucken. Die vermehrte Flüssigkeit hilft, den Schleim in den Bronchien zu verflüssigen, sodass er sich leichter abhusten lässt. Es kommt daher eigentlich gar nicht so sehr darauf an, was Sie trinken. Tees aus einer Mischung von Fenchel und Anis oder dem Extrakt der Ipecacuanhawurzel sind besonders empfehlenswert.

Feuchte Luft tut gut

Feuchte Luft mindert den Hustenreiz. Hängen Sie ein feuchtes Handtuch neben das Bett, stellen Sie Verdampfer auf die Heizung oder besorgen Sie sich einen Luftbefeuchter. Feuchtwarme Brustwickel – wer kennt sie nicht aus Kindertagen – bewähren sich gut. Reiben Sie sich die Brust mit handelsüblichen Salben ein, z. B. Pinimenthol, Bronchicum Balsam.

Besonders geeignet, wenn Sie einschlafen wollen: ein Heublumensack. 30 Minuten über Wasserdampf erhitzen, 40 Minuten auf die Brust legen und mit einem Handtuch abdecken.

Teebaumöl und andere ätherische Öle

Teebaumöl kann die Bronchitis lindern. Sie können mit fünf Tropfen Öl ein Vollbad nehmen, oder mit fünf Tropfen in einer Schüs-

sel heißem Wasser inhalieren. Effektiv sind Einreibungen mit drei Tropfen Teebaumöl, das sie mit einem Teelöffel Oliven- oder Avocadoöl verlängern können.
Wirksam sind auch einige Tropfen Teebaumöl, wenn sie direkt auf ein Taschentuch geträufelt werden. Damit können Sie auch unterwegs mehrfach inhalieren.
Zum Einreiben von Brust und Rücken eignen sich ätherische Öle wie Eukalyptus-, Kiefern- und Fichtennadelöl. Vorsicht: Nicht bei Säuglingen verwenden.

Ein wirksamer Hustentee
30 Gramm Thymiankraut, 15 Gramm Spitzwegerichkraut, je zehn Gramm Fenchel, Isländisches Moos und Süßholzwurzel mit einer Tasse heißem Wasser überbrühen; zehn Minuten ziehen lassen, abseihen. Mehrmals täglich eine Tasse frisch zubereiteten Tee trinken.

Rauchen verschlimmert die Bronchitis

Versuchen Sie im Falle einer Bronchitis unbedingt das Rauchen einzustellen. Die Chancen, die Bronchitis schnell zu überstehen, steigen rapide. Andernfalls nimmt die Gefahr zu, dass aus der akuten eine chronische Bronchitis wird.
Wenn Sie Nichtraucher sind, machen Sie einen großen Bogen um Raucher oder Örtlichkeiten mit hoher Rauchbelastung. Passives Rauchen kann nachweislich zu einer Bronchitis reizen.

Husten kann zur Gewohnheit werden

Wer gerade einen heftigen Husten hatte, reagiert oft noch lange auf den kleinsten Reiz – sozusagen aus Gewohnheit – überempfindlich. Kontrollieren Sie, ob der Husten berechtigt ist, ob also beim Husten Schleimpartikel aus der Lunge befördert werden. Ist Ihr Husten »unproduktiv« und mehr ein verunglücktes Räuspern, z. B. im Theater oder Kino, können Sie mit einem Hustenblocker den Reiz dämpfen.

HOMÖOPATHIE

Medikament	Potenz	deutsche Bezeichnung	Dosis	Anwendung
Aconitum	D6	Eisenhut	3-mal täglich 3 Globuli	Bei bellendem, schmerzhaftem Husten
Drosera Pentarkan®		Stechapfel-Kombi-Präparat		laut Packungsbeilage
Hepar sulfuris	D14	Kalkschwefelleber		Bei eitriger Bronchitis

Zu viel Fett im Blut

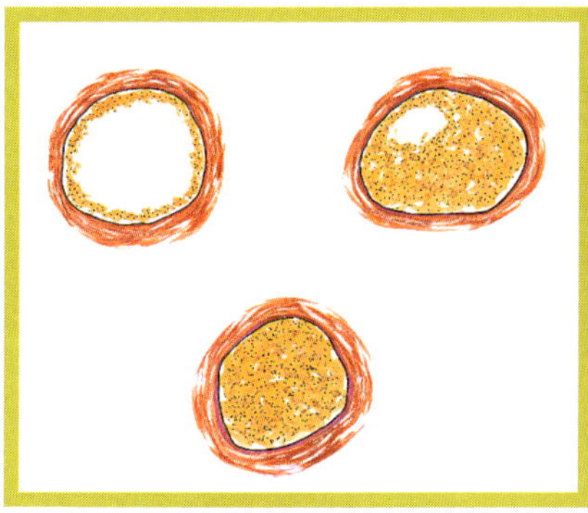

Vor allem tierische Nahrungsmittel – Fleisch, Wurst, Eier, Milchprodukte und Krustentiere – lassen den Cholesterinspiegel ansteigen. Die Folge: Gefäßverengungen, Herzinfarktgefahr!

Der Cholesterinspiegel im Blut ist ein wichtiger Parameter für Ihre Gesundheit und dafür, wie vernünftig Sie sich ernähren. Tückisch: Ein gesundheitsschädlich hoher Cholesterinspiegel äußert sich lange nicht durch körperliche oder psychische Beschwerden. Lediglich eine Blutuntersuchung offenbart, ob die Cholesterin- und Fettwerte (Triglyzeride) im Blut zu hoch sind.

Zu viel Cholesterin kann zu Arteriosklerose führen

Arteriosklerose ➳ Seite 28

Ärzte und Ernährungswissenschaftler vermuten, dass zu fettes Essen (vor allem tierische Nahrungsmittel, also Fleisch, Krustentiere, Eier und Milchprodukte) den Cholesterinspiegel ansteigen lässt und dadurch die Entstehung einer Arteriosklerose auslöst. Bei dieser Krankheit lagert sich mit dem Alter fortschreitend herdförmig und polsterartig eine Fettschicht (Plaque) an den Innenwänden der Arterien ab, die das Blutgefäß einengt und dadurch den Blutfluss behindert. In die Fettpolster wird zudem Kalk eingelagert. Die Blutgefäßwand nimmt an solchen Stellen schwe-

ren Schaden. Es bilden sich Blutgerinnsel (so genannte Thromben), die das Gefäß noch weiter einengen oder gar ganz verschließen. Die von einem derart verengten Gefäß versorgten Organe erhalten entsprechend nicht mehr genügend Blut. Sind die Herzkranzgefäße – sie versorgen den Herzmuskel – davon betroffen, erhält das Herz zu wenig Sauerstoff. Es droht ein lebensgefährlicher Herzinfarkt. Rund 30 Prozent aller Todesfälle in der westlichen Welt sind auf einen Herzinfarkt zurückzuführen. Er ist damit die häufigste Todesursache.
Nicht nur die Ernährung, auch Leber-, Schilddrüsen- und Nierenerkrankungen oder eine Zuckerkrankheit (Diabetes mellitus) können für einen hohen Cholesterinspiegel verantwortlich sein. Seltener ist dagegen die erbliche Anlage für hohe Blutfettwerte, die so genannte familiäre Hypercholesterinanämie.

»Gutes« und »böses« Cholesterin

Der Grenzwert für den Gesamtcholesteringehalt im Blut liegt bei 200 Milligramm pro Deziliter plus einem Alterszuschlag in Höhe der Lebensjahre. Bei einem 60-jährigen Patienten darf der Wert also maximal 260 Milligramm pro Deziliter betragen. Cholesterinwerte, die über diesen Richtwerten liegen, sind entsprechend gesundheitlich bedenklich.
Allerdings ist Cholesterin nicht gleich Cholesterin. Im Blut wird das Cholesterin an Eiweiß (Protein) gebunden befördert; dabei unterscheidet man zwei Formen: das so genannte LDL (Low-Density-Lipoprotein) und das HDL (High-Density-Lipoprotein).
In der LDL-Form, die auch als »böses« Cholesterin bezeichnet wird, lagert sich das Cholesterin an den Gefäßinnenwänden an. Ein Zuviel der LDL-Form führt zu den Schäden und Einengungen der Blutgefäße. Der LDL-Wert im Blut sollte einen Wert von maximal 170 Milligramm pro Deziliter nicht überschreiten. In der HDL-Form, auch als »gutes« Cholesterin bezeichnet, kann das Cholesterin dagegen zur Leber abtransportiert und abgebaut werden. Seine Blutwerte sollten daher immer möglichst hoch sein. Das Risiko, an einer koronaren Herzerkrankung zu erkranken, sinkt um die Hälfte, wenn die HDL-Werte von 30 auf 60 Milligramm pro Deziliter steigen.
Werden die Blutfettwerte beim Arzt bestimmt, so sind dies entsprechend meist der LDL-Wert, der HDL-Wert und der Gesamtcholesterinwert (die Summe aus beiden), ferner in der Regel auch die Menge der so genannten Triglyzeride.

Ob die Triglyzeride zur Entstehung einer Arteriosklerose beitragen, ist bislang umstritten. Bei Personen, die an Diabetes mellitus (Zuckerkrankheit) leiden, implizieren erhöhte Triglyzeridwerte ein erhöhtes Gefäßrisiko. Außerdem beeinträchtigen deutlich erhöhte Werte die Bauchspeicheldrüse nachhaltig.

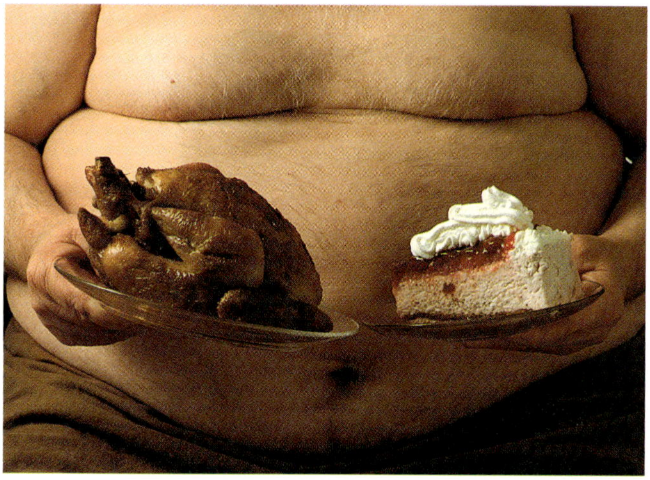

Auch wenn's schmeckt: Meiden Sie »Cholesterinbomben«!

Warum der Körper Cholesterin braucht

Ohne Cholesterin kommt unser Körper keinesfalls aus. Cholesterin muss jedoch nicht über die Nahrung aufgenommen werden. Die Leber stellt in der Regel ausreichende Mengen (ein bis zwei Gramm pro Tag) selbst her. Wird Cholesterin über die Ernährung zugeführt, reduziert die Leber die Cholesterinproduktion.

Cholesterin ist ein wichtiger Bestandteil der Zellmembranen und in allen Zellen des Körpers vorhanden. Im Fettstoffwechsel ist Cholesterin Ausgangsmaterial für Galle und Vitamin D sowie für Hormone der Keimdrüsen. Ist zu viel Cholesterin in der Galle, können sich Gallensteine bilden.

Wie oft kontrollieren?

Ein erhöhter Cholesterinspiegel wird meist zufällig entdeckt. Normalerweise sollte der Gesamtcholesteringehalt im Blut deshalb alle fünf Jahre kontrolliert werden. Unter Umständen ist sogar eine noch häufigere Kontrolle sinnvoll. Beim regelmäßigen Gesundheitscheck, den die Krankenkassen in der Regel kostenlos anbieten, gehört die Bestimmung des Gesamtcholesteringehalts zum Standardprogramm. Wenn bei der letzten Messung ein Wert von über 200 Milligramm pro Deziliter festgestellt wurde, ist Vorsicht geboten. Sofern Sie nicht unter einer Herzmuskelerkrankung leiden und von den Risikofaktoren – Übergewicht, Bluthochdruck, männliches Geschlecht, Rauchen, Diabetes mellitus – nur höchstens einen auf sich beziehen, genügt aber meist eine jährliche Überprüfung des Gesamtcholesterinwerts.

Ist bei Ihnen eine Herzmuskelerkrankung (z. B. Angina pectoris) diagnostiziert, haben Sie Werte über 240 Milligramm pro Deziliter, oder bestätigen Sie mehr als zwei Risikofaktoren, sollten auch Ihre LDL- und HDL-Werte bestimmt werden. Ist der LDL-Wert über 160 Milligramm pro Deziliter, der HDL-Wert jedoch unter 35 Milligramm pro Deziliter, sollten Sie unbedingt Ihre Ernährung umstellen. Eine häufigere Kontrolle nach Empfehlung des Arztes ist in diesem Fall zudem erforderlich.

Gesicherter Messwert

Die Diagnose »erhöhter Cholesterinwert« gilt erst dann als sicher, wenn mindestens drei Blutuntersuchungen im Abstand von einer oder mehreren Wochen erhöhte Werte erbracht haben. Vor der Untersuchung sollte man circa 15 Stunden nichts essen und keinen Alkohol zu sich nehmen.

Behandlung heißt vor allem, die Ernährung umzustellen

Generell ist zunächst Folgendes zu beachten: Personen, die das 65. Lebensjahr bereits überschritten haben und nicht an einer Herzkranzgefäßerkrankung (koronare Herzkrankheit) leiden, brauchen sich um ihre Cholesterinwerte nicht weiter zu sorgen; eine Ausnahme stellen lediglich extrem hohe Werte dar. Es gibt bislang keinerlei seriösen wissenschaftlichen Beleg dafür, dass eine Normalisierung der Cholesterinwerte, ob mit oder ohne Medikamente, die Lebenserwartung in diesem Alter erhöht. Was jedoch tun, wenn der Cholesterinwert, insbesondere der LDL-Wert, bereits vor Erreichen des 65. Lebensjahres bedenklich hoch ist? Erste Maßnahme ist dann immer, die Ernährung so umzustellen, dass sie möglichst cholesterinarm ist. Durch eine veränderte Ernährung können Cholesterinablagerungen, die noch nicht verkalkt sind, wieder zurückgehen.

Achtung!

Verschiedene Ernährungsempfehlungen werden heute von Ärzten und Wissenschaftlern äußerst differenziert und skeptisch beurteilt. Eine Umstellung ist daher nur nach einer eingehenden und individuellen Ernährungsberatung angezeigt.

Die richtige Ernährung

Grundsätzlich gilt: Meiden Sie tierische Fette. Wenn Sie auf Butter nicht verzichten wollen, dann verringern Sie die Menge oder sparen Sie Cholesterin an anderer Stelle. Bedenken Sie: Ein einziges Ei enthält so viel Cholesterin wie 100 Gramm Butter. Ein Ei pro Tag ist bereits zu viel. Bedenken Sie, dass bereits viele Lebensmittel mit Eiern zubereitet werden: Mehlspeisen, Knödel, viele Nachspeisen, Kuchen, Suppen, Saucen oder Gebäck.

Trinken Sie weniger Kaffee. Aus wissenschaftlichen Studien ergab sich ein Zusammenhang zwischen Kaffeegenuss und erhöhten Cholesterinwerten.

Bewegung und Sport regen den Abbau von Cholesterin an. Stressbedingte Hormonausschüttungen erhöhen die Cholesterinwerte im Blut.

Vergessen Sie auch die Sahne nicht, schließlich ist Sahne, ebenso wie Butter, aus Rahm hergestellt. Wenn Sie Öle benutzen, nehmen Sie solche mit einem hohen Gehalt an ungesättigten Fettsäuren. Aber Achtung: Wenn diese Öle unter Licht- und Sauerstoffeinfluss oxidieren, schaden sie.

Statt Fleisch empfiehlt es sich, vermehrt Fisch zu essen. Aber nicht jeder Fisch ist empfehlenswert.

Tiefseefisch enthält zwar die gesunden Omega-3-Fettsäuren, einige Seefische enthalten jedoch beachtliche Mengen Cholesterin.

Empfehlenswert sind (Cholesterinmenge in Milligramm je 100 Gramm): Rotbarsch 38, Heilbutt 41, Kabeljaufilet, paniert 45, Lachs 50, Seezunge 50.

Weniger zu empfehlen sind dagegen: Aal 164, Waller 150, Scholle, paniert 113, Makrele, geräuchert 105, Forellenfilet, geräuchert 89, Brathering 86, Karpfen 75.

Vorsicht auch bei Meeresfrüchten: Tintenfisch 275, Miesmuscheln 126, Austern 123, Shrimps 200.

CHOLESTERINGEHALTE (in Milligramm pro 100 Gramm)

Schweinehirn	2.550
Knochenmark	2.000
Eigelb	1.260
Leber	260–360
Niere	330
Bisquitgebäck	280
Butter	240
Nordseekrabben	144
Mayonnaise (80 Prozent)	142
Wild	110
Käse	70–112
Fleisch, mager	55–90
Quark (10–20 Prozent)	7–31
Ravioli in Tomatensauce	200
Sachertorte	180
Waffeln	206
Rührei	450
Camembert, gebacken	132
Cannelloni	202

Erfahrungen und Untersuchungen haben gezeigt, dass sich die Ernährung in den Mittelmeerländern auf die Lebenserwartung von Personen mit einem hohen Risiko, an Herz-Kreislauf-Krankheiten zu leiden, günstig auswirkt: viel Brot, Fisch, Obst und Gemüse sowie Olivenöl.

Sojabohnen, Molke und Knoblauch

Sojabohneneiweiß und Pektin (in grünen Äpfeln und Karotten) können die Cholesterinwerte um bis zu 15 Prozent senken.
Auch täglich eineinhalb Tassen gekochte Bohnen sollen den Wert um 20 Prozent senken können.
Trinkkuren mit Molke oder die Einnahme von Knoblauchkapseln können cholesterinsenkend wirken.

Medikamentöse Behandlung

Überschreitet der Cholesterinwert 250 Milligramm pro Deziliter erheblich und reduzieren auch Diät und Verhaltensänderung die Blutfette, insbesondere das LDL, nicht, dann kann der Arzt cholesterinsenkende Präparate verschreiben (z. B. Doulip, Normalip). Sie senken die Werte im Allgemeinen um etwa 30 Prozent. Fenofibrat und Bezafibrat erhöhen das »gute« Cholesterin, das HDL, um 35 Prozent.
Auch hohe Östrogengaben (zum Beispiel durch die »Pille«) erhöhen den Anteil der HDL-Anteile im Blut. Der Arzt entscheidet, ob ihre Einnahme zu empfehlen ist.
Bedenken Sie, dass eine medikamentöse Behandlung nur in Kombination mit einer Diät sinnvoll ist.

Achtung!
Medikamente zur Senkung der Blutfettwerte sollten stets nur in enger Absprache mit dem Arzt eingenommen werden. Zahlreiche Medikamente sind aufgrund ihrer gravierenden Nebenwirkungen, z. B. Leberschädigung, Schädigung des Magen-Darm-Trakts, nicht empfehlenswert.

CHOLESTERINSENKENDE MEDIKAMENTE

Medikamente zur Senkung eines erhöhten Cholesterinspiegels sind nur zusammen mit einer ausgewogenen Diät sinnvoll – und erst dann, wenn eine Diät allein keine Senkung bewirkt hat.

- Zu den wirkungsvollsten Mitteln zählen Colestyramin und Colestipol. Aufgrund ihrer Nebenwirkungen, insbesondere im Magen-Darm-Trakt, und komplizierter Einnahmeregeln werden diese Präparate allerdings nur selten verordnet.
- Enzymhemmer sind die Präparate Lovastatin, Pravastatin und Simvastatin. Sie blockieren ein Enzym, das der Körper zur Cholesterinproduktion benötigt. Bei einer Behandlung mit diesen Mitteln sind ärztliche Kontrollen unabdingbar: Wenn Leber- oder Muskelschädigungen auftreten, muss das Präparat sofort abgesetzt werden.
- Alle anderen im Handel befindlichen cholesterinsenkenden Mittel sind umstritten und ausdrücklich nicht empfehlenswert.

Lähmende Schwermut

Eine depressive Verstimmung ist ein meist nur vorübergehender Zustand der Niedergeschlagenheit. Eine echte Depression hingegen ist eine schwerwiegende Erkrankung, die sich in tiefer, anhaltender Resignation und fast völliger Teilnahmslosigkeit äußern kann. Einen »Rückzug in sich selbst«, so könnte man eine Depression nennen. Schwere Depressionen müssen immer von einem Arzt mit psychotherapeutischer Ausbildung behandelt werden.

Frauen leiden häufiger unter Depressionen als Männer. Mögliche Ursachen sind menstruationszyklusabhängige Hormonschwankungen und im Vergleich zu Männern vermehrt nach innen gerichtete Aggressionen.

SYMPTOME

Eine bedrückte Stimmungslage, die ohne konkreten Anlass länger als ein paar Tage anhält und die sich in einer zunehmend schwerwiegenden Beeinträchtigung des psychischen Empfindens äußert, bezeichnet man als Depression. Die Empfindungen reichen von tiefer Niedergeschlagenheit, über ein Gefühl der Leere und Sinnlosigkeit, Antriebsmangel und Selbstvorwürfen bis hin zu Minderwertigkeitskomplexen und völliger Teilnahmslosigkeit. In schweren Fällen können Selbstmordgedanken aufkommen. Auch so genannte psychosomatische Störungen sind typisch: Appetitmangel, Schlaflosigkeit, Verdauungsstörungen, Herzdruck. Liegt ein konkreter Anlass, wie ein menschlicher Verlust, die Kündigung des Arbeitsplatzes oder eine Krise, etwa eine Beziehungsstörung zum Partner, vor, ist eine solche niedergeschlagene Stimmung in der Regel vorübergehend und weniger schwerwiegend. Man spricht von einer depressiven Verstimmung oder Deprimiertheit. Eine »normale« Trauer kann aber fließend in eine Depression übergehen.

Ein »Abschied von der Sonnenseite« kann viele Gründe haben

Depressive Verstimmungen haben meist äußere Auslöser: Unvorhersehbare oder stark einschneidende Ereignisse, wie schwere menschliche Enttäuschungen, der Tod oder die Trennung von einem geliebten Menschen, aber auch Wut oder Aggressionen, die kein eigentliches Ziel haben oder dieses Ziel nicht treffen können und deshalb nach innen gerichtet werden.

Schließlich können auch völlige körperliche oder emotionale Erschöpfungen eine Depression auslösen. Der Betroffene gewinnt die Einsicht oder Überzeugung, mit der jeweiligen Situation nicht fertig zu werden, und reagiert mit Niedergeschlagenheit und schließlich einem Rückzug von der nicht zu bewältigenden »Außenwelt« in »sich selbst«. Der Antrieb, etwas zu ändern, wird immer geringer.

Depressive Menschen leiden häufig an unbewussten aggressiven Emotionen, die sich nicht explizit gegen jemanden bestimmten richten. Vielmehr finden Ärger, Enttäuschung, Verzweiflung, Wut oder Trauer keinen konkreten Adressaten. Die Aggression wendet sich somit gegen die eigene Person. Depressive können ihre schmerzhaften Emotionen in der Regel nicht dahin richten, wohin sie eigentlich gehörten.

Die »Winterdepression«

Vorübergehender Natur ist die so genannte Winterdepression, ein durch Dunkelheit im Herbst und Winter erzeugter Stimmungswandel, der sich in der Regel mit zunehmender Helligkeit im Frühjahr wieder bessert.

Schwermut aus »heiterem Himmel«

Eine Depression kann ohne Bezug zu aktuellen äußeren Ereignissen auftreten.

Immer größer werden Bedrücktheit, Teilnahmslosigkeit und Antriebsmangel, ohne dass ein Problem benannt werden könnte, welches die Niedergeschlagenheit ausgelöst hätte. Die Ursachen einer solchen nicht begründbaren Depression sind unklar. Es sind schwerwiegende psychische Erkrankungen, die unbedingt ärztlich behandelt werden müssen.

Körperlich begründbare Depressionen

Erkrankungen wie Virusinfektionen, Erkrankungen von Leber, Schilddrüse oder Darm, eine Blutarmut, schwerwiegende Krankheiten wie Krebs oder Aids, Hormonstörungen oder Stoffwechselerkrankungen, können ein äußerer Grund für eine Depression sein. Schließlich verursachen einige Erkrankungen des Gehirns unter Umständen auch einen depressiven Stimmungswandel.

Ein vertrauensvolles und offenes Verhältnis zwischen Partnern bildet eine solide psychische Basis in Krisensituationen.

Ebenfalls körperlich zu begründen sind Depressionen, die auf der Einwirkung giftiger Stoffe oder auch spezieller Medikamente beruhen. In Frage kommende Giftstoffe sind zum Beispiel: Schwermetalle wie Blei oder Quecksilber, Kunststoffsubstanzen wie Acrylamid, Lösungsmittel oder kohlenwasserstoffhaltige Gemische wie Benzin oder Pflanzenschutzmittel (z. B. organische Phosphorverbindungen).

Frauen sind häufiger von Depressionen betroffen

Gravierende und gleichzeitig überfordernde Lebenssituationen können Auslöser einer Depression sein. Nicht selten sind Frauen während einer Schwangerschaft von den körperlichen Belastungen, und vor allem von dem Gedanken an eine künftig völlig veränderte Lebenssituation, überfordert und reagieren mit einer Schwangerschaftsdepression.

Nicht wenige Frauen zwischen 30 und 40 Jahren und 50 und 60 Jahren sind depressionsgefährdet. Sie stellen zwei Drittel der Erkrankten, die in ärztlicher Behandlung sind. Finanzielle Not, Einsamkeit und Isolation, Zukunftsängste, Nichtverstanden- und Alleingelassenwerden durch den Partner, Alleinverantwortung für die Kinder sowie existenzielle Abhängigkeit sind Nährböden für depressive Schübe.

Kranke Psyche – körperliche Beschwerden

Wer erkennt, dass er auf dem »Rückzug in sich selbst« ist, sollte ärztliche Hilfe suchen. Oft ist es aber gar nicht leicht, solche psychischen Veränderungen selbst wahrzunehmen. Nicht selten geht es den Betroffenen einfach nur schlecht, sie leiden unter Rücken-, Kopf- oder Herzschmerzen und anderen körperlichen Beschwerden. Meistens sind es solche körperlichen Symptome, die dann zum Arzt führen. Nach dem Ausschließen organischer Gründe wird der Arzt dann gegebenenfalls psychosomatische Störungen diagnostizieren: durch eine seelische Störung hervorgerufene körperliche Beschwerden. Vermutet er eine ursächliche Depression, wird der verantwortungsvolle Arzt den Patienten zum Psychotherapeuten oder Neurologen überweisen.

70 Prozent aller Depressionen werden erfolgreich behandelt, vorausgesetzt, die Kranken lassen sich helfen.

Wege aus der Depression

Jede echte Depression muss von einem Facharzt behandelt werden. Aber – ob depressive Verstimmung oder schwere Depression – es gibt Vieles, was der Betroffene selbst und die Menschen um ihn herum zur Besserung beitragen können.

Medikamente gegen die Depression

Der Facharzt muss entscheiden, wie schwerwiegend Ihre Stimmungslage gestört ist und ob Medikamente zur Behandlung notwendig sind. So genannte Antidepressiva sind hochwirksame Medikamente, die aber auch zahlreiche Nebenwirkungen haben können und deren Einsatz der Arzt gründlich abwägt.

Tabletten sind keine Lösung für psychische Probleme!

Wenn Sie Medikamente zur Beruhigung einnehmen möchten, lassen Sie sich auch hier vom Arzt beraten. Entgegen kursierender Vorurteile gibt es auch Beruhigungsmittel, die nicht abhängig machen. Vorsicht ist dennoch angebracht: So genannte Tranquilizer, wie Valium, beseitigen nicht die Ursachen.

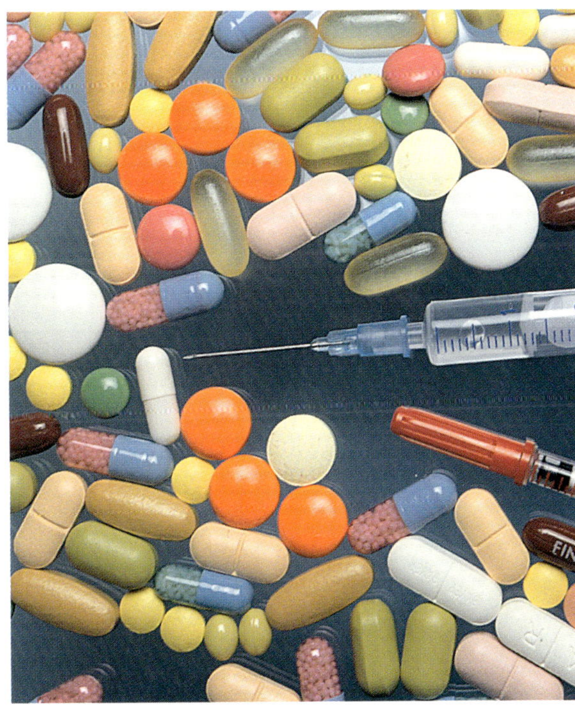

L-Tyrosin – ein Wundermittel?

Dieser Stoff wird normalerweise vom Körper in der Schilddrüse selbst hergestellt. Es ist eine Aminosäure, die zu Dopaminen, das sind körpereigene Antidepressiva, umgewandelt wird. Ob damit tatsächlich die Depression aufgehellt werden kann, ist bei Wissenschaftlern umstritten.
Wenn Sie L-Tyrosin einsetzen wollen, lassen Sie sich von Ihrem Arzt eingehend beraten.

Als Angehöriger oder Freund sollten Sie einen Depressiven zu einer Behandlung ermuntern. Scheuen Sie nicht davor zurück, bei schweren Depressionen notfalls auch ohne Zustimmung des Erkrankten einen Facharzt für Psychiatrie zu konsultieren.

So »hellen« Sie Ihr Gemüt auf

Inszenieren Sie eine Lichttherapie. Meiden Sie dunkle Räume, suchen Sie Helligkeit und Sonne. Lassen Sie sich die grelle Sonne ins Gesicht scheinen. Steigern Sie die Sonnenbäder von zehn Minuten pro Tag jeden zweiten Tag um eine Minute auf bis zu höchstens einer Stunde täglich (Sonnenschutzmittel nicht vergessen!). In der Regel reichen 10 bis 20 Minuten aus. Für eine Lichttherapie sind spezielle Lampen und therapeutische Beratung erforderlich.

Mit Freunden reden kann helfen

Wenn Sie wissen, dass Sie zu depressiven Stimmungen neigen, versuchen Sie zu analysieren, was der Auslöser ist. Je besser Sie sich selbst kennen, desto bewusster können Sie in Krisensituationen mit sich selbst umgehen. Lassen Sie sich dabei durchaus von anderen Menschen – Freunden, Verwandten, Personen, zu denen Sie vollstes Vertrauen haben – helfen. Lehnen Sie die Hilfe anderer nicht unwirsch ab. Entwickeln Sie ein Gespür dafür, wem Sie sich anvertrauen können. Teilen Sie Ihre Sorgen und Traurigkeit einem Freund oder einer Freundin mit; hören Sie ihnen zu. Nicht ihre Ratschläge sind das eigentliche Ziel, sondern dass Sie mit jemandem über Ihre Sorgen und Probleme reden. Lernen Sie dabei vor allem, sich selbst zu entlasten: Machen Sie Ihrem Ärger Luft, wenn Sie sich ärgern. Lassen Sie Ihren Tränen freien Lauf, wenn Sie traurig sind. Wehren Sie sich gegen unberechtigte Vorwürfe. Wenn Sie jemand verletzt, sagen Sie es demjenigen unmittelbar.

Lassen Sie Körper und Seele einfach einmal baumeln.

Tipps für Helfende

Oberste Grundregel: Hören Sie gut zu. Bleiben Sie ernst, wenn Ihnen jemand seine Seele offenbart. Lassen Sie den Hilfesuchenden ausreden.

Vermeiden Sie Plattheiten – »Das wird schon wieder« oder »Morgen sieht die Welt schon wieder ganz anders aus«. Es kommt auch nicht darauf an, dass Sie eine Lösung für die Probleme des Betroffenen bereithalten. Vielmehr ist es wichtig zuzuhören und Interesse für die Sorgen des Hilfesuchenden zu zeigen – »ein offenes Ohr zu haben«.

Depressive sind suizidgefährdet. Die Betroffenen senden Signale aus, bevor sie sich das Leben nehmen. Achten Sie auf derartige Zeichen, nehmen Sie jede Äußerung in dieser Richtung sehr ernst. Selbsttötungsabsichten Depressiver sind in der Regel gut und lange vorbereitet. Oft sind Selbstmordabsichten auch gut getarnt. Teilen Sie dem Betroffenen in jedem Falle mit, wie besorgt Sie über seine direkt oder indirekt geäußerte Lebensmüdigkeit und Verzweiflung sind. Nur ernsthafte Gespräche und Hilfsangebote können das notwendige Vertrauen herstellen, wieder Kontakt mit der Außenwelt aufzunehmen und die negative Grundstimmung des Betroffenen aufzuhellen.

HOMÖOPATHIE

Medikament	Potenz	deutsche Bezeichnung	Dosis	Anwendung
Hypericum perforatum	D3 bis D8	Johanniskraut	1-mal täglich (abends) 3 Globuli	Bei nervöser Erschöpfung
Cactus grandiflorus	D3 bis D8	Königin der Nacht	1-mal täglich (abends) 3 Globuli	Bei Angst und Herzbeschwerden
Aurum	C200	Gold	Höchstens einmal einnehmen während 4–6 Wochen	Bei Depressionen nach beruflichem Rückschlag
Natrium muriaticum	C200	Kochsalz	Einmalig 3 Globuli einnehmen während 4–6 Wochen	Bei Depressionen als Folge eines Verlustes von geliebten Menschen
Ignatia	C30	Brechbohne	3- bis 6-mal 3 Globuli auf 3 Tage verteilt	Bei Depressionen als Folge eines Verlustes von geliebten Menschen

Adressen

Aktion Psychisch Kranke, Brungsgasse 4–6, 53117 Bonn, Telefon: 02 28/67 67 40, Fax: 02 28/67 67 42

Deutsche Gesundheitshilfe (DGH) e.V., Postfach 94 03 03, 60461 Frankfurt/Main, Telefon: 069/78 00 42, Fax: 069/78 77 00

Verengte Blutgefäße – gebremster Blutfluss

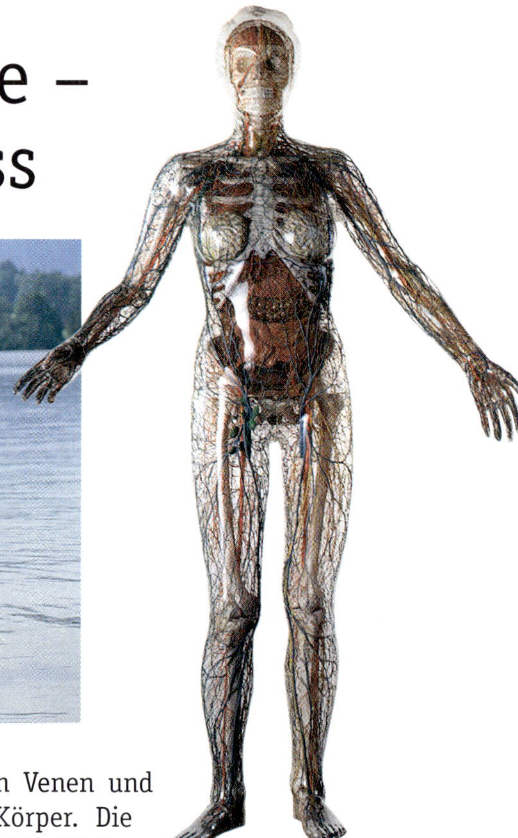

Durchblutungsstörungen gehören zu den häufigsten Erkrankungen. Viel Bewegung an der frischen Luft beugt vor.

Wie ein Netz durchziehen Venen und Arterien den gesamten Körper. Die Arterien verästeln sich schließlich zu kleinsten Blutgefäßen, den so genannten Kapillaren, die die Zellen der Körpergewebe versorgen. Sowohl diese feinsten als auch größere Arterien verengen sich mit steigendem Alter mehr oder weniger stark. Sie können sich sogar völlig verschließen. Die von den betroffenen Arterien versorgten Körpergewebe werden entsprechend zunehmend schlecht durchblutet.

Eine Gefäßverengung führt zur Durchblutungsstörung

Arteriosklerose
➺ Seite 28

In mehr als 90 Prozent der Fälle ist eine beginnende oder fortgeschrittene Arteriosklerose verantwortlich für eine arterielle Durchblutungsstörung. Es kommt zu einer zunehmenden Einengung bis zum Verschluss einer oder mehrerer Arterien durch die Ablagerung von Fett und Kalk an den Gefäßinnenwänden. Dadurch wird die Versorgung von Organen und Körperteilen behindert. Der Mediziner spricht in diesem Fall treffend von einer arteriellen Verschlusskrankheit.

SYMPTOME

Die Symptome unterscheiden sich dahingehend, welche Körperregionen von der mangelnden Duchblutung betroffen sind:

- Gliedmaßen: Kalte Füße oder Hände, blaue Finger, Wadenschmerzen beim Gehen (»Schaufensterkrankheit«) und später auch in Ruhestellung (»Raucherbein«)
- Kopf: Konzentrationsschwierigkeiten, vorübergehende Sehstörungen, Schwindel, Verwirrtheit, Kopfschmerz (Migräne)

Risikofaktoren sind

- **Rauchen**
- **Übergewicht**
- **Männliches Geschlecht**
- **Fettreiche Ernährung**
- **Bewegungsmangel**
- **Bluthochdruck**
- **Diabetes mellitus**

»Schaufensterkrankheit« und »Raucherbein«

Sind die Oberschenkelarterie oder von ihr abzweigende kleine Arterien von einer Verengung betroffen, äußert sich die mangelnde Durchblutung in Schmerzen in den Beinen während des Gehens. Betroffene können nur kurze Strecken schmerzfrei gehen. Wenn die Schmerzen eintreten, bleiben sie meist stehen, denn im Stehen ist die Blutversorgung gerade noch ausreichend, der Schmerz vergeht. Man spricht von der so genannten Schaufensterkrankheit, weil das Verschwinden der Schmerzen oft vor Schaufenstern abgewartet wird. Wenn die Krankheit sich verschlimmert, schmerzen die Beine auch in Ruhestellung. Das Muskelgewebe kann im schlimmsten Fall unter großen Schmerzen absterben. Die Folgen einer schweren Durchblutungsstörung im Bein bezeichnet man oft als Raucherbein, da Nikotin ein Hauptrisikofaktor für das Entstehen einer Arteriosklerose ist.

Anfallartige Krämpfe in Fingern und Zehen bezeichnet man als funktionelle Durchblutungsstörung.

In der Bewegung benötigen die Muskeln besonders viel Sauerstoff: Je weiter fortgeschritten die Verengung der Arterien ist, desto schlechter werden die Muskeln mit Sauerstoff versorgt, umso größer werden die Schmerzen. Verschließt sich die Arterie komplett, schmerzt auch der ruhende Muskel.

Nehmen Sie Sehstörungen ernst

Kopfschmerzen, vorübergehende Seh- und/oder Sprachstörungen oder auch ein Kribbeln in Armen oder Beinen können Hinweise auf eine Durchblutungsstörung des Gehirns sein. Da solche Beschwerden die Vorboten eines Schlaganfalls sein können, sollten Sie sie keinesfalls auf die leichte Schulter nehmen. Gehen Sie unbedingt zum Arzt!

Gezielte Bewegung hilft

Barfuß laufen gehört zu den klassischen Empfehlungen zur Behebung von einfachen Durchblutungsstörungen.

Das Fortschreiten der Arteriosklerose, die für die Gefäßverengung verantwortlich ist, lässt sich aufhalten, wenn es Ihnen gelingt, die Risikofaktoren abzubauen. Also: Sport treiben. Bewegung trainiert auch den Blutkreislauf. Wer noch zu viel wiegt, sollte Schwimmen oder Aquajogging praktizieren, um den Kreislauf und auch die Gelenke nicht zu stark zu belasten.
Gewicht reduzieren, Rauchen verringern oder aufgeben. Ernährung auf fett- und cholesterinarme Kost umstellen. Stress vermeiden.

Gehtraining, wenn die Beine betroffen sind

In frühen Stadien der Durchblutungsstörung ist ein gezieltes Gehtraining zur Stärkung der Gefäßkondition und Ausbildung neuer Arterien sehr Erfolg versprechend. Dabei wird die Leistung und damit die Durchblutung der Beinmuskulatur schrittweise gesteigert. Hapert es am Durchfluss in größeren Blutgefäßen, funktioniert der Körper kleinere Blutgefäße zu Umgehungskanälen, so genannten Kollateralgefäßen, um. Als Übungen eignen sich: nicht zu tiefe Kniebeugen, auf der Stelle gehen, Walking, Zehenspitzenübungen, z. B. Wippen im Stehen. Eine genaue Anleitung für ein gezieltes Gehtraining und eine Bewegungstherapie erhalten Sie von Ihrem Arzt.

Regelmäßige körperliche Bewegung tut Körper und Seele gleichermaßen gut.

In fortgeschrittenen Stadien der arteriellen Verschlusskrankheit darf kein Gehtraining mehr durchgeführt werden. Die Gefahr einer akuten Sauerstoffunterversorgung des Muskels wäre zu groß. In der Regel erfolgt dann eine medikamentöse Therapie. Auch operative Eingriffe können notwendig werden: Heute praktiziert die Medizin meist eine Aufweitung des verengten Gefäßes durch Ballonkatheter. Auch der Einsatz von Bypässen kann erforderlich sein.

Kneippsche Anwendungen

Bei Kneippschen Güssen wandert ein kalter Wasserstrahl am rechten Fuß außen vom kleinen Zeh bis zur Leiste herauf und

auf der Innenseite wieder hinunter zum großen Zeh. Dann wird der Guss am linken Bein gleichermaßen wiederholt. Kaltwasseranwendungen sind auch möglich für die Arme, das Gesicht, den Kopf, die Knie, die Füße. Es gibt einen Ober-, einen Rücken- und einen Unterguss.
Wenn Sie duschen, vergessen Sie nicht das kalte Finale (20 bis 30 Sekunden). Oder Sie wechseln schon während des Warmduschens für zehn Sekunden auf »kalt«.
Güsse und kaltes Wasser fördern die Durchblutung und stärken die Widerstandskräfte.

Pflanzliche Wirkstoffe

- **Extrakte aus Gingkoblättern stärken die Gefäßwände und verbessern die Blutzirkulation.**
- **Die Wirkstoffe von Knoblauch- und Zwiebelpräparaten fördern die Durchblutung.**

HOMÖOPATHIE

Medikament	Potenz	deutsche Bezeichnung	Dosis	Anwendung
Ambra	D3 bis D6	Konglomerat aus Tintenfischschnäbeln aus dem Dickdarm von Pottwalen	2-mal täglich 3 Globuli	Bei Taubheit der Glieder, Muskelkrämpfen, Nasenbluten
Cocculus	C30	Kockelskörner	1-mal täglich, maximal 14 Tage	Bei nächtlicher Überanstrengung
Arnika	D6	Arnika	1-mal täglich 3 Globuli	Durchblutungsstörungen durch Fremdeinwirkung (blaue Flecken, Prellungen, Stöße)
Tabacum	D6 bis D12	Tabak	1-mal täglich 3 Globuli	Bei Durchblutungsstörungen der Gliedmaßen
Secale	D30	Mutterkorn	1-mal wöchentlich (maximal über 14 Tage einnehmen!)	

Adressen

Deutsche Gesundheitshilfe (DGH) e.V., Postfach 94 03 03, 60461 Frankfurt/M., Telefon: 069/78 00 42, Fax: 069/78 77 00

Der »flotte Otto« ist nicht immer harmlos

Vorsicht, Salmonellengefahr! Zu üppig oder das »Falsche« gegessen? – Das kann den Darm überfordern.

Durchfall ist grundsätzlich ein ernst zu nehmendes Symptom. In vielen Fällen steckt aber keine ernsthafte Erkrankung dahinter, sondern das Verdauungssystem ist überfordert und reagiert mit »Verweigerung«. Dauert der Durchfall länger als zwölf Stunden an, ist Fieber mit im Spiel oder sind Blut- oder Schleimabsonderungen im Stuhl, sollten Sie unbedingt den Arzt aufsuchen.

SYMPTOME

Plötzlicher breiiger bis dünnflüssiger Stuhlgang. Begleitsymptome sind meist Bauchschmerzen und knurrende oder gurgelnde Geräusche im Darm.

Der Nahrung wird zu wenig Flüssigkeit entzogen

Verdauung findet keineswegs nur im Magen statt. Vor allem während der Darmpassage wird die Nahrung durch die Wirkung von Verdauungssekreten abgebaut, wichtige Nährstoffe über die Darmwand aufgenommen und dem Körper über das Blut rückgeführt. Ebenso wird fast die gesamte in der Nahrung enthaltene Flüssigkeit, einschließlich der darin enthaltenen lebenswichtigen Mineralstoffe (die so genannten Elektrolyte), wieder vom Körper aufgenommen. Weniger als ein Prozent der Flüssigkeit wird normalerweise mit dem Stuhl ausgeschieden. Durchfall entsteht, wenn zu viel Flüssigkeit im Darminhalt zurückbleibt und der Stuhl entsprechend flüssig ausgeschieden wird. Dadurch gehen dem Körper vor allem auch viele der wichtigen Elektrolyte verloren. Die Ursachen für eine solche verminderte Rückführung von Flüssigkeit aus dem Darminhalt in das Blut sind sehr vielfältig. Sie können harmlos, aber auch eine Folge von Infektionen und anderen ernsthaften Krankheiten sein.

In der Regel scheidet man pro Tag ca. 100 bis 300 Gramm Kot aus. Bei Menschen, die sehr viel Obst, Gemüse und Vollkornprodukte essen, ist es deutlich mehr. Stuhl besteht zu 60 bis 90 Prozent aus Wasser. Bei Durchfall ist dieser Wert erhöht, der Körper verliert also zusätzlich Wasser und weiter wichtige Mineralstoffe.

Zu viel oder das »Falsche« gegessen?

Ein häufiger, harmloser Grund kann die Aufnahme einer zu üppigen Nahrungsmenge sein: Der Darm ist mit der ausreichenden Flüssigkeitsrückführung einfach überfordert. Auch eine übersteigerte Darmbewegung, sodass die Nahrung den Darm zu schnell passiert, ist eine mögliche Ursache. Beispielsweise können große Mengen an Weintrauben, Pflaumen, Gemüsemais und Vollkornprodukten, aber auch Sauerkraut, frischer Apfelsaft, Traubenmost oder unreifes Obst den Darm überaktivieren.

Ungewohnte Lebensmittel können Durchfälle auslösen unter anderem dadurch, dass sie unsere normale Darmflora ins Ungleichgewicht bringen. Darunter versteht man solche Bakterien, die in unserem Darm normalerweise in großer Menge vorkommen und für die Verdauung notwendig sind. Verdorbene Nahrung, verschiedene Gifte und Abführmittel können ebenfalls Durchfall auslösen.

Infektionen

Infektionen, die mit Durchfall einhergehen, können durch Bakterien (z. B. bestimmte Staphylokokken und Kolibakterien, Salmonellen) oder Viren hervorgerufen werden. Eine Ansteckung mit der gefährlichen Salmonellose erfolgt meist über verseuchte Lebensmittel – besondere Vorsicht ist bei Geflügel angebracht. Von bestimmten Kolibakterien abgegebene Giftstoffe lösen die bekannten, meist relativ harmlosen »Reisedurchfälle« aus.

Äußerst gefährlich, besonders für Säuglinge und Kleinkinder, sind dagegen Infektionen durch einen anderen Typ der Kolibakterien, die der Mediziner als EPEC (enteropathogene Escherichia coli) bezeichnet.

Durchfall muss keine organische Ursache haben: Jeder weiß, dass z. B. Ängste und Stress spontan Durchfall auslösen können.

Durchfall als Symptom einer Grunderkrankung

Durchfall ist ein wichtiges Symptom zahlreicher Erkrankungen des Dünn- und Dickdarms, der Bauchspeicheldrüse, aber auch der Leber und der Niere.

Wann zum Arzt?

Wenn Sie Spuren von Blut, Schleim, Eiter oder Fett im Stuhl feststellen, sollten Sie jedenfalls einen Arzt konsultieren. Der Arzt kann durch eine eingehende Untersuchung herausfinden, ob eine ernsthafte Erkrankung vorliegt und gegebenenfalls die nötige Behandlung einleiten.

Möglicherweise schon nach Stunden, spätestens aber nach ein oder zwei Tagen sind Sie einen harmlosen Durchfall wieder los. Sollte er dann noch bestehen, müssen Sie den Arzt aufsuchen. Kranke, geschwächte Personen oder ältere Menschen, Säuglinge und Personen, die unter einer Immunschwäche leiden, sollte vorsichtshalber in jedem Fall der Arzt behandeln.

Treten Symptome wie Fieber, Kopfschmerzen, Koliken, Erbrechen oder blutige oder schleimige Beimischungen im Stuhlgang auf, sollte in jedem Fall der Arzt aufgesucht werden. Dann besteht der Verdacht auf eine Infektionskrankheit oder eine andere ernsthafte Ursache, die nur der Arzt genau diagnostizieren und entsprechend gezielt behandeln kann.

Das folgende Diagramm soll Ihnen Hinweise geben, wann ein Gang zum Arzt in jedem Fall sinnvoll ist.

Besondere Vorsicht bei Säuglingen

Bei Säuglingen und Kleinkindern können Durchfälle äußerst kritisch werden. Sie verlieren schnell zu viel Flüssigkeit und damit auch zu viele der lebenswichtigen Elektrolyte. Bieten Sie also viel Flüssigkeit an. Wird das Kind gestillt, stillen Sie auch weiterhin. In jedem Fall sollten Sie Rücksprache mit dem behandelnden Kinderarzt nehmen.

Hilfe bei harmlosen Durchfällen

Bei Ursachen, die keine ärztliche Behandlung erfordern, können Sie problemlos zu einem wirkungsvollen Selbsthilfeprogramm greifen, um Ihre Beschwerden zu lindern.

Trinken Sie viel

Durch den Durchfall verliert der Körper sehr viel Flüssigkeit und damit die darin enthaltenen Elektrolyte. Diesen Verlust müssen Sie ausgleichen. Wasser ohne Kohlensäure, mit einer Prise Salz und ein wenig Zucker vermischt, ist besonders empfehlenswert.

1	Haben Sie in den letzten 24 Stunden etwas gegessen, was möglicherweise verdorben war?	Ja	Sie könnten eine Lebensmittelvergiftung haben. Sie sollten Ihren Arzt aufsuchen.
	Nein		
2	Haben Sie in den letzten 24 Stunden etwas gegessen, was abführend wirkt, oder haben Sie Medikamente eingenommen, die eine Abführung bewirken sollen, bzw. deren Beipackzettel als Nebenwirkung Durchfall erwähnt?	Ja	Bei abführenden Lebensmitteln und wenn Sie Abführmittel eingenommen haben, ist der Durchfall harmlos. Ist er eine Nebenwirkung von Medikamenten, sollten Sie Ihren Arzt informieren.
	Nein		
3	In Ihrer nächsten Umgebung leidet gerade jemand oder litt jemand kürzlich unter Durchfall?	Ja	Sie haben sich möglicherweise angesteckt. Vom Arzt behandeln lassen.
	Nein		
4	Treten Begleitsymptome wie Fieber über 38 °C oder Erbrechen auf?	Ja	Es könnte sich um eine behandlungsbedürftige Gastroenteritis handeln. Holen Sie den Arzt.
	Nein		
5	Ist der Durchfall mit rotem oder schwärzlichem Blut vermischt?	Ja	Holen Sie den Arzt.
	Nein		
6	Liegt Ihr letzter Durchfall nicht lange zurück, eventuell ein paar Tage oder war er in den letzten Wochen?	Ja	Unbedingt mit Ihrem Arzt darüber sprechen. Er muss klären, ob eine organische Ursache vorliegt.
	Nein		

Wenn Sie Ihre Symptome hier nicht einordnen konnten und nach zwei bis drei Tagen keine Besserung eingetreten ist, gehen Sie zum Arzt.

Nach dem Durchfall können Azidophilus-Präparate oder Mittel wie Symbioflor und Perenterol (Apotheke) eingenommen werden. Es handelt sich dabei um nützliche Darmbakterien, die helfen, die normale und durch den Durchfall geschädigte Darmflora wieder aufzubauen.

Sie können auch Tee mit Honig und einer Prise Salz mischen. Vorsichtig mit Fruchtsäften hantieren, allenfalls als Geschmackszutat verwenden.
Tees sind ebenfalls zu empfehlen, z. B. Kamille, Pfefferminze, Schafgarbe, schwarzer Tee.

Was Sie essen dürfen

Solange der Durchfall akut ist, sollten Sie ganz auf Nahrung verzichten. Sobald es Ihnen besser geht, beginnen Sie am besten mit Zwieback oder Salzstangen. Sehr geeignet sind geriebene Äpfel. Äpfel enthalten wasserbindende Stoffe. Trinken Sie Tee und gegebenenfalls eine heiße Brühe.
Keine Bohnen, kein Kohl, keine Lebensmittel, von denen Sie wissen, dass Sie darauf mit Blähungen reagieren.

Hilfe aus der Apotheke

Kohletabletten und andere Durchfallstopper aus der Apotheke können im Bedarfsfall, z. B. auf Reisen, schnelle Hilfe bringen. Vor der Einnahme solcher Medikamente, die die Darmbeweglichkeit hemmen (z. B. Imodium), sollten Sie sich vom Apotheker oder Ihrem Arzt beraten lassen.

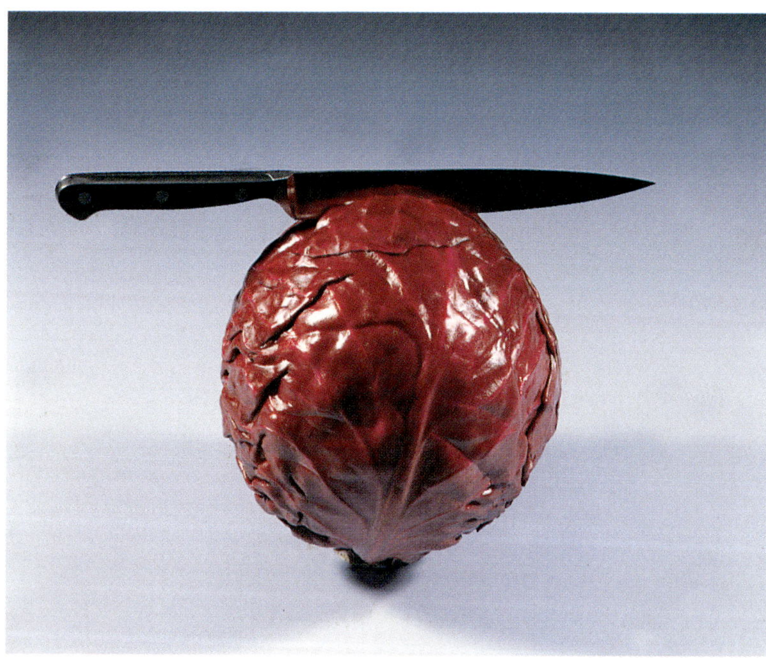

Vorsicht, Blähungen! Verzichten Sie bei Durchfall auf alle Lebensmittel, auf die Sie mit Blähungen reagieren, wie z. B. Kohl.

Alternative Heilmittel

Versuchen Sie getrockneten Apfel (Apotheke, z. B. Aplona), getrocknete Heidelbeeren (gut kauen) oder ein Apfelessiggemisch aus zwei Teelöffeln Apfelessig und einem Glas Wasser. Trinken Sie die Mischung schluckweise.

Schnelle Hilfe kann auch ein Zimtaufguss bringen: Ein Teelöffel zerstoßene Zimtstangen oder gemahlener Zimt mit ca. einem Viertelliter kochendem Wasser brühen, abseihen und frisch in kleinen Schlucken trinken.

HOMÖOPATHIE

Medikament	Potenz	deutsche Bezeichnung	Dosis	Anwendung
Acidum phoshoricum	D6	Phosphorsäure	5 Globuli pro Stunde bis zur Besserung, maximal 5 Stunden	
Arsenicum album	C30	Weißes Arsenik	5 Globuli pro Stunde bis zur Besserung, maximal 5 Stunden	Bei Durchfall und Erbrechen, brennenden Schmerzen im Magen und Darm
Dulcamara	D6	Bittersüß	Minütlich bis halbstündlich 2 Globuli bis zur Besserung innerhalb von 1/2 Stunde	Bei Durchfall und erkältetem Magen
Veratrum album	D6	Weiße Nieswurz	Minütlich bis halbstündlich 2 Globuli bis zur Besserung innerhalb von 1/2 Stunde	Bei Übelkeit, Erbrechen, Durchfall und übermäßiger Erschöpfung

Adressen

Deutsche Gesundheitshilfe (DGH) e.V. – Sektion Magen & Darm,
Postfach 94 03 03, 60461 Frankfurt/M., Telefon: 069/789 47 47,
Fax: 069/78 77 00

Wie ein Flächenbrand

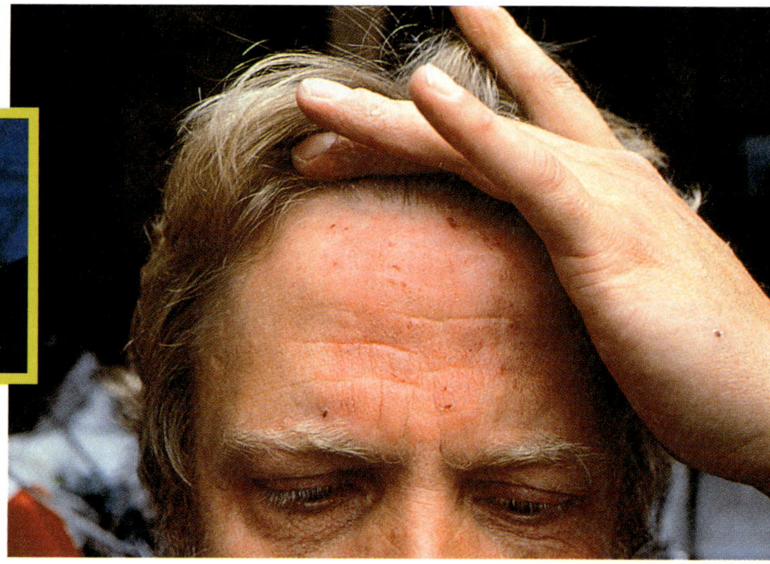

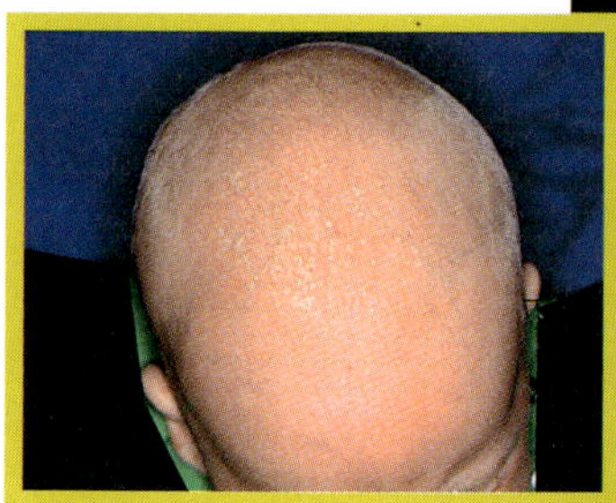

Als Ekzem bezeichnet man gerötete, schuppende oder nässende Hautveränderungen. Ekzeme entwickeln häufig einen starken Juckreiz, sind jedoch nicht ansteckend.

Ekzeme sind oberflächliche Hautentzündungen, die als Reaktion auf Stoffe unterschiedlichster Art entstehen. Eine sinnvolle Behandlung schließt immer den Versuch einer Ursachenbekämpfung ein. Bei Ekzemen kann die Suche danach jedoch zur nahezu unmöglichen Aufgabe geraten. Die Erkrankung verlangt von den Betroffenen große Vorsicht im Umgang mit möglichen Auslösern.

SYMPTOME

Gerötete Haustellen, die später auch anschwellen. Begleitet von Juckreiz und nässender Bläschenbildung. Schuppung bei Besserung. Bei so genanntem »Kontaktekzem«: am Ort des einwirkenden schadenden Stoffes beginnend; bei anhaltender Einwirkung des Schadstoffes weitere Ausbreitung. Beim so genannten atopischen Ekzem richtet sich der Hauptbefallsort nach dem jeweiligen Alter:

- Kleinkind: Gesicht, Kopfhaut
- Schulalter: große Gelenkbeugen
- Erwachsener: Gesicht, Hals und Brust

Meist eine allergische Reaktion

Ekzeme sind Hautentzündungen: Um einen schädlichen Stoff abzuwehren, der in den Körper, zum Beispiel in die Haut, gelangt, erweitern sich die Blutgefäße, Abwehrzellen werden vermehrt herantransportiert und beginnen den Schadstoff zu bekämpfen. Diese Vorgänge bezeichnet der Mediziner als Entzündungsreaktion. Einige der Abwehrzellen setzen dabei entzündungsvermittelnde Stoffe, so genannte Entzündungsmediatoren, darunter das Histamin, frei. Histamin hält die Erweiterung der Gefäße und den Herantransport weiterer Abwehrzellen aufrecht, es ist aber auch mitverantwortlich für Schmerz und Juckreiz. Folgen dieser Prozesse sind: Rötung, Schwellung und anhaltender Juckreiz. Wird eine derartige Entzündungsreaktion auch nach einem Kontakt mit einem Stoff ausgelöst, der bei anderen Menschen in der Regel keine Abwehr hervorruft (z. B. Pflanzenpollen) und wird dabei körpereigenes Gewebe geschädigt – wie z. B. bei einem Ekzem – dann spricht man von einer Überempfindlichkeitsreaktion des Körpers, einer Allergie. Die auslösenden Stoffe bezeichet man entsprechend als Allergene. Ekzeme entstehen meist aufgrund solcher allergischer Reaktionen.

Allergie
➺ **Seite 22**

Das Kontaktekzem

Ein Kontaktekzem entsteht direkt dort, wo die Haut mit dem auslösenden Stoff in Berührung kommt. Auslösender Stoff ist entweder ein Allergen, das heißt ein normalerweise harmloser Stoff, oder auch ein aggressiver Stoff, der durch die Zerstörung von Körperzellen eine Entzündung auslöst; dies macht deutlich, dass nicht alle Ekzeme Folge einer Allergie sind. Hautreizende, aggressive Stoffe sind z. B. Säuren, Laugen oder Lösungsmittel. Manche Stoffe, beispielsweise die sichtbaren Strahlen des Sonnenlichts, können sowohl allergische Ekzeme auslösen, als auch solche, die durch direkte Hautschädigung entstehen. Letzteres jedoch nur, wenn die Haut zugleich Kontakt mit einem Stoff hatte, der sie für die Einwirkung von Sonnenstrahlen besonders empfindlich macht, z. B. bestimmte Pflanzensäfte oder auch Kölnisch Wasser.

Die erbliche Veranlagung zu allergischen Reaktionen wird als Atopie bezeichnet. Dies ist die Bereitschaft des Körpers auf unterschiedlichste Umweltsubstanzen überempfindlich – allergisch – zu reagieren. Zu den Erkrankungen des atopischen Formenkreises zählen: Neurodermitis, Heuschnupfen und Bronchialasthma.

Das atopische Ekzem (Neurodermitis)

Im Gegensatz zum Kontaktekzem gelangt das Allergen nicht durch einen direkten, äußeren Kontakt auf bzw. in die Haut, sondern es wird zum Beispiel durch das Einatmen oder die Nahrungsaufnahme in den Körper aufgenommen und löst sozusagen »von innen her« das Ekzem aus. Für diese allergische Hautentzündung, die man auch als Neurodermitis bezeichnet, gibt es eine erbliche Veranlagung. Sie gehört zu den gleichen Überempfindlichkeitsreaktionen wie der Heuschnupfen und allergisches Asthma.

Wer ist gefährdet?

Statistisch gesehen leiden Frauen etwas häufiger unter Ekzemen als Männer. Die Zahl der pro Jahr bei erwachsenen Personen in der Bundesrepublik festgestellten Ekzeme liegt seit Beginn der Achtzigerjahre weitgehend konstant bei ca. 17,5 Millionen. Ob ein Mensch auf einen bestimmten Stoff allergisch reagiert, hängt von vielerlei Faktoren ab: Es können beispielsweise bestimmte Abwehrstoffe, die bei einer allergischen Reaktion eine Rolle spielen, in unnormal großer Menge im Körper gebildet werden; oder solche speziellen Zellen, die überschießende Abwehrprozesse normalerweise etwas »abbremsen« können, sind vermindert. Für eine derartig veränderte Abwehrlage kann es eine erbliche Veranlagung geben. Dies ist für die allergische Reaktion, die das atopische Ekzem auslöst, nachgewiesen. Ob es zu einer allergischen Reaktion kommt, hängt jedoch auch von äußeren Faktoren ab: Je größer die Menge des Allergens, desto eher bricht die Allergie aus. Es gibt Stoffe, die besonders häufig der Grund einer Allergie sind:

Gehen Sie sparsam mit Kosmetika um. Manche Inhaltsstoffe führen zu allergischen Reaktionen und zur Bildung von Ekzemen.

- Metalle: Nickel, Chromat
- Dämpfe: Lösungsmittel, Parfüme, ätherische Öle
- Stäube: Zement, Holz (Sägemehl), Schleifstaub
- Epoxidharze
- Kosmetika: bestimmte Stoffe in Lippenstiften, Deos, Farben für Lider, Haarfärbemittel, Nagellacken
- Urin
- Ammoniak

Personen, die viel mit solchen Substanzen umgehen – etwa berufsbedingt –, sind besonders der Gefahr ausgesetzt, dass es zu einem Allergiedurchbruch kommt.
Ein weiterer äußerer Faktor, der das Ausbrechen einer Allergie begünstigt: Ist die Haut oder Schleimhaut bereits angegriffen, z. B. durch bakterielle Infekte oder hautreizende Stoffe – etwa Laugen oder Säuren –, kann das nicht nur unmittelbar der Grund für eine Entzündung sein. Auch die Reaktionsbereitschaft bestimmter Abwehrzellen nimmt zu und damit die Bereitschaft des Körpers, allergisch zu reagieren.
Schließlich können auch psychische Faktoren eine Rolle spielen: Stress kann die Immunabwehr schwächen und zu Verschiebungen in der Abwehrlage führen, die die Gefahr eines Allergiedurchbruchs deutlich erhöhen.

Wenn Sie die Angewohnheit haben, gedankenverloren nach irgendwelchen Gegenständen zu greifen (z. B. Blätter abzuzupfen), sollten Sie sich das abgewöhnen. Viele pflanzlichen Inhaltsstoffe können allergieauslösend wirken.

Ekzeme sind nicht ansteckend

Ekzeme sind Hautentzündungen, die meist durch die überempfindliche Reaktion des körpereigenen Abwehrsystems auf einen an sich harmlosen Stoff entstehen. Da sie weder durch Bakterien, Viren noch Pilze ausgelöst werden, sind sie auch nicht ansteckend, denn eine Ansteckung erfolgt durch eine Übertragung von dem erkrankten Menschen auf den Gesunden.

Einmal Ekzem, immer empfindlich

Kontaktekzeme hinterlassen eine ständige Bereitschaft in der Haut, auch auf viele andere Stoffe allergisch zu reagieren. Das liegt daran, dass nicht nur gegen den Stoff, der das Ekzem erstmals auslöste, bestimmte Abwehrstoffe gebildet werden, sondern generell stark vermehrt solche Abwehrstoffe, die bei Überempfindlichkeitsreaktionen eine Rolle spielen.

Wo Ekzeme die Haut geschädigt haben, können Pilze und Bakterien eindringen. Infektionen und in der Folge verschiedene Hauterkrankungen, so genannte Dermatosen, können entstehen.

Bevorzugte Hautpartien und mögliche Allergieauslöser

Theoretisch kann nahezu jeder Stoff eine Allergie auslösen. Einige Substanzen treten jedoch besonders häufig als Allergieauslöser in Erscheinung. Sie können in ganz gewöhnlichen Gebrauchsgegenständen »stecken« und gerade, weil wir mit ihnen viel in Berührung kommen, allergieauslösend wirken. Die folgende Übersicht gibt einige Hinweise, an welche Dinge des täglichen Gebrauchs Sie zunächst denken sollten, wenn an einem bestimmten Körperteil ein Kontaktekzem auftritt.

Achseln	Deos, Parfüm, Kosmetika, Enthaarungsmittel, Rasiercreme, Farbstoffe in der Kleidung
After	Zäpfchen, Salben, verdaute Speisen, Medikamente
Bauch	Hosennieten, Knöpfe, Farbstoffe in der Kleidung
Beine	Strümpfe, Enthaarungsmittel, Rasierschaum, Farbstoffe in der Kleidung, Stoffe, die beim Gehen Kontakt hatten, z. B. Pflanzensäfte, Spritzmittel
Brust und Rücken	Badezusätze, Massagemittel, Seifen, Kleidung, Parfüm, Schmuck, BH-Verschluss, BH-Material
Finger	häufig angefasste Gegenstände, z. B. Brille, Feuerzeug, Schreibgeräte, aber auch Tomatenpflanzen, Knoblauchsaft, Salben und andere Substanzen (z. B. Melkfett, Desinfektionsmittel)
Füße	Pilzbehandlungsmittel, Schweißhemmer, Deos, Schuhimprägnierungs- und andere Pflegemittel
Genitalien	Mittel und Stoffe zur Empfängnisverhütung, Intimschmuck und -spielzeug, Hilfsmittel, Hygienemittel, Seifen, Parfüm, Enthaarungsmittel, Cremes und Salben, Metalle, z. B. Bodyverschluss
Gesäß	Kleidung, Toilettenbrille, Sitzunterlagen
Gesicht, Nase, Ohrläppchen	Kosmetika, Brillenteile (Nickel), Schmuck
Hals und Nacken	Parfüm, Kosmetika, Seifen, Schmuck, Stoffe, z. B. Wolle
Hände, Handgelenke, Unterarme	Schmuck, Uhr, Kleidung, Handschuhe, Handwaschmittel, Seifen, Cremes, Parfüm, Massagemittel
Kopfhaut an den Rändern zur unbehaarten Haut	Haarpflege- und Haarfärbemittel, Kosmetika
Mund und Lippen	Kosmetik, Zahnpasta, Zigarettenendstücke, Lebensmittel
Oberschenkel	Dessous, Inhalt von Hosentaschen, Weichspüler
Stirn	Hüte, die mit chemischen oder anderen Stoffen präpariert sind (Chromat, Lorbeeröl, Kunststoffe)

Die Katzenhaarallergie

Es sind nicht die Haare, die eine so genannte Katzenhaarallergie auslösen. Vielmehr überträgt die Katze bei der Katzenwäsche Substanzen aus ihrem Speichel auf die Haut. Die sich ablösenden Hautschuppen, die unter Umständen auch an den Haaren haften, können, wenn sie eingeatmet werden, eine Allergie auslösen, die sich in einem atopischen Hautekzem auch in Asthmaanfällen oder allergisch bedingter Bindehautentzündung äußern kann. Eine ursächliche Behandlung der Katzenhaarallergie, eine so genannte Desensibilisierung (schrittweise Herabsetzung der Überempfindlichkeit) kann durchgeführt werden, ist aber nicht immer ohne gesundheitliche Risiken. In jedem Falle sollte ein Allergiker seine Katze nicht selbst bürsten.

Insbesondere Katzen besitzen ein extrem hohes Allergisierungspotenzial.

Die ursächliche Behandlung ist oft schwierig

Natürlich wird es die erste Maßnahme beim Auftreten eines Ekzems sein, jeden weiteren Kontakt mit dem auslösenden Stoff zu vermeiden. Sind dies unmittelbar schädigende Stoffe (z. B. Säuren), ist das in der Regel relativ leicht durchführbar. Schwieriger wird es, wenn die Entzündung Folge einer allergischen Reaktion ist. Dann müssen verschiedene Allergietests zur Ursachenermittlung durchgeführt werden. Je mehr und je genauere Details Sie Ihrem Arzt anvertrauen, desto exakter wird seine Diagnose ausfallen. Aber selbst bei Bekanntheit ist das Meiden des Allergens meist nicht leicht durchzuführen. Häufige Allergene wie Tierhaare bzw. die daran haftenden Hautschuppen, Hausstaub bzw. Hausstaubmilben, Substanzen in Waschmitteln, Arzneimitteln usw. umgeben uns schließlich überall und sind kaum aus dem Alltag zu verbannen.

Desensibilisierung – die Behandlung der Ursache

Desensibilisierung bedeutet ein schrittweises Herabsetzen der Überempfindlichkeit gegenüber dem zunächst über einen Allergietest ermittelten auslösenden Stoff, das Allergen. Das ermittelte Allergen wird dem Körper unter ärztlicher Überwachung, in zunehmend höherer Dosierung zugeführt. Der Effekt: Die Abwehrstoffe, die die Allergie auslösen, werden immer weniger gebildet, andere, die das Allergen binden und unschädlich machen, dagegen vermehrt. Die Symptome verschwinden. Wenn Sie sich desensibilisieren lassen wollen: Sprechen Sie mit Ihrem Arzt über die möglichen Nebenwirkungen (z. B. Müdigkeit) und Risiken.

Die Behandlung der Symptome durch den Arzt

Kortisonregeln

- **Langzeitbehandlungen unbedingt vermeiden**
- **So viel wie nötig und so wenig wie möglich verwenden**
- **Nicht im Gesicht, unter den Achseln, im Genitalbereich und bei Hautinfektionen anwenden**
- **Eine einmal tägliche Anwendung genügt**
- **Achten Sie auf Nebenwirkungen**
- **Wenn Besserung eintritt, sollte auf eine andere Therapie umgestellt werden**
- **Bei Zweifeln und Fragen über den Therapieverlauf sollten Sie mit Ihrem Hautarzt sprechen**

Das Auftragen kortisonhaltiger Präparate wirkt entzündungshemmend. Sie dürfen erst abgesetzt werden, wenn sich die Haut sichtbar beruhigt hat. Befolgen Sie genau die ärztlichen Anweisungen!

Antihistaminika sind Substanzen, die die Wirkung des Entzündungsstoffes Histamin blockieren. Sie können die Behandlung hilfreich unterstützen. Die möglichen Nebenwirkungen sollten gemeinsam mit dem Arzt abgewogen werden.

Was Sie im Haushalt beachten sollten

Tragen Sie bei Arbeiten mit allergenen oder hautreizenden Stoffen (z. B. Putzmitteln) Handschuhe aus PVC (auch Gummi und Latex können allergen wirken). Wenn Sie darin schwitzen, ziehen Sie erst Baumwollhandschuhe an, dann PVC-Handschuhe darüber. Waschen Sie Ihre Hände weniger. Und wenn: echte Seifen auf Allergieauslösung testen, oder milde seifenfreie und parfümfreie Lösungen (Syndets) bevorzugen. Hände und Haut gut abtrocknen, befallene Stellen abtupfen.

Was Sie selbst tun können

- Bei akuten Kontaktekzemen: nicht mit dem Handtuch abtrocknen, sondern trockenfönen.
- Kälte hilft gegen Juckreiz. Legen Sie ein eiskaltes Cold-Hot-Pack auf, auch Eiswürfel in einer Plastiktüte (oder eine Tüte Gefriererbsen) sind geeignet.
- Adstringierende Bäder zum Beispiel mit Eichenrindenpräparaten können helfen: Adstringenzien sind Substanzen, die zur Abheilung der Haut beitragen und eine leichte schmerzstillende

und antibakterielle Wirkung haben. Bei Ekzemen am Körper sind Vollbäder mit einem Zusatz von Walnussbaumaufguss zu empfehlen. Nässende Ekzeme können mit Zinköl betupft werden.

Erholung durch Ortswechsel: Klimatherapie

Mehrwöchige Aufenthalte am Meer oder im Hochgebirge (über 2000 Meter) haben häufig einen günstigen Einfluss auf die atopische Dermitis (Neurodermitis). Das Klima der Meeresküsten mit Sonnenschein, Luftfeuchtigkeit, Luftbewegung und Bädern im Salzwasser wirkt als wohltuender Reizfaktor für Leib und Seele. Als besonders geeignet für eine Klimakur bei atopischer Dermitis haben sich Meeres- und Hochgebirgslagen erwiesen. Die Allergenarmut dieser Regionen, der Wechsel in eine andere Klimazone sowie die ungewohnte UV-Bestrahlung wirken sich positiv auf den Körper aus und bessern die Hauterscheinungen.

Ganzheitliche Alternativtherapien
- **Homöopathie**
- **Psychotherapie**
- **Entspannungstherapie**
- **Umstimmungstherapie**
- **Akupunktur**
- **Akupressur**
- **Reflextherapie**
- **Chinesische Heilkräuter**
- **Phytotherapie**

Alternativtherapien

Ganzheitliche Alternativtherapien widmen sich der Behandlung des ganzen Menschen, nicht nur den Symptomen der Krankheit.

HOMÖOPATHIE

Medikament	Potenz	deutsche Bezeichnung	Dosis	Anwendung
Urtica urens	D8	Brennnessel	Stündlich 1 Globulus maximal 8 Stunden	Gegen juckende rote Flecken, die plötzlich auftreten (z. B. Brennnesselschmerz)
Graphite album	D12	Graphit	1-mal täglich 3 Globuli bis zur Besserung	Trockene Ekzeme, meist hinter den Ohren und am Haaransatz

Adressen

Deutsche Allergie- und Asthmahilfe, Bonusstraße 32, 21079 Hamburg, Telefon: 040/763 13 22, Fax: 040/763 13 39
Deutsche Gesundheitshilfe (DGH) e.V. – Sektion: Magen & Darm, Postfach 94 03 03, 60461 Frankfurt/M., Telefon: 069/789 47 47, Fax: 069/78 77 00

Auslöser ist keineswegs immer ein »verdorbener Magen«

Wohl bekomm's! Doch Vorsicht, nicht jeder verfügt über die gleiche stabile körperliche Konstitution. Verderben Sie sich nicht den Magen.

Erbrechen kann durch verschiedene Krankheiten hervorgerufen werden, aber auch durch unangenehme Geruchs- und Geschmacksempfindungen oder Schwindelgefühle. Auch Schreck und vor allem Ekel können Erbrechen auslösen.

Erbrechen – ein Reflex mit vielen Ursachen

Das Erbrechen verläuft unwillkürlich. Es ist ein Reflex, der sich nicht unterdrücken lässt. Wird beispielsweise die Magenwand gereizt oder gedehnt, dann wird das Signal in ein bestimmtes Gebiet des Gehirns weitergeleitet, das entsprechend Brechzentrum genannt wird. Von dort wiederum wird das Signal zum Zusammenziehen der Magenmuskulatur ausgesendet: Der Mageninhalt wird nach außen befördert. Den gleichen Effekt kann auch eine Reizung des Gleichgewichtszentrums im Innenohr haben. Drehen wir uns beispielsweise schnell im Kreis, kann ebenfalls über das Brechzentrum das Zusammenziehen der Magenmuskulatur ausgelöst werden.

SYMPTOME

Unwillkürliche, reflexartige Muskelkontraktion des Magens und des Zwerchfells. Dabei wird der Mageninhalt schubweise durch die Speiseröhre, den Schlund und den Mund entleert. Erbrechen kündigt sich gewöhnlich durch eine kurze Übelkeit, Beschleunigung der Atmung und des Herzschlags, Blässe und einen abfallenden Blutdruck an. Als Folge des Erbrechens kann Sodbrennen auftreten.

Magenschleimhautentzündung – ein häufiger Auslöser für Erbrechen

Alkohol, verschiedene Medikamente (besonders Schmerzmittel), stark unverträgliche oder giftige Lebensmittel, sehr heiße oder kalte Speisen, bestimmte Bakterien oder die von ihnen, z. B. in Lebensmittel, abgegebenen Giftstoffe können die Magenschleimhaut reizen und mehr oder weniger schwere Entzündungen auslösen. Der Arzt spricht von einer Gastritis. Erbrechen ist, neben Druck- und Völlegefühl im Bauch und Übelkeit, ein Hauptsymptom der Gastritis: Von der gereizten Magenwand geht das Signal an das Brechzentrum im Gehirn, das die Magenkontraktion und das Nach-außen-Befördern des Inhalts auslöst. Eine leichte Gastritis nach bekannter Ursache, z. B. dem Verspeisen größerer Mengen schwer verdaulicher Nahrung, kann harmlos sein. Tritt nach ein bis zwei Tagen aber keine deutliche Besserung ein, sollten Sie den Arzt aufsuchen.

Die Magenwand kann durch eine schwere Gastritis so stark geschädigt werden, dass Blutungen im Magen auftreten. Dann kann es zum Erbrechen von Blut kommen, das oft, von der Magensäure zersetzt, schwärzlich statt rot gefärbt ist. Bluterbrechen ist immer ein Grund, sofort ärztliche Hilfe zu holen.

Sodbrennen
➳ Seite 322

Bluterbrechen beruht in 50 Prozent der Fälle auf einem Zwölffingerdarm- oder einem Magengeschwür (zu 10 bis 15 Prozent auf einer schweren Gastritis), das sofort ärztlich behandelt werden muss.

Brechdurchfall und Fieber? – Sofort zum Arzt!

Sind infizierte Lebensmittel, z. B. durch Salmonellen, der Grund für eine Magenschleimhautentzündung, kommt es meist zu sehr starkem Erbrechen und heftigen Durchfällen, hohem Fieber und Bauchschmerzen. Eine derartige Lebensmittelvergiftung wird schnell lebensgefährlich, da der Körper in kurzer Zeit große Mengen Flüssigkeit, einschließlich der darin enthaltenen lebenswichtigen Mineralsalze (Elektrolyte), verliert. Besonders gefährdet sind Kleinkinder, geschwächte oder ältere Menschen.

Auch Erkrankungen oder Verletzungen des Gehirns, die mit einer Erhöhung des Hirninnendrucks einhergehen, können Erbrechen auslösen. Sie äußern sich meist in starken Kopfschmerzen und einem Erbrechen auch bei nüchternem Magen. Oft ohne vorausgegangene Übelkeit wird im Strahl erbrochen.

Erkrankungen von Leber, Galle und Bauchspeicheldrüse …

… gehen mit den Symptomen Übelkeit und Erbrechen und, je nach Erkrankung, mit Mattigkeit, Appetitlosigkeit, Kopfschmerzen, Fieber, Durchfall oder Bauchschmerzen, einher. Erkrankungen der Galle, z. B. Gallensteine oder Entzündungen der Gallenwege, sind oft, neben den charakteristischen Gallenkoliken, mit galligem Erbrechen verbunden: Das Erbrochene hat durch den beigemischten Inhalt der Gallenblase einen bitteren statt, wie bei

Erbrechen kann eine Nebenwirkung von verschiedenen Medikamenten sein. Informieren Sie Ihren Arzt darüber.

reinem Mageninhalt, sauren Geschmack und ist stark gelb gefärbt. Erkrankungen der Leber, Galle oder Bauchspeicheldrüse sind sehr ernst zu nehmen und müssen schnell ärztlich behandelt werden.

»Seekrank«

Wiederholtes Reizen des Gleichgewichtorgans im Innenohr, vor allem durch plötzliche und schnelle Bewegungen, wird an das Brechzentrum im Gehirn weitergeleitet und kann Erbrechen auslösen. Deswegen wird uns leicht übel bei See-, Flug- und Autofahrten oder beim Karussellfahren. Jeder Mensch reagiert unterschiedlich stark auf solche Reize. Empfindliche leiden schnell unter Schwindel, Schweißausbrüchen, Blutdruckschwankungen und Erbrechen. Meist hilft es, den Kopf möglichst ruhig zu halten.

Einem Erbrechen auf Grund einer Reisekrankheit kann durch frühzeitiges Einnehmen von Medikamenten (Apotheke) vorgebeugt werden. Sonst hilft flaches Hinlegen und Ruhighalten der Kopfes.

Schwangerschaftserbrechen

In den ersten Schwangerschaftswochen können die hormonellen Umstellungen im Körper, besonders bei Erstgebärenden, zu Unwohlsein und, meist morgens, zu Erbrechen führen. Normalerweise verschwinden die Beschwerden nach spätestens dem dritten Schwangerschaftsmonat. Steigert sich das Schwangerschaftserbrechen aber zu einem unstillbaren Erbrechen, erbricht die

Schwangere nach nahezu jeder Nahrungs- und Flüssigkeitsaufnahme, besteht die Gefahr, dass es zu gefährlich großen Flüssigkeits- und Elektrolytverlusten kommt. Auch das Ungeborene ist in Gefahr. In jedem Fall ist eine sorgfältige ärztliche Behandlung erforderlich.

»Ess-Brech-Sucht« – Erbrechen mit seelischer Ursache

Essstörungen sind bei Kindern und Jugendlichen nicht selten, in der Regel jedoch vorübergehend. Die so genannte Ess-Brech-Sucht (Bulimie), die vor allem Mädchen und junge Frauen betrifft, ist jedoch eine ernst zu nehmende psychische Störung, die in ihrem Verlauf stark persönlichkeitsverändernd sein kann, zudem sind körperliche Schäden zu erwarten. Bulimie äußert sich in regelmäßigen Heißhungerattacken, in denen große Mengen Nahrung verschlungen werden. Direkt anschließend wird aber selbstständig ein Erbrechen der aufgenommenen Speisen herbeigeführt. Auf diese Weise wird versucht, trotz der Essattacken ein Normal-, sehr oft auch ein Untergewicht zu halten, das dann dem eigenen Schönheitsideal entspricht. Die Behandlung Betroffener erfordert einen erfahrenen Therapeuten.

Bulimie

Das Vorbild der Eltern ist wichtig! Je weniger Eltern ihre Kinder zwingen, etwas Bestimmtes oder eine bestimmte Menge zu essen, desto geringer ist das Risiko, dass sich ein Kind gänzlich verweigert oder dass Diäten zur Sucht geraten. Gewähren Sie Ihren Kindern Freiheit und Autonomie. Dies schützt sie wirkungsvoll vor Essstörungen, die meist ein Ausdruck des Protests sind.

Sobald es besser geht: Viel trinken – wenig essen

Leiden Sie länger als einen oder zwei Tage unter wiederholtem Erbrechen und/oder kommen Durchfälle, starke Bauch- oder Kopfschmerzen, Fieber und Abgeschlagenheit hinzu, ist dies in jedem Fall ein Grund, zum Arzt zu gehen. Er kann die Ursache Ihrer Beschwerden abklären und gezielt behandeln. Einer Übelkeit durch eine leichte Magenschleimhautentzündung kann man mit einer Fastenkur und später einer Diät begegnen.

Erst fasten, dann Diät

Solange Ihre Beschwerden akut sind, sollten Sie nichts zu sich nehmen. Wenn Sie wieder etwas essen wollen: Beginnen Sie mit Kohlenhydraten. Kohlenhydrate bestehen aus Zucker, der sofort ins Blut aufgenommen wird und daher schnell stärkend wirkt. Beginnen Sie mit etwas Zwieback oder mit Salzstangen. Wie wär's mit Götterspeise oder Pudding? Das braucht im Magen nicht mehr verflüssigt zu werden und ist leicht verdaulich. Erst wenn der Magen nicht mehr »rebelliert«, können Sie auch wieder kleinere Mengen eiweißhaltige Speisen essen. Bevorzugen Sie Suppen, z. B. eine möglichst fettarme Fleischbrühe.

Wichtig: Flüssigkeit ersetzen

Durch das Erbrechen gehen dem Körper viel Flüssigkeit und wichtige Mineralsalze verloren. Den Verlust können Sie ausgleichen, indem Sie, sofern das kein neuerliches Erbrechen mehr auslöst, möglichst viel trinken. Gut geeignet sind Tee und Mineralwasser mit Salz und etwas Zucker vermischt. Wichtig: Kleine Schlucke. Keine Milch! Keinen Alkohol! Keinen Kaffee! Versuchen Sie eine Teekur mit Baldrian, Kamille, Melisse, Tausendgüldenkraut oder Wermut.

Auch Pfefferminztee beruhigt die Magenschleimhaut. Einen Teelöffel pro Tasse mit Wasser überbrühen, zehn Minuten ziehen lassen, abseihen. Wenig süßen und in kleinen Schlucken trinken.

Den Flüssigkeitsverlust können Sie am besten mit Tee und Mineralwasser ausgleichen.

Für Kids: Cola!

Das besonders bei Kindern äußerst beliebte Getränk hat sich als wirkungsvolles Magenberuhigungsmittel bewährt – auch wenn der wissenschaftliche Nachweis bislang aussteht. Cola enthält leicht verdauliche konzentrierte Kohlenhydrate. Vor der Einnahme sollten Sie die Cola eine Weile offen stehen lassen oder schütteln, damit die Kohlensäure entweichen kann – die winzigen Bläschen der Kohlensäure sind bei Brechreiz genau das Falsche. Die Dosis für Kinder: ein bis zwei Teelöffel; für Erwachsene ein bis zwei Esslöffel – so oft wie nötig, um den »nervösen Magen« zu beruhigen.

Medikamente gegen Erbrechen

Das bekannte Mittel Paspertin (es enthält, wie viele Medikamente gegen Erbrechen, den Wirkstoff Metoclopramid) ist verschreibungspflichtig. Die ärztlich empfohlene Dosierung sollte genau beachtet werden. Als Nebenwirkungen, besonders bei zu hoher Dosierung, können zum Beispiel Müdigkeit, aber auch Unruhe, auftreten.

HOMÖOPATHIE

Medikament	Potenz	deutsche Bezeichnung	Dosis	Anwendung
Pulsatilla	D12	Wiesenküchen-schelle	Stündlich 5 Globuli bis zur Besserung der Beschwerden, die nach maximal 5 Stunden erreicht sein sollte. Bei Besserung 5 Globuli pro Tag	Bei fettem Essen, Durch-einanderessen
Antimonium crudum	D6	Schwarzer Spießglanz	Stündlich 5 Globuli bis zur Besserung der Beschwerden, die nach maximal 5 Stunden erreicht sein sollte. Bei Besserung 5 Globuli pro Tag	Erbrechen durch schwer-verdauliche und reichliche Speisen
Gelsemium-Plantaplex®			Packungsbeilage beachten	Bei Reisekrankheit

Adressen

Aktionskreis Eß- und Magersucht Cinderella e. V., Westendstraße 35, 80339 München, Telefon: 089/502 12 12
Deutsche Gesundheitshilfe – Sektion Magen & Darm, Postfach 94 03 03, 60461 Frankfurt/M., Telefon: 069/789 47 47
Dick & Dünn – Beratung bei Eßstörungen e.V., Innsbrucker Straße 25, 10825 Berlin, Telefon: 030/854 49 94
Overeaters Anonymous (OA) – Anonyme Eßsüchtige, Postfach 10 62 06, 28062 Bremen

Verschnupft und zugeschwollen

Erkältungskrankheiten, vor allem der uns allen bekannte Schnupfen, sind unangenehm. Wer sich abhärtet und immer genügend Abwehrstoffe »parat« hat, ist gegen diese lästigen Krankheiten deutlich besser gewappnet. Doch manchmal nützt auch die beste Gesundheit nichts. Wenn zu viele Viren auf einmal auf den Körper einstürmen, ist die menschliche Abwehr überfordert.

»Dicke Nase«, Husten, Schnupfen, Heiserkeit – typische Anzeichen einer Erkältung. Aber keine Panik: Nicht jede Erkältung ist eine Grippe.

Viren sind die Übeltäter

Unter der Bezeichnung Erkältungskrankheiten fasst man mehrere Infektionskrankheiten zusammen, deren Ausbruch durch Kälte begünstigt wird. Neben dem hier ausschließlich besprochenen Schnupfen oder grippalen Infekt gehören dazu beispielsweise auch Bronchitis oder Entzündungen von Blase und Nieren.

Der grippale Infekt ist eine Infektion der oberen Atemwege (Nase und Rachen), die durch Viren ausgelöst wird. Meist sind vor allem Rhinoviren die Übeltäter, aber auch viele andere Virenarten können Auslöser oder beteiligt sein. Diese Schnupfenviren befinden sich normalerweise überall in der Luft. An Orten, an denen sich Menschen aufhalten, die gerade unter einer Erkältung leiden, sind besonders viele Viren in der Luft, denn Erkrankte verbreiten sie durch das Ausniesen oder -husten feinster virushaltiger Sekrettröpfchen. Umstehende, die diese in der Luft schwebenden Tröpfchen einatmen, stecken sich leicht an. Ärzte und Mediziner sprechen bei dieser Möglichkeit der Ansteckung treffend von einer Tröpfcheninfektion.

Grippe
➳ **Seite 154**

SYMPTOME

Ein Schnupfen beginnt mit Kratzen im Hals, häufigem Niesen, tropfender und verstopfter Nase, Kälteempfindlichkeit, rauer Stimme, Heiserkeit und Husten. Leichtes Fieber, Kopf- und Gliederschmerzen sowie Abgeschlagenheit können hinzukommen.

Winterzeit – Schnupfenzeit

Man kann sich immer anstecken, besonders groß ist die Gefahr jedoch im Herbst und im Winter. Unterkühlungen, vor allem der Füße, schaffen die Voraussetzung. Kalte Füße drosseln die Durchblutung. Dies führt über das vegetative Nervensystem zu einer Einschränkung der Durchblutung der Atemwege.
Eingeschränkte Durchblutung bedeutet gleichzeitig sinkende Abwehrkraft der Schleimhäute in Nase und Rachen, denn das Blut transportiert neben dem Sauerstoff auch die körpereigenen Abwehrzellen und -stoffe in die Organe und Körpergewebe. So haben eingeatmete Viren leichtes Spiel. Ähnliche Auswirkungen zeigen sich bei ungenügender Abhartung des Körpers gegenüber Temperaturwechseln. Dann verengen sich die Blutgefäße der Atmungsorgane schon beim Wechsel vom warmen Zimmer in kalte Außenbereiche sehr stark. Mit sinkender Durchblutung steigt die Anfälligkeit für Infektionen.

Das Immunsystem von Erwachsenen musste sich im Laufe der Jahre bereits mit zahlreichen Virusinfektionen auseinander setzen. Aufgrund dessen ist es weitaus besser trainiert als das von Kindern. Entsprechend erkranken Erwachsene im Durchschnitt lediglich ein- bis zweimal pro Jahr an einer Atemwegsinfektion, Säuglinge und Kleinkinder dagegen bis zu zehnmal jährlich.

Warum Kinder häufig erkältet sind

Je besser das Immunsystem gerüstet ist, desto erfolgreicher kann es sich gegen einen grippalen Infekt wehren. Das kindliche Abwehrsystem ist durch Wachstum, Anstrengung und Stress in der Schule und typische Kinderkrankheiten oft sehr beansprucht und entsprechend überfordert. Außerdem muss das Immunsystem eines Kindes erst lernen, gezielt auf den Angriff eines bestimmten Virus zu reagieren: Gegen jeden in den Körper eindringenden Stoff bilden bestimmte Abwehrzellen genau gegen diesen einen Eindringling gerichtete Abwehrstoffe, so genannte Antikörper. Gelangt dieser Stoff, z. B. ein bestimmter Virustyp, ein zweites Mal in den Körper, dann ist er dem Immunsystem bereits bekannt, und es ist bestens mit einer Vielzahl gegen das Virus gerichteter Antikörper gerüstet. Je älter ein Mensch ist, desto mehr Erreger konnte sein Abwehrsystem bereits kennen lernen. Schließlich achten

Gegen den grippalen Infekt gibt es keinen Impfstoff – er wird durch zu viele verschiedene Virusarten und -typen ausgelöst.

Kinder nicht so sorgfältig auf äußere Umstände, die eine Erkältung begünstigen. Kalte Füße etwa werden von ihnen oft ebenso wenig bemerkt wie eine Abkühlung des Körpers durch nasse Kleidung. Eine Schwächung des Immunsystems, z. B. durch Stress und ungesunde Ernährung, macht natürlich auch Erwachsene besonders anfällig.

Gegen Schnupfen wird man nie immun

Ein grippaler Infekt wird sehr oft, aber eben nicht nur und nicht ausschließlich, von Rhinoviren ausgelöst. Und selbst dieses Rhinovirus verändert sich ständig, sodass es verschiedene Typen davon gibt. Der erwachsene Mensch ist daher durch das Dazulernen des Immunsystems besser geschützt als ein Kind, aber es gelingt dem Immunsystem aufgrund der Fähigkeit zur ständigen Veränderung der Viren nie, gegen alle Typen Abwehrstoffe (Antikörper) auf Vorrat zu produzieren. So wird man auch als Erwachsener nicht immun gegen Schnupfen, und selbst nach gerade überstandener Krankheit kann man sich wieder anstecken, wenn sich das auslösende Virus schon verändert hat oder ein anderer Schnupfenerreger im Spiel ist.

Wichtig: Temperatur messen. Eine echte Grippe beginnt mit extremem Fieber.

Grippaler Infekt und echte Grippe ...

... sind verschiedene Krankheiten, die sich durch das auslösende Virus und den Krankheitsverlauf unterscheiden. Die echte Virusgrippe, die so genannte Influenza, ist eine epidemisch auftretende, ernst zu nehmende Infektionskrankheit, die sogar Todesopfer fordern kann. Ihre Erreger sind Orthomyxoviren. Auch die Virusgrippe ist eine Tröpfcheninfektion. Vom grippalen Infekt unterscheidet sich eine echte Grippe auch durch die Symptome: Sie beginnt mit plötzlich einsetzendem, sehr hohem Fieber (39–40 °C), Schüttelfrost, Gliederschmerzen, Brennen im Rachen, Reizhusten und Heiserkeit. Auch Erbrechen und Durchfälle können auftreten.

Besonders ältere Menschen, Kranke, Kinder und immunschwache Personen sind gefährdet. Als Schutz werden Impfungen empfohlen. Sie wirken jedoch nur dann, wenn gegen das gerade vorherrschende Virus geimpft wird. Das Grippevirus kann sich nämlich,

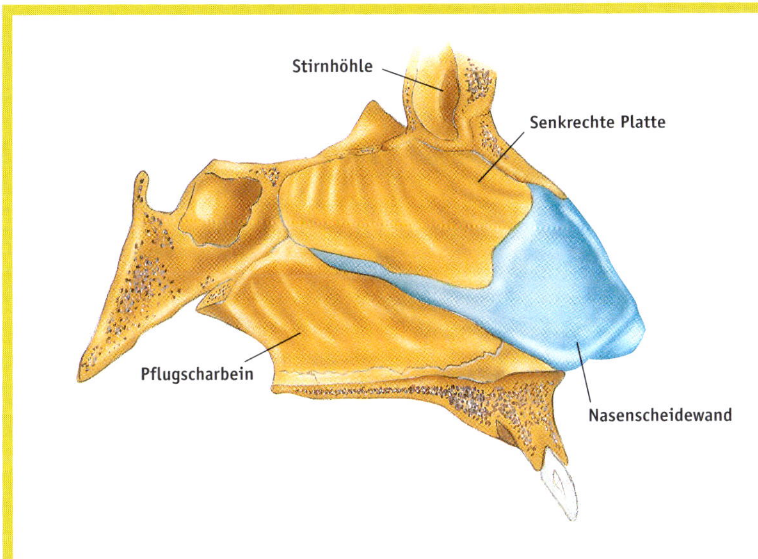

Erkältungen verursachen in der Folge nicht selten Entzündungen der Nasennebenhöhlen oder des Mittelohrs.

wie viele Viren, von einer Virusgeneration zur nächsten spontan verändern. Gegen ein solches abweichendes Virus bleibt der gegen den ursprünglichen Typ entwickelte Impfstoff wirkungslos. Auf Empfehlung der Weltgesundheitsorganisation (WHO) wird der Grippeimpfstoff daher jährlich dem neu entstandenen Virustyp angepasst, um eine möglichst große Impfsicherheit zu gewährleisten.

Vorsicht auch bei einem grippalen Infekt

Erkältungen sind oft Wegbereiter für andere Krankheiten. Nicht selten sind Nasennebenhöhlenentzündungen oder Mittelohrentzündungen durch aufsteigende Viren und vor allem auch hinzukommende Bakterien aus dem Nasen-Rachen-Raum. Auch zu einer Bronchitis oder gar einer Lungenentzündung kann es kommen. Wenn die Symptome des Infektes daher nach etwa drei Tagen nicht nachlassen oder sich sogar verschlimmern, sollten Sie zur Vorsicht zum Arzt gehen. Bei Säuglingen empfiehlt es sich, bei Symptomen eines grippalen Infekts in jedem Falle einen Arzt zu rufen. Wenn sich folgende Beschwerden einstellen, müssen auch ältere Kinder und Erwachsene unbedingt zum Arzt: Blut im Hustenschleim, krampfartiger Husten, Kreislaufstörungen, Herzrasen bzw. Herzjagen, Schwindelanfälle oder Ohnmacht, Übelkeit und Erbrechen.

Husten
➳ Seite 188
Grippe
➳ Seite 154
Bronchitis
➳ Seite 80
Mittelohrentzündung
➳ Seite 278

Dauernd erkältet? – Das muss nicht sein!

Einer Erkältung können Sie wirksam vorbeugen, wenn Sie Ihr Abwehrsystem stärken.

- Halten Sie sich fit. Trainieren Sie Ihren Körper. Gehen Sie zum Beispiel an der frischen Luft spazieren und zwar bei jedem Wetter.
- Härten Sie sich ab, um einer mangelnden Durchblutung der Atemwege vorzubeugen. Nach dem warmen Duschen die Wassertemperatur auf »kalt« stellen. Beginnen Sie mit dem kalten Wasser an den Beinen, fahren Sie mit den Armen, dem Bauch, der Brust, dem Rücken und auch dem Gesicht fort; zehn Sekunden genügen.
- Atmen Sie möglichst nicht durch den Mund ein, es sei denn, Ihre Nase ist verstopft.
- Sie können Ihre Immunabwehr auch durch geeignete Präparate aus der Apotheke stärken, zum Beispiel Echinacea.
- Ernähren Sie sich gesund. Essen Sie viel Obst und Gemüse und trinken Sie Obstsäfte. Sie enthalten viel Vitamin C. Vitamin C können Sie auch in Form von Brausetabletten (sie enthalten bis zu 1000 Milligramm pro Tablette) nehmen.
- Bei ersten Anzeichen (Niesen, Kratzen im Hals) können Sie Kapseln mit ätherischen Ölen (z. B. Gelomyrtol) einnehmen. Sie wirken von innen auf die Schleimhäute.
- Wirksam, aber natürlich meist nicht durchführbar: Versuchen Sie sich fern zu halten von Orten, an denen viele Schnupfenviren umherfliegen.

VITAMIN-C-HITLISTE

Lebensmittel	Vitamin-C-Gehalt in mg pro 100 g
Acerola-Kirsche (nur als Präparat erhältlich)	1.720
Hagebutte	1.259
Guave	270
Schwarze Johannisbeere	177
Paprika, rot, roh	140
Broccoli	114
Fenchel	93
Rosenkohl	85
Grünkohl, gekocht	75
Erdbeere	64
Orangensaft	51
Avocado	50

Quelle: Positivlisten Lebensmittel, Hoffmann & Hoffmann

Vitamin C

Vitamin C wird vielfach eine Schutzwirkung gegen Erkältungskrankheiten zugeschrieben. Diese positive Wirkung konnte bisher wissenschaftlich allerdings nicht bewiesen werden.

Der tägliche Vitamin-C-Bedarf liegt für Erwachsene bei 60 bis 75 Milligramm. Frauen, die die Pille nehmen, brauchen 80 Milligramm Vitamin C, Raucher benötigen etwas größere Mengen (ca. 100 Milligramm). Vitaminmengen über dem normalen Tagesbedarf werden mit dem Urin ausgeschieden. Eine Überversorgung mit Vitamin C kann bei extrem hohen Dosen (mehr als vier Gramm pro Tag) zu einer Überforderung der Nieren und zu Durchfall, Verdauungsbeschwerden und zu Nierensteinen führen.

Obst und Obstsäfte enthalten viel Vitamin C.

Schonen Sie sich

Auch wenn die Arbeit noch so dringend ist, bleiben Sie zu Hause. Bedenken Sie: Ihr Leistungsvermögen ist geschwächt, und Sie verschlimmern Ihren Zustand. Wenn Sie sich ausruhen, haben Sie gute Chancen, früher gesund zu werden. Denken Sie auch daran, dass Sie Ihre Mitarbeiter anstecken könnten. Wenn Sie müde sind, sollten Sie schlafen. Und wenn Sie wach sind, versuchen Sie sich zu entspannen. Auch häusliche Arbeiten sollten Sie besser aufschieben, bis es Ihnen besser geht. Auf zu viel Alkohol und vor allem auf das Rauchen sollten Sie besser verzichten.

Trinken Sie mehr als sonst

Reichlich Flüssigkeit hilft, die Sekrete zu verflüssigen und fördert so ihr Ablaufen aus der verstopften Nase.
Statt Wasser sollten Sie Frucht- oder Gemüsesäfte bevorzugen. Damit führen Sie Ihrem Körper Vitamine und Mineralien zu.
Heiße Getränke, z. B. Tee oder die schon zu Großmutters Zeiten empfohlene heiße Milch mit Honig fördern durch ihre Temperatur die Durchblutung im Rachenraum und unterstützen so die körpereigene Abwehr.

Die Nase richtig putzen
Eine Nasenhälfte zudrücken und die Luft kräftig durch das andere Nasenloch blasen. Werden beide Nasenflügel gleichzeitig zusammengedrückt, kann dadurch der Inhalt der Nase in die Stirnhöhle gelangen. Die Folge: Stirnhöhlenentzündung.

Helfen Medikamente?

Schmerzmittel wie Aspirin oder Parazetamol senken Fieber und lindern recht wirksam die Begleitsymptome, vor allem Kopf- und Gliederschmerzen.

Arzneimittel, die nur die Symptome abschwächen, verführen leicht zur Überforderung des kranken Körpers. Bedenken Sie, dass Fieber die Abwehrvorgänge im Körper unterstützt. Es gilt also zwischen den vorteilhaften Effekten leichten Fiebers und dem Wunsch, die als unangenehm empfundenen Beschwerden des Schnupfens schnell »loszuwerden«, abzuwägen.

Achtung!
Schnupfenmittel oder -sprays maximal über drei Tage anwenden; anschließend mindestens zehn Tage Pause einlegen. Werden Nasentropfen länger verwendet, ist die Entwöhnung ungleich schwieriger. Deshalb:
- **Nasentropfen nur in einem Nasenloch so lange weiterverwenden, bis die Schwellung im anderen abgeklungen ist.**
- **Statt Nasentropfen Kochsalzlösung anwenden.**

Vorsicht bei Schnupfenpillen!

Einige der handelsüblichen Schnupfenpillen (z. B. Sinupret, Rekomill) enthalten Antihistaminika. Diese machen lediglich müde, helfen bei Erkältungsschnupfen jedoch nicht. Andere Präparate können den Blutdruck gefährlich erhöhen, manche Mittel den Schnupfen sogar noch verschlimmern.

Inhalieren, schwitzen, spülen

Eine Aromatherapie mit Teebaumöl ist ganz einfach: Drei bis fünf Tropfen des unverdünnten Öls auf ein Taschentuch geben und mehrmals am Tag inhalieren. Sehr gut ist das Inhalieren von Wasserdampf, in dem Sie verschiedene ätherische Öle lösen können. Auch heißer Kamillentee ist geeignet. Halten Sie jeweils für Sekunden das Gesicht über einen Behälter mit der heißen Flüssigkeit, verhängen Sie dabei den Kopf mit einem Handtuch, und atmen Sie ruhig ein und aus. Ein solches Dampfbad lässt die Schleimhäute abschwellen und löst die Sekrete in der Nase. Direkt danach dürfen Sie keinesfalls ins Freie.

Ein so genanntes Überwärmungsbad erzeugt eine leichte Übertemperatur, es wirkt schweißtreibend, entspannend und kann das Abwehrsystem unterstützen: nach einem heißen Vollbad (ca. 40 °C) mit einer Wärmflasche ins Bett und doppelt zudecken. Lindenblütentee unterstützt die Überwärmung.

Wenn die Nase verstopft ist, können Sie spülen. Es eignet sich Leitungswasser (warm bei kaltem Körper, kalt bei warmem Körper) oder eine dreiprozentige Salzlösung. Ziehen Sie das Wasser oder die Lösung ein, und stoßen Sie es mit der Atmung wieder aus.

Fiebertees

Wenn zu einem grippalen Infekt Fieber und Abgeschlagenheit hinzukommen, können folgende Fieberteemischungen Linderung verschaffen:

- Einen bis zwei Teelöffel Linden- oder Holunderblüten mit einer Tasse siedendem Wasser überbrühen, fünf Minuten ziehen lassen, anschließend abseihen. Zur Schwitzkur ein bis zwei Tassen frisch zubereiteten Tee am Spätnachmittag möglichst heiß trinken und gut zugedeckt im Bett bleiben. Zwischen 15 und 18 Uhr ist die Schweißproduktion erheblich höher als sonst.

• Je 30 Gramm Linden- und Holunderblüten und je 20 Gramm Mädesüßblüten und Hagebuttenschalen miteinander vermischen. Einen Teelöffel der Mischung mit einer Tasse heißem Wasser überbrühen, fünf bis zehn Minuten ziehen lassen, anschließend abseihen. Wie Linden- oder Holunderblütentee anwenden.

HOMÖOPATHIE

Medikament	Potenz	deutsche Bezeichnung	Dosis	Anwendung
Camphora	D8	Kampfer	Täglich alle 2 Stunden 1 Globulus	Bei Frieren, Niesen, kalter Nasenspitze; nicht bei Fieber
Nux vomica	D12	Brechnuss	3-mal täglich 5 Globuli	Bei Frösteln, Gliederschmerzen, hoher Erkältungsanfälligkeit; bei Schnupfen in kalter, trockener Witterung, klar laufender Nase, tränenden Augen
Belladonna	D6	Tollkirsche	3-mal täglich 3 Globuli	Bei geschwollenen Nasenschleimhäuten und Fieber
Hepar sulfuris	D12	Kalkschwefelleber	3-mal täglich 3 Globuli	Bei Niesen und laufender Nase
Rhus toxidendron	D12	Giftsumach		Bei tropfender oder verstopfter Nase, Schwellung des Rachens, Erkältung nach Durchnässung
Bryonia	D12	Zaunrübe	3-mal täglich 3 Globuli	Bei Verschlimmerung der Erkältung

Fieber unterstützt unser Abwehrsystem

Ist es Fieber? Sicherheit bringt die einfache Messung mit einem Fieberthermometer.

Fieber ist eine Begleiterscheinung vieler Krankheiten, die die natürlichen Abwehrvorgänge im Körper wirkungsvoll unterstützen kann.

Bekämpfen Sie es nicht

Fieber ist keine Krankheit an sich – es ist ein Symptom! Es erfüllt einen äußerst nützlichen Zweck: Fieber verkürzt Krankheiten, stärkt die Abwehrkräfte und verringert das Ansteckungspotenzial einer Infektion.

Es werden Abwehrzellen mobilisiert, die Bakterien und Viren, die in den Körper eingedrungen sind, bekämpfen. So kann Fieber dazu beitragen, dass sich die Erreger im Körper nicht ausbreiten. Wägen Sie also ab, ob es daher nicht besser ist, dem Fieber sozusagen freie Hand zu lassen, anstatt dagegen beispielsweise mit Medikamenten vorzugehen. Mäßiges Fieber (38 °C bis 38,5 °C) sollte daher nicht sofort gesenkt werden. Besser ist, abzuwarten und zu beobachten. Erst wenn das Thermometer in den kritischen Bereich (40 °C) steigt, sollte das Fieber mit Medikamenten behandelt werden.

SYMPTOME

Eine Körpertemperatur von 37,1 °C bis 38 °C ist erhöhte Temperatur. Ab einer Körpertemperatur von 38 °C (rektal gemessen) spricht man von Fieber. Temperaturen zwischen 38 °C und 38,5 °C sind mäßiges, solche zwischen 39 °C und 40,5 °C hohes Fieber.
Begleitsymptome: zunächst kurzfristig Frösteln und Schüttelfrost, dann Hitzegefühl und Schweißausbrüche, später Schwäche, Abgeschlagenheit, Benommenheit, Kopfschmerzen, Durst, Appetitlosigkeit, Verstopfung, eventuell unruhiger Schlaf.
Besonders bei Kindern sind Fieberanfälle von Angst- und Wahnvorstellungen (Fieberfantasien) begleitet.

Fieber ist eine »biologische Waffe« des Körpers

Fieber wird durch fiebererzeugende Stoffe, Pyrogene, ausgelöst. Das können Bakterien, von diesen abgegebene »Giftstoffe«, Viren, aber auch Eiweißzerfallsprodukte aus dem eigenen Körper sein. Bei Kontakt mit einem Pyrogen, z. B. bei einer Infektion durch Bakterien oder Viren, werden von den weißen Blutkörperchen (Leukozyten), die die eingedrungenen Erreger bekämpfen, so genannte innere Pyrogene in das Blut freigesetzt. Diese inneren Pyrogene gelangen in das Gehirn und bewirken dort eine Änderung der Körperwärmeregelung, was zum Temperaturanstieg, dem Fieber, führt. Eine hohe Körpertemperatur beschleunigt alle Reaktionen im Körper einschließlich solcher, die während der körpereigenen Abwehr eine Rolle spielen. Zudem bewirken die von einigen weißen Blutkörperchen abgegebenen Abwehrstoffe, Interleukine, die Aktivierung wieder anderer Abwehrzellen, die die Erreger angreifen und vernichten können.

Eine Körpertemperatur von 36,9 °C gilt als normal. Beachten Sie jedoch:

- **Dieser Normalwert kann durch bestimmte Nahrungsmittel, Kleidung, Aufregung oder Anstrengung nachhaltig beeinflusst werden.**
- **Kinder neigen grundsätzlich zu höheren Körpertemperaturen als Erwachsene. Zudem zeigen sie größere Temperaturschwankungen im Tagesverlauf.**

Erst frieren – dann schwitzen

Die nach einer Infektion in das Gehirn gelangenden inneren Pyrogene stellen den dort befindlichen Temperaturfühler auf einen höheren Sollwert. Der Körper reagiert so, als sei die Außentemperatur gefallen, und als müsste er die Körperinnentemperatur anpassend erhöhen. Die Blutgefäße verengen sich und wir schwitzen weniger – beides dient dazu, die Wärmeabstrahlung zu vermindern. Gleichzeitig versucht der Körper, durch unwillkürliche Muskelarbeit, das Zittern, Wärme im Körper zu erzeugen. Wir frösteln und bekommen Schüttelfrost. Ab etwa 40 °C wird die Körpertemperatur dann konstant gehalten. Damit ist die Temperatur aber 3 °C höher als unsere normale Körpertemperatur. Wir empfinden entsprechend ein Hitzegefühl. Sobald der Temperaturfühler wieder einen niedrigeren Sollwert anstrebt, wenn z. B. die auslösenden Erreger wegfallen, werden im Körper Maßnahmen zur Abkühlung getroffen, beispielsweise durch eine erhöhte Schweißproduktion. Wir beginnen zu schwitzen.

Meist ein Begleitsymptom einer Infektion

Einige Infektionskrankheiten, die mit Fieber einhergehen:

- **Grippe**
- **Rachen- und Mandelentzündung**
- **Bronchitis**
- **Lungenentzündung**
- **Mittelohrentzündung**
- **Hirnhautentzündung**
- **Magen- und Darmentzündungen**
- **Leberentzündung (Hepatitis)**
- **Blinddarmentzündung**
- **Nieren-, Blasen- und Harnwegsentzündungen**

Fieber dient vornehmlich der Abwehr von Krankheitserregern. Infektionen, ob von Bakterien oder Viren ausgelöst, können damit oft wirksam bekämpft werden. Heilsames Fieber klingt nach wenigen Tagen ab; bleibt das Fieber längere Zeit bestehen, sollten Sie zum Arzt gehen. Dann muss die dem Fieber zu Grunde liegende Ursache diagnostiziert und gegebenenfalls behandelt werden. Fieber in Verbindung mit starken Kopf-, Bauch-, Unterleibs- oder Gliederschmerzen, Durchfall und Erbrechen oder geschwollenen Lymphknoten ist stets ein Grund, sofort den Arzt aufzusuchen.
Nach Reisen in die Tropen ist bei Fieber auch an eine Malaria oder eine andere Tropenkrankheit zu denken. Informieren Sie Ihren Arzt über Ihre Reise, wenn Sie ihn wegen Ihres Fiebers konsultieren.

Wochenbettfieber

Das Wochenbett- oder Puerperalfieber ist die Folge einer bakteriellen Infektion. Während der Geburt eines Kindes entstehen oft Verletzungen im Bereich der Scheide der Frau. Diese Verletzungen können von Bakterien (z. B. Staphylokokken, Streptokokken, Kolibakterien) befallen werden, die dann über den Geburtsweg aufsteigen und z. B. eine Eileiter- oder auch eine Bauchfellentzündung auslösen können. Im schlimmsten Falle findet über das Blut eine Ausbreitung im gesamten Körper statt. Neben Fieber sind Schüttelfrost, Übelkeit, Durchfall und Druckschmerzen der erkrankten Organe (z. B. Leber, Gebärmutter) typische Symptome. Das Wochenbettfieber kann lebensgefährlich werden und muss sofort behandelt werden.

Fieber tritt auch bei einer Mastitis, einer Entzündung der Milchdrüsen der stillenden Frau, auf: Bakterien aus dem Nasen-Rachen-Raum des Säuglings befallen die Brust. Rötung und Schmerzen in der betroffenen Brust sowie Fieber sind die ersten Symptone.

Fieber kann auch als Nebenwirkung eines Medikaments und als Folge einer Impfung auftreten. In beiden Fällen sollten Sie sofort Ihren behandelnden Arzt informieren.

Verletzung, Verbrennung, Sonnenbrand ...

... und andere schädliche Einwirkungen auf den Körper können ebenfalls Fieber auslösen. Die bei der Zerstörung von Körperzellen anfallenden Abbauprodukte bzw. Eiweißzerfallsprodukte wirken nämlich ebenfalls als fieberauslösende Stoffe (Pyrogene). Auch manche Tumorerkrankungen oder der Zerfall eines Tumors gehen mit plötzlichem Fieber einher.

Hitzschlag und Sonnenstich

Hohes Fieber (über 40 °C) nach längerem Aufenthalt in der Sonne bei hohen Temperaturen kann Folge eines Hitzschlags oder eines Sonnenstichs sein. Gleichzeitig treten Kopfschmerzen, Übelkeit und Schwindel auf (bis zum Kollaps). Sofortige Hilfe ist notwendig: Kühlen, z. B. durch kalte Umschläge um den Kopf, dann so schnell wie möglich ärztliche Hilfe.

Vorsicht, wenn Fieber nach einem Sonnenbad auftritt: Es könnte Folge eines Hitzschlags oder Sonnenstichs sein.

Fieber bei Kindern ...

... muss häufiger kontrolliert werden. Ihre Temperatur steigt und fällt sehr schnell. Bei Fieber über 39 °C muss grundsätzlich ein Arzt gerufen werden. Bei Säuglingen sind schon Temperaturen von 38,5 °C sehr oft Zeichen einer schweren Infektion und daher behandlungsbedürftig. Bevorzugen Sie zur Fiebersenkung statt Medikamenten feuchte Umschläge und Wickel (Wadenwickel). Keinesfalls sollten Sie dem Kind in Eigenbehandlung ein fiebersenkendes Medikament, z. B. Aspirin, eingeben. Viele dieser Medikamente können bei Kindern gefährliche Nebenwirkungen haben.

Richtig Fieber messen

Es gibt zwei verlässliche Möglichkeiten, um die Körpertemperatur zu ermitteln:

- Rektale Messung: Bei Kindern unter fünf Jahren sollte die Temperatur grundsätzlich im Po (rektal) gemessen werden. Die rektale Temperatur ist in der Regel ein Grad höher als die orale. Verwenden Sie für die Messung spezielle Fieberthermometer. Legen Sie das Kind bäuchlings auf Ihren Schoß. Schmieren Sie das Ende des Thermometers mit Haut- oder Babycreme ein und führen Sie es vorsichtig etwa zwei Zentimeter ein. Entfernen Sie das Fieberthermometer, wenn die Quecksilbersäule sich nicht mehr verändert (nach circa ein bis zwei Minuten) und lesen Sie den Wert ab.

- Orale Messung: Vor der Messung im Mund (oral) sollten Sie eine halbe Stunde lang nicht gegessen, getrunken oder geraucht haben; dies könnte den Messwert verfälschen. Platzieren Sie das Thermometer unterhalb der Zunge in eine der beiden darunter liegenden Taschen. Halten Sie das Thermometer mit den Lippen, keinesfalls mit den Zähnen fest; atmen Sie durch die Nase. Nach drei bis fünf Minuten können sie die Temperatur ablesen.

Vor der Messung schütteln Sie das Fieberthermometer, bis das Quecksilber unter die 36-°C-Marke gesunken ist. Nach Gebrauch waschen sie das Thermometer in kaltem Seifenwasser.

Achtung!
Wer seinem Körper hohe Dosen fiebersenkender Mittel zumutet, belastet seinen Kreislauf und unterbindet die Selbstheilungskräfte des Körpers. Fieber sollte erst dann – ärztlich – behandelt werden, wenn es auf über 40 °C steigt oder wenn es Verwirrtheit und Unrast auslöst.

Wann und wie Sie Fieber senken sollten

Fieber ist ein Symptom verschiedener Krankheiten. So ist grundsätzlich meist nicht das Fieber, sondern die ursächliche Krankheit zu behandeln, zumal Fieber die natürliche Abwehr gegen Infektionen unterstützt. Sehr hohes Fieber (über 40 °C) kann aber zu einer schweren Schädigung des Organismus führen, indem z. B. körpereigene Eiweißstoffe, so genannte Enzyme, die im Körper lebenswichtige Funtionen erfüllen, zerfallen. Es muss daher in jedem Fall gesenkt werden. Bei Herz- und Kreislaufkranken empfiehlt sich, in Absprache mit dem behandelnden Arzt, oft ein Senken auch weniger hohen Fiebers, um eine weitere Belastung des Herzens zu vermeiden.

Grundsätzlich gilt bei hohem Fieber: Strenge Bettruhe, um eine Überanstrengung von Herz und Kreislauf zu vermeiden.

Wärmeabfuhr durch kaltes Wasser

Steigt das Fieberthermometer auf über 39 °C, können Sie mit kalten Wadenwickeln die Temperatur senken: Schlagen Sie dazu in kaltem Wasser getränkte Handtücher um die Waden und umwickeln Sie die feuchten Tücher mit einem trockenen Handtuch.

Auch nasse Socken haben einen Kühlungseffekt. Sie können auch den gesamten Körper mit kaltem Wasser abwaschen. Kühlbäder helfen besonders schnell; sie können jedoch für Herz und Kreislauf belastend sein, daher sollten Sie Rücksprache mit Ihrem Arzt nehmen.

Heilsames Fieber

In Absprache mit dem Arzt kann es sinnvoll sein, das Fieber zur Unterstützung des Abwehrsystems auf bis zu 40 °C steigen zu lassen. Dann sollten Sie aber aufmerksam bleiben und einen weiteren Anstieg verhindern. Stellt sich das hohe Fieber nicht von allein ein, kann Nachhelfen durch eine Schwitzkur eine ähnliche Wirkung erzielen. Heißen Lindenblütentee trinken, ein Überwärmungsbad nehmen und dick einpacken.

Vernachlässigen Sie bei Fieber keinesfalls die Zufuhr von Flüssigkeit, Mineralsalzen, Kalorien und Kohlenhydraten.

Viel trinken und das Richtige essen

Der Wasserbedarf bei Fieber ist sehr groß, denn durch das Schwitzen gehen dem Körper Flüssigkeit und wichtige Mineralsalze verloren. Gut geeignet sind neben Mineralwasser vor allem Obstsäfte. Vergessen Sie auch das Essen nicht, selbst wenn Sie keinen Appetit haben: Fieber zehrt, denn für die erhöhte Körperwärme werden zusätzlich viele Kalorien verbrannt. Bevorzugen Sie leicht verdauliche Kohlenhydrate; auch Milch und Obst eignen sich.

HOMÖOPATHIE

Medikament	Potenz	deutsche Bezeichnung	Dosis	Anwendung
Belladonna	D6	Tollkirsche	Stündlich 5 Globuli bis zur Besserung die nach spätestens 5 Stunden eingetreten sein sollte	Wenn das Fieber mit Schweißbildung plötzlich auftritt
Aconitum	D6	Sturm- oder Eisenhut	Stündlich 5 Globuli bis zur Besserung die nach spätestens 5 Stunden eingetreten sein sollte	Bei plötzlichem, heftigem Fieber ohne Schweiß

Eiterbeulen sind oft ein Zeichen für fehlende Abwehrkräfte

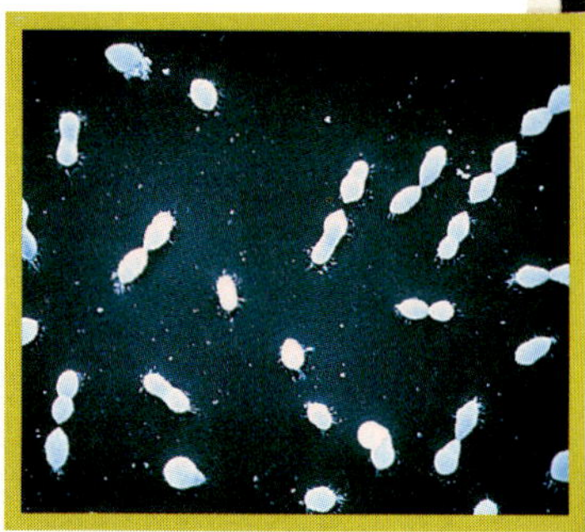

Staphylokokken verursachen Furunkel, wenn die Abwehrkräfte des Körpers geschwächt sind.

Furunkel sind schmerzhaft und lästig. Sie sind meist ein Zeichen für einen schlechten Gesundheitszustand. Bei normaler Abwehrlage treten Furunkel in der Regel selten auf.

Furunkel – eine eitrige Entzündung des Haarfollikels

Das Furunkelrisiko steigt bei
- **Diabetes mellitus**
- **Mangelnder Körperhygiene**
- **Allgemein schlechter gesundheitlicher Konstitution**

Ein Furunkel entsteht durch eine Entzündung des Haarfollikels, der taschenförmigen Einsenkung in der Haut, aus der ein Haar herauswächst. Die Infektion wird meist von Eiterbakterien hervorgerufen. Diese Bakterien kommen normalerweise an verschiedenen Körperstellen vor. Siedeln sie sich im Bereich eines Haarfollikels und zwar dort, wo Schweißstellen oder Reibungsflächen sind (Achselhöhlen, Gesicht, Genick), an und können sie sich dort vermehren, rufen sie eine Entzündung hervor.

SYMPTOME

Der Furunkel zeigt sich zunächst als schmerzhafter Knoten, über dem die Haut gerötet und gespannt ist. Der Knoten wird weicher und von dunkelrot bläulicher Farbe, bis er schließlich durch ein kreisrundes Loch aufbricht, aus dem eine eitrig-blutige Flüssigkeit abläuft. Nach dem Aufbrechen kann der Furunkel vollständig abheilen. Entstehen Furunkel dagegen an der gleichen Stelle oder auch an mehreren Körperstellen immer wieder, spricht man von einer chronischen Furunkulose. Bevorzugte Hautbereiche für das Auftreten eines Furunkels sind: Nacken, Rücken, Gesäß, Oberschenkel, Lippenränder, Achseln und Leisten.

Meist ist eine geschwächte Abwehrlage schuld

Häufig entstehen Furunkel bei einer geschwächten Immunabwehr. Die zur Bakterienbekämpfung herangewanderten weißen Blutkörperchen (Leukozyten) können die Erreger nicht direkt vernichten, sie verfetten und gehen zum Teil zu Grunde. Gemeinsam mit dem infolge der Entzündungsprozesse geschädigten Körpergewebe bilden sie den Eiter. Neu herbeigewanderte Abwehrzellen beginnen, gemeinsam mit aktivierten bindegewebeproduzierenden Zellen das Entzündungsgeschehen abzukapseln – der fühlbare Knoten unter der gespannten, geröteten Haut entsteht. Gelingt es den Abwehrzellen schließlich, die Erreger zu beseitigen, wird der Furunkel weicher, er besteht dann nur noch aus Eiter, der gelblich unter einer dünnen Bindegewebsschicht durchschimmert. Der kleine Abzess ist jetzt »reif«, das heißt, er bricht kurz darauf auf – oder kann geöffnet werden – und der Eiter fließt nach außen ab. Meist bleibt er als »Krater« mit einem wie ausgestanzt aussehenden kleinen Loch noch einige Zeit auf der Haut sichtbar, bis er endgültig abgeheilt ist.

Treten Furunkel immer wieder auf, ist dies oftmals ein Zeichen einer dauerhaft geschwächten Immunabwehr, wie sie zum Beispiel als Folge einer Diabetes-mellitus-Erkrankung auftritt.

Die Einnahme von Antibiotika ist bei einem Furunkel oder Karbunkel in der Regel nur dann nötig, wenn die Entzündung in der Nase oder im Gesicht auftritt, außerdem Fieber festgestellt wird, sich die Entzündung auf umliegendes Gewebe ausbreitet oder wenn der Furunkel bzw. Karbunkel immer wieder auftritt.

Karbunkel

Wachsen mehrere Furunkel an einer Stelle und verschmelzen sie miteinander, so bezeichnet man dies als einen Karbunkel. Ein Karbunkel wird von Schwellungen der Lymphknoten begleitet. Er muss ärztlich behandelt werden, denn die Gefahr einer Ausbreitung der Infektion ist recht groß. In schweren Fällen kann sich die Infektion über einen ganzen Körperteil ausbreiten.

Geduld und richtige Hygiene sind wichtig

Wer oft unter Furunkeln leidet, sollte entzündete Hautstellen mit einer antibiotisch wirkenden Salbe behandeln.

Auch wenn die Haut über einem Knoten spannt und schmerzt, öffnen Sie unreife Furunkel nicht mit Gewalt. Die Folge könnte sein: Der Furunkel entleert sich nicht nach außen, sondern in tiefere Haut- und Muskelschichten und im schlimmsten Fall in die Blutgefäße. Dann droht eine Blutvergiftung. Sie müssen die Geduld aufbringen zu warten, bis der gelblich durch die Haut schimmernde Eiter anzeigt, dass die Erreger vernichtet sind und dass die Eiteransammlung nur noch durch eine dünne Bindegewebekapsel nach außen abgegrenzt ist. Besonders gefährlich sind Furunkel im Bereich von Hals, Gesicht und Kopf: Wächst der zu früh geöffnete Furunkel weiter, kann es zu weiteren Entzündungsherden und zu einer Ausbreitung der Infektion auf die Hirnhäute kommen.

Duschen statt baden

Duschen Sie statt zu baden. Durch das Baden weicht die Haut auf, die Poren öffnen sich und die Gefahr, dass die Eiterbakterien des bestehenden Furunkels auch an anderen Stellen in die Haut bzw. Haarfollikel eindringen, ist entsprechend groß.

Nach dem Berühren – Hände waschen

Kleine Entzündungsherde in der Haut nicht mit den Fingern betasten, nicht daran herumdrücken.

Immer wenn der Furunkel mit den Händen berührt wurde, sollten die Hände gewaschen werden, am besten mit einer antiseptischen Seife aus der Apotheke. Die Bakterien lassen sich mit den Fingern auch zu anderen Hautstellen übertragen und können dort möglicherweise noch einmal einen Furunkel bilden.

So beschleunigen Sie die »Reifung«

Sie können die Reifung eines Furunkels durch das Auflegen warmer Kompressen beschleunigen. Bei tief liegenden Furunkel erreichen Sie den gleichen Effekt, indem Sie die Stelle auf der Haut mit einer Zugsalbe (z. B. Ichtholan-Salbe 10%, 20%, 50%) dick bedecken und mit einem Pflaster oder Verband sichern. Das sollten Sie öfters wiederholen. Ist der Furunkel reif, zeigt sich gelblicher Eiter in dem weichen, dunkelrot gefärbten Knoten, können Sie seiner Öffnung nachhelfen: Weichen Sie die Haut mit warmen Kompressen auf und stechen Sie den »weißen Kopf« mit einer desinfizierten Nadel an. Den Eiter sanft mit einem Papiertuch ausdrücken. Die meist kraterförmige Wunde desinfizieren Sie mit einer antiseptischen Lösung (z. B. Alkohol aus der Apotheke) und sichern sie gegen eine erneute Infektion mit einem sterilen Verband ab. Sprechen Sie vorab jedoch mit Ihrem Arzt. Große Furunkel oder gar Karbunkel nie selbst behandeln.

Wann zum Arzt?
- **Wenn der Furunkel im Gesicht auftritt**
- **Wenn Fieber festgestellt wird**
- **Wenn Furunkel immer wieder auftreten**
- **Wenn der Furunkel nicht binnen 10 bis 14 Tagen durch Selbsthilfe abheilt**
- **Wenn es sich um ein Karbunkel handelt**

Alternative Heilmittel

Bei entzündlichen Hautveränderungen werden Heilerdepackungen empfohlen. Tees aus Teufelskralle, Birken, Brennnessel, Löwenzahn und Wacholder unterstützen die Heilung von innen.

HOMÖOPATHIE

Medikament	Potenz	deutsche Bezeichnung	Dosis	Anwendung
Hepar sulfuris	D6	Kalbsschwefelleber	3 mal täglich 3 bis 5 Globuli, maximal 14 Tage	Bei eitrigen Furunkel
Silicea	D6 bis D12	Silizium	1-mal täglich 3 bis 5 Globuli	Bei eitrigen Furunkel
Hypericum perforatum	D6	Johanniskraut	1-mal täglich 3 bis 5 Globuli	Unterstützt die Heilung der Wunde, wenn eine Nervenverletzung vorausgegangen ist
Myristica-sebifera-Tropfen®	D2		Nach Angabe laut Packungsbeilage	Beschleunigung der Geschwürreifung

Adressen

Deutsche Haut- und Allergiehilfe, Fontanestraße 14, 53173 Bonn, Telefon: 0228/35109-1

Der »Stinkfuß« ist zu beheben

Tägliche Pflege verhindert Geruch.

Jeder kennt den penetranten Geruch. Er haftet in den Umkleideräumen von Turnhallen und Hallenbädern ebenso wie in vielen Turn- und Sportschuhen.

Bakterien sorgen für den Geruch

Der unangenehme Geruch ist die Folge der Zersetzung bestimmter organischer Bestandteile des an sich weitgehend geruchlosen Schweißes durch Bakterien. Dabei entstehen unter anderem Buttersäure und andere flüchtige Fettsäuren.

Je mehr die Füße schwitzen ...

... desto heftiger der Geruch durch die Tätigkeit der schweißzersetzenden Bakterien. Eine Überlastung der Füße durch zu viel Arbeit oder hohes Körpergewicht führen ebenso zur übermäßigen Schweißbildung wie unzweckmäßiges Schuhwerk, das keine Luft an die Haut heranlässt. Eine bakterielle Zersetzung des Schweißes findet überall auf der Haut statt. Aber sie wird reguliert, weil Luft die Haut immer wieder trocknet. Das hemmt das Wachstum der Keime. Weil Füße jedoch meist den ganzen Tag ohne Belüftung in Schuhen »verbringen«, kann die übermäßige Feuchtigkeit nicht verdunsten. Vernachlässigte Hygiene und mangelhafte Sorgfalt bei der Fußpflege verschlimmern entsprechend auch die Geruchsbildung.

Wenn Sie am ganzen Körper zu starker Schweißbildung und entsprechend auch Schweißgeruch neigen, sollten Sie das ärztlich abklären lassen: Übermäßiges Schwitzen kann Symptom einiger Krankheiten sein.

SYMPTOME

Käsiger, unangenehmer, äußerst penetranter Geruch der Füße, meist verbunden mit starker Schweißbildung.

Oft genügen viel Luft und richtige Hygiene

Wichtig: Die richtigen Schuhe

Tragen Sie luftdurchlässige Schuhe. Besonders Gummistiefel oder Sportschuhe sollten Sie nur so lange wie nötig anziehen. Wechseln Sie die Strümpfe täglich, bei Bedarf sogar mehrmals täglich. Wollsocken saugen mehr Schweiß auf als Baumwollstrümpfe. Wechseln Sie die Schuhe möglichst von Tag zu Tag, damit sie nach dem Tragen an frischer Luft austrocknen können.

Ein feuchtwarmes Klima, wie es bei starker Schweißbildung in luftundurchlässigen Schuhen entstehen kann, begünstigt auch das Entstehen bakterieller Entzündungen oder eines Pilzbefalls.

Pflegen Sie Ihre Füße

Um Schweiß und Bakterien in Grenzen zu halten, sollten Sie Ihre Füße mehrmals am Tag waschen. Sehr wichtig ist es, sie danach gut abzutrocken, besonders sorgfältig in den Zehenzwischenräumen. Feuchtigkeit, ob infolge von Schweiß oder Wasser, begünstigt das Entstehen von Fußpilzerkrankungen.

Medikamente gegen Schweißbildung

So genannte Antitranspirantien mindern die Schweißproduktion um 20 bis 50 Prozent. Sie sind als Gel, Puder oder Spray erhältlich. Bei längerer Anwendung können die Schweißdrüsen die Schweißproduktion sogar vorübergehend einstellen. Achtung: Die Mittel können die Haut reizen.

Fußbäder wirken Wunder

Stellen Sie die Füße jeden Tag in ein Fußbad mit Tannin oder Eichenrindenextrakt. Die Gerbsäure wirkt adstringierend (gewebebildend und milde antibakteriell).

Kneippsche Anwendungen, wie Wassertreten, Fußgüsse und Wechselbäder, sind ebenfalls sehr zu empfehlen.

So oft es möglich ist, barfuß laufen.

HOMÖOPATHIE

Medikament	Potenz	deutsche Bezeichnung	Dosis	Anwendung
Silicea	C30	Silizium	1-mal täglich 3 Globuli	Bei feuchten, schwitzenden Füßen

Fast jeder Zweite ist betroffen

Fußpilz nistet sich meist zwischen den Zehen ein, kann aber auch Fußsohlen, Fußsohlenränder und Zehenspitzen befallen.

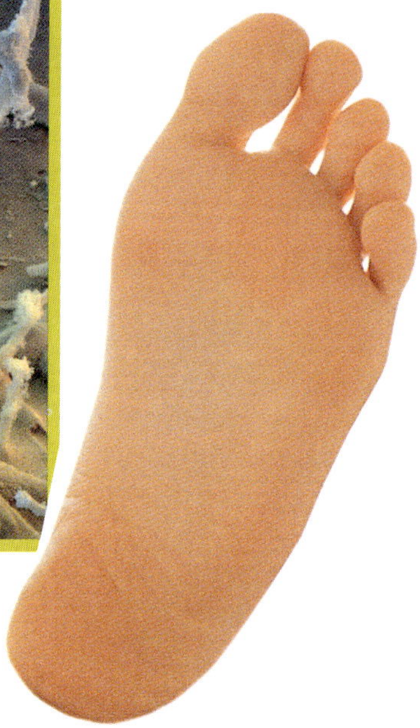

Fußpilz kann jeden treffen. Statistisch betrachtet leiden Männer zwar häufiger an Fußpilz, Frauen sind vor dieser lästigen Infektion jedoch keineswegs gefeit.
Die Füße sind »weit weg« vom übrigen Körper. Daher werden sie oft vernachlässigt, in der Pflege sind sie meist Stiefkinder. Ständig »eingepfercht« in enge Schuhe, können sie oft nicht richtig abtrocknen. Das feuchte Milieu, vor allem zwischen den Zehen, ist eine ideale Brutkammer für Pilze.

Fußpilz zählt zu den häufigsten Erkrankungen. Wenn die Haut durch Schweiß oder Wasser aufgeweicht wird, steigt das Fußpilzrisiko. Wer nach dem Schwimmen die Zehenzwischenräume nicht sorgfältig abtrocknet, läuft Gefahr, sich häufig mit Fußpilz zu infizieren.

Feuchtigkeit und kleine Verletzungen sind der Nährboden

Die Erkrankung wird durch Faden-, seltener durch Hefepilze hervorgerufen. Fadenpilze kommen fast überall vor, auch auf der gesunden Haut. Ob sie bei Kontakt mit der Haut eine Infektion auslösen, hängt von mehreren Faktoren ab: Ein feuchtwarmes »Klima« in Schuhen und Strümpfen etwa ist ideal für eine Pilzvermehrung und begünstigt einen Befall. Auch eine lokale Schwächung der Abwehrmechanismen der Haut im Bereich der

Füße, zum Beispiel als Folge von Durchblutungsstörungen, oder eine verminderte Immunität des gesamten Körpers erhöhen das Infektionsrisiko. Oftmals ebnet schon übertriebene Fußhygiene, also der häufige Kontakt mit Wasser und Seife, den Weg für eine Fußpilzinfektion, da sie den Säureschutzmantel der Haut angreift. Schließlich machen vor allem feine Verletzungen der Oberfläche den Pilzen das Eindringen in Haut und Nägel möglich.

SYMPTOME

Zunächst gerötete Hautpartien am Fuß, hauptsächlich zwischen den Zehen, seltener auf den Fußsohlen. Später unangenehmer Juckreiz und schuppende oder aufreißende, weißlich verquollene Hautstellen. Darunter befinden sich nässende Hautschäden. Bei Befall der Fußnägel: verdickte, gelblich gefärbte, später krümelig zerfallende Nägel, die sich vom Nagelbett abheben. Der Pilzbefall der Nägel ist völlig schmerzlos. Er verläuft extrem chronisch.

Pilze werden ständig übertragen. Doch bei Menschen mit gesunder Haut und intakter Immunabwehr entsteht daraus kein Fußpilz. Nur bei einer vorgeschädigten Haut, z. B. durch Verletzungen oder einer Abwehrschwache, kann sich der Pilz ausbreiten.

Durch den Pilz haben auch Bakterien leichtes Spiel

Fußpilz kann das Auftreten nachfolgender Erkrankungen begünstigen, beispielsweise der Wundrose, einer schmerzhaften Erkrankung der Lederhaut (einer tieferen Hautschicht). Die Erreger der Krankheit sind Bakterien (meist Streptokokken). Sie dringen vorzugsweise über die vom Fußpilz befallenen, beschädigten Hautstellen ein und breiten sich über die Lymphspalten aus. Die entzündete Haut schwillt und rötet sich scharf begrenzt, auch Schüttelfrost und Fieber können auftreten.

Eine Pilzbehandlung ist langwierig

Die auslösenden Fadenpilze sind sehr weit verbreitet. Da sie aber nur dann eine Infektion auslösen können, wenn sie nach einem Hautkontakt günstige Bedingungen für Wachstum und Vermehrung antreffen, kann man einiges tun, um sich vor einem Befall zu schützen. Haben die Pilze bereits »Fuß gefasst«, helfen meist nur noch Medikamente.

Vermeiden Sie Seifen oder Waschlotionen. Sie zerstören den empfindlichen Säureschutzmantel der Haut.

So haben Pilze wenig Chancen

- Waschen Sie die Füße, aber übertreiben Sie nicht. Sie zerstören sonst den Pilz abwehrenden Säuremantel der Haut.
- Zehenzwischenräume, besonders zwischen dem vierten und fünften Zeh, immer gut abtrocknen. In feuchtem Klima gedeihen Pilze besonders gut.
- Tragen Sie aus dem gleichen Grund luftdurchlässiges Schuhwerk.
- Wechseln Sie die Socken täglich. Auch die Schuhe sollten Sie möglichst öfters wechseln. Laufen Sie im Freien so oft wie möglich barfuß.
- Verwenden Sie Pilz abwehrende Haut- und Nagelcremes zur Pflege. Eine geschlossene Nageloberfläche verhindert das Eindringen von Keimen.
- Reinigen Sie Ihre Fußnägel regelmäßig mit einer Nagelbürste und einem Nagelreiniger.

Bei Jugendlichen heilt die erste Fußpilzinfektion häufig von selbst: Beachten Sie lediglich Selbsthilfe- und Vorbeugemaßnahmen und stören Sie die Selbstheilungsprozesse nicht durch eine aggressive Behandlung. Dadurch entwickelt sich gewissermaßen eine Immunität, die erneute Infektionen unwahrscheinlich macht.

Bei Befall helfen Medikamente

In der täglichen Hygiene gelten die gleichen Regeln wie zur Vorbeugung. Bei oberflächlichem Befall von Haut und Nägeln – sofern nicht mehr als etwa 60 Prozent der Nagelplatte betroffen sind – ist zunächst eine lokale Behandlung angezeigt. Dabei werden Puder, Salben, Sprays oder Tinkturen aufgetragen. Apotheken bieten rezeptfrei eine umfangreiche Auswahl so genannter Breitband-Antimykotika (Mykosen = Pilzerkrankungen) zur lokalen Anwendung an. Bei Nagelpilzen werden spezielle Lacke, die in den Nagel eindringen können, eingesetzt. Die Behandlung befallener

Hautstellen zeigt im Gegensatz zu Nägeln schon nach wenigen Tagen Erfolge. Wichtig ist: weiterbehandeln. Erst nach drei bis vier Wochen kann die Behandlung eingestellt werden. Befallene Nägel sollten bis zum gesunden Teil gekürzt bzw. von der Fußpflege abgetragen werden. Hier ist der Pilz wesentlich hartnäckiger. Eine Nagelbehandlung dauert meist viele Monate. Bei über 60 Prozent Befall der Nagelplatte ist zusätzlich zur äußerlichen Anwendung von Antimykotika und mechanischer Behandlung durch die Fußpflege eine Therapie mit Tabletten angezeigt. Diese Mittel gelangen über das Blut in den Nagel und verhindern den Befall des nachwachsenden Nagels. Sie sind allerdings verschreibungspflichtig und dürfen wegen möglicher Nebenwirkungen nicht ohne Kontrolle des Arztes eingenommen werden. Eine chirurgische Entfernung bei einem völligen Befall des Nagels wird heute kaum noch vorgenommen. Häufige Folgewirkungen sind verdickte und verkrümmte Nägel sowie Wachstumsstörungen.

Fußpilz bei Erwachsenen heilt nicht von selbst. Unbehandelte Infektionen verursachen Risse in der Haut und können dadurch schlimmere bakterielle Infektionen nach sich ziehen. Suchen Sie einen Arzt auf, wenn die Entzündung nicht zurückgeht, es zu Schwellungen am Fuß oder Bein kommt und wenn sich in den Blasen oder in der aufgesprungenen Haut Eiter bildet.

Fußbäder unterstützen die Behandlung

Regelmäßige Wechselfußbäder eignen sich zur Vorbeugung und zur Behandlung. Sie fördern die Durchblutung und damit die Abwehr der Pilze. Dazu die Füße wechselweise zehn Sekunden in kaltem und fünf Minuten in heißem Wasser baden. Zweimal wiederholen, dann die Füße gut abtrocknen.

Badezusätze können die Wirkung erhöhen: Kamille, Eichenrinde, Schachtelhalm oder Teebaumöl haben sich bewährt. Teebaumöl kann auch unverdünnt in die befallenen Hautstellen einmassiert werden. Versuchen Sie auch Rosmarinfußbäder. Anschließend Wecesin-Puder zwischen den Zehen auftragen.

HOMÖOPATHIE

Medikament	Potenz	deutsche Bezeichnung	Dosis	Anwendung
Sulfur	D30	Schwefel	1-mal täglich 1 Globulus	Bei Hautpilz mit starkem Juckreiz und wenn Kratzen nicht zur Besserung führt
Graphites	D30	Graphit	3-mal täglich 1 Globulus	Bei Nagelpilz

»Sand im Getriebe«

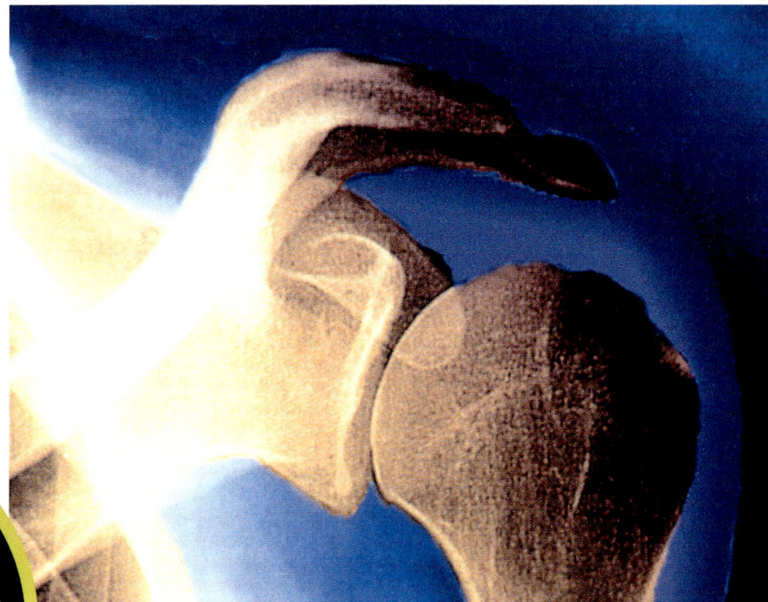

■ *Wenn es in den Gelenken knirscht ist Vorsicht geboten. Schmerzende Gelenke können ein Hinweis auf vielerlei Erkrankungen sein.*

Die Gelenke müssen sowohl das Körpergewicht als auch Spitzenbelastungen verkraften. Gelenkschmerzen können die Folge einer Überbelastung sein. Aber auch viele andere Ursachen, darunter Infektionen, die eine Entzündung des Gelenks hervorrufen, können für die Beschwerden verantwortlich sein. Besonders dann ist Vorsicht und umgehende Behandlung geboten. Bei bakteriellen Infektionen, z. B. durch Streptokokken, kann das Herz geschädigt werden.

Ursachen: Entzündungen oder Verschleiß

Natürlich können Gelenkschmerzen die direkte Folge eines Sturzes oder Unfalls sein. Sie sind dann Symptom einer Verstauchung, Verrenkung oder Zerrung. Treten Gelenkschmerzen ohne eine derartige unmittelbare äußere Ursache auf, können sie auf verschiedenen entzündlichen und nicht entzündlichen Erkrankungen beruhen.

SYMPTOME

Gelenkschmerz ist ein Symptom, das sich, je nachdem, auf welcher Ursache es beruht, unterschiedlich äußert: Schmerzen bei Bewegung und Belastung – so genannte Einlaufschmerzen – sind typisch für einen Gelenkverschleiß. Weitere Symptome eines Verschleißes sind: zunehmend eingeschränkte Beweglichkeit des betroffenen Gelenks; das Gefühl, dass es »wie Sand« im Gelenk knirscht. Alle Gelenke können davonbetroffen sein. Schmerzen, die auch ohne Belastung auftreten (so genannter Ruheschmerz) sind typisch für Gelenkentzündungen, z. B. infolge von Rheuma oder einer Infektion. Weitere Symptome einer Entzündung sind: Schwellung, Rötung und Überwärmung des betroffenen Gelenks. Bei rheumatischen Gelenkentzündungen sind vorwiegend die Finger- und Zehengelenke betroffen.

Arthritis
➳ **Seite 32**
Arthrose
➳ **Seite 36**
Insektenstiche
➳ **Seite 200**
Rheuma
➳ **Seite 302**
Schuppenflechte
➳ **Seite 328**

Gelenkentzündung – Schmerzen, Schwellung, Überwärmung

Eine Entzündung des Gelenks bezeichnet man als Arthritis (Arthros = Gelenk). Wie bei jeder Entzündung nimmt die Durchblutung in dem Entzündungsgebiet zu; schließlich tritt Blutwasser aus den Blutgefäßen in das umliegende Gewebe aus. Das Gewebe schwillt an, eine sichtbare Schwellung entsteht. Die Flüssigkeit kann aus dem Gewebe auch in die Gelenkhöhle fließen; der Arzt spricht dann von einem Gelenkerguss. Die Schwellung drückt auf die empfindlichen Nervenfasern und löst so den Schmerz aus. Körpereigene Abwehrzellen – während des Entzündungsprozesses auch zerstörte Körperzellen – setzen außerdem Stoffe frei, die die Nervenfasern reizen und den Schmerz verstärken.

Gelenkentzündungen können zahlreiche Ursachen haben: Infektionen können durch verschiedene Bakterien oder Viren ausgelöst werden. Bakterien gelangen entweder durch eine Verletzung direkt in das Gelenk oder sie werden über das Blut von einem Krankheitsherd an anderer Stelle des Körper dorthin verschleppt. Manche durch Bakterien oder Viren ausgelöste Infektionen im Körper ziehen erst nach ein bis vier Wochen eine Gelenkentzündung nach sich. Die Entzündung ist dann Folge einer durch den Erreger in Gang gesetzten Immunreaktion – der Erreger selbst ist bei diesen Krankheiten im Gelenk überhaupt nicht nachzuweisen.

Eine Arthritis kann auch in Verbindung mit Stoffwechselstörungen und ernährungsbedingten Störungen auftreten, beispielsweise bei Gicht.

Zu den Symptomen einer allergischen Reaktion auf ein Medikament kann auch eine Gelenkentzündung gehören. Gleichzeitig treten Kopfschmerzen, Fieber, Bauchschmerzen und Übelkeit auf. Informieren Sie unbedingt Ihren Arzt, wenn Sie derartige Beschwerden nach einer Medikamenteneinnahme haben.

Hatten oder haben Sie eine Infektionskrankheit?

Zu Ihrer Sicherheit sollten Sie sich erinnern. Wurden Sie vor Wochen oder Monaten von einer Zecke gebissen? Oder litten Sie vor zwei bis drei Wochen unter einer der folgenden Infektionskrankheiten mit den angegebenen Erregern:

- Halsentzündung oder Scharlach (Streptokokken)
- Geschlechtskrankheit (Gonokokken)
- Magen- und Darmerkrankung (Yersinien)
- Blasenentzündung oder Infektion der Genitalien (Chlamydien)

Wenn eines der Beispiele zutrifft, ist der Einsatz von Antibiotika notwendig.

Was tun bei Schmerzen?

Grundsätzlich ist es sinnvoll, bei Gelenkschmerzen, insbesondere wenn gleichzeitig eine Schwellung und Rötung des Gelenks und/oder allgemeine Krankheitssymptome (Fieber, Abgeschlagenheit) auftreten, einen Arzt zurate zu ziehen. Er kann die Ursache feststellen und über die weitere Behandlung entscheiden. Die Schmerzen lassen sich auf verschiedene Weise lindern.

Gelenk ruhig stellen oder weitgehend entlasten. Das gilt sowohl bei Schmerzen infolge von Verschleiß als auch einer Entzündung.

Wärme und Kälte

Es ist individuell verschieden, ob eher Wärme oder Kälte bei Schmerzen Linderung verschafft.

- Kälteanwendungen: Cold-Hot-Packs, Eiswürfel; bis zu viermal täglich bei akuten Gelenkschmerzen infolge einer Verletzung
- Wärmebehandlung: Warme Cold-Hot-Packs, Infrarotlicht

Die richtige Physiotherapie kann helfen

Geeignet sind Heilgymnastik, Ultraschall, Massagen und Hochfrequenzstrom. Beraten Sie sich mit Ihrem behandelnden Arzt, welche Methode in Ihrem Fall die Richtige ist.

Achtung!
Schmerzmittel können zwar die Schmerzen vorübergehend beseitigen, aber nie die Ursache bekämpfen.

Schmerzmittel

Bei Gelenkschmerzen, die auf einer Entzündung beruhen, helfen entzündungshemmende Medikamente, so genannte Antiphlogistika. Lassen Sie sich von Ihrem Arzt oder Apotheker beraten, welches Medikament geeignet ist. Schmerzmittel können Nebenwirkungen haben, die besonders bei einigen, vorwiegend gegen rheumatische Beschwerden eingesetzten, Präparaten nicht selten sind.

Alternative Heilmittel

- Reiben Sie die betroffenen Gelenke gegen die Schmerzen mit Rizinusöl ein.
- Baden Sie einmal pro Woche in einem Schwefelmoorbad.
- Aus der Wurzel der Teufelskralle wird ein Wirkstoff gewonnen, der die Schmerzen lindert und die Entzündung hemmt.
- Präparate mit Mistelextrakt können gelenknah eingespritzt werden. Das Mittel verursacht zunächst Entzündungen und starke Schmerzen, soll jedoch sehr heilsam sein.

Achtung!
Bei einer Arthrose heißt die »Behandlung« vor allem: Belastungen der Gelenke vermeiden.

HOMÖOPATHIE

Medikament	Potenz	deutsche Bezeichnung	Dosis	Anwendung
Apis	D6	Honigbiene	Stündlich 5 Globuli bis zur Besserung nach maximal 5 Stunden	Bei Schmerzen von geschwollenen und heißen Gelenken
Rhus toxidendron	D12	Giftsumach	Stündlich 5 Globuli bis zur Besserung nach maximal 5 Stunden	Wenn die Schmerzen bei Bewegung nachlassen, bei Beschwerden an der Gelenkkapsel
Ruta	D6	Weinraute	Stündlich 5 Globuli bis zur Besserung nach maximal 5 Stunden	Bei Gelenkhautentzündung
Bryonia	D6	Zaunrübe	Stündlich 5 Globuli bis zur Besserung nach maximal 5 Stunden	Bei starken Schmerzen

Adressen

Deutsche Rheumaliga, Rheinallee 69, 53173 Bonn, Telefon: 0228/957500, Fax: 0228/9575020
Deutsche Arthrose-Hilfe e.V., Postfach 110551, 60040 Frankfurt/M., Telefon: 06831/946677

Des Lides Last

Ein Gerstenkorn ist eine eitrige Entzündung (Abszess), die sich vom übrigen Gewebe abkapselt, reift und schließlich aufplatzt.

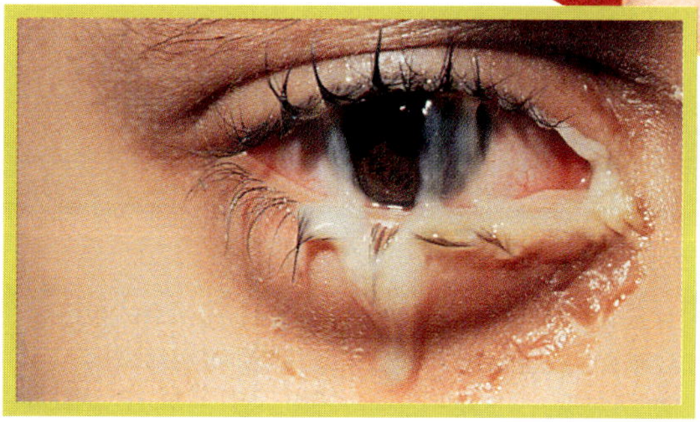

An sich ist der kleine Knoten am Lid harmlos. Aber er beschäftigt die Betroffenen durch seine exponierte Lage und schmerzhafte Spannung. Die Reifung kann durch Wärmepackungen beschleunigt werden.

Bakterien sind die Ursache

Nach dem Berühren eines Gerstenkorns, sollten Sie sich gründlich die Hände waschen: Die Eiter erregenden Bakterien sind leicht übertragbar.

Im Augenlid befinden sich verschiedene Drüsen, die sich entzünden können. Herbeigeeilte Abwehrzellen versuchen eingedrungene Erreger zu vernichten. Gehen die Abwehrzellen zu Grunde, bilden sie Eiter, der sich als fühl- und sichtbarer Knoten unter der Haut ansammelt. Der Arzt bezeichnet dies als Abszess.

SYMPTOME

Rötung und Schwellung der Bindehaut meist am oberen Augenlid. Die getreidekornförmige Wölbung enthält Eiter, ist sehr schmerzhaft und manchmal juckend.

Leichtes Spiel bei geschwächter Abwehrkraft

Gerstenkörner entstehen in der Regel nur bei herabgesetzter Widerstandskraft. Dann ist die Gefahr, dass eingedrungene Bakterien sich vermehren und eine eitrige Entzündung auslösen können, besonders groß. Oftmals kommt es dann auch zu wiederholtem Auftreten. Besonders anfällig sind Menschen, die unter einer chronischen Lidentzündung leiden.

So beugen Sie vor

Das Immunsystem stärken: Sport treiben, den Körper abhärten, auf gesunde Ernährung achten.

Wann zum Arzt?

- **Wenn sich das Gerstenkorn nicht von allein öffnet.**
- **Wenn innerhalb einer Woche keine Besserung eintritt.**

Wärme beschleunigt die Reifung

Wärmebestrahlung mit Rotlicht ist hilfreich. Die Wärme fördern die Reifung des Gerstenkorns. Nach Entleerung des Eiters: mit Eis kühlen.

Keinesfalls dürfen Sie an einem Gerstenkorn mit den Fingern herumtasten oder gar drücken. Nur selten, etwa bei Abszessen an der Innenseite des Augenlids, muss der Arzt nachhelfen.

Medikamente

Antibiotisch wirkende Salben dürfen Sie nur nach Anordnung des Arztes auftragen. Antiseptisch wirkende Salben erhalten Sie in der Apotheke.

Auch kalte Augenbäder mit Augentrostpräparaten können helfen. Dafür gibt es spezielle Augenbadewannen.

Augenbäder und Kompressen

Legen Sie Kompressen auf. Dafür eignen sich warmer Kamillen-, Veilchen- oder Fencheltee oder Aufgüsse mit Bockshornklee und Leinsamen.

HOMÖOPATHIE

Medikament	Potenz	deutsche Bezeichnung	Dosis	Anwendung
Staphisagria	D12	Stephanskraut	3-mal täglich 3 bis 5 Globuli bis zur Beschwerdefreiheit nach 3 bis 5 Tagen	Bei schmerzhaften Schwellungen des Augenlids und Lichtempfindlichkeit

Wohlstandskrankheit der Nachkriegsjahre

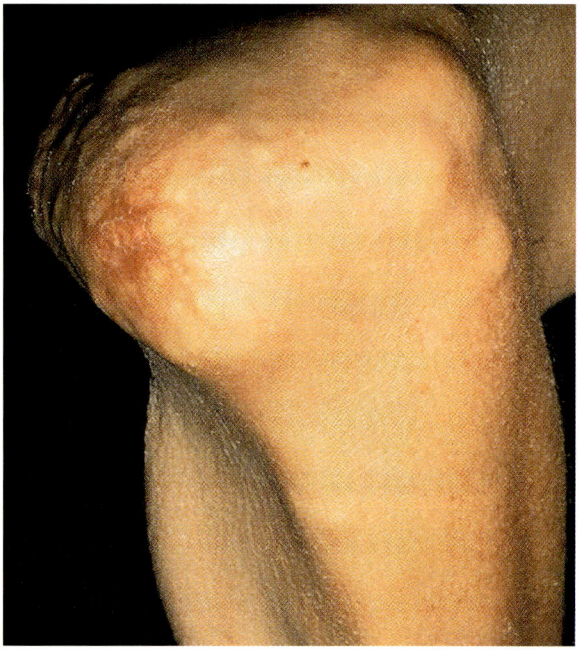

Gichtknoten in einem Kniegelenk.

War das Zipperlein bis zur Mitte unseres Jahrhunderts noch eine eher seltene Erkrankung, so kann man Gicht heute durchaus als Volksleiden bezeichnen. Fett- und fleischreiche Ernährung sowie gewohnheitsmäßiger Alkoholgenuss führen dazu, dass in der Bundesrepublik heute bereits acht von hundert Männern in den so genannten besten Jahren an dieser Stoffwechselerkrankung leiden.

Wenn's in den Gelenken zwickt

Zuerst spürt man es im großen Zeh oder im Knie. Was früher als Zipperlein bezeichnet wurde, heißt heute Gicht. Doch damals wie heute, die Schmerzen sind so unerträglich wie unnötig. Gicht ist eine Wohlstandskrankheit, bei der sich Harnsäurekristalle in den Gelenken ablagern, und durch eine fleischarme Ernährung vermeidbar. Das Erkrankungsrisiko steigt mit zunehmender Harnsäurekonzentration im Blut an.

Gicht ist eine Männerkrankheit. Männer leiden unter dieser schmerzhaften Stoffwechselkrankheit etwa zehnmal öfter als Frauen.

SYMPTOME

Zuerst schmerzhafte, tagelang anhaltende Anfälle im Grundgelenk des großen Zehs, in den Gelenken der Hand oder den Kniegelenken, die bevorzugt in der Nacht beginnen.

Die Haut in Gelenknähe rötet sich, schwillt an. Später können immer mehr Gelenke befallen werden. Gicht kann auch jahrelang völlig beschwerdelos bestehen.

Ursachen der Gicht

Die Veranlagung an dieser Stoffwechselstörung zu erkranken ist erblich. Die im Körper gebildete Harnsäure wird nicht in vollem Umfang über die Nieren ausgeschieden. Damit steigt die Harnsäurekonzentration im Blut an. Ein geringer Prozentsatz der Gichtkranken leidet unter einer Überproduktion von Harnsäure infolge eines erblichen Enzymdefekts. Als Folge beider Ursachen lagern sich im Körper Harnsäurekristalle ab. Geraten sie in die Gelenke, führen sie zum Abrieb des Knorpels, zu chronischen Entzündungen und später zur Gelenkzerstörung. Der Körper hilft sich zunächst durch eine Einkapselung der Harnsäurekristalle. Diese so genannten Gichtknoten werden bevorzugt in den Ohren und in der Nähe des Kniegelenks sowie im Kniegelenk selbst gebildet. Gichtknoten können aber auch in Sehnenscheiden, Haut, Nieren, Knochen und Knorpel vorkommen. Die Basis für die Gicht ist eine purinreiche und eine fett- wie fleischbetonte Ernährung. Purin wird bei der Verdauung aus Eiweiß gebildet.

Für Gichtkranke mit einem erblichen Enzymdefekt besteht ein sehr hohes Risiko, dass sich aus Harnsäurekristallen Nierensteine bilden.

Hintergrund der Gicht

Gicht zählt zu den Stoffwechselkrankheiten der Wohlstandsgesellschaft in den Industrieländern. In ärmeren Ländern ist diese Krankheit wesentlich seltener. Heute haben etwa zwei Prozent der 18- bis 20-jährigen Männer einen erhöhten Harnsäurespiegel, acht Prozent der Männer im mittleren Alter und drei Prozent der 65-jährigen leiden unter Gicht. Zu den Gichtinitiatoren gehören nicht nur viel fettes Fleisch und andere purinreiche Lebensmittel, sondern auch Alkohol und einige Medikamente zur Behandlung von Tuberkulose und zur Entwässerung. Steigt der Harnsäurespiegel im Blut auf neun Milligramm pro 100 Milliliter an, kristallisiert die Harnsäure aus. Geschieht dies im Gelenk, wird dadurch ein Gichtanfall hervorgerufen, der unbehandelt Tage oder gar Wochen mit heftigsten Schmerzen andauern kann.

Es gibt keine medizinisch begründete Gichtdiät. Eine Diät allein könnte die Gicht kaum aufhalten. Doch der Zusammenhang zwischen Purinen und Gicht ist für die Medizin längst anerkannte Tatsache. Sie sollten deshalb Ihre Ernährung von Purinquellen befreien.

Wann zum Arzt?

Während des ersten Gichtanfalls oder unmittelbar danach.

So beugen Sie vor

- Stellen Sie Ihre Ernährung um. Meiden Sie purinreiche Lebensmittel (siehe Kasten, Seite 152).
- Reduzieren Sie unbedingt Ihr Gewicht.
- Bewegen Sie sich. Wandern, Laufen, Radfahren, Schwimmen –

Übergewicht ➳ Seite 342

das sind Sportarten, die Sie bis ins hohe Alter betreiben können. Halten Sie sich damit fit. Sport und Bewegung verbessern nicht nur die allgemeine Konstitution, sie heben das Wohlbefinden, härten ab und stärken Muskeln, Knochen und Gelenke.

Behandlung der Gicht

Alkohol kann akute Gichtanfälle auslösen, da er die Ausscheidung von Harnsäure über die Nieren hemmt. Bier enthält zudem Purin.

Gichtanfälle sollten nur mit ärztlicher Hilfe behandelt werden. Selbsthilfe kann als Ergänzung erfolgen.

- Stellen Sie Ihre Ernährung unbedingt auf fleischlose und purinarme Kost um. Meiden Sie purinhaltige Lebensmittel (siehe nachstehenden Kasten).
- Wenn Sie Übergewicht haben: Verringern Sie Ihr Gewicht.
- Legen Sie Fasten- oder Saft- und Rohkosttage ein. Damit senken Sie unmittelbar den Hanrnsäurespiegel im Blut.
- Trinken Sie viel Mineralwasser. Achten Sie bei der Auswahl des Wassers auf einen niedrigen Mineralsalzanteil.
- Bei einem akuten Gichtanfall: Kühlen Sie die betroffenen Gelenke mit Eispackungen. Dazu verwenden Sie zerkleinerte Eiswürfel, die Sie mit etwas kaltem Wasser in eine Plastiktüte geben. Legen Sie ein Handtuch zwischen Packung und Eis und fixieren Sie den Eisbeutel mit einer Binde.
- Falls die Gichtanfälle wiederholt auftreten, sollten Sie die vom Arzt verordneten Medikamente regelmäßig einnehmen.

PURINREICHE LEBENSMITTEL

Auf nachstehende Lebensmittel und Getränke sollten Gichtpatienten verzichten:

- Fleisch und Fett von Tieren, (auch Geflügelfleisch)
- Wurst und Suppen aus Fleischextrakten
- Innereien, z. B. Leber, Zunge, Herz, Milz
- Heringe, Sardellen, Ölsardinen
- Mayonnaise und Remoulade
- Hülsenfrüchte, z. B. Erbsen, Linsen, Bohnen, Erdnüsse
- Spargel, Spinat, Blumenkohl
- Pilze
- Scharfe Gewürze
- Alkoholische Getränke

Bei Gicht gilt: Purin, nein danke!

Nahrungsmittel mit einem hohen Puringehalt erhöhen den Harnsäurespiegel im Blut. Lebensmittel, die zwischen 150 und 1000 Milligramm Purin pro 100 Gramm enthalten, können einen akuten, äußerst schmerzhaften Gichtanfall auslösen. Grundsätzlich gilt also: Hände weg von eiweißreichen tierischen Produkten! Doch auch bereits geringere Purindosen können ausreichen um mittelfristig eine Gichterkrankung zu verursachen.

Achtung!
Seien Sie vorsichtig mit Modediäten. Sie können Gichtanfälle auslösen. Arbeiten Sie gegebenenfalls mit Ihrem Arzt eine individuelle Diät aus.

Alternative Heilmethoden

Hilfe durch Aromatherapie: Träufeln Sie fünf bis zehn Tropfen Teebaumöl auf eine nasse ausgedrückte Kompresse, die Sie auf das geschwollene Gelenk legen. Belassen Sie die Kompresse etwa 30 Minuten auf dem schmerzenden Gelenk. Sie können auch eine Packung aus Heilerde auf das Gelenk auflegen, der Sie zuvor fünf bis zehn Tropfen Teebaumöl untergemischt haben. Die Heilerdepackung sollte maximal 30 Minuten auf der Haut verbleiben.

HOMÖOPATHIE

Medikament	Potenz	deutsche Bezeichnung	Dosis	Anwendung
Apis	D6	Honigbiene	Stündlich 5 Globuli bis zur Besserung nach maximal 2 Stunden	Bei schmerzenden geschwollenen, heißen, roten, bewegten Gelenken
Rhus toxidendron	D12	Giftsumach	Stündlich 5 Globuli bis zur Besserung nach maximal 5 Stunden	Wenn die Schmerzen bei fortgesetzter Bewegung nachlassen, bei Beschwerden an der Gelenkkapsel
Bryonia	D6	Zaunrübe	Stündlich 5 Globuli bis zur Besserung nach maximal 5 Stunden	Bei starken Schmerzen

Adressen

Deutsche Rheumaliga, Rheinallee 69, 53173 Bonn, Telefon: 0228/957500, Fax: 0228/9575020

Die Virusgrippe ist gefährlich

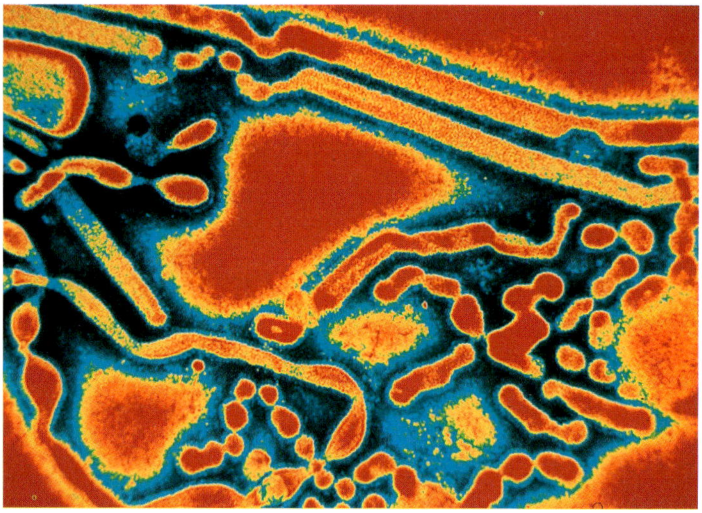

Krankheitserreger der Virusgrippe, Typ Influenza A

Immer wieder werden Impfungen gegen die Grippe empfohlen. Dies hat einen triftigen Grund. Die echte Grippe, die Influenza, kann im Gegensatz zum grippalen Infekt besonders für Risikogruppen lebensbedrohend sein: Kinder, immunschwache Personen, ältere Menschen. Sie wird auch als spanische, asiatische oder Hongkong-Grippe bezeichnet, entsprechend dem Ort, wo der Erreger zum ersten Mal auftritt.

Gefährliche Viren

Die Erreger der Grippe sind die Influenzaviren. Man unterscheidet drei verschiedene Typen: A, B und C. Grippe tritt in so genannten Grippewellen epidemisch bzw. manchmal sogar pandemisch – wenn sie sich über mehrere Länder ausbreitet – auf. Sie wird durch eine Tröpfcheninfektion übertragen, das heißt, ein Erkrankter überträgt sie durch das Ausniesen oder -husten feinster virushaltiger Sekrettröpfchen, die dann durch die Luft wirbeln. Eine Ansteckung ist also bereits möglich, wenn man sich in der Nähe eines Erkrankten aufhält und »virushaltige« Luft einatmet. Die Krankheit bricht im Falle einer Ansteckung ein bis drei Tage nach Kontakt mit dem Virus aus.

Im Klartext!
Nur wenn eine Erkältung durch Influenzaviren ausgelöst wurde, bezeichnet man dies als echte Grippe. Falls Sie sich unsicher sind, sollten Sie einen Arzt aufsuchen. Nur er kann mittels einer Blutuntersuchung eine gesicherte Diagnose stellen.

Weshalb ist die Virusgrippe so gefährlich?

Über den Nasen-Rachen-Raum gelangt das Virus in den Körper. Anders als die Viren, die den Schnupfen auslösen, breitet es sich über die Luftröhre weiter in die Bronchien und manchmal auch in das Lungengewebe aus. Es schädigt die Schleimhäute der Atemwege und erleichtert es so Bakterien, sich anzusiedeln und eine

Lungenentzündung auszulösen. Zudem kann eine Grippe zu schweren Schäden am Blutgefäßsystem und dadurch zu lebensgefährlichen Blutungen in der Lunge, dem Herz, den Nieren und dem Gehirn führen.

Erkältung
➳ Seite 120

SYMPTOME

Wenige Stunden nach der Infektion: rasch ansteigendes, hohes Fieber (39 °C bis 40 °C), begleitet von Schüttelfrost, starken Kopf- und Gliederschmerzen, Muskelschmerzen, Appetitlosigkeit und Müdigkeit, eventuell auch Übelkeit, Durchfall und Erbrechen. Dann kommen trockener Reizhusten, Schluckbeschwerden, Hals- und Brustschmerzen dazu. Fieberrückgang nach zwei Tagen, Gesamtdauer sieben bis zehn Tage. Selten: schwerer Verlauf mit Lungenentzündung (durch eine hinzukommende bakterielle Infektion) und unter Umständen lebensgefährliche Folgeschäden an Herz, Nieren und Gehirn.

Wie wirksam ist die Grippeimpfung?

Es gibt drei Influenzavirustypen (A, B, C). Sie haben jeweils verschiedene Stämme ausgebildet. Wer an einer Grippe vom C-Typ erkrankt, bleibt sein Leben lang immun gegen diesen Typ und alle seine Stämme. Wer an Typ A oder B erkrankt, ist nur immun gegen den Stamm, an dem er erkrankt ist, nicht jedoch gegen seine Mutationen (sprunghafte Veränderungen von Generation zu Generation) oder andere Stämme von Typ A oder B. Vor allem Typ A macht den Medizinern Probleme, da er ständig mutiert, das heißt, seine Merkmale ständig verändert. Er ist als asiatische Grippe, spanische Grippe oder Hongkong-Grippe bekannt. Grippeimpfungen nützen also nur, wenn der Impfstoff sich tatsächlich gegen das aktuelle Virus richtet. Um den richtigen Stamm und dessen spontane Mutationen zu erfassen, wird der Impfstoff daher auf Empfehlung der WHO jährlich dem neu entstandenen Virus angepasst. Eine Impfung bietet zwar dennoch keinen totalen Schutz, aber sie mindert das Risiko um etwa 40 Prozent. Der beste Zeitpunkt: Oktober oder November. Komplikationen nach der Impfung sind selten. Wer gegen Hühnereiweiß allergisch ist, sollte auf die Impfung verzichten, denn die Impfstoffe werden auf Hühnereiweiß gezüchtet.

Eine vorbeugende Grippeimpfung ist ausschließlich den Personen anzuraten, die durch eine Infektion mit Influenzaviren besonders gefährdet sind. Hierzu zählen insbesondere Herz-Kreislauf-Patienten, Asthmakranke, chronisch Kranke sowie ältere Menschen.

Allergie
➳ Seite 22

Gegen die Grippe ist kein Kraut gewachsen

Besonders gefährdet: Chronisch Kranke, ältere Menschen, kleine Kinder und Menschen, die an Immunschwäche leiden. In diesen Risikogruppen sind Todesfälle möglich. Besonders dann, wenn im Krankheitsverlauf auch eine Lungenentzündung auftritt.

Wie bei anderen Viruserkrankungen ist auch bei der Virusgrippe eine ursächliche Behandlung nicht möglich. Medikamente oder Rezepturen aus der Volksheilkunde, der alternativen Medizin oder Homöopathie können nur die Symptome lindern.

Ein starkes Abwehrsystem schützt

- Vorbeugen ist der beste Schutz: Meiden Sie Infektionsquellen. Gehen Sie also möglichst auf Abstand, wenn jemand heftig niest und hustet.
- Reduzieren Sie Stress: Muten Sie sich nicht ein Übermaß an Arbeit zu, denn Stress schwächt das Immunsystem.
- Gleiches gilt für zu wenig Schlaf.
- Gut vorbereitet ist der Körper auch, wenn er abgehärtet ist. Nach dem warmem Duschbad sollten Sie zehn Sekunden kalt duschen. Gehen Sie viel spazieren und zwar bei jedem Wetter.
- Ernähren Sie sich ausgewogen.

Was tun bei hohem Fieber?

Um das hohe Fieber ab 40 °C zu senken, können Sie Wadenwickel anwenden: Dazu ein feuchtes – kaltes – Tuch vom Knöchel bis zum Knie um die Wade wickeln. Mit einem trockenen Handtuch abdecken. Nach etwa zehn Minuten erneuern. Nicht anwenden, wenn die Füße kalt sind.

Außerdem ist es wichtig, viel zu trinken, auch wenn Sie eigentlich keinen Durst verspüren. Durch das Fieber verliert der Körper infolge des Schwitzens sehr viel Flüssigkeit einschließlich der darin enthaltenen wichtigen Mineralsalze. Wasser ist gut, besser sind Tees oder Mischungen aus Wasser und Gemüse- oder Fruchtsäften. Geben Sie eine Prise Salz in den Tee. Oder verwenden Sie eine Elektrolytlösung.

Achtung!
Werden Fieber und Schmerzen durch Arzneimittel unterdrückt, darf die Steigerung des Wohlbefindens nicht mit einer Genesung verwechselt werden.

Essen Sie leicht verdauliche Kost

In der schlimmsten Phase einer Virusgrippe werden Sie in der Regel keinerlei Appetit verspüren. In dieser Phase können Sie dem Körper die wichtigen Mineralsalze und Nährstoffe über eine verstärkte Flüssigkeitsaufnahme zuführen. Wenn Sie sich besser fühlen und Sie wieder etwas essen möchten, sollten Sie leichte und nahrhafte Nahrungsmittel bevorzugen. Auf Ihrem Speiseplan sollten beispielsweise Weißbrot, Bananen, gekochter Reis, Pellkartoffeln, Quark und Naturjogurt stehen.

Achtung Autofahrer!

Bei der echten Grippe steigt das Fieber sehr rasch an. Schon nach wenigen Stunden können Autofahrer deshalb stark in ihrer Fahrtüchtigkeit beeinträchtigt sein. Ein Guter Rat: Wenn Sie sich nicht sicher fühlen, Sie unter Schüttelfrost leiden oder Sie nicht mehr den »richtigen Durchblick« haben, lassen Sie das Auto stehen. Fahren Sie mit einem Taxi oder den öffentlichen Verkehrsmitteln nach Hause.

Legen Sie sich ins Bett, packen Sie sich warm ein und achten Sie darauf, dass Sie stets frische Luft in Ihrem Krankenzimmer haben.

HOMÖOPATHIE

Medikament	Potenz	deutsche Bezeichnung	Dosis	Anwendung
Camphora	D1*	Kampfer	Halbstündlich 3 Tropfen auf der Zunge zergehen lassen bis zur Besserung nach maximal 8 Stunden	Bei Frösteln, Niesen, kalter Nasenspitze
Nux vomica	D12	Brechnuss	3-mal täglich 3 Globuli bis zur Besserung	Bei Frösteln, Gliederschmerzen, hoher Erkältungsanfälligkeit
Aconitum	D6	Eisenhut	5-mal täglich 3 Globuli	Bei plötzlich eintretenden Grippesymptomen bei kaltem Ostwind
Belladonna	C30	Tollkirsche	2-mal täglich 3 Globuli	Bei geschwollenen Nasenschleimhäuten und Trockenheit
Sulfur	D12	Schwefel	3-mal täglich 3 Globuli	Bei Unruhe und Rückfall nach leichter Besserung

* verschreibungspflichtig

Schmerzhaftes Andenken aus Kindertagen

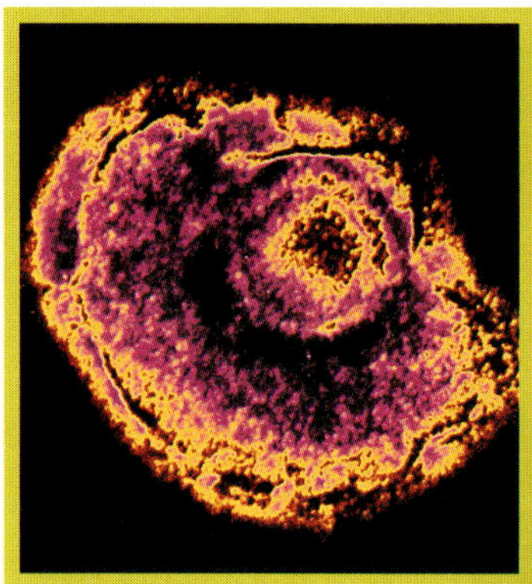

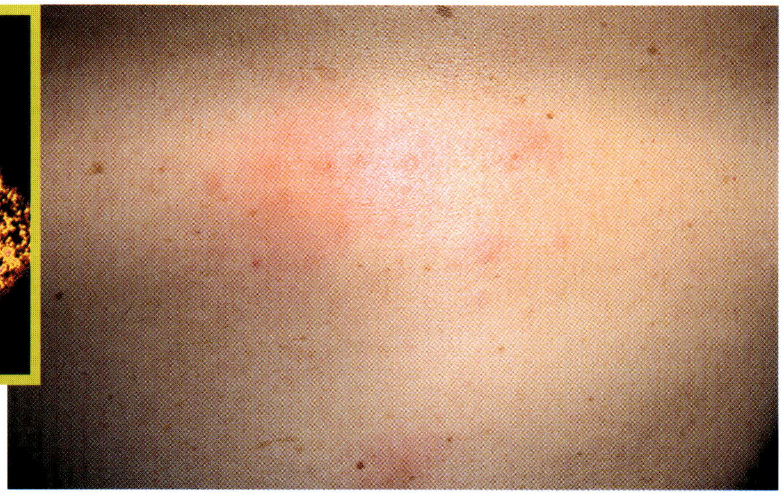

Mikroskopaufnahme (eingefärbt) des Varicella-Zoster-Virus (links); befallene Hautpartie (rechts).

Windpocken sind eine Kinderkrankheit. Wer sie hatte, kann zwar nicht mehr an Windpocken, wohl aber an Gürtelrose erkranken. Das Windpockenvirus überlebt in Nervenzellen. Es kann bei einer Abwehrschwäche Gürtelrose auslösen.

SYMPTOME

Schon vor dem Auftreten eines Hautausschlages sind brennende Schmerzen auf den betroffenen Hautpartien deutlich spürbar, und es treten Abgeschlagenheit, Schüttelfrost und Fieber auf.
Dann tritt ein Ausschlag in Erscheinung, häufig im Bereich des Gesichts sowie an der Brust bis zum Nabel; er ist auf der gesamten Haut möglich, meist jedoch einseitig. Der Ausschlag besteht in gruppenförmig (»rosenartig«) angeordneten Fleckchen, Knötchen und Bläschen, die meist bandartig (»gürtelartig«) auf der Haut verlaufen. Die betroffenen Stellen schmerzen heftig; diese Schmerzen können oftmals noch mehrere Wochen nach Abklingen des Ausschlages fortdauern.

Gürtelrose kann grundsätzlich in jedem Alter auftreten. Am häufigsten sind Personen über 50 Jahre von einer Infektion mit dem Varicella-Zoster-Virus betroffen. Immungeschwächte Personen sind besonders gefährdet.

Windpocken und Gürtelrose – Verursacher ist das gleiche Virus

Die Gürtelrose wird von dem gleichen Erreger, der auch die Windpocken auslöst, dem Varicella-Zoster-Virus, verursacht (Varizellen = Windpocken, Herpes zoster = Gürtelrose). Gürtelrose befällt vornehmlich Menschen, die gerade eine Abwehrschwäche haben. Das Virus wird nur relativ selten durch Ansteckung übertragen. Es stammt meist aus Kindertagen, nämlich aus einer überstandenen Windpockeninfektion. Nach dem Abheilen der Windpocken verbleiben Viren in Nervenzellen der Spinalganglien (Spinalganglien sind Ansammlungen von Nervenzellen). Lassen die Abwehrkräfte nach, können die Viren wieder aktiv werden. Die Gürtelrose wird daher medizinisch nicht als Hautkrankheit, sondern als Nerveninfektion angesehen.

Wer ist gefährdet?

Vor allem immunschwache Personen können an Gürtelrose erkranken, z. B. Krebs- oder Aidspatienten, Patienten mit chronischen Leiden oder Lymphknotenschwellungen. Auch eine langfristige Behandlung mit kortisonhaltigen Präparaten schwächt die Abwehr und kann zum Ausbruch einer Gürtelrose beitragen.

Rötungen und Bläschen mit brennenden Schmerzen können am gesamten Körper auftreten. In der Regel treten die Symptome jedoch am Rumpf (Gürtelrose) oder im Gesicht (Gesichtsrose) auf. Bei einer Gesichtsrose kann es zu kurzfristigen Lähmungen von Gesichtsnerven kommen. Achtung: Sind die Augen betroffen, können schwere Schäden und sogar Blindheit verursacht werden.

Ansteckungsgefahr!

Wer noch keine Windpocken hatte, kann sich an den geöffneten Bläschen eines Gürtelrosepatienten anstecken. Sie sind dicht gefüllt mit Viren. Gürtelrose kann man immer wieder bekommen, eine Immunität entsteht durch die Erkrankung nicht.

Augen in Gefahr!

Geht die Gürtelrose von einem Nervenzweig im Gesicht aus, besteht die Gefahr, dass sie auf die Augen übergreift. Dann können Bindehaut und Hornhaut und somit das Sehvermögen irreparabel geschädigt werden.

Schmerzen

Schlimmer als die Krankheit selbst sind sehr oft die Schmerzen danach. Wochen, Monate, sogar Jahre später können die Hautbereiche, die von einer Gürtelrose befallen waren, noch schmerzen. Diese Schmerzzustände sind besonders ausgeprägt und lang anhaltend, wenn die Krankheit ohne Behandlung ausheilte. Deshalb: So früh wie möglich mit einem antiviralen Medikament von einem erfahrenen Arzt behandeln lassen.

Rechtzeitige Behandlung mit antiviralen Medikamenten beugt Schmerzzuständen nach Abheilung der Gürtelrose vor.

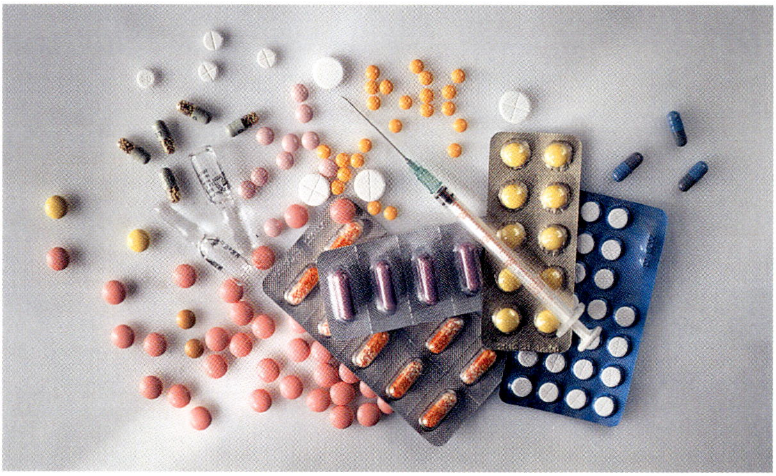

Eine Gürtelrose muss immer behandelt werden

Auch Aromaöle können schmerzlindernd wirken: Vermischen Sie 50 Milliliter Pflanzenöl mit je fünf Tropfen Eukalyptus- und Bergamotteöl und betupfen Sie mit dieser Mischung äußerst vorsichtig die Bläschen. Vermeiden Sie außerdem Hautreizungen durch Kälte, Zugluft oder Feuchtigkeit.

Der Verlauf der Gürtelrose ist weniger dramatisch und folgenschwer, wenn sie rechtzeitig behandelt wird. Daher heißt es: Bei den allerersten Anzeichen sofort zum Arzt. Sind das Gesicht oder gar die Augen betroffen, müssen Sie zudem zum Augenarzt. Die ärztliche Behandlung besteht in der Regel aus der Gabe von Tabletten oder Injektionen von Aciclovir, einem Wirkstoff, der die Virusvermehrung bremsen kann.

So heilt der Ausschlag besser ab

Der Heilung des Hautausschlags können Sie durch austrocknende und desinfizierende Maßnahmen nachhelfen.

- Vermeiden Sie Feuchtigkeit; waschen Sie betroffene Hautzonen nicht, solange der Ausschlag akut ist.
- Durch das Auftragen zinkhaltiger Salben kann der Heilungsverlauf beschleunigt werden.
- Antibiotische Salben können einer bakteriellen Entzündung der geschädigten Haut vorbeugen.

- Betupfen Sie aufgeplatzte Bläschen mit purem Wasserstoffperoxid (dreiprozentig aus der Apotheke).
- Frische Pusteln können mit Schöllkrautsaft betupft werden.
- Kompressen mit Thymianaufgüssen desinfizieren und wirken schmerzlindernd.
- Stärken Sie Ihr Abwehrsystem durch erhöhte Zufuhr der Vitamine A, B und C.
- Wenden Sie lysinhaltige Präparate an.

Hilfe bei Schmerzen

Starke Schmerzen können Sie mit Schmerzmitteln lindern. Lassen Sie sich bei der Wahl des Mittels von Ihrem Arzt beraten. Nach dem Abheilen der Bläschen – etwa nach 14 Tagen – können Sie schmerzende Bereiche mit Eis kühlen.

Alle Heilmittel, die den Schmerz nach der Abheilung verringern sollen, haben sich nur in Einzelfällen oder nur kurzfristig bewährt, z. B. Elektrostimulation der Nerven, kühlende Gele und Sprays, Lokalanästhetika und sogar ein chirurgisches Durchtrennen der Nerven.

Körperliche Anstrengungen können die Schmerzen verstärken. Daher sollten Sie sich unbedingt schonen und viel Ruhe gönnen.

HOMÖOPATHIE

Medikament	Potenz	deutsche Bezeichnung	Dosis	Anwendung
Aconitum	D200	Sturm- oder Eisenhut	14-tägig 3 Globuli bis zur Besserung	Zur Linderung von Schmerzen, Angst und gegen Entzündung
Nux vomica	D12	Brechnuss	3-mal täglich 3 Globuli	Zur Beruhigung und Schmerzlinderung, wenn der Patient durch die Schmerzen gereizt ist
Hypericum perforatum	D12	Johanniskraut	3- bis 5-mal täglich 3 Globuli bis zur Besserung	Gegen Nervenschmerzen in der Körpermitte
Coffea	D12	Kaffee	3-mal täglich 5 Globuli	Wenn die Schmerzen unerträglich werden

Wenn die Stimme zum Reibeisen wird

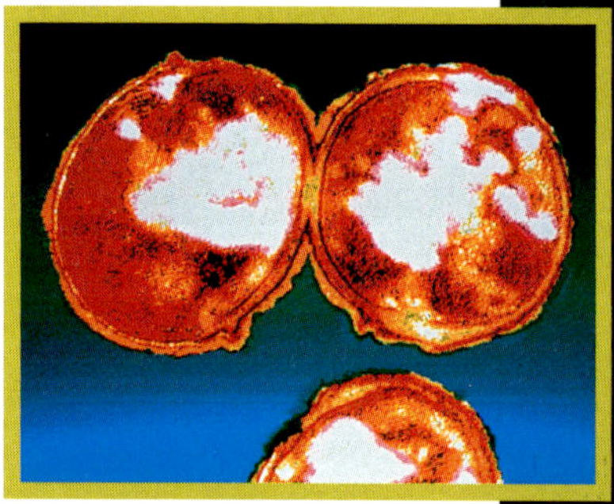

Streptococcus pneumoniae (oben) kann Halsschmerzen auslösen. Nehmen Sie das Kratzen im Hals also nicht auf die leichte Schulter.

Sie haben nur einmal den Schal vergessen? Das kann genügen, um an Wintertagen das Kratzen im Hals auszulösen. Sie waren im Fußballstadion und haben Ihre Mannschaft lautstark angefeuert? Dies ist die einfachste Erklärung für Heiserkeit und Tonlosigkeit.

In den meisten Fällen sind Viren die Auslöser

Heiserkeit bei Jungen kann allerdings auch eine ganz harmlose Ursache haben: Der junge Mann kommt in den Stimmbruch.

Nehmen Sie das Kratzen im Hals, Heiserkeit oder Tonlosigkeit nicht auf die leichte Schulter. Meist beruhen Halsschmerzen jedoch auf einer Entzündung der Rachenschleimhaut, die durch Viren, seltener durch Bakterien (Streptokokken) ausgelöst werden. Eine derartige Entzündung kann Anzeichen einer Erkältung oder Begleiterscheinung einer echten Grippe sein. Halsschmerzen können jedoch auch bei einer Mandelentzündung auftreten. Wurde die Entzündung des Hals-Rachen-Raumes durch Streptokokken ausgelöst, besteht die Gefahr, dass Ihr Herz Schaden nimmt.

SYMPTOME

Brennen und Kratzen im Rachen, Schmerzen beim Schlucken, heisere, eventuell versagende Stimme. Starke Rötung und Schwellung hinter dem Zäpfchen; möglicherweise von Fieber begleitet. Meist treten gleichzeitig weitere Symptome eines grippalen Infekts auf.

Bei Rauchern kann eine Rachenentzündung chronisch werden

Eine Schädigung der Rachenschleimhaut durch Rauchen, Alkohol oder Luftverschmutzung kann das Enstehen einer Rachenentzündung begünstigen. Besonders bei Rauchern besteht die Gefahr, dass eine Rachenentzündung monatelang bestehen bleibt und chronisch wird.

Erkältung
➠Seite 120
Grippe
➠Seite 154

Wann zum Arzt?

- Wenn innerhalb von drei Tagen keinerlei Besserung eintritt.
- Wenn Sie unter Atemnot leiden, das Fieber höher als 39,5 °C steigt, Sie Blut husten oder unter Ohrenschmerzen leiden.

Besonders bei Rauchern ist das Risiko erhöht, dass Heiserkeit, verbunden mit Schluckbeschwerden und Räusperzwang, Symptome einer Kehlkopfentzündung oder gar eines Kehlkopftumors sind. Daher gilt für Raucher die dringende Empfehlung, bei anhaltender Heiserkeit einen Arzt aufzusuchen.

Die Abwehrkräfte stärken – den Hals schonen

Ein starkes Abwehrsystem kann vor Viren und Bakterien und damit auch vor einer Rachenentzündung schützen. Haben Sie sich jedoch bereits mit Viren infiziert, lassen sich nur die Symptome lindern. Halsschmerzen, die auf einer Bakterieninfektion (Streptokokken) beruhen, können dagegen mit Antibiotika behandelt werden.

So stärken Sie ihre Abwehrkräfte

- Nach jedem warmen Duschen zehn Sekunden kalt abbrausen.
- Stärken Sie Ihre Abwehr auch mit Präparaten wie Echinacea.
- Gehen Sie bei jedem Wetter spazieren.
- Meiden Sie Ansteckungszonen. Wo viele Menschen in Räumen zusammentreffen, gibt es immer viele Erreger von Infektionskrankheiten. Das kann Ihr Abwehrsystem überfordern.

• Auch Stress beansprucht Ihre Abwehrkräfte. Vermeiden Sie Überbelastung durch Arbeit.

Atmen Sie durch die Nase. Das wärmt die Luft nicht nur vor, sondern feuchtet sie an und befreit sie von Staub.

So beruhigen Sie Ihren gereizten Rachen

• Meiden Sie rauchige Luft und überheizte Räume.
• Verbessern Sie das Raumklima. Befeuchten Sie die Luft mit Luftbefeuchtern oder legen Sie feuchte Tücher über die Heizkörper.
• Reizen Sie Ihre Rachenschleimhaut nicht zusätzlich durch harte, kantige oder scharf gewürzte Lebensmittel. Bevorzugen Sie stattdessen flüssige Nahrung, Brei und Pudding.
• Säfte ja, aber keine Zitrussäfte. Die Säure ätzt die Schleimhaut zusätzlich. Auch Kohlensäure schmerzt im Hals. Rühren Sie die Kohlensäure einfach heraus.
• Lutschen Sie zuckerfreie Bonbons, vorzugsweise Hustenbonbons, Salzpastillen, z. B. Sodener Pastillen oder Emser Salz.

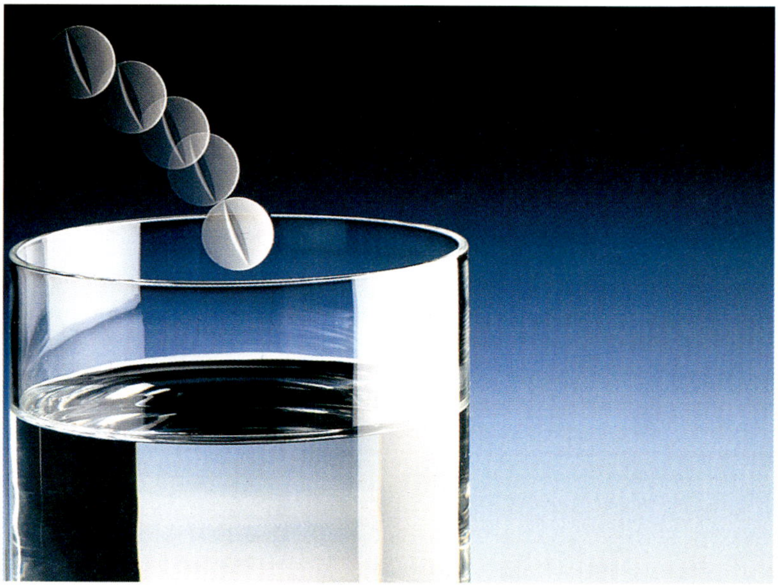

Gurgeln Sie mit Salzwasser oder Tee. Um das allgemeine Unwohlsein bei Halsschmerzen zu bekämpfen, hilft aber auch ein Aspirin.

Halswickel und Gurgeln

• Quarkwickel: Dazu wird kalter Quark dick auf ein nasses Geschirrtuch gestrichen, mit der Quarkseite auf die Haut gelegt und mit einem Wollschal abgedeckt. Stundenlang wirken lassen.
• Gurgeln Sie mit Salzwasser (zwei Gramm Salz auf 200 Milliliter Wasser), Kamillentee, Salbeitee oder Blutwurztee.

Ein Versuch: Akupressur

Der Punkt für Halsschmerzen liegt auf der Rückseite der Hand. Sie finden ihn, wenn Sie mit dem Zeigefinger der rechten Hand vom linken Handgelenksrand über den Handrücken in Richtung Daumenkuhle wandern. Etwa ein bis zwei Zentimeter vor der Daumenkuhle geraten Sie in eine »Talsenke«. Diesen Punkt mit kräftigen kreisenden Bewegungen der Fingerkuppe zweimal täglich fünf Minuten lang massieren.

Wenn Sie Nichtraucher sind: Haben Sie keine Scheu, nachdrücklich um Rücksichtnahme zu bitten.

Ein altes russisches Hausmittel

Verrühren Sie einen Esslöffel Meerrettich (am besten frisch gerieben) und je einen Teelöffel Honig und Nelken in einem Glas (200 Milliliter) warmem Wasser. Trinken Sie diese Mischung langsam in kleinen Schlucken oder gurgeln Sie damit. Zwischendurch umrühren, damit sich der Meerrettich nicht absetzt.

HOMÖOPATHIE

Medikament	Potenz	deutsche Bezeichnung	Dosis	Anwendung
Aconitum	D6	Sturm- oder Eisenhut	3-mal täglich 5 Globuli bis Besserung eintritt	Bei rotem, entzündetem Rachen, Durst und heftigen Schmerzen, die ganz plötzlich auftreten
Belladonna	D6	Tollkirsche	3-mal täglich 5 Globuli bis Besserung eintritt	Bei heißem, trockenen Rachen, heißem Kopf, kalten Händen und Füßen, Schluckproblemen
Apis	D6	Honigbiene	3-mal täglich 5 Globuli bis Besserung eintritt	Bei stechenden, brennenden Schmerzen beim Schlucken, Durstlosigkeit, Apathie
Mercurius solubilis	C30	Quecksilber	3-mal täglich 3 Globuli bis Besserung eintritt	Bei rauem, brennendem Hals, Speichelfluss, süßlichem Geschmack im Mund und Mundgeruch

Jeder Zweite hat sie

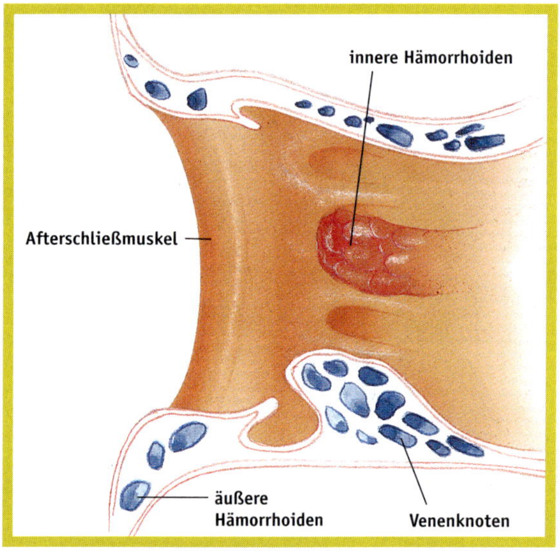

Hämorrhoiden im unteren Darmbereich (schematische Darstellung).

Durchblutungsstörungen der Venen im Enddarmbereich sind die Ursache für eine weit verbreitete Krankheit. Meist wird sie aus falscher Scham missachtet und erst beim Auftreten von Schmerzen behandelt. Oft genügt schon eine Änderung der Ernährungsgewohnheiten.

Hämorrhoiden sind Venenerweiterungen

Hämorrhoiden sind knotige Erweiterungen der Venen im unteren Darmbereich und am After. Dazu kommt es meist infolge einer erblich bedingten Bindegewebsschwäche. Begünstigt wird das Leiden durch einen hohen Druck im Bauchraum wie er etwa bei einer Schwangerschaft, Geburt, Verstopfung oder bei Husten auftritt; auch eine Leberzirrhose ist als Auslöser anzuführen. Schließlich wirken Bewegungsmangel und Übergewicht begünstigend.

Scham oder Geheimniskrämerei sind vollkommen fehl am Platz: Hämorrhoiden sind ein weit verbreitetes Gesundheitsproblem. Achtzig von hundert Menschen leiden mindestens einmal in ihrem Leben an Hämorrhoiden – manche sogar chronisch.

SYMPTOME

Afterjucken, brennende oder stechende Schmerzen vor, während und nach der Darmentleerung, Blutung aus dem After oder hellrote Blutauflagerungen auf dem Kot. Hämorrhoiden können innerhalb oder außerhalb des Afterschließmuskels lokalisiert sein. Sitzen sie außerhalb, können sie sich besonders während des Pressens beim Stuhlgang als weiche, nässende Knoten bemerkbar machen.

Äußere und innere Hämorrhoiden

Nach ihrer Lokalisation unterscheidet man äußere und innere Hämorrhoiden. Äußere Hämorrhoiden, das heißt solche, die außerhalb des Afterschließmuskels sitzen, enstehen durch das Einreißen einer Erweiterung der Venen, die rund um den Schließmuskel verlaufen. Die eingerissenen Venen bluten in das Gewebe und die Blutansammlung unter der Haut bildet einen kleinen weichen Knoten, der besonders beim Pressen deutlich hervortritt. Entzünden sich äußere Hämorrhoiden, nässen, brennen und schmerzen sie. Nach Abklingen der Entzündung bleiben meist nur lappige kleine Hautfalten zurück.

Innere Hämorrhoiden, das heißt Venenerweiterungen, die innerhalb des Schließmuskels lokalisiert sind, machen zunächst keine Beschwerden. Sie können mehr oder weniger stark bluten, besonders bei hartem Stuhlgang. Unter Umständen können solche Blutungen so heftig sein, dass es in der Folge zu einer Blutarmut kommt. Sind innere Hämorrhoiden sehr stark entwickelt, kann zudem die Analschleimhaut, auf der sie aufsitzen, vorfallen und sogar zeitweise oder dauernd aus dem After austreten. Der Arzt bezeichnet einen solchen Vorfall als Prolaps. Außerdem kann es zu einer Thrombose in der erweiterten Vene kommen.

Sowohl eine chronische Verstopfung als auch erhöhter Druck beim Stuhlgang fördern die Entstehung der schmerzhaften Venenknoten. Auch Bewegungsmangel, Übergewicht oder eine Leberzirrhose können Auslöser für Hämorrhoiden sein. Schließlich kann die regelmäßige Einnahme von Abführmitteln zur Bildung von Hämorrhoiden führen

Wann zum Arzt?

Tritt Blut aus dem After aus oder bemerken Sie Blutauflagerungen auf dem Stuhlgang, ist das immer ein Grund, den Arzt aufzusuchen. Die Ursache muss in jedem Fall, auch wenn Sie sonst keinerlei Beschwerden haben, abgeklärt werden. Wenn Sie während des Pressens beim Stuhlgang bemerken, dass sich die Analschleimhaut nach außen wölbt oder wenn diese auch sonst außerhalb des Schließmuskels sichtbar ist, sollten Sie ebenfalls unbedingt den Arzt aufsuchen. Schmerzen durch Hämorrhoiden können so stark und die Irritation über austretendes Blut so ausgeprägt sein, dass man eine regelrechte Angst entwickelt, zur Toilette zu gehen. Auch in diesem Fall sollte man, auch wenn die Diagnose Hämorrhoiden bereits gestellt ist, nochmals den Arzt zurate ziehen.

Ein Problem, das man oft selbst beheben kann

Sofern nicht schon starke Beschwerden aufgetreten sind, genügt als Behandlung oft schon, die Ernährung so umzustellen, dass für einen regelmäßigen, weichen Stuhlgang gesorgt ist. Schmerzen und Nässen lassen sich meist mit entsprechenden Salben lindern. Selten ist bei Hämorrhoiden ärztliche Behandlung notwendig.

Vermeiden Sie langes Stehen oder Sitzen. Wenn Sie sitzen, dann auf harter Unterlage.

Regelmäßiger Stuhlgang ist wichtig

- Stellen Sie die Ernährung um. Essen Sie ballaststoffreich. Bevorzugen Sie Speisen aus Milch und Gemüse, Obst und Vollkornprodukten. Doch Vorsicht: Zu viele Ballaststoffe können die Schleimschicht, mit der normaler Stuhl überzogen ist, zerstören. Das führt zu Reizungen und zu einer Verschlimmerung der Leiden.
- Bewegen Sie sich, treiben Sie Sport. Dadurch bleibt auch der Darm in Bewegung. Machen Sie statt eines Mittagsschlafs besser einen Verdauungsspaziergang.

Die richtige Hygiene

Raues Toilettenpapier und Hämorrhoiden vertragen sich nicht. Benutzen Sie ein sanftes Papier. Besser: Verwenden Sie feuchtes Toilettenpapier. Das ist sanft, reinigt und kühlt zugleich. Sie können zur Reinigung auch einen feuchten Lappen verwenden. Besonders bei äußeren Hämorrhoiden ist eine gründliche Analhygiene nach jedem Stuhlgang wichtig, um eine Entzündung zu vermeiden.

Eine ballaststoffreiche Ernährung sowie ausreichende Bewegung bringen den Darm in Schwung und verhindern die Bildung von Hämorrhoiden.

In schweren Fällen

Bereiten die Hämorrhoiden stärkere Beschwerden müssen sie durch den Arzt verödet oder gelasert werden. Die Hämorrhoiden verhärten dadurch und fallen ab. Das ist nicht gerade angenehm, aber auch nicht unbedingt schmerzhaft. Ein ebenfalls mögliches chirurgisches Entfernen wird heute sehr selten durchgeführt.

Beckenbodenübungen unterstützen

Geeignet ist zum Beispiel die folgende »Insgeheim-Übung«:

Wenn Sie irgendwo warten, Auto fahren, im Bus sitzen oder Zeitung lesen, können Sie Ihre Beckenbodenmuskulatur trainieren. Ziehen Sie den Schließmuskel des Anus zusammen, bis Sie das Gefühl haben, der Beckenboden rutsche nach vorn. Halten Sie die Spannung so lange an, bis Sie bis zwölf gezählt haben (etwa drei Atemzüge). Das machen Sie nun insgeheim, sooft sie können.

Wundermittel Hamamelis

Hamamelis (Zaubernuss) wird von Homöopathen bei der Behandlung von blutenden Hämorrhoiden häufig verordnet. Mischen Sie einige Tropfen Hamamelis mit Eiswasser. Tränken Sie anschließend einen Wattetupfer mit der Lösung und halten Sie ihn so lange auf der schmerzenden Stelle, bis die Watte warm wird. Diese Behandlung können Sie mehrmals wiederholen.

Teebaumöl gegen Schmerzen und Juckreiz

Sitzbäder mit Teebaumöl haben sich bei der Selbstbehandlung von Hämorrhoiden bewährt. Das Öl lindert die Schmerzen und den Juckreiz. Geben Sie acht bis zehn Tropfen Teebaumöl in eine Schüssel oder Sitzbadewanne mit warmem Wasser. Darin nehmen Sie nun ein etwa zehnminütiges Bad. Anschließend tupfen Sie die Afterregion gründlich und äußerst behutsam ab.

Medikamente können nur lindern, nicht heilen.

Salben, Zäpfchen, Sitzbäder

In der Apotheke erhalten Sie entzündungshemmende und/oder schmerzlindernde Salben, Zäpfchen und Extrakte für Sitzbäder. Lassen Sie sich von Ihrem Apotheker beraten.

- Sitzbäder mit Kamille (Kamillenextrakt) lindern den Schmerz und beruhigen: Fünf bis acht Tropfen in eine Wanne mit lauwarmem Wasser geben und zehn Minuten darin baden.
- Adstringierende Bäder (Eichenrinde, Tannin, schwarzer Tee) können ebenfalls lindern.

HOMÖOPATHIE

Medikament	Potenz	deutsche Bezeichnung	Dosis	Anwendung
Hamamelis	D6	Zaubernuss	3-mal täglich 5 Globuli	Bei Juckreiz und Schmerzen
Collinsonia canadensis	D12	Grieswurzel	2-mal täglich 3 Globuli maximal 1 Woche einnehmen. Wenn keine Besserung eintritt: zum Arzt!	Wenn es sich anfühlt wie ein Splitter im After

Unangenehm – aber nicht zu ändern

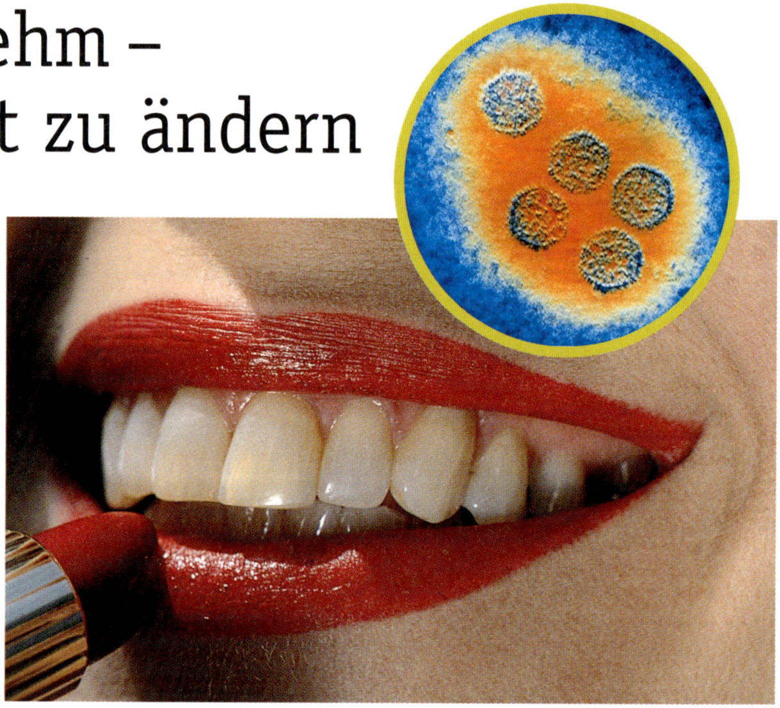

Das Herpes-simplex-Virus (rechts oben) ist der Auslöser. Bei Fieberbläschen: Rote Lippen – ausnahmsweise – nicht küssen.

Etwa 90 Prozent der Menschen haben sich zum größten Teil bereits im Kindesalter mit Lippenherpes angesteckt, meist ohne etwas davon zu bemerken. Bei vielen Menschen verursacht die Krankheit auch im späteren Leben keine Beschwerden. Bei einigen Menschen führen aber schon geringfügige Beeinträchtigungen der Immunabwehr zu einem Wiederausbruch der Erkrankung, die dann nicht mehr ohne Beschwerden verläuft, sondern sich durch Bläschen an der Lippe deutlich und äußerst unangenehm bemerkbar macht.

Beinahe jeder Mensch ist mit dem Herpes-simplex-Virus infiziert. Allein in der Bundesrepublik müssen Ärzte pro Jahr rund 1,5 Millionen Fieberbläschen behandeln.

Das Virus bleibt ein lebenslanger ungebetener Gast

Auslöser ist das Herpes-simplex-Virus vom Typ 1. Es verursacht den Herpes labialis, den Lippenherpes (Typ 2 verursacht eine schmerzhafte Erkrankung der Genitalien, den Herpes genitalis). Die erste Ansteckung mit dem Virus erfolgt meist im Säuglings- oder Kleinkindalter.

Da etwa 90 Prozent aller Menschen mit dem Virus infiziert sind und der Erreger bereits durch Niesen, Husten, Sprechen oder Berührungskontakte übertragen wird, erfolgt eine Ansteckung außerordentlich leicht. Bei 99 Prozent aller angesteckten Menschen verläuft die Infektion zunächst ganz ohne spürbare Symptome – oft sogar lebenslang. Nur ein Prozent erkrankt direkt nach der Ansteckung bzw. nach zwei bis vier Tagen an Fieber, Abgeschlagenheit, Übelkeit und leicht entzündlichen Bläschen auf der gesamten Mundschleimhaut. Das Virus bleibt jedoch bei allen einmal Angesteckten lebenslang im Körper.

Fieberbläschen sind zwar lästig und können durchaus schmerzhaft sein, insgesamt aber sind sie harmlos. Jucken, Kribbeln und Spannen meist an der Oberlippe kündigen die »Geburt« eines Fieberbläschens an. Der zunächst durchsichtige Inhalt trübt sich und schließlich trocknen die Bläschen ein. Der trockene Schorf fällt nach einigen Tagen von selbst ab. Keinesfalls kratzen oder darauf beißen!

SYMPTOME

Bei der Erstansteckung (in der Regel im Kindesalter): in 99 Prozent der Fälle ohne Symptome (bei einem Prozent der Betroffenen Fieber, Abgschlagenheit, Übelkeit, leicht entzündliche Bläschen auf der ganzen Mundschleimhaut).
Beim Wiederausbruch der Erkrankung im Erwachsenenalter: Die Ankündigung eines Herpesschubs erfolgt Stunden zuvor durch Spannen, Jucken und Kribbeln der Haut. Dann bilden sich schnell größer werdende flüssigkeitsgefüllte Bläschen (eines oder mehrere auf entzündlich gerötetem Grund), bevorzugt über der Oberlippe, das heißt am Übergang von der Haut zum Lippenrot; verbunden mit Juckreiz und Brennen. Nach wenigen Tagen platzen die Bläschen auf und verkrusten. Heilung in der Regel innerhalb einer Woche.

Lippenherpes ist eine so genannte latente Infektion

Nach der Ansteckung dringt das Virus in bestimmte Nervenzellen ein und verbleibt dort ein Leben lang, manchmal ohne sich je wieder zu vermehren.
Bei einigen Menschen wird es jedoch wieder aktiv, sobald auch nur eine geringfügige Schwächung des Abwehrsystems des Körpers eintritt. Dann beginnt es sich zu vermehren und löst den Lippenherpes aus.
Eine solche Beeinträchtigung des Befindens kann beispielsweise ein fieberhafter Infekt, aber auch bereits starke körperliche Anstrengung, seelische Belastung, die Menstruation, starke Sonneneinstrahlung und möglicherweise sogar Ekel oder Abscheu sein.

Wo tauchen Bläschen auf?

Typisch für Herpes labialis sind Bläschen am Übergang des Lippenrotes (Schleimhaut) zur Gesichtshaut. Oft tauchen eines oder mehrere Bläschen immer wieder an derselben Stelle auf. Auch am Naseneingang können sich Bläschen bilden. Vorsicht: Man kann sich an den eigenen Bläschen erneut anstecken, da sie Viren enthalten. Gelangt das Virus ins Auge, indem man es z. B. mit den Fingern dorthin verschleppt, kann es dort unangenehme, manchmal schmerzhafte Entzündungen initiieren.

Gegen Herpes gibt es kein Heilmittel

Vorbeugung ist das beste Mittel gegen Herpes labialis:
- **Vermeiden Sie möglichst starke UV-Strahlung.**
- **Kurieren Sie Krankheiten vollständig aus.**
- **Vermeiden Sie Stress. Entspannungstechniken können helfen.**
- **Kräftigen Sie Ihr Abwehrsystem.**
- **Achten Sie insbesondere auf Zahnpflege und Mundhygiene.**

Wenn Sie zu den Menschen gehören, bei denen Störungen des Wohlbefindens schnell zu einem Ausbruch von Lippenherpes führen, sollten Sie einige Regeln beachten.

Das Immunsystem …

… ist natürlicherweise meist stark genug, um Krankheitserreger abzuwehren. Stärkende Mittel sind nur nötig, wenn Ihre Abwehr gelitten hat. Pflanzliche Mittel, wie Echinacin, Extrakte aus der Mistel oder Taigawurzel können das Abwehrsystem allgemein stärken. Halten Sie Ihren Körper abwehrbereit. Härten Sie sich ab, treiben Sie Sport, achten Sie auf eine ausgewogene gesunde Ernährung. Und denken Sie daran: Auch seelischer Stress schwächt Ihr Immunsystem.

Vorsicht bei Sonnenschein

Verhindern Sie starke Sonnenbestrahlung, wenn Sie wissen, dass die Bläschen danach auftreten. Decken Sie die Lippen mit Lichtschutzcreme ab.

Lysin

Lysin, eine essenzielle Aminosäure, hat nach Studien amerikanischer Ärzte in hohen Gaben eine reduzierende Wirkung auf Herpesschübe. Täglich wurde Patienten Lysin in hohen Dosen unter das Essen gemischt. Wenn Sie das ausprobieren wollen, fragen Sie Ihren Arzt oder Apotheker. Lysin ist in Milchprodukten, Kartoffeln und Bierhefe enthalten.

Herpes ist hoch ansteckend

Durch die sehr leichte Übertragbarkeit des Herpesvirus ist es kaum möglich, eine Ansteckung anderer zu vermeiden. Dennoch sollten Sie, wenn Sie gerade von Herpesbläschen geplagt werden, einige Umgangsregeln beachten:

- Keine Küsse, auch nicht auf die Wange.
- Wenn Sie sich mit den Fingern an den Pusteln berühren, waschen Sie sich gründlich die Hände. Denken Sie auch daran, dass Sie das Virus auf Ihre eigenen Augen übertragen können, indem Sie es nach Berühren der Lippenbläschen mit den Fingern dorthin verschleppen.
- Übertragungen sind auch dann noch möglich, wenn die Bläschen bereits abheilen.

Verringern Sie das Ansteckungsrisiko für Verwandte und Bekannte:

- **Keine Küsse – auch nicht auf die Wange.**
- **Hände gründlich waschen. Benutzen Sie danach jedoch nicht die Handtücher anderer Familienmitglieder.**
- **Trinken Sie nicht aus einem gemeinsamen Glas.**
- **Benutzen Sie nicht dasselbe Besteck oder Geschirr.**

Das hilft bei Lippenbläschen

- Beim ersten Anzeichen sollten Sie Virusmittel (aus der Apotheke, z. B. Zovirax) auftragen. Sie verhindern nicht die Bläschenbildung, mildern aber den Verlauf der Erkrankung.
- Für schwierige Fälle kann der Arzt Virusmittel injizieren oder in Tablettenform verschreiben.
- Handelsübliche Schüttelmixturen wirken austrocknend und desinfizierend.
- Bei Bläschen im Mund helfen Spülungen mit Salbei- oder Kamillentee.
- Zinkwasserbehandlungen beschleunigen die Heilung. Lösen Sie vier Gramm Zinksulfat (Apotheke) in 100 Milliliter abgekochtem und abgekühltem Wasser auf. Tränken Sie mit dieser Tinktur ein Tuch und legen Sie es auf die betroffenen Hautstellen. Nach 20 Minuten gegen ein frisch getränktes Tuch austauschen. Die Anwendung kann mehrmals wiederholt werden.

HOMÖOPATHIE

Medikament	Potenz	deutsche Bezeichnung	Dosis	Anwendung
Hypericum perforatum	D8 bis D12	Johanniskraut	5-mal täglich 3 Globuli bis Besserung eintritt	Gegen schmerzhafte Bläschen

Angriff auf die Nase

Meiden Sie unbedingt blühende Wiesen und Sträucher, wenn Sie unter Heuschnupfen leiden.

Pünktlich mit dem Pollenflug beginnt die Leidenszeit. Die Augen tränen, die Nase läuft. Pollenallergiker können den Frühling kaum genießen. Denn der wirksamste Schutz ist, den Pollen »aus dem Weg zu gehen«.

Etwa 30 Prozent der Personen, die von Heuschnupfen geplagt werden, leiden gleichzeitig unter allergischem Asthma.

SYMPTOME

Niesreiz, juckende und tränende Augen, Schwellung der Nasen- und Augenschleimhäute, wässriges Nasensekret.

Eine Überreaktion des Körpers

Heuschnupfen gehört zum Formenkreis des allergischen Schnupfens. Auslöser sind meist Pollen von Pflanzen, hauptsächlich so genannter Windbestäuber (Bäume, Sträucher, Gräser, Getreide), die der Wind transportiert. Der Körper reagiert auf die kleinen Pollenkörper mit einer allergischen Reaktion: Die mobilisierten Abwehrzellen, die normalerweise nur aktiv werden, um schädliche Stoffe abzuwehren, greifen die an sich harmlosen Pollen an.

Asthma ➳ Seite 40

»Blütenpracht« meiden und Hilfe beim Arzt suchen

Der beste Schutz ist die Vermeidung des Kontakts mit den auslösenden Pflanzenpollen. Aber: Bei jedem Menschen können es andere Pollen sein, die die Allergie auslösen. Welche das sind, ist nicht immer eindeutig herauszufinden. Vielleicht bemerken Sie aber, was gerade blüht, wenn Ihre Nase »zu laufen« beginnt. Von Februar bis Mai blühen vor allem Bäume, von Mai bis August Gräser, von Juli bis Oktober Kräuter. Hat es Sie bereits erwischt, kann Ihnen der Arzt mit einer Reihe sehr wirksamer Medikamente helfen.

Allergie
➻ Seite 22

Vorsicht, wenn es blüht

Wenn Sie um Ihre Anfälligkeit für Heuschnupfen wissen, können Sie versuchen, den Kontakt mit den auslösenden Pollen zu vermeiden.

Bleiben Sie in den Hauptflugzeiten der Pollen möglichst in geschlossenen Räumen. Gehen Sie dafür an die frische Luft, wenn die Pollen nicht mehr fliegen, z. B. bei und nach Regenfällen oder abends. Halten Sie die Fenster geschlossen. In besonders schlimmen Fällen lohnt sich der Einbau eines Pollenfilters. Wenn Sie im Auto fahren: Schalten Sie die Klimaanlage auf Umluft. Wenn Ihr Auto keine Klimaanlage hat, lassen Sie einen Pollenfilter in die Lüftung installieren.

Nicht jeder, der Pollen aufnimmt, reagiert auch allergisch darauf. Es gibt eine erbliche Veranlagung für die überempfindliche Abwehrlage, die Heuschnupfen auslöst. Es müssen jedoch zahlreiche Bedingungen zusammentreffen, damit jemand auf einen Auslösereiz allergisch reagiert.

Magnesium und Vitamin C

Begegnen Sie dem drohenden Heuschnupfen von innen: Erhöhen Sie etwa sechs Wochen vor dem ersten Pollenflug die Magnesiumzufuhr. Magnesium hemmt die Histaminproduktion. Das können Sie mit Präparaten (Apotheke) erreichen oder durch eine magnesiumreiche Kost. Besonders viel Magnesium ist enthalten in Sonnenblumenkernen, Leinsamen, unpoliertem Reis, Mohnsamen, Pistazienkernen, Pumpernickel, getrockneten Bananen, Cashewnüssen, Soja, Linsen, Marzipan. Tägliche Sollmenge: etwa 300 bis 350 Milligramm; das entspricht etwa 210 Gramm unpoliertem Reis oder 75 Gramm Sonnenblumenkernen.

Auch Vitamin C kann Histamin binden. Dazu müssen Sie aber höhere Mengen als den Sollbedarf zuführen. Unserer »Hitliste« können Sie entnehmen, worin besonders viel Vitamin C steckt.

Verzichten Sie in der Pollenflugzeit möglichst auf Gartenarbeit. Wenn es sich dennoch nicht vermeiden lässt, sollten Sie einen Pollenschutzhelm tragen.

Histamin ist ein Gewebshormon, das von den Abwehrzellen freigesetzt wird. Histamin erweitert einerseits die Blutgefäße andererseits verengt es die Bronchien: Die Nasenschleimhäute schwellen an, die Nase läuft ständig, die Atmung ist erschwert – mit einem Wort: Heuschnupfen.

Medikamente

Es gibt zahlreiche, sehr wirksame Medikamente, die gegen Heuschnupfen helfen. So genannte Antihistaminika können die Wirkung des Histamins, zum Beispiel an den Blutgefäßen oder Bronchien, verhindern und so den Entzündungserscheinungen (etwa der Schwellung der Nasenschleimhaut) entgegenwirken. Allerdings ist Histamin nicht der einzige an einer allergischen Reaktion beteiligte Entzündungsmediator.

Kortisonhaltige Präparate hemmen die Produktion eines Stoffs, aus dem eine Vielzahl der Entzündungsmediatoren im Körper hergestellt werden. Sie eignen sich zur dauerhaften Behandlung einer Allergie. Lassen Sie sich in jedem Falle von Ihrem Arzt beraten, welches Medikament bei Ihnen angezeigt ist. Alle Medikamente haben auch Nebenwirkungen, die bei ihrem Einsatz zu berücksichtigen sind. Kortisonhaltige Präparate und auch die meisten Antihistaminika sind zudem verschreibungspflichtig.

Vitamin-C-Hitliste

Lebensmittel	Vitamin-C-Gehalt in mg pro 100 g
Acerolakirsche (nur als Präparat erhältlich)	1720
Hagebutte	1259
Guave	270
Johannisbeeren, schwarze	177
Paprika, rot, roh	140
Brokkoli	114
Fenchel	93
Rosenkohl	85
Grünkohl, gekocht	75
Erbeeren	64
Orangensaft	51
Avocado	50

Hyposensibilisierung

Hypo- oder Desensibilisierung bedeutet ein schrittweises Herabsetzen der Überempfindlichkeit gegenüber den auslösenden Pollen. Dies setzt voraus, dass die im Einzelfall für die allergische Reaktion verantwortliche Pollenart in einem Allergietest ermittelt werden konnte. Es kann sein, dass eine Hyposensibilisierung eine vollständige Toleranz des Abwehrsystems gegenüber den zuvor Allergie auslösenden Pollen bewirkt. Über die Voraussetzungen dieser Behandlung kann Sie Ihr Arzt beraten.

Präparate mit Cromoglizinsäure verhindern die Histaminfreisetzung. Das Mittel sollte etwa zwei Wochen vor dem erwarteten Pollenflug eingenommen werden.

Das hilft der geschwollenen Nase

Spülen Sie die Nase mit kaltem Wasser, besser noch mit kaltem Salzwasser.

Dazu stellen Sie sich eine Schüssel mit Wasser oder Salzwasser (zwei Teelöffel Salz auf einen Liter Wasser) vor die Nase, halten ein Nasenloch zu und ziehen mit dem freien Nasenloch das Wasser auf. Das härtet die Nase ab, spült Fremdstoffe aus den Schleimhäuten und beseitigt den Nasenschleim.

HOMÖOPATHIE

Medikament	Potenz	deutsche Bezeichnung	Dosis	Anwendung
Allium cepa	D6	Küchenzwiebel	3-mal täglich 10 bis 20 Globuli	Bei Niesanfällen, tropfender Nase, geröteten Augen

Adressen

Deutsche Atemwegsliga, Burgstraße 12, 33175 Bad Lippspringe, Telefon: 05252/954505, Fax: 05252/954506

Deutscher Allergie- und Asthmabund, Hindenburgstraße 110, 41061 Mönchengladbach, Telefon: 02161/183024, Fax: 02161/208502

Deutsche Allergie- und Asthmahilfe, Bonusstraße 32, 21079 Hamburg, Telefon: 040/7631322, Fax: 040/7631339

Arbeitsgemeinschaft Allergiekrankes Kind, Hauptstraße 29, 35745 Herborn, Telefon: 02772/92870, Fax: 02772/928748

Telefonische Pollenflugvorhersage für Deutschland 0190/115480, für Österreich: 0222/1529

Plötzliche Schmerzattacke

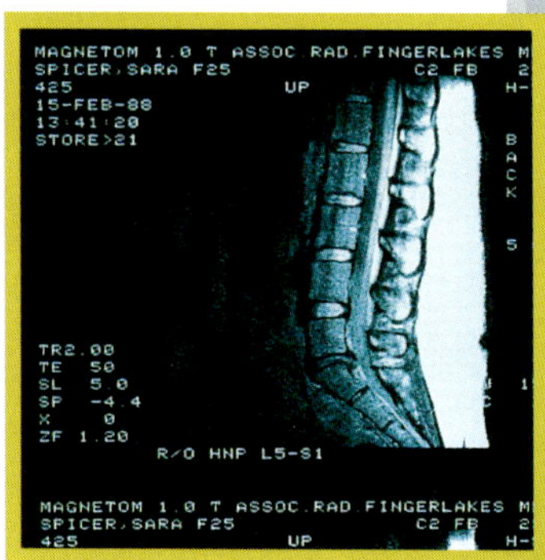

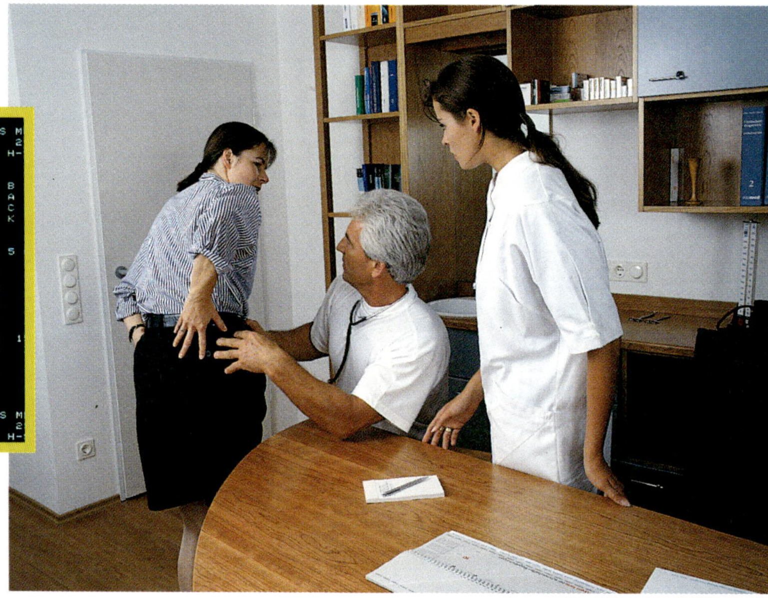

Computertomographie einer betroffenen Wirbelsäule (oben). Ein plötzlicher Schmerz, vornübergebeugte Haltung: Hexenschuss.

Buchstäblich wie ein Schuss setzt der Schmerz uns »außer Gefecht«. So plötzlich der heftige Schmerz auch auftritt, es geht ihm immer eine länger bestehende Fehl- oder Überbelastung der Wirbel und Bandscheiben voraus.

Schlagartige Muskelverspannung

Ein Hexenschuss ist stets ein Hinweis des Körpers darauf, dass sowohl das physische als auch das psychische Gleichgewicht von Spannung und Entspannung durcheinander geraten ist.

Ein Hexenschuss ist keine Krankheit, sondern ein Symptom, das auf viele mögliche Ursachen deutet: Muskelschwäche, Bindegewebsschwäche, Bandscheibenvorwölbung, Bandscheibenvorfall und Bandscheibenverschleiß können zu Fehlbelastungen der Gelenke zwischen den Wirbelkörpern und ihrem Verschleiß führen. Die Wirbelgelenke können sich nur noch eingeschränkt bewegen. Bei bestimmten Bewegungen können sie blockieren – und ruckartig ziehen sich die Muskelzüge darüber zusammen. Die starr verspannten Muskeln verhindern oft nicht nur jede weitere Bewegung, sie drücken auch auf Nervenwurzeln an entsprechender Stelle und lösen den schlagartigen und außerordentlich heftigen Schmerz aus. Auslösende Momente und Anlässe sind: Bücken,

Drehen, Aufrichten oder Heben bzw. Schleppen von Lasten. Die Tätigkeiten sind entweder ungewohnt, zu lange anhaltend oder zu plötzlich. Vor Schreck und Angst, die Schmerzen könnten sich verschlimmern, verspannt sich der Betroffene nun umso mehr – ein Teufelskreis.
Dies gilt nicht nur für die akute Schmerzattacke. Auch auf lange Sicht schaden Verspannungen der Rückenmuskulatur der ungestörten Beweglichkeit der Wirbelsäule und begünstigen so Wirbelblockaden und Hexenschuss.

Überschätzen Sie die eigenen Kräfte nicht! **Dies ist die häufigste Ursache für akute oder chronische Rückenschmerzen. Falsches oder übertriebenes Heben oder Tragen von Lasten sind die Hauptgründe für Hexenschuss, Ischiasbeschwerden, Bandscheibenvorfälle, Muskelverspannungen, Lähmungen und Fehlhaltungen. Vermeiden Sie Überbelastungen der Wirbelsäule und Rückenmuskulatur.**

SYMPTOME

Ein stichartiger Schmerz, der plötzlich in der Mitte des Rückens auftritt, sozusagen »ins Kreuz schießt« und vorwiegend die Lendenwirbelsäule blockiert. Bewegungen, Husten, Niesen oder Lachen verschlimmern in der Regel die Schmerzen; die Hautpartie des unteren Rückens ist kalt.

Die Psyche ist oft mitbeteiligt

Auffallend ist, dass ein Hexenschuss zuweilen dann auftritt, wenn man ihn am wenigsten »gebrauchen« kann, unter Stress steht und leistungsfähig sein sollte. Oft sind das zugleich Anforderungen, von denen man sich überfordert fühlt.
Derartige psychische Anspannungen können sich durchaus auch körperlich auswirken und schmerzhafte Muskelverspannungen begünstigen.

Damit der Hexenschuss nicht wieder kommt

Ein akuter Hexenschuss ist vorübergehend und kann durch schmerzlindernde und muskelentspannende Maßnahmen überwunden werden.
Es ist sinnvoll, bei starken Schmerzen und Bewegungsunfähigkeit ärztliche Hilfe zu holen, ehe sich aus Angst vor dem Schmerz die Verspannungen immer mehr verschlimmern. Nach Abklingen der akuten Beschwerden sollten Sie aber in jedem Falle etwas tun, um künftige Attacken zu vermeiden.

Wenn die Schmerzen nicht nachlassen oder sogar stärker werden, wenn Sie Empfindungsstörungen der Haut bemerken oder wenn Sie Lähmungserscheinungen registrieren, sollten Sie unbedingt einen Arzt holen.

Hilfe beim akuten Hexenschuss

- Bei einem akuten Hexenschuss ist ruhig stellen zunächst das Beste. Legen Sie sich hin, und versuchen Sie zu entspannen. Wenn dies wegen der Schmerzen nicht möglich ist, sollten Sie ein einfaches Schmerzmittel nehmen. Wenn Schmerz und Bewegungseinschränkung es erlauben, ist auch ein heißes Vollbad gut, da es zur Muskelentspannung beiträgt. Eventuell können Sie ein Rheumamittel zusetzen, z. B. Rheumasan-Bad.
- Lassen Sie sich mit Rheumasalben, z. B. Spondylon oder Rheumamed, einreiben. Gegen die Verspannungen helfen so genannte Muskelrelaxanthien. Dies sind muskelentspannende Medikamente, die verschreibungspflichtig sind.
- Wenn die Schmerzen unerträglich sind, kann der Arzt auch Mittel zur Nervenbetäubung direkt an der schmerzenden Stelle der Wirbelsäule einspritzen.

Das sollten Sie künftig vermeiden

- Kälte im Rücken- bzw. Lendenwirbelbereich, Zugluft, durchgeschwitzte Kleidung.
- Langes Sitzen in schlechter Haltung.
- Lasten in gebeugter Haltung anheben oder mit einer gleichzeitig seitlichen Drehung transportieren.
- Tätigkeiten bei denen die Rückenmuskulatur stark gefordert ist über längere Zeit ausüben, wenn die Muskulatur dafür nicht oder nur unvollkommen trainiert wurde.
- Dem Körper keine Pause gönnen.

Wann zum Arzt?

- **Wenn Sie nach ca. vier Wochen noch immer Schmerzen haben.**
- **Wenn die Schmerzen trotz Selbsthilfemaßnahmen unerträglich bleiben.**
- **Wenn Lähmungserscheinungen auftreten.**

So beugen Sie einer neuen Schmerzattacke vor

- Wenn Sie Lasten heben müssen, dann heben Sie nicht »aus dem Kreuz«, sondern gehen Sie in die Hocke. Oder Sie beugen Ihre Knie etwas, sodass die Rückenmuskulatur angespannt ist.
- Kräftigen Sie die Bauch- und Rückenmuskulatur. Krafttraining, Tai Chi Chuan, Schwimmen, vornehmlich Rückenschwimmen, und Gymnastik halten Sie fit. Nehmen Sie an einer Rückenschule teil (Auskünfte bei der Krankenkasse und Ihrer Volkshochschule).
- Ebenfalls sehr hilfreich sind Massagen, Wärmebehandlungen und Krankengymnastik.
- Ein heißes Heublumenbad wirkt sehr entspannend. Kochen Sie dazu 500 Gramm Heublumen in einem Liter Wasser auf; anschließend abseihen und den Sud ins warme Badewasser geben; maximal 15 bis 20 Minuten darin baden.

Die Schwerkraft umkehren

Diese Behandlung, die von Physiotherapeuten und Ärzten durchgeführt wird, erfordert ein Spezialgerät. Der Patient wird darauf festgeschnallt und mit dem Kopf nach hinten gekippt, bis er auf dem Kopf steht.

HOMÖOPATHIE

Medikament	Potenz	deutsche Bezeichnung	Dosis	Anwendung
Bryonia	D6	Zaunrübe	Halbstündlich 5 Globuli bis zur Besserung nach spätestens 5 Stunden	Wenn Ihnen die geringste Bewegung starke Schmerzen bereitet
Nux vomica	D12	Brechnuss	Halbstündlich 5 Globuli bis zur Besserung nach spätestens 5 Stunden	Wenn Sie die Kreuzschmerzen im Bett peinigen und stichartige Schmerzen jede Bewegung unmöglich machen
Dulcamara	D6	Bittersüß	Halbstündlich 5 Globuli bis zur Besserung nach spätestens 2 Stunden	Wenn Sie Kreuzschmerzen haben, weil Sie sich erkältet haben
Arnica	D6	Arnika	Halbstündlich 5 Globuli bis zur Besserung nach spätestens 2 Stunden	Wenn Sie sich sehr angestrengt haben und sich wie erschlagen fühlen
Berberis	D6	Berberitze	Halbstündlich 5 Globuli bis zur Besserung nach spätestens 2 Stunden	Wenn sich die Schmerzen beim Aufstehen verstärken

Adressen

Bundesverband Skoliose Selbsthilfe e.V., Mühlweg 12, 74838 Limbach, Telefon und Fax: 06287/4792

Zu viel Sonne »getankt«

Der Sonnenhunger der »Nordlichter« ist verständlich. Doch große Hitze kann dem Körper gewaltig zusetzen, vor allem wenn man zu wenig trinkt und sich körperlich anstrengt. Dann gerät die Wärmeregulation aus den Fugen. Werden alle Warnungen des Körpers missachtet, droht ein Hitzschlag.

Vorsicht beim Sonnenbaden! Hochroter Kopf, Schwindel, Ohnmachtsanfälle – ein Hitzschlag kann tödlich sein!

Hitze – Schwitzen – Flüssigkeitsverlust

Nicht übermütig werden!
Nach den langen Wintermonaten sehnt jeder die Sommersonne herbei. Doch Vorsicht: Muten Sie Ihrem Körper nicht zu viel zu. Die ungewohnte Hitze kann dem »untrainierten« Körper schwer zusetzen.

Mutet man sich einen längeren Aufenthalt in großer Hitze und darüber hinaus gleichzeitig körperliche Anstrengung, z. B. sportliche Betätigung zu, kann das zu einer Überwärmung des Körpers führen. Der Organismus versucht, der Erhöhung der Körpertemperatur entgegenzuwirken: Die Blutgefäße in der Haut erweitern sich und Wasser, das aus dem Blut durch die Haut zur Körperoberfläche gelangt, wird in großer Menge ausgeschwitzt, um zu kühlen. Durch das starke Schwitzen verliert der Körper jedoch in kurzer Zeit große Mengen Flüssigkeit. Die starke Entwässerung des Körpers führt zu einem zunehmenden Mangel an Blutflüssigkeit. Lebenswichtige Organe erhalten zu wenig Blut. Der Blut-

mangel im Gehirn macht sich mit Kopfschmerz, Schwindel und Ohnmacht bemerkbar. Das Herz versucht, den Blutmangel durch vermehrtes Schlagen auszugleichen und wird stark belastet.
Sehr gefährlich ist die mangelnde Blutversorgung für die Nieren: Sie können ihre Reinigungsfunktion nicht mehr ausreichend wahrnehmen und harnpflichtige Stoffe können nicht mehr ausgeschieden werden. Sie reichern sich im Blut an und können zu einer Vergiftung führen.

SYMPTOME

Erste Symptone des Hitzschlags sind starke Gesichtsröte, Kopfschmerzen, Schwindel, Schweißausbrüche, Übelkeit und mitunter Erbrechen. Dann folgen Hör- und Sehstörungen (Flimmern vor den Augen) und kurze Ohnmachtsanfälle. Schließlich bricht der Betroffene bewusstlos zusammen. Muskelkrämpfe können auftreten. Die Körpertemperatur liegt bei über 40 °C, der Puls ist beschleunigt.

Hitzschlag – es besteht Lebensgefahr!

Hält der Mangel an Blutvolumen an, kann dies zum Kreislaufversagen führen. Der Körper versucht, der Unterversorgung der wichtigen Organe entgegenzuwirken: Die Hautgefäße werden weniger durchblutet, um Schwitzen und Wasserverlust einzuschränken. Entsprechend wird die Haut heiß und trocken. Dagegen erweitern sich die Versorgungsgefäße von Herz und Gehirn, um deren bessere Blutversorgung zu gewährleisten. Bleibt das Blutvolumen aber gering, weil dem Körper keine Flüssigkeit von außen zugeführt wird, versagt die Gegenregulation. Das unterversorgte Gewebe nimmt schweren Schaden, Bewusstlosigkeit setzt ein, und es kann zum Herzstillstand kommen.

Symptome erkennen!
Ein Hitzschlag kann tödlich sein, wenn die Symptome übersehen oder zu spät erkannt werden:

- **Hochroter Kopf**
- **Heiße, trockene Haut**
- **Stumpfe Gesichtszüge**
- **Taumelnder Gang**

Hitzschlag – Sonnenstich

Ein Sonnenstich ensteht durch die zu intensive Einwirkung der – dann schädigend wirkenden – Sonnenstrahlen. Das kann auch geschehen, wenn wir ohne jegliche Anstrengung in der Sonne liegen, ohne den Kopf zu schützen. Die Sonnenstrahlen führen nicht zu übermäßigem Schwitzen, sondern verursachen einen Hitzestau im Gehirn, der zu gefährlichen Schäden führt: Die Blutfülle im Gehirn nimmt deutlich zu und es kann zu einem Austritt von Blutwasser (Ödem) und zu einer Hirnhautentzündung kommen. Die Syptome: Kopf- und Nackenschmerzen, Bewusstseinsstörungen, schließlich Krämpfe und Bewusstlosigkeit. Auch ein Sonnenstich kann lebensgefährlich sein.

Kühlen, trinken und im Zweifelsfall zum Arzt

Sofort aus der Sonne gehen! **Das ist stets die wichtigste Maßnahme. Bleibt die betroffene Person weiter in der Sonne, steigt die Körpertemperatur stetig an – auch wenn ausreichend Flüssigkeit zugeführt wird. In Einzelfällen kann es sogar zu einem Rückfall kommen, wenn das Hitzeopfer nach einigen Stunden erneut in die Sonne geht.**

Sport und Spiel, vielleicht auch Wanderungen in der Sonne machen Spaß, auch wenn man noch so sehr ins Schwitzen kommt, und oft zögert man zu lange, auf Warnsignale des Körpers zu reagieren. Durst wird übergangen und erste leichte Kopfschmerzen nicht ernst genommen. So kommt es immer wieder, besonders im Urlaub unter der ungewohnt heißen südlichen Sonne, zu Hitzschlägen. Spätestens dann aber heißt es schnell und richtig handeln, um Schlimmeres zu vermeiden, und im Zweifelsfall ärztliche Hilfe holen.

Erste Hilfe bei Hitzschlag

- Besteht der Verdacht eines Hitzschlags – sofort einen kühlen Ort aufsuchen beziehungsweise den Betroffenen dorthin bringen.
- Senken Sie die Körpertemperatur mit feuchten Tüchern, die um den Kopf geschlungen werden. Sie können auch das Gesicht und die Haare mit einem nassen Lappen befeuchten oder Sie bespritzen Haut und Haare mit Wasser. Das Wasser auf der Haut erzeugt Verdunstungskälte.
- Wenn der Betroffene bei Bewusstsein ist, muss er schluckweise Wasser, am besten Salzwasser trinken (einen halben Teelöffel auf einen Liter Wasser), um den Flüssigkeitsverlust auszugleichen. Auch wenn sich der Zustand rasch bessert, sollte zunächst jede weitere Anstrengung und ein Aufenthalt in der Hitze unbedingt vermieden werden.
- Ohnmächtige müssen unverzüglich in eine stabile Seitenlage gebracht werden.

Wann zum Arzt?

- Wenn spätestens 30 Minuten nach dem Ergreifen erster Maßnahmen keine Besserung eingetreten ist.
- Wenn der Betroffene länger als fünf Minuten ohnmächtig ist.

- Wenn der Gang aufgrund starker Gleichgewichtsstörungen sehr unsicher ist.
- Wenn Muskelkrämpfe auftreten.

Schutz vor Hitze – so beugen Sie vor

- Vermeiden Sie körperliche Anstrengung in großer Hitze, besonders in der Mittagszeit. Dann ist die Hitze meist am größten. Verlegen Sie körperliche Aktivitäten lieber auf die frühen Morgenstunden, den späten Nachmittag oder den Abend.
- Sehr wichtig: Trinken Sie viel und vor allem Getränke mit einem hohem Gehalt an Mineralstoffen und Salzen. Vermeiden Sie aber möglichst Kaffee und Alkohol.
- Benutzen Sie Sonnenhut und Sonnenschirm. Achten Sie darauf, dass der Nacken beschattet ist. Ohne schützende Kopfbedeckung sollten Sie im Schatten bleiben.
- Bevorzugen Sie helle, Licht reflektierende Kleidung.
- Ziehen Sie sich nicht aus wenn Sie schwitzen. Schweißnasse Kleidung kühlt wesentlich besser als die nasse nackte Haut.

Kinder und ältere Menschen sind in Gefahr, da sie generell wenig schwitzen. Bei Kindern sind die Schweißdrüsen oft noch nicht entwickelt, alte Menschen trinken meist viel zu wenig.

Vorsicht in heißen Ländern

Reisen in tropische Ländern erfordern eine Akklimatisation an die hohen Außentemperaturen. Normalerweise gewöhnt sich der Körper erst nach zwei bis drei Wochen an die Hitze. Also sollten Sie wenigstens zu Beginn Ihres Aufenthalts auf allzu anstrengende Unternehmungen verzichten. Die oben angeführten Ratschläge gelten hier im Besonderen.

HOMÖOPATHIE

Medikament	Potenz	deutsche Bezeichnung	Dosis	Anwendung
Belladonna	C30	Tollkirsche	Halbstündlich 3 Globuli bis zur Besserung	Bei klopfenden Schläfen und extremer Temperatur des Kopfes
Glonoinum	C30	Nitroglyzerin	Halbstündlich 3 Globuli bis zur Besserung nach maximal 2 Stunden	Bei berstendem Kopfschmerz

Wo der Schuh drückt

■ *Zu enge und unbequeme Schuhe sind die Hauptursache für Hühneraugen. Fußbäder können helfen.*

Hühneraugen sind ein deutlicher »Protest« gegen drückende Schuhe. Es hilft wenig, die Hühneraugen zu beseitigen, wenn nicht gleichzeitig die Ursache beseitigt wird.

Druck regt Wachstum an

Hühneraugen entstehen durch lang anhaltenden punktuellen Druck auf solche Hautpartien, die Knochen überziehen. Hühneraugen sind Gegenmaßnahmen der Haut, um Druck abzuwehren. Sie führen jedoch durch Verdickung der Haut zu einer Erhöhung des Drucks und damit wiederum zu verstärktem Wachstum der Hühneraugen. Zu enge Schuhe sind in den meisten Fälle die Ursache.

Selbsthilfemaßnahmen sind am wirkungsvollsten, wenn das Hühnerauge gerade entstanden ist. Am Anfang ist ein Hühnerauge nur ein kleiner Kreis aus Haut, der keinerlei Schmerzen verursacht.

SYMPTOME

Hühneraugen sind kegelförmige Hornhautverdickungen im Bereich der Zehen, der Fußsohle, des Fußrückens und der Ferse. In der Mitte eines Hühnerauges wächst ein Hornzapfen nach unten in das Gewebe, der zu starken Schmerzen führt, die durch Druck verursacht werden.

Nicht nur schmerzhaft

Je früher Sie etwas gegen das Hühnerauge tun, desto leichter ist die weitere Behandlung. Eine Verschleppung kann zu schmerzhaften Knochenhautentzündungen oder unangenehmen Abszessen an den Zehen und Zehengliedern führen.

Beseitigung schützt nicht vor Neubildung

Wenn Sie der Ursache eines Hühnerauges nicht entgegenwirken, entwickelt es sich mit großer Wahrscheinlichkeit erneut.

Kontrollieren Sie Ihr Schuhwerk

Schuhe, die zu eng sitzen, sollten Sie ausrangieren oder beim Schuhmacher weiten lassen. Kaufen Sie sich nur noch Schuhe, die Zehen und Fußrücken nicht einengen.

Befreien Sie Ihren Fuß sooft wie möglich vom Druck. Laufen Sie barfuß, in Socken oder weichen Pantoffeln, wann immer das möglich ist.

So entfernen Sie die Hornhaut

In der Hornhaut, die das Hühnerauge bildet, befinden sich weder Blutgefäße noch Nerven. Der Schmerz ensteht nur durch den Druck, den das Hühnerauge auf die Nerven im darunter liegenden Gewebe auslöst. Sie können es also schmerzlos entfernen.

- Sie baden den betroffenen Fuß zehn Minuten lang in Teebaumöl. Das desinfiziert und entspannt die Haut. Geben Sie fünf bis acht Tropfen des Öls in eine Schüssel mit warmem Wasser. Dann vorsichtig die aufgeweichte Hornhaut des Hühnerauges mit einer Hornhautfeile oder einem Bimsstein abrubbeln. Täglich wiederholen. Wichtig ist, dass das Hühnerauge während der Behandlung weich ist. Für das Fußbad können Sie auch handelsübliche Fußbäder verwenden.
- Spezielle Hühneraugenpräparate auf die Hühneraugen träufeln. Aber nur auf die Hühneraugen! Die milchsäure- und salizylsäurehaltigen Mittel verätzen sonst das gesunde Gewebe ringsherum. Das Aufträufeln wird so lange wiederholt, bis sich das Hühnerauge abheben lässt.
- Träufeln Sie etwas Leinöl oder den Saft von zerquetschten Hauswurzblättern auf das Hühnerauge und binden es mit einem Verband über Nacht fest. Bei Bedarf wiederholen.

Ist Ihre Behandlung nicht nach 14 Tagen erfolgreich, sollten Sie eine medizinische Fußpflege oder einen Arzt aufsuchen.

Achtung!
Diabetiker und Menschen mit einer gestörten Schmerzwahrnehmung sollten Hühneraugen niemals selbst behandeln. Das Verletzungsrisiko ist zu groß.

Vorsicht: Nicht schneiden!

Schneiden Sie nicht mit Messer oder Schere an Hühneraugen herum. Ungewollte Verletzungen können sich zu Infektionen oder Entzündungen verschlimmern. Hartnäckige Hühneraugen von der medizinischen Fußpflege oder vom Arzt entfernen lassen.

Schutzmechanismus der Lunge

Husten ist ein Schutzmechanismus der Lunge. Damit können Fremdkörper und Schleim aus der Lunge hinausbefördert werden. Husten ist oft ein Anzeichen von Erkältungskrankheiten. Dagegen können Sie sich schützen, indem Sie Ihre Widerstandskräfte stärken.

Husten ist ein Reflex

Flimmerhärchen der Schleimhäute, zweitausendfache Vergrößerung (rechts). Rauchen kann eine chronische Bronchitis verursachen.

Reizungen der Schleimhaut im Hals, der Luftröhre und den Bronchien provozieren die Brustmuskeln und das Zwerchfell zu plötzlichen, reflexartigen Atemstößen. Das Ausstoßen der Luft aus der Luftröhre und den Bronchien sprengt die geschlossene Stimmritze im Kehlkopf regelrecht auf und erzeugt das typische Hustengeräusch. Mit dem Luftstrom werden gleichzeitig Schleimpartikel oder Fremdkörper herausgeschleudert. Grund für diese Reizungen der Schleimhaut in den Atemwegen sind oft Entzündungen, z. B. durch eine Infektion, aber auch äußere Reizstoffe wie Gase, Rauch und eventuell eingedrungene Fremdkörper – wenn einem etwas in die »falsche Kehle« geraten ist.

Häufiger Grund – Infektionen der Atemwege

Hustenreiz ist unangenehm und lästig. Doch bei vielen Erkrankungen ist er notwendig, um die Bronchien von Fremdkörpern zu reinigen.

Sehr viele Infektionen der Atemwege, die von Bakterien oder Viren ausgelöst werden können, äußeren sich unter anderem durch das Symptom Husten. Dies liegt daran, dass sie zu Entzündungen der Schleimhäute in den Atemwegen führen. Infolge der Entzündung bilden sich vermehrt Sekrete, die die Flimmerhärchen der Schleimhäute verkleben und die Schleimhaut daher reizen. Der Reiz löst Husten aus und das Sekret wird ausgeworfen. Sind Bakterien die Auslöser, wie etwa bei einer akuten Bronchitis, kann der Auswurf eitrig sein. Kommt Fieber dazu, ist Vorsicht geboten. Eine Bronchitis kann auf die Lunge übergreifen und eine Lungenentzündung auslösen.

Husten sollten Sie nur dann selbst behandeln, wenn er als Begleitsymptom eines grippalen Infekts auftritt. Wenn er hingegen schmerzhaft ist, über mehrere Tage anhält, ohne sich zu bessern, gleichzeitig Fieber und Atemnot auftreten oder der Auswurf rötlich oder gelb verfärbt ist, sollten Sie einen Arzt aufsuchen. Dann nämlich weist der Husten auf eine schwerwiegendere Erkrankung hin.

SYMPTOME

Husten ist ein reflexartiges, geräuschvolles Ausstoßen von Luft aus der Luftröhre und den Bronchien zum Entfernen von Sekreten oder eines Fremdkörpers aus den Atemorganen.
Je nach Ursache kann Husten
- stoßweise oder anfallartig erfolgen;
- laut bis sehr leise klingen;
- sich feucht, trocken, bellend, krächzend oder quälend anhören;
- mit oder ohne Auswurf von unterschiedlicher Menge und Beschaffenheit auftreten;
- schmerzhaft sein.

Auch die begleitenden Symptome richten sich nach der Ursache; bei der häufig ursächlichen Bronchitis treten gleichzeitig Erkältungssymptome und Fieber auf.

Gefahr für Kinder – Keuchhusten

Auch Keuchhusten wird durch Bakterien hervorgerufen. Er beginnt mit Schnupfen, leichtem Fieber und einem meist nächtlichen und zunächst nur mäßigen Husten. Nach etwa drei Wochen treten dann aber immer häufiger heftigere, anfallartige Hustenstöße auf. Die Luft wird beim Einatmen laut hörbar, pfeifend eingezogen, beim Ausatmen wird zäher Schleim ausgehustet. Bei derartigen Anfällen besteht Erstickungsgefahr.

Keuchhusten ➳ Seite 218

Reizhusten

Besteht ein Husten längere Zeit, reagiert die Schleimhaut schließlich überempfindlich. Kleinste Reize können dann den Hustenreflex auslösen. Man verspürt zunächst lediglich ein leichtes Kribbeln im Hals und durch das Aushusten wird kaum, Schleim ausgestoßen. Ein solcher Husten hört sich »trocken« an. Das ist häufiger nach einer akuten Bronchitis oder Kehlkopfentzündung der Fall.

»Raucherhusten«

Bei Rauchern besteht wegen der Vorschädigung der Atemwegsschleimhäute stets die Gefahr, dass eine Bronchitis chronisch wird. Die Folge ist ein dauerhafter Reizhusten.

Wann zum Arzt?

Asthma
➳ Seite 40
Bronchitis
➳ Seite 80
Erkältung
➳ Seite 120
Grippe
➳ Seite 154

- Wenn die Atmung rasselt oder pfeift.
- Wenn der ausgeworfene Schleim entweder gelblich grün oder blutig gefärbt ist.
- Wenn der Husten mit Stimmverlust und eventuell Fieber über 39,5 °C gepaart ist.
- Wenn das Atmen schmerzhaft ist und das Fieber über 39,5 °C steigt.
- Wenn der Husten mit Atemnot einhergeht.
- Wenn zusätzlich zum Husten Gewichtsabnahme und nächtliches Schwitzen auftreten.
- Wenn Sie einen Partikel eingeatmet haben und der Husten den Fremdkörper nicht herausbefördern kann.

Nicht unterdrücken, sondern nur erleichtern

Achtung!
Tumoren in der Lunge oder den Bronchien, Lungen- oder Rippenfellentzündung, Tuberkulose, bestimmte Erkrankungen des Herzens gehen ebenfalls mit dem Symptom Husten einher. Daher gilt: Wenn der Husten trotz Behandlung länger als fünf Tage unvermindert anhält, sollten Sie einen Arzt zurate ziehen.

Husten ist sinnvoll; jedes Unterdrücken verhindert ein Aushusten des Sekrets oder eines Fremdkörpers aus der Lunge. Daher ist es sinnvoller, das Abhusten durch hilfreiche Maßnahmen zu erleichtern.
Nur bei Reizhusten und zum ungestörten Schlafen sollte auf Mittel zurückgegriffen werden, die das Husten verhindern (so genannte Hustenblocker oder Antitussiva). Denken Sie jedoch stets daran: Das Beste ist immer, vorzubeugen. Härten Sie sich gegen Infektionen ab, und schonen Sie Ihre Atemwege.

So härten Sie sich ab

- Treiben Sie Sport, auch im Winter. Wenn Sie duschen, dann am Schluss für zehn Sekunden auf »kalt« stellen. Häufige Temperaturwechsel durch Spaziergänge und das Lüften der Wohnung härten ebenfalls ab.
- Achten Sie auf eine vitaminreiche Ernährung. Nehmen Sie viel Vitamin C und Karotinoide (Provitamin A) auf, z. B. mit Obst wie Guaven, Gemüse wie Paprika oder Brokkoli; sehr hohe Werte von Karotinoiden sind in Möhren – auch konservierten- oder getrockneten Aprikosen – in 25 Gramm steckt die vierfache Tagesdosis – enthalten. Um Karotinoide oder Vitamin A aufnehmen zu können, braucht der Körper geringe Mengen Fett.

Medikamente

Man unterscheidet zwischen solchen Hustenmitteln, die das Husten unterbinden, indem sie den Hustenreflex blockieren (Hustenblocker) und solchen, die es erleichtern, indem sie das abzuhustende Sekret vermehren und verflüssigen (so genannte Expektoranzien; Expektoration = Aushusten von Sekret).

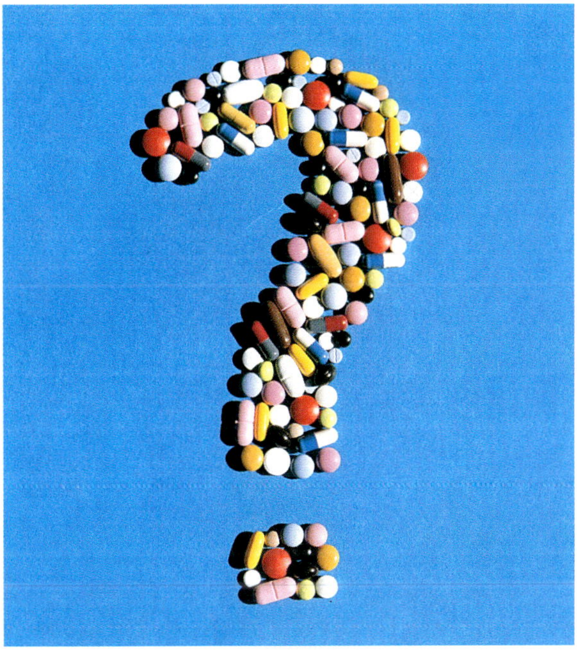

Hustenblocker – so genannte Antitussiva – unterdrücken den Hustenreflex, indem sie dämpfend auf das Hustenzentrum im Gehirn wirken. Sie eignen sich daher besonders für einen trockenen Reizhusten: Die überempfindliche Bronchienschleimhaut kann sich beruhigen. Antitussiva enthalten meist den Wirkstoff Kodein und sind verschreibungspflichtig. Eine Nebenwirkung: Sie machen schläfrig.

Expektoranzien sind Substanzen, die die Lunge zur vermehrten Bildung wässriger Sekrete stimulieren und/oder die Sekrete wässriger machen. Sie erleichtern damit das Abhusten vorher zähen Schleims. Sie eignen sich entsprechend für einen Husten mit Auswurf, besonders wenn der Husten noch nicht »locker« ist. Die meisten dieser Medikamente sind nicht verschreibungspflichtig. Lassen Sie sich von Ihrem Arzt oder Apotheker beraten, welches Mittel im Falle Ihres Hustens geeignet ist.

Achtung! Hustenmittel können Müdigkeit verursachen. Also Hände weg vom Steuer.

Wirksam: ätherische Öle

- Einreibungen mit ätherischen Ölen helfen, Sekrete zu verflüssigen und erleichtern das Abhusten. Sie wirken zudem krampflösend auf die Bronchien. Geeignet sind unter anderem: Anisöl, Eukalyptusöl, Pfefferminzöl, Terpentinöl (aus der Apotheke oder Naturkosmetikläden).
- Mischen Sie sich Ihren Hustenbalsam: Je zwei Gramm Rosmarin- und Eukalyptusöl unter 40 Gramm Kampferöl oder Kampfersalbe mischen, zweimal täglich Brust und Rücken einreiben, dann warm anziehen. Vorsicht: Nicht bei Säuglingen und Kleinkindern anwenden. Sie können gegebenenfalls mit Atemnot und Erregungszuständen reagieren.

Bei krampfartigem Husten kann ein Teelöffel Tahinas helfen. Diesen Sesamrückstand können Sie in arabischen Geschäften bekommen.

Vorsicht bei Dampfinhalationen: Wenn der Dampf zu heiß ist, sofort das Handtuch lüften. Sonst besteht die Gefahr von Verbrühungen.

Inhalieren

Inhalieren Sie mit einem Fenchelaufguss: Vier Esslöffel auf einen Liter kochendes Wasser, zehn Minuten ziehen lassen, in eine Schüssel mit großer Weite geben, Kopf darüber halten, mit einem großen Handtuch überdecken und den Dampf 8 bis 15 Minuten lang mit ruhigen Zügen tief einatmen. Sehr wirksam sind auch Aufgüsse aus ätherischen Ölen. Achten Sie jedoch darauf, dass Sie nur natürliche, reine Öle verwenden.

Hustentee

Hustentee aus gleichen Teilen Thymian und Spitzwegerich kann lindern: Je zwei Teelöffel pro Viertelliter kochendem Wasser, zehn Minuten ziehen lassen, abseihen und heiß in kleinen Schlucken trinken.
Erfolgreich sind auch gesüßte Tees aus Lindenblüten oder Holunderblüten.

HOMÖOPATHIE

Medikament	Potenz	deutsche Bezeichnung	Dosis	Anwendung
Aconitum	D6	Eisenhut	Minütlich bis halbstündlich 5 Globuli, maximal über 2 Stunden; bei Besserung 3-mal täglich 5 Globuli	Bei plötzlich auftretendem schmerzhaften, bellenden Husten
Belladonna	D6	Tollkirsche	Minütlich bis halbstündlich 5 Globuli, maximal über 2 Stunden; bei Besserung 3-mal täglich 5 Globuli	Bei krampfartigem, kratzendem, trockenem Husten
Hyoscyamus	D6	Bilsenkraut	Minütlich bis halbstündlich 5 Globuli, maximal über 2 Stunden; bei Besserung 3-mal täglich 5 Globuli	Bei nächtlichem Reizhusten im Liegen

HOMÖOPATHIE

Medikament	Potenz	deutsche Bezeichnung	Dosis	Anwendung
Bryonia	D6	Zaunrübe	Minütlich bis halbstündlich 5 Globuli, maximal über 2 Stunden; bei Besserung 3-mal täglich 5 Globuli	Bei hartem, schmerhaftem, trockenem Husten
Nux vomica	D12	Brechnuss	Minütlich bis halbstündlich 5 Globuli, maximal über 2 Stunden; bei Besserung 3-mal täglich 5 Globuli	Bei heftigem, trockenem Husten und Heiserkeit
Drosera	D6	Sonnentau	Minütlich bis halbstündlich 5 Globuli, maximal über 2 Stunden; bei Besserung 3-mal täglich 5 Globuli	Bei krampfartige Hustenanfällen
Ferrum phosphoricum	D6	Phosphorsaures Eisen	5- bis 10-minütlich 5 Globuli, maximal über 2 Stunden	Bei trockenem Husten und akutem Bronchialkatarrh
Phosphorus	D12	Phosphor	Minütlich bis halbstündlich 5 Globuli, maximal über 2 Stunden; bei Besserung 3-mal täglich 5 Globuli	Bei trockenem Husten
Sepia	C30	Tinte vom Tintenfisch	3-mal täglich 3 Globuli bis zur Besserung	Bei häufigem Husten mit Brechreiz

Adressen:

Deutsche Atemwegsliga, Burgstraße 12, 33175 Bad Lippspringe,
Telefon: 05252/954505, Fax: 05252/954506

Wenn Mann nicht mehr kann

Nichts geht mehr. Aber keine Panik: Gelegentliche Impotenz hat meist psychische Ursachen.

Eine Schlappe im Bett kann ungeahnte Folgen haben. In einem Teufelskreis von Versagensangst und ausbleibender Erektion stellt sich vermeintliche Impotenz ein. Viele Männer leiden darunter so sehr, dass die Beziehung zu ihrer Partnerin bzw. ihrem Partner gefährdet ist. Doch meist besteht kein Grund zur Panik.

Woraus resultiert die Manneschwäche?

Die sexuelle Leistungskraft des Mannes lässt mit zunehmendem Alter deutlich nach – dies ist jedoch ganz natürlich. Verfallen Sie also nicht in Panik, wenn »es« Ihnen einmal passiert bzw. nicht passiert.

Gelegentliche Erektionsstörungen kommen im Leben jedes Mannes vor. Man spricht medizinisch von Impotenz, wenn im Beobachtungszeitraum von sechs Monaten 75 Prozent der Versuche, den Geschlechtsverkehr auszuüben, erektionslos bleiben.
Bis zu einem Alter von 40 Jahren sind zehn Prozent der Männer – zeitweise – von Impotenz betroffen. Bei den über 65-jährigen sind es 25 Prozent. In den meisten Fällen – Sexualtherapeuten sprechen von bis zu 95 Prozent – liegen psychische Faktoren einer Impotenz zu Grunde. Organische Gründe sind wesentlicher seltener.

SYMPTOME

Der Penis erigiert nicht, obwohl eine sexuelle Erregung stattfindet. Die Orgasmusfähigkeit ist verhindert, es kommt nicht zum Ausstoß von Sperma.

Organische Störungen

Häufig sind es Durchblutungsstörungen, aber auch Krankheiten wie Diabetes, Asthma, Schilddrüsenunterfunktion oder Unfälle, die zum Verlust der Erektionsfähigkeit führen. Auch Medikamente können die Potenz mindern, z. B. Mittel gegen Bluthochdruck oder Magenschwüre. Wenn organische Ursachen vorliegen, muss Impotenz vom Arzt behandelt werden.

Psychische Ursachen

Die meisten Potenzstörungen sind psychisch bedingt. Partnerschaftskonflikte, Leistungsdruck und Versagensangst, Gewohnheit und Überdruss zählen zu den Ursachen. Nicht minder bewirken Stress, Kummer, Ängste oder auch Depressionen sexuelle Störungen.

Sex sorgt für Ausgeglichenheit und Gesundheit und spendet Lebensfreude. Häufiger Sex schützt vor Impotenz: Wer in Übung ist und bleibt, kennt das Problem der Impotenz meist nicht.

Es gibt keine Liebesdiät

Glauben Sie nicht, dass Liebe durch den Magen geht. Austern, Ginseng, Sellerie sind keine wirklichen Aufrichtemittel. Sie bringen, gut vermarktet, lediglich den Vertreibern solcher Produkte aufwärts strebende Gewinne. Und auch Alkohol ist keine verlässliche Stütze – im Gegenteil. Er lockert zwar die Bereitschaft zum Sex, baut Hemmungen ab, sorgt aber nicht selten danach für schlappe Müdigkeit vor dem erregenden Ereignis.

So beugen Sie vor

- Essen Sie vernünftig. Achten Sie auf die Cholesterinwerte. Cholesterin setzt auch den Arterien zu, die den Penis mit Blut versorgen.
- Meiden Sie Nikotin und übermäßigen Alkohol.
- Unterstützen Sie äußerlich die Durchblutung im Genitalbereich. Kalte Güsse an den Innenseiten der Schenkel, Bewegung und Sport fördern die Durchblutung.
- Vermeiden Sie Stress und Überarbeitung
- Sorgen Sie für ausreichend Schlaf.

Cholesterinspiegel
⋙ Seite 84

Arteriosklerose
➳ Seite 28

Das männliche Glied ist ein gefäßreiches Organ. Eine Arteriosklerose behindert auch die arterielle Durchblutung des Penis. Achten Sie deshalb darauf, was Sie essen. Vermeiden Sie insbesondere tierische Fette: Derartige Nahrungsmittel lassen den Cholesterinspiegel ansteigen und begünstigen somit die Entstehung von Durchblutungsstörungen.

Das hilft: Fördern Sie die Durchblutung.

Ob der Penis steif wird und steif bleibt, hängt von reibungsloser Blutzufuhr ab. Bei einer zu langsamen oder zu knappen Blutversorgung oder bei zu schnellem Abfließen des Blutes hilft auch die größte Verführungskunst nicht mehr. Grund für eine derartige Schlappe ist meist eine schlechte Durchblutung, also eine beginnende oder schon vorhandene Arteriosklerose. Gesunde Ernährung, Bewegung, ausreichend Schlaf sowie der Verzicht auf zu viel Alkohol und Nikotin halten auch die Erektionsfähigkeit in Form.

Wann sollte Mann zum Arzt oder einem Spezialisten gehen?

- Wenn er trotz Wunsch und guten Willens nicht kann und darunter leidet. Die Behandlungsaussichten sind gut: Etwa 97 Prozent der Impotenzfälle sind heilbar.
- Wenn offensichtlich organische Ursachen vorliegen oder Medikamente eine Rolle spielen können. Solche Medikamente sind: Mittel gegen Bluthochdruck, Depressionen und Psychosen, Magengeschwüre, Krebsmittel, Hormone, Aufputschmittel (Amphetamine).

PSYCHISCHE ODER ORGANISCHE URSACHE?

Ob die Potenzstörung psychische oder organische Gründe hat, kann man mit einem einfachen Test herausfinden:
Ist Ihr Penis morgens manchmal steif? Wenn ja, liegen keine organischen Störungen vor. Demnach muss die Ursache für Ihre zeitweilige Impotenz bei Gewohnheiten oder sexuellen Praktiken in der Partnerschaft liegen.

Versagen steigert die Versagensangst

Für viele Männer ist schon der erste »Durchhänger« Anlass zur Panik, beim nächsten Versuch setzen sie sich dann, einem falschen Männlichkeitsideal folgend, verstärkt unter Druck. Klappt es dann wieder nicht, entsteht meist ein Teufelskreis aus Leistungsdruck und Versagensangst. Besser ist es, den oder die Patzer schlicht zu vergessen. Konzentrieren Sie sich dann auf andere Praktiken, etwa die »Handarbeit« oder Ihre »Zungenfertigkeit«. Möglicherweise entdecken Sie und Ihre Partnerin oder Ihr Partner dabei völlig neue Erlebniswelten. Ob eine akute Impotenz zum chronischen Problem wird, hängt auch von der Partnerin bzw. dem Partner ab. Sind Sie für sie oder ihn nur ein bedauerlicher »Schlappschwanz«, sollten Sie prüfen, ob Sie bei ihr/ihm noch richtig liegen. Verständnisvolle Partnerinnen und Partner finden eine geschickte Lösung und lassen daraus kein leidiges Thema entstehen.

Ein verständnisvoller Partner kann helfen – aber nicht kurieren.

Auch Männer kommen in die Jahre

Wechselbeschwerden müssen nicht zur zerstörenden Krise werden. Männer kommen ebenfalls in »die Jahre«, nicht alle, aber immerhin ein Sechstel. Dann ändert sich die Mixtur der Geschlechtshormone. Das Interesse an Sex lässt nach, Sexualverkehr erscheint nicht mehr so wichtig oder wird von anderem wichtigeren Geschehen verdrängt. Nicht ohne Grund ist die Krise in der Lebensmitte mit Partnerkonflikten, Krankheiten und beruflichen Problemen gekoppelt. Dieser Wandel wird nicht zwangsläufig für beide Partner zum ausweglosen Frust, wenn Sie darüber miteinander reden und bereit sind, Lösungen zu finden.

Was Sie gegen Impotenz tun können

Selbsthilfe

Ihr Problem ist nur vordergründig »Ihre Angelegenheit«. Auch Ihre Partnerin oder Ihr Partner ist betroffen. Deshalb: Reden Sie mit Ihrer Partnerin/Ihrem Partner, sagen Sie ihr/ihm, was Ihre Lust steigert und was Sie abstößt. Äußern Sie intime Wünsche. Lassen Sie sich erzählen, was Ihre Partnerin/Ihr Partner gern hat und was sie/er sich wünscht.

Erlernen Sie mit Ihrer Partnerin oder Ihrem Partner gemeinsam die Techniken der »fokussierten Sinnlichkeit«. Diese Methode hat eine Erfolgsquote von 80 Prozent. Dabei ist nicht der Orgasmus das Hauptziel des Geschlechtsverkehrs sondern, dass beide Partner sich so viel Vergnügen wie möglich bereiten. Hintergrund ist

Probleme mit der sexuellen Leistungsfähigkeit müssen nicht von einem Therapeuten behandelt werden, wenn Sie eine einfühlsame Partnerin bzw. einen einfühlsamen Partner haben. Reden Sie offen über Ihr – gemeinsames – Problem.

ein erhöhtes Bewusstsein über die vom anderen als angenehm empfundenen Berührungen und Reize.

Stellen Sie Ihre Erfahrung und Routine einmal hintenan. Vergessen Sie das, was Sie immer gemacht haben. Lassen Sie völlig neuen Inszenierungen ihren Lauf: Geben Sie Ihrer Partnerin/Ihrem Partner zum Beispiel mehr Aktivitätsspielraum. Lassen Sie sich verwöhnen und genießen Sie diese Form der Zuwendung.

Schalten Sie Ihren denkenden, kontrollierenden Kopf aus. Sex ist kein strategisches Spiel, bei dem Ihr Intelligenzquotient gefordert ist. Gefühl ist gefragt und das wird vom limbischen System gesteuert, völlig unabhängig vom denkenden Gehirn. Dieses Zentrum für Ihre Erlebnisfähigkeit in Sachen Sex liegt im reflektorischen Bereich des Rückenmarks. Überlassen Sie sich ganz diesem parasymphatischen Teil des Nervensystems.

Lieben Sie mit allen Sinnen, nutzen Sie Ihr »animalisches Potenzial«. Setzen Sie dabei vor allem Geruchs- und Tastsinn ein.

Zu viel Sport beeinträchtigt den Sex nachhaltig. Die Vorgänge sind noch nicht ganz genau erforscht, bewiesen ist bislang jedoch, dass Endorphine, die durch übermäßigen Sport entstehen (Triathlon, Marathon, Ausdauertraining), die sexuelle Erregung verhindern.

Achtung!
Vermeiden Sie Aphrodisiaka oder Stimulanzien. Ihre Wirkung ist in der Regel äußerst fragwürdig und teilweise gefährlich, die Nebenwirkungen zahlreich: Von Bluthochdruck und Gebärmutterblutungen über schwere Organschäden, bis hin zu nachhaltigen Beeinträchtigungen des zentralen Nervensystems reicht die Palette der »aphrodisischen Wirkungen«.

Ärztliche Behandlung

Wenn Sie mit Selbsthilfe nicht weiterkommen, schieben Sie die Impotenz nicht auf die lange Bank, sprechen Sie mit Ihrem Arzt darüber und lassen Sie sich an einen Experten verweisen. Die organischen Ursachen der Impotenz müssen jedenfalls abgeklärt und gezielt behandelt werden. Wenn Sie Medikamente einnehmen, z. B. Betablocker, H2-Blocker, Medikamente gegen Magengeschwüre oder Depressionen, sollten Sie mit Ihrem Arzt darüber sprechen.

Bei sexuellen Störungen verordnen Ärzte häufig männliche Hormone (Testosteron). Dies ist jedoch nur dann angezeigt und wirksam, wenn der Impotenz ein Hormonmangel zu Grunde liegt. Wenn Sie Testosteron einnehmen, lassen Sie von einem Urologen regelmäßig die Prostata wegen möglicher Nebenwirkungen (Krebsrisiko) kontrollieren.

Alternative Heilmethoden

Es gibt tausende und abertausende von Rezepturen und Mittelchen, die sexuelle Schlappen verhindern und sogar das Gegenteil bewirken sollen. Spargel soll »aufrichten«, Sellerie steht im Ruf, »Geilheit«, zumindest aber geschlechtliche Vitalität zu erzeugen. Kürbiskerne und Eier gehören noch zu den harmlosen Einheizern. Aphrodisiaka wie Yohimbin oder Strychnin müssen nicht wirksamer sein, können jedoch körperliche Schäden verursachen. Keineswegs besser, nur ungefährlicher sind Kristalle oder Edelsteine, die eine ganz besondere Energie auf die Potenz ausstrahlen sollen.

Bessere Wirkung zeigen dagegen die Rezepturen aus der Aromatherapie. Düfte und Aromen können das Unterbewusstsein über das limbische System intensiv beeinflussen. Dies tun auch die Sexualpheromone und Genitalgerüche. Orangenaroma ist beispielsweise fast so an- und erregend wie weiblicher Genitalgeruch. Stimulierend sind auch: Ylang-Ylang, Ingwer, Patschuli, schwarzer Pfeffer, Muskateller-Salbei, Koriander, Jasmin und Sandelholz. Aber Vorsicht, mischen Sie nicht wahllos irgendetwas zusammen. Es gibt Rezepte und Empfehlungen, was wie wirkt und zusammenpasst. Düfte, Aromen, Öle und Literatur erhalten Sie z. B. in Naturkosmetikläden.

Sie können die Aromen nicht nur einatmen, sondern die Duftmischungen auch auf den Körper auftragen, etwa während einer Partnermassage. Die ätherischen Öle gehören zu den wenigen Stoffen, die im wahrsten Sinne unter die Haut dringen können.

Versuchen Sie ein Erotic-Touch-Öl: Drei Tropfen Tonka, Vier Tropfen Zimtrinde, sieben Tropfen schwarzer Pfeffer, fünf Tropfen Koriander, zwei Tropfen Kreuzkümmel und fünf Tropfen Grapefruit mit 50 Milliliter Basisöl mischen und damit die Schenkelinnenseiten, den Steiß und den unteren Rücken einmassieren.

HOMÖOPATHIE

Medikament	Potenz	deutsche Bezeichnung	Dosis	Anwendung
Avena sativa	C100	Hafer	1-mal wöchentlich 3 Globuli	Wenn die Potenz durch Stress nachgelassen hat
Acidum phosphoricum	D3	Phosphorsäure	3-mal täglich 5 Tropfen	Bei psychischen Ursachen
Lycopodium	C30	Bärlapp	1-mal täglich 3 Globuli	Bei älteren Menschen
Barium carbonicum	C30	Kohlensaures Barium	1-mal täglich 3 Globuli	Bei Angst, ausgelacht zu werden

Kleine Tiere, große Wirkung

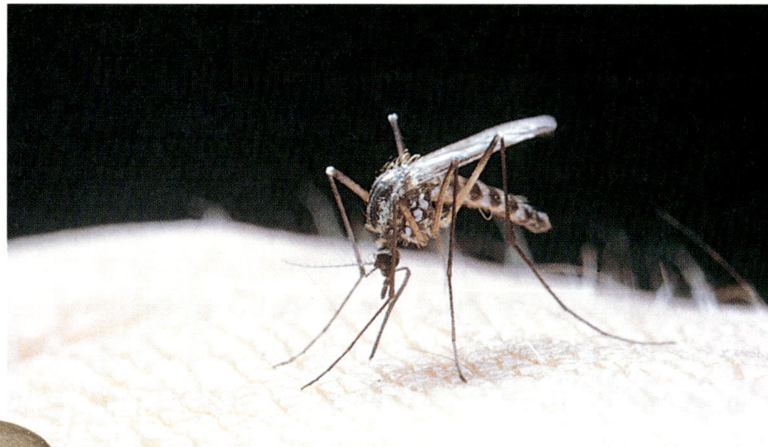

Kleine Tiere, große Wirkung: Insektenstiche oder -bisse brennen, jucken, schmerzen.

Ein Stich oder ein Biss und schon brennt, schmerzt oder juckt es. Oft hat der ungebetene Besuch besonders kleiner Tiere eine nachhaltige Wirkung. Doch keine Angst: Im Normalfall vergehen selbst schmerzhafte Stiche ohne Folgen. Allergiker sollten jedoch aufpassen. Für sie kann ein Insektenstich lebensbedrohlich sein.

Heimtückische Plagegeister

Sommerzeit – Insektenzeit
Im Sommer sind Insekten besonders aktiv. »Angriffe« der summenden und brummenden Quälgeister lassen sich kaum vermeiden. Doch keine Panik: In unseren Breitengraden sind Insektenstiche in der Regel harmlos.

Mediziner unterscheiden zwischen einem Stich, bei dem Gift in den Körper gelangt, und Bissen von Blutsaugern, die Körpersäfte oder Keime in der Wunde zurücklassen. Nur in seltenen Fällen treten lebensbedrohende allergische Reaktionen auf. Allerdings werden auch Krankheiten wie Malaria, Schlafkrankheit oder Fleckfieber durch Blut saugende Parasiten übertragen.

SYMPTOME

Meist: gerötete Stellen auf der Haut, Quaddeln, Schwellungen, Juckreiz. Manchmal: allergische Reaktionen, Atemnot, Erberchen, Panik, beschleunigter Puls.

Bienen, Wespen, Hornissen oder Hummeln

Sie stechen meist zur Verteidigung und drücken dabei Gift in die Wunde. Gefährlich wird es, wenn die Stiche im Mund, auf der Zunge, oder im Hals- oder Schläfenbereich geschehen. Auch Massenstiche (z. B. Bienenschwarm) können bedrohliche Folgen haben. Stechmücken, Flöhe, Zecken und andere Blutsauger beißen fast schmerzfrei ein winziges Loch in die Haut, Fliegenbisse sind dagegen schmerzhaft. Häufig hinterlassen die Tierchen beim Blutsaugen Reste einer Speichelsubstanz. Dies führt zu juckenden Entzündungen. Bisse von Läusen, Flöhen, Milben und Zecken können zu Entzündungen führen, da sie Kot absondern, der in die Wunde dringen kann und diese infiziert.

Allergie
➻ Seite 22

So beugen Sie vor

- Wenn Sie in einer Stechmückengegend wohnen, helfen über dem Bett angebrachte Moskitonetze. Besser noch: Dichten Sie mit einem Mückengitter die Fenster ab.
- Stechende Insekten wie Wespen oder Bienen nicht unnötig durch Schlagen reizen. Ein Stich erfolgt nur bei einer Bedrohung.
- Trinken Sie niemals aus Dosen, in die ein Insekt krabbeln konnte. Benutzen Sie ein Glas.
- Wenn Sie im Wald spazieren gehen, oder durch die Wiesen streifen: Halten Sie Ihren Körper mit Kleidung bedeckt. Nach dem Spaziergang die Haut sorgfältig auf Zecken absuchen. Besonders Achseln, Leisten, Gürtelgegend und Hals.
- Wehren Sie Insekten mit Teebaumöl ab, indem Sie ein paar Tropfen auf Kleidung und Haut verteilen.
- Laufen Sie nicht barfuß, auch wenn die Blumenwiese noch so einladend ist. Die Gefahr auf eine Biene, Wespe oder Hummel zu treten, ist einfach zu groß.
- Halten Sie respektvollen Abstand zu fremden oder wilden Tieren.
- Lassen Sie Ihre Tetanusimpfung auffrischen.

Riechen Sie nicht zu gut!
Vermeiden Sie in den Sommermonaten – süßlich riechendes – Parfüm, Aftershave, Seifen oder Hautcremes. Die süßen Düfte können insbesondere Bienen aufgrund ihrer Ähnlichkeit mit nektargefüllten Blüten in Verwirrung bringen.

Wann zum Arzt?

- Wenn Sie in den Mund, Hals oder Rachen gestochen wurden.
- Wenn Sie allergisch reagieren.
- Bei Massenstichen.
- Wenn Säuglinge oder Kleinkinder gestochen wurden.
- Wenn der Bereich um den Stich stark anschwillt.
- Wenn rote Streifen sichtbar sind, die herzwärts laufen.

Wenn Sie häufig von Zecken geplagt werden und Sie in einem Gebiet mit FSME (Frühsommer-Meningoenzephalitis) leben, lassen Sie sich impfen. Schließen Sie bitte nicht daraus, dass jede Zecke dieses Virus in sich trägt. Nur jedes 100ste oder 1000ste Tier (je nach Gebiet) ist infiziert.

Verfärbung der Haut nach Zeckenbiss?

Wenn sich etwa eine Woche nach einem Zeckenbiss die Haut braunrot verfärbt oder ein juckender, roter, ringartiger Ausschlag an der Bissstelle auftritt, müssen Sie von einer Infektion durch Lyme-Borreliose ausgehen. Auch Fieber nach dem Biss ist ein Zeichen einer Infektion mit Borreliosebakterien. Dann müssen Sie unbedingt sofort zum Arzt, denn eine verschleppte Infektion kann zu schweren Schäden führen. Das Risiko einer Infektion mit Borreliose ist etwa hundertmal größer als das Risiko, an FSME zu erkranken. Die Zeckenimpfung ist kein Schutz gegen Borreliose. Dagegen hilft nur eine rasche Gabe von Antibiotika.

Gestochen oder gebissen – was hilft?

Wespen-, Bienen- oder Hornissenstich

Wichtig ist, dass Sie sofort handeln. Kontrollieren Sie, ob der Stachel noch in der Haut steckt. Wenn ja, ziehen Sie ihn mit einer Pinzette vorsichtig heraus. Wenn Sie ein winziges Beutelchen daran entdecken, schneiden Sie es vorsichtig ab. Es ist die Giftblase der Biene, die Sie keinesfalls mit den Fingern oder der Pinzette abreißen sollten, da Sie dann das restliche Gift aus der Blase in die Stichwunde drücken. Waschen Sie die Stelle und legen Sie dann eine Eispackung darauf. Notfalls reichen auch kühlende Auflagen, z. B. ein nasser Waschlappen, Kompressen mit essigsaurer Tonerde oder Isopropylalkohol (nur mit Wasser verdünnt anwenden, sonst kann es zu Hautreizungen kommen).

Aus der Nähe betrachtet Furcht einflößend.

Sie können auch juckreizstillende Präparate auftragen, z. B. Tavegil. Oder legen Sie einfach mit Ammoniak getränkte Watte auf. Schwillt die Stelle trotzdem an oder sollte sich die Einstichwunde entzünden, sollten Sie einen Arzt aufsuchen.

Zeckenbisse

Wenn die Zecke noch saugt, ziehen Sie die Tiere langsam mit einer Pinzette ab. Greifen Sie mit der Pinzette aber nicht den Hin-

terkörper, denn wenn Sie zudrücken, wird der Inhalt mitsamt vieler Keime in die Bisswunde gepresst. Sollte der Kopf abreißen und stecken bleiben, keine Panik. Er fällt nach kurzer Zeit ab.
Eine heiße Nadel bewegt die Zecke zur Aufgabe, wenn Sie damit ihren Körper berühren.

Katzen, Hunde, Hasen ...

... und andere Tiere können beißen oder kratzen. Generell gilt: Bei Bissen von fremden oder wilden Tieren z. B. Hund, Katze, Igel, Fuchs sowie tiefen und stark blutenden Wunden grundsätzlich den Notarzt oder Arzt rufen. Er kann dann im Einzelfall entscheiden, ob eine Tollwutimpfung nötig ist. Stammen die Verletzungen von Tieren aus dem Familienhaushalt, ist mit dem Arzt abzuwägen, ob eine Tetanusimpfung erfolgen soll.
Kratzwunden von Katzen oder Zwerghasen sind meist entzündlich, da Tiere keine keimfreien Krallen haben. Größere Kratzwunden und Verletzungen durch Krallen sollten daher gründlich desinfiziert werden.

In der Regel verursachen Bisse heimischer Tiere keine gesundheitsbedrohlichen Verletzungen. Dennoch sollten Sie Kratz- und Bisswunden stets von einem Arzt untersuchen lassen: Es besteht immer die Gefahr, sich z. B. mit Tollwut infiziert zu haben.

Alternative Heilmethoden

Teebaumöl mildert Juckreiz und Schwellungen. Das Öl wird direkt auf die Stiche geträufelt.

HOMÖOPATHIE

Medikament	Potenz	deutsche Bezeichnung	Dosis	Anwendung
Apis	D6	Honigbiene	Anfangs alle 15 Minuten, dann Halbstündlich 5 Globuli	Bei Insektenstichen
Vespa germanica	C30	Gemeine Wespe	Gleich nach dem Stich, dann alle 15 Minuten insgesamt 6 Globuli	Bei Wespenstichen
Ledum	D6	Sumpfporst	Anfangs alle 15 Minuten, dann halbstündlich 5 Globuli	Bei Mückenstichen, Bremsenbisse sowie Bissen von Zecken und Säugetieren

Strahlender Schmerz bis zum Fuß

Sie treten überfallartig auf und setzen selbst stärkste Naturen außer Gefecht. Ischiasschmerzen sind keine einmalige Angelegenheit. Sie können zu einer chronischen Belastung werden, sind aber zugleich Alarmzeichen, dass das Gleichgewicht zwischen Spannung und Entspannung nicht stimmt.

Wenn der Nerv klemmt

Der Ischiasnerv ist der längste Nerv im menschlichen Körper. Er entspringt im Bereich des Kreuzbeins und zieht sich bis in die Fußspitze. Wird er beim Kreuzbein unter Druck gesetzt, können die Schmerzen bis zum Fuß strahlen und dabei Gesäß, Bein und Wade einschließen.

Eine falsche Bewegung kann ausreichen: Ischiasschmerzen treten überfallartig auf.

Ursachen der Ischiasbeschwerden

Ein Bandscheibenvorfall ist der häufigste Grund für die Entstehung eines Ischiassyndroms. Es können jedoch auch Muskelkrämpfe oder unbequemes Sitzen in unnatürlicher Position als Auslöser fungieren. Krankheiten wie Diabetes, Tumoren, Abszesse oder Blutgerinnsel können ebenfalls das Ischiassyndrom auslösen.

Einfluss der Psyche

Das Ischiassyndrom wird leicht zur chronischen Krankheit. Dann entspringen die Schmerzschübe vielfach einer psychischen Konfliktsituation. Sie wird jedoch von den Betroffenen nicht erkannt oder als solche akzeptiert. Dann steht die Behandlung der körperlichen Symptome im Vordergrund, obwohl nur die Lösung der psychischen Probleme Genesung bringen kann. Erst eine Lösung der psychischen Konflikte kann jedoch das physische Leiden erfolgreich heilen. Akute Ischiasschmerzen können innerhalb von Tagen wieder verschwinden, in seltenen Fällen aber auch wochenlang anhalten.

Heben Sie Lasten nicht aus dem Kreuz, gehen Sie in die Hocke. Besuchen Sie eine Rückenschule und einen Kursus zum Erlernen von Entspannungstechniken.

SYMPTOME

Plötzliche, heftige Kreuzschmerzen im unteren Bereich der Lendenwirbel, ähnlich dem Hexenschuss. Die Schmerzen strahlen über Gesäß und Bein bis in den Fuß. Es können Lähmungserscheinungen auftreten.

Hexenschuss
➳ Seite 178

Bewegung und Entspannung beugen vor

Bewegung ist die wichtigste Vorsorge. Trainieren Sie Ihre Rückenmuskulatur, aber gönnen Sie ihr auch Entspannung. Schwimmen, vor allem Rückenschwimmen, entlastet Ihren Rücken. Mit spezieller Rückengymnastik finden Sie eine Möglichkeit Ihre Rückenmuskulatur zu stärken. Wenn Sie morgens aufstehen, strecken Sie sich erst einmal, und beginnen Sie den Tag mit Lockerungsübungen. Entspannen Sie Ihre Muskulatur durch solche Übungen auch während der Arbeit. Legen Sie dafür Pausen ein.
Entspricht Ihr Arbeitsstuhl orthopädischen Anforderungen? Wenn nicht, sorgen Sie umgehend dafür, dass Sie richtig sitzen.

Mit zunehmendem Alter wird der Bandscheibenring stärker abgenutzt und regelrecht mürbe. Eine langfristige körperliche oder seelische Überbeanspruchung oder Überlastung führt zu Verspannungen, die den Bandscheiben nicht zuträglich ist. Die Gefahr eines Bandscheibenvorfalls und für die Entstehung eines Ischiassyndroms steigt.

Keine Überforderung

Wenn Sie Verhärtungen und Spannungsschmerzen in der Rückenmuskulatur spüren: Vermeiden Sie Überbelastung in jeder Form. Sie müssen nicht alles selbst tun.
Überschätzen Sie nicht die eigenen Kräfte. Überfordern Sie weder Ihren Körper noch Ihre Psyche. Wenn etwas zu schwer für Sie ist, sollten Sie keinen Versuch unternehmen, es doch zu schaffen.

Lassen Sie Wut und Ärger freien Lauf …

… das kann Sie vor einer drohenden Ischiasattacke schützen. Ischiasschmerzen treten bevorzugt bei Menschen auf, die sich und ihre Wünsche fest im Griff haben. Diese Perfektionisten gehen nie aus sich heraus, schlagen nie über die Stränge und reißen sich immer wieder zusammen. Diese Durchhaltementalität ist gepaart mit übergroßer Leistungshaltung und übersteigerter Selbstlosigkeit. Dies wird in eine Muskelspannung, insbesondere der langen Rückenmuskeln umgesetzt. Da diesen Menschen zugleich aber das Gespür für die wirklichen Belange und Bedürfnisse nach Regeneration und Entspannung fehlt, überfordern sie sich. Die Muskulatur reagiert darauf mit Verspannung und Verkrampfung. Das geht letztlich als Dauerschmerz auf den Nerv.

Behandlung von Ischiasbeschwerden

Wärme tut gut: Heiße Bäder mit Rheumazusätzen lockern die Verspannungen und lindern den Schmerz. Der Aufenthalt in der Wanne zwingt Sie zum Abschalten, zu Ruhe und Entspannung.
Legen Sie sich mit einer Wärmflasche ins Bett, wenn Sie es nicht mehr aushalten; maximal zwei Tage. Dann sollten Sie versuchen, die Muskulatur zu bewegen. Nicht überanstrengen, auch wenn Sie sich schon halbwegs gesund fühlen.
Wenn die Schmerzen nicht auszuhalten sind, nehmen Sie ein Schmerzmittel. Dolo-Arthrosetten H enthalten einen pflanzlichen Wirkstoff aus der Teufelskralle. Auch Azetylsalizylsäure-Präparate (z. B. Aspirin) und Schmerzmittel mit den Wirkstoffen Ibuprofen (z. B. Aktren) und Parazetamol (z. B. Benuron) helfen.

Achtung!
Wenn Sie Medikamente zur Ischiasbehandlung anwenden, achten Sie auf mögliche Nebenwirkungen. Parazetamol kann bei Überdosierung schwere Leberschäden hervorrufen, auf Ibuprofen reagieren einige Menschen mit allergischen Reaktionen. Besprechen Sie sich vorab eingehend mit dem behandelnden Arzt.

Wann zum Arzt?

Suchen Sie bei Ischiasbeschwerden sofort den Arzt auf. Quälen Sie sich nicht unnötig mit dem Schmerz; durch Selbstbehandlung ist kaum Linderung oder Besserung zu erreichen. Die Behandlung kann sehr langwierig sein. Lassen Sie sich nicht täuschen, wenn es Ihnen nach ein paar Tagen scheinbar wieder besser geht und unterbrechen Sie keinesfalls die ärztliche Behandlung.

Physikalische Behandlung

Massagen sind sehr wirksam, auch wenn die Krankenkasse die Kosten dafür nicht immer übernimmt. Sie vermitteln nicht nur eine Besserung der verspannten Muskulatur,sondern geben auch Gelegenheit zum Entspannen und Genießen.
Neben Massagen lindern auch Fangopackungen und ähnliche Wärmepackungen wirksam die Schmerzen. Sind die akuten Beschwerden abgeklungen, sind folgende physikalische Behandlungsmethoden anzuraten:

- Rückenschule (spezielle Rückengymnastik)
- Behandlung nach Feldenkrais (Entspannungs- und Bewegungstherapie)
- Akupunktur
- Neuraltherapie (spezielle Reflexzonentherapie)

Besprechen Sie sich mit Ihrem Arzt, welche Behandlungsmethode für Sie infrage kommt.

Operation

Ist tatsächlich ein Bandscheibenvorfall als Ursache der Beschwerden diagnostiziert und drückt die Bandscheibe derart auf die Nerven, dass Lähmungserscheinungen auftreten, wird sie in der Regel operativ entfernt. Diese Operation ist jedoch nicht ohne Risiko und garantiert keine Besserung der Beschwerden.

Bevor Sie sich jedoch für eine Operation entscheiden, sollten Sie gemeinsam mit Ihrem Arzt die Möglichkeit einer physikalischen Therapie – Gymnastik, Massage – erörtern.

Alternative Heilmethoden

- Äußerlich: Einreibungen mit Johanniskrautöl im Lendenwirbelbereich.
- Innerlich: Heiße Rheumatees in kleinen Schlucken trinken.
- Wenn Sie nicht gerade unter akuten Schmerzen leiden, besuchen Sie einen Kurs für Entspannungstechniken. Erkundigen Sie sich bei Ihrer Krankenkasse nach Experten für Tiefenmassage (Rolfing). Das kann Ihnen möglicherweise auf Dauer weiterhelfen.

HOMÖOPATHIE

Medikament	Potenz	deutsche Bezeichnung	Dosis	Anwendung
Magnesium phosphoricum	D6	Phosphorsaure Magnesia	Halbstündlich 5 Globuli	Wenn Sie auf Kälte reagieren und Sie schon beim Entblößen des Beins Schmerzen verspüren
Bryonia	D6	Zaunrübe	Halbstündlich 5 Globuli	Wenn Sie in den Beinen stechende Schmerzen sowie Kreuzschmerzen verspüren
Colocynthis	D6	Koloquinte	Halbstündlich 5 Globuli	Bei krampfartigen heftigen, reißenden Schmerzen sowie Ärger, Unmut und Zorn

Adressen

Bundesverband der deutschen Rückenschulen (BdR), Rosenheimer Straße 53, 85043 Bad Aibling, Telefon: 08061/5900
Bundesverband Skoliose Selbsthilfe e.V., Mühlweg 12, 74838 Limbach, Telefon und Fax: 06287/4792

Anpassungsschwierigkeiten

In 80 Tagen um die Welt? Heute längst kein Problem mehr.

Reisen in ferne Länder – das ist heute einfacher denn je. Doch unser Körper ist für das Überspringen der Zeit nicht konstruiert. Egal wie oft Sie fliegen, an den neuen Tag- und Nachtrhythmus muss sich jeder erst einmal gewöhnen.

Wenn die innere Uhr aus dem Takt kommt

Wenn Sie nicht schlafen können …
… nehmen Sie auf keinen Fall ein heißes oder warmes Bad. Das würde Ihre Arterien öffnen und so die Durchblutung fördern und damit Ihren Körper erst richtig auf Trab bringen. Wenn Sie baden wollen, dann mit Temperaturen unter 37 °C, das senkt Ihren Muskeltonus. Besser: Schwimmen Sie in kühlem Wasser.

Stark betroffen sind vor allem Personen über 30 Jahre, die einen starren Tagesablauf haben. Je mehr Zeitzonen übersprungen werden, umso länger hält der Jetlag an. Nach ein paar Tagen hat sich der Körper an den neuen Wach-Schlaf-Rhythmus gewöhnt. Als Faustregel gilt: ein Tag pro übersprungene Zeitzone.

Was den Jetlag verursacht

Auf Flugreisen über mehrere oder viele Zeitzonen hinweg wird der Schlaf-Wach-Rhythmus empfindlich gestört. Die Biorhythmen des Körpers können sich auf den verlängerten bzw. verkürzten Tag oder gar auf einen Tag-Nacht-Tausch nicht so schnell umstellen.

SYMPTOME

Schläfrigkeit am Tag, Wachzustand in der Nacht.	Der gewohnte Biorhythmus ist gestört.

So beugen Sie vor

Vor dem Abflug und während des Flugs viel trinken (keinen Alkohol!), am besten Fruchtsäfte mit Mineralwasser gemischt. Verzichten Sie auf schwere Mahlzeiten. Fliegen Sie nach Osten, sollten Sie ein paar Tage vorher früher ins Bett gehen und zeitiger aufstehen, also die Nacht vorverlagern. Fliegen Sie nach Westen, sollten Sie später zu Bett gehen und länger schlafen, also den Tag verlängern.

Uhren lassen sich problemlos umstellen. Unser Körper ändert den gewohnten biologischen Rhythmus erst nach und nach. Auf Flugreisen in Richtung Westen passt sich die »innere Uhr« des Körpers aus bislang unbekannten Gründen schneller an die Zeitverschiebung an, als bei Flügen in Richtung Osten.

Behandlung des Jetlags

- Wenn Sie Ihr Ziel abends erreichen, sollten Sie sich etwa gegen 23 Uhr schlafen legen.
- Wenn Sie am Tag ankommen, geben Sie der Müdigkeit nicht gleich nach. Stürzen Sie sich ins volle Leben, halten Sie sich möglichst im Hellen auf. Ihr Körper könnte sich überrumpeln lassen und den Tag akzeptieren.
- Wenn Sie aktiv sind, passen Sie sich etwa viermal schneller an, als wenn Sie Ihrem Schlafbedürfnis nachgeben.
- Verschieben Sie alle wichtigen Entscheidungen um 24 Stunden.

Alternative Heilmethoden

Versuchen Sie es mit Düften: Wenn Sie keine Ruhe finden können, atmen Sie Lavendel, Geranium, Melisse, Bergamotte, Benzoe Siam oder Weihrauch ein. Wenn Sie schläfrig sind, greifen Sie zum Riechfläschchen mit Orange, Grapefruit, Kreuzkümmel, Pfefferminze, Rosmarin oder Mimose.

HOMÖOPATHIE

Medikament	Potenz	deutsche Bezeichnung	Dosis	Anwendung
Avena sativa	D12	Hafer	3-mal täglich 5 bis 10 Tropfen	Bei Schwierigkeiten Schlaf zu finden
Gelsemium	D6	Falscher Jasmin	3-mal täglich 15 Globuli	Hilft Ihnen in den Tag zu kommen, reguliert den Puls und muntert auf

Volkskrankheit mit Biss

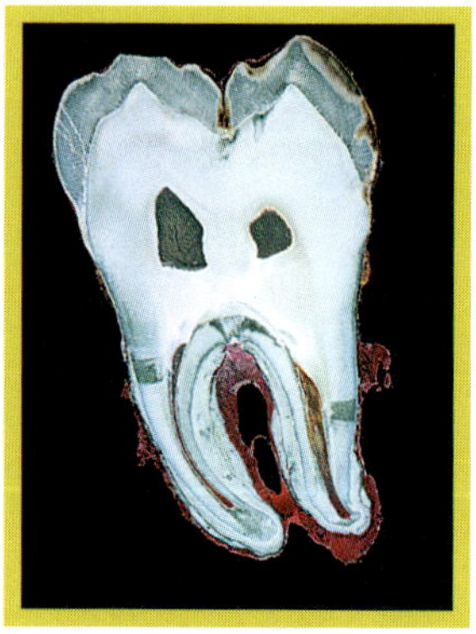

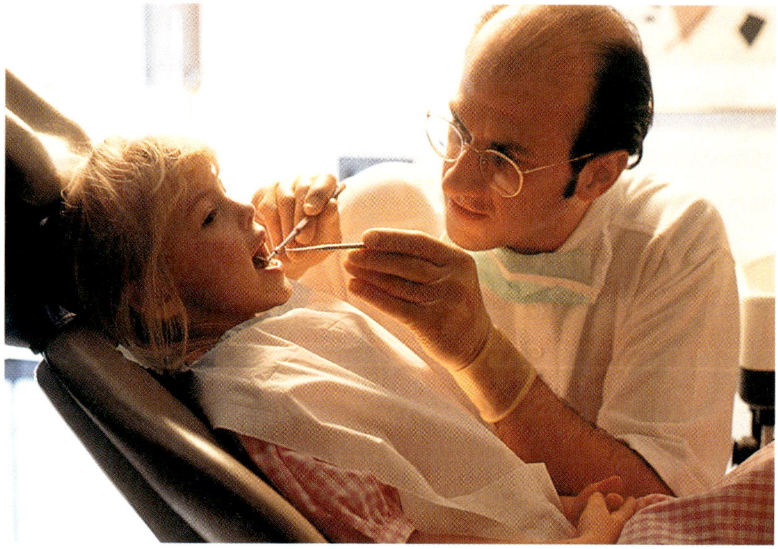

Ein kariöser Zahn (oben). Regelmäßige Zahnarztbesuche können größeren »Reparaturen« vorbeugen.

Neun von zehn Personen haben oder hatten Karies. Dies ist nicht nur ein schlechtes Zeugnis für das Hygienebewusstsein der Betroffenen, sondern offenbart eine fahrlässige und unzulängliche Vorsorge. Vor allem Kinder leiden unter Karies und lernen früh: Zahnschmerzen sind grausam.

Der Schmerz ist eine drastische Warnung

Das Risiko, an Karies zu erkranken, steigt mit jeder süßen Schleckerei, durch mangelhafte Zahnpflege und Mundhygiene und, wenn zerstörte Zähne unbehandelt bleiben.

Karies ist nicht nur die häufigste Zahnerkrankung, sie ist auch die häufigste Erkrankung aller Altersstufen in den so genannten Industrienationen.

Zerstörung des natürlichen Säure-Basen-Gleichgewichts

Karies ist eine sukzessive Zerstörung der Zähne infolge einer von außen beginnenden Entmineralisierung (Entkalkung) des Zahnschmelzes. Das normalerweise im Mund vorhandene Gleichgewicht zwischen entkalkenden, mineralisierenden, sauren und neutralisierenden Komponenten im Speichel ist gestört. Mangelnde Zahnhygiene führt zu Zahnbelag (Plaque). Auf ihm siedeln Bakterien, die eine Vergärung von Speiseresten, vor allem von Kohlenhydraten und Zucker, betreiben. Dabei entstehen aggressive Säuren, die den schützenden Zahnschmelz angreifen. Bevorzugte Herde der Kariesbakterien liegen in den Grübchen der Backenzähne, den Zahnzwischenräumen sowie den vom Zahnfleisch locker überlappten Stellen der Zahnhälse. Seltener führt Arbeit in staub-, laugen- oder säurebelasteter Luft zur Kariesbildung.

Die Gene ...
... spielen auch bei Karies eine Rolle. Ob der Speichel ausreichende Mengen bakterienhemmender Substanzen enthält, bestimmen Eltern und Großeltern. Aber auch Zahnstellung, Fluoridgehalt des Zahnschmelzes und die Veranlagung zu schneller Zahnsteinbildung sind eine erbliche Veranlagung.

SYMPTOME

Im Anfangsstadium verspürt der Betroffene keine Symptome. Dann melden die Zähne Wärme und Kälte, Saures und Süßes. Später tritt ein ziehender, lang anhaltender Schmerz auf. Sogar kalte Luft kann zur Schmerzattacke führen. Gelblich bis bräunlichschwarze Verfärbungen auf dem Zahnschmelz sind Zeichen von Karies.

Zu süß

Karies ist eine Erkrankung der so genannten Kulturnationen. Die ständige Verfügbarkeit und Nutzung von zuckerhaltigen Nahrungsmitteln fuhrt zu einer Massenvermehrung der Kariesbakterien im Mund. Selbst bei konsequenter Zahnpflege besteht die Gefahr von Kariesbildunq weiter. Karies ist deshalb nur sekundär ein individuelles, primär ist diese Volkskrankheit ein gesellschaftliches Problem. Eine Erziehung zu gewissenhafter Zahnpflege und zum sparsamen Umgang mit Süßigkeiten könnte die Kariesgefahr erheblich mindern.

Die Zahnbürste ...
... ist das wichtigste Instrument bei der täglichen Zahnpflege. Sie soll so klein und handlich sein, dass sie sich im Mund problemlos in alle Winkel führen lässt. Die Borsten sollten aus Kunststoff, abgerundet und so weich sein, dass sie das Zahnfleisch nicht verletzen.

So beugen Sie vor

- Wenn Sie Süßigkeiten gegessen haben, sollten Sie danach den Mund ausspülen. Noch besser ist allerdings gründliches Zähneputzen. Das sollten Sie grundsätzlich nach jeder Mahlzeit tun.
- Zahnlücken und -zwischenräume mit Zahnseide oder speziellen Lückenbürstchen reinigen.
- Zweimal jährlich: Zahnkontrolle beim Zahnarzt.
- Stellen Sie Ihre Ernährungsgewohnheiten um: Es gibt Alternativen zu Süßem. Obst, Gemüse enthalten eine natürliche Süße, die bei weitem nicht so aggressiv wirkt.

• Nehmen Sie die Dienste von so genannten Dentalhygienikern in Anspruch, wenn Sie nicht selbst für optimale Mundhygiene sorgen können.
• Tragen Sie pro Woche einmal, möglichst über Nacht, Fluorgel auf. Diese Substanz bürsten Sie mit der Zahnbürste einfach auf die Zähne. Fluoride hemmen die zuckerauflösenden Prozesse am Zahnschmelz, härten letzteren und machen ihn widerstandsfähiger.
• Sie brauchen immer etwas im Mund? Wählen Sie ein zuckerfreies Bonbon oder einen zuckerfreien Kaugummi.
• Wenn Sie nicht sicher sind, wie erfolgreich Ihre Mundhygiene ist, machen Sie einen Test mit Farbstoff (Drogerie/Apotheke).

Wann zum Zahnarzt?

Versiegelung
Die Grübchen in den Kauflächen der Backenzähne können mit einem besonderen Kunststoff gegen das Eindringen von Kariesbakterien versiegelt werden. Zunächst müssen die Zähne jedoch aufwendig mit Spezialbürsten vom Zahnarzt gereinigt werden. Informieren Sie sich vorab bei Ihrer Krankenkassen, ob sie diese Behandlung (teil)finanziert.

Möglichst, bevor es wehtut. Schon bei geringen Anzeichen, also Warm-Kalt-Empfinden oder wenn Sie bei süßen Nahrungsmitteln einen Anflug von Schmerz verspüren. Zahnschmerzen sind ein Alarmsignal. Wenn Sie nicht darauf achten, wird es nur schlimmer. Heftige Schmerzattacken, meist zur Unzeit oder wenn Ihnen Ihr Zahnarzt gerade nicht helfen kann, sind die unausweichliche Folge. Unbehandelte Karies kann auf den Kieferknochen übergreifen und sogar die Knochen zerstören.
Ein Termin beim Zahnarzt ist auch dann nötig, wenn Ihr Zahnfleisch häufig blutet oder wenn Sie Mundgeruch haben, der nicht vom Essen herrührt. Mindestens zweimal pro Jahr sollten Sie den Zahnarzt kontrollieren lassen, wie es um Ihr Gebiss bestellt ist.

Geschmacksache: süß oder salzig?

Wir wissen zwar um die schädliche Wirkung, können uns dem Reiz des Zuckers jedoch kaum entziehen. Wir naschen gern Süßes. Süßes gibt es als Belohnung, süß ist der Nachtisch, der Kaffee oder Tee. Wenn wir etwas schön finden, sagen wir »oh wie süß«. Was süß ist, erscheint besser, wertvoller. Wir sprechen vom »Dolce Vita« und meinen ein sorgenfreies Dasein. Zucker versüßt nicht nur das Leben, sondern kann es erheblich beeinträchtigen. Leider ist bei uns meist schon die Babynahrung gesüßt, so gewöhnen wir uns zu früh an zu viel Zucker. Das ist vor allem in den so genannten Industrienationen der Fall. Der überwiegende, meist ärmere Teil der Menschheit lebt vorwiegend ohne die Gier nach Süßem. Salzig, sauer, würzig heißt für 60 Prozent der Menschheit die Geschmacksrichtung. Eine pikante Alternative zum Zucker.

Behandlung von Karies

Die Behandlung von Karies ist Sache des Zahnarztes. Sind Schäden an den Zähnen bereits offensichtlich, muss der Bohrer eingesetzt werden. Die Karies muss gründlich ausgebohrt werden. Anschließend erfolgt eine Unterfüllung mit Zement, um das Zahnmark zu schützen. Abschließend wird der Zahn plombiert und die Füllung poliert.
Bis zur Behandlung beim Zahnarzt können Sie den Zahnschmerz lindern: Gewürznelken zwischen die Zähne klemmen und leicht zubeißen. Das betäubt das Schmerzgefühl. Bei starken Schmerzen können ibuprofenhaltige Mittel Linderung verschaffen.

Unbehandelte Karies kann bis in den Kiefer, die Kieferhöhlen und das Muskelgewebe eindringen. Der Zahn kann dadurch verloren gehen.

Alternative Heilmethoden

Teebaumöl kann Schmerzen lindern. Drei bis fünf Tropfen in ein Glas Wasser geben und den Mund damit spülen. Das Öl kann auch direkt auf den schmerzenden Zahn oder das Zahnfleisch getupft werden.

HOMÖOPATHIE

Medikament	Potenz	deutsche Bezeichnung	Dosis	Anwendung
Belladonna	D6	Tollkirsche	Anfangs alle 15 Minuten, dann halbstündlich 5 Globuli	Bei ziehenden, klopfenden Zahnschmerzen
Chamomilla	D12	Echte Kamille	Anfangs alle 15 Minuten, dann halbstündlich 5 Globuli	Bei unverträglichen, »zur Verzweiflung treibenden« Zahnschmerzen
Staphisagria	D12	Stephanskraut	Halbstündlich 5 Globuli	Bei »schlechten« kariösen Zähnen, Unverträglichkeit von Kaltem

Adressen

Informationsstelle der Deutschen Zahnärzte, Universitätsstraße 71–73, 50931 Köln, Telefon: 0221/4001-262, Fax: 0221/4061655

Das bittere Ende der Party

Feuchtfröhliche Feste und gesellige Runden sind Bestandteil unserer Kultur. Denken Sie dabei jedoch stets an »den Tag danach«.

Das Erwachen nach Festen, Feiern, Feten, ausschweifenden Partys ist eher böse als erfreulich. Der Schädel drückt zum Bersten, der Magen rebelliert – der Tag ist gelaufen. Hier finden Sie Tipps, wie Sie ihn am besten überstehen und den nächsten Kater vermeiden.

Alkoholgenuss hat nachhaltige Wirkungen

Trotz Fitness- und Gesundheitswelle scheint Alkohol als Genussmittel nach wie vor unverzichtbar zu sein. Dennoch: Trinken Sie stets in Maßen. Sie vermeiden dadurch weitgehende gesundheitliche Beeinträchtigungen.

Alkohol (Äthylalkohol) ist nicht nur ein Stimmungsmacher. Alkohol ist ein starkes Nervengift, das die Zellen im Gehirn betäubt und lähmt. Höherwertige Alkohole, die von der Leber nicht abgebaut werden können, geraten mit dem Blut in den übrigen Körper und schädigen bei längerer Einwirkung nahezu alle Organe. Alkohol im Blut bewirkt Wasserverlust und senkt den Blutzuckerspiegel. Dies verursacht hauptsächlich den berühmt-berüchtigten Kater am Morgen danach.

Doch nicht nur Alkohol allein macht einen »dicken Schädel«: Rauch und Lärm, der Schlafentzug und sozialer Stress wirken ebenfalls auf die so genannten grauen Zellen.

SYMPTOME

Ein dicker (Brumm-)Schädel, Kopfschmerzen, Licht- und Geräuschempfindlichkeit, Völlegefühl, Erbrechen, Appetitlosigkeit, generelle Unlust, eventuell Durchfall.

Warum der Schädel brummt

Was den Alkohol so schwer verträglich macht, sind die so genannten Fuselöle, die nicht die Formel des bekömmlichen Äthylalkohols aufweisen. Die meisten von ihnen werden zwar entfernt, aber wenn der Alkohol nach etwas schmecken soll, kann man nicht auf sie verzichten. Als Faustregel gilt: Je mehr Aroma und Farbe ein Alkohol aufweist, umso mehr Fuselöle könnten enthalten sein. Wein, Brandy, Weinbrand, brauner Rum enthalten beispielsweise höhere Fuselölanteile als Bier oder klare Schnäpse. Fuselöle kann die Leber nicht aufspalten. Sie irren deshalb ziemlich lange im Körper umher. Im Gehirn sorgen sie dann für die Verstärkung der bekannten Katererscheinungen.

Sagen Sie nein, wenn Sie meinen, das nächste Glas sei auch nur ein bisschen zu viel.

So beugen Sie vor

- Nehmen Sie Ihren Schwur vom letzten Kater wirklich ernst: »Nie wieder Alkohol!« – dann müssen Sie auch nicht weiterlesen.
- Wenn Sie um Ihre Kateranfälligkeit wissen: Hören Sie mit dem Alkoholtrinken dann auf, wenn Sie meinen, es reicht. Steigen Sie auf alkoholfreies Bier, Wasser oder Fruchtsäfte um.
- Langsam trinken. Damit begrenzen Sie die Alkoholaufnahme.
- Meiden Sie Hochprozentiges, bevorzugen Sie Bier oder Wein (und zwischendurch immer wieder alkoholfreie Getränke).
- Hände weg von Mixturen aus dem Shaker. Was wirklich drin ist, weiß nur der Barmixer.
- Essen Sie vorher. Eine gute Grundlage verzögert den direkten Weg des Alkohols ins Blut.
- Ein Gläschen Sekt in Ehren. Doch rühren Sie die Kohlensäure heraus. Auch kohlensäurehaltiges Wasser oder Limonaden, Cola etc. sollten Sie meiden. CO_2 verhilft dem Alkohol nämlich schneller ins Blut.
- Sie müssen daran glauben, weil der wissenschaftliche Nachweis fehlt. Azetylsalizylhaltige Präparate oder die brausende Alka-Seltzer-Form vor dem Zubettgehen mildern den Kater am nächsten Tag angeblich erheblich ab.

Rechnen Sie nach …
… pro Stunde kann Ihre Leber sieben bis elf Gramm Alkohol »verarbeiten«. So viel steckt etwa in einem Glas Wein (1/4 Liter). Trinken Sie mehr oder sogar viel mehr als die Leber verkraften kann, gerät der überschüssige Alkohol über das Blut ins Gehirn und verwandelt sich dort in ein mehr oder weniger zahmes Kätzchen oder gar einen kratzigen Kater.

■ *Sie können versuchen, den Kater mit Eis zu verscheuchen.*

Behandlung des Katers

Nehmen Sie eine »Auszeit«

Bei allen Tipps und Kniffen gegen Katersymptome bleibt das beste Heilmittel nach wie vor eine 24-Stunden-Kur: ausreichend Schlaf, Ruhe und viel frische Luft. Gehen Sie am Abend – ausnahmsweise – zeitig zu Bett, trinken Sie keinesfalls Alkohol – und am darauf folgenden Tag sollten Sie Ihr Gleichgewicht wiedererlangt haben.

Kühlen Sie den Kopf. Stecken Sie den Brummschädel ins kalte Wasser. Alternativen sind: Ein nasser Lappen, Eis, ein kaltes Cold-Hot-Pack oder frische Gurken- oder Zitronenschalen auf der Stirn – das kann die Krallen des Kätzchens entschärfen. Bei Eisanwendung: Immer ein Tuch zwischen Kältepackung und Haut legen, sonst gibt's Kälteschäden.

Trinken Sie, was das Zeug hält – nur keinen Alkohol! Auch wenn der Rat, mit dem weiterzumachen, mit dem Sie aufgehört haben, hartnäckig weitergegeben wird. Betäuben Sie nicht Ihren Kopfschmerz durch einen weiteren Rausch. Weil Alkohol zu den Entwässerern gehört, müssen Sie jede Menge Flüssigkeit nachfließen lassen: Wasser, Tee, Säfte.

Magnesium, Vitamin C und E können helfen. Aber verlassen Sie sich nicht darauf. Wichtig ist grundsätzlich, dass Sie Ihren Mineralhaushalt in Ordnung bringen müssen. Frucht- und Gemüsesäfte enthalten reichlich resorbierbare Minerale und Salze.

Wenn Sie essen wollen, wählen Sie traubenzuckerreiche oder besser fruktosereiche Lebensmittel. Fruktose ist Fruchtzucker. Es gibt ihn pur (im Reformhaus) oder versteckt in Honig. Selbstverständlich enthalten auch alle süßen Früchte Fruktose. Dieser Zucker ist wie Traubenzucker leicht resorbierbar. Er bringt nicht nur Ihren »heruntergekommenen« Blutzuckerspiegel nach oben, sondern auch Energie in Ihre Muskeln.

Alkohol wirkt lange nach

Blutalkohol baut sich nur langsam ab – und die Geschwindigkeit dieses Abbauprozesses lässt sich nicht beschleunigen. Auch wenn Sie sich nach einem feuchtfröhlichen Abend oder einer durchzechten Nacht scheinbar fit fühlen, bedeutet dies noch lange nicht, dass Sie wirklich in körperlich guter Verfassung sind.

Selbst dann, wenn der Alkohol im Körper vollständig abgebaut ist, sind deutliche Nachwirkungen bzw. Folgeerscheinungen bemerkbar. Die allgemeine Leistungsfähigkeit ist nach wie vor beeinträchtigt. Trauen Sie sich also in den ersten Tagen »danach« nicht zu viel körperliche Belastung zu. Zudem hat der Alkoholgenuss spürbare Auswirkungen auf das Reaktionsvermögen auch noch einige Tage nach dem letzten Glas. Seien Sie daher besonders vorsichtig, wenn Sie sich beispielsweise ans Steuer eines Wagens setzen.

Eine kalte Dusche und starker Kaffee am nächsten Morgen vermitteln lediglich ein vordergründiges Gefühl von Frische und Fitness. Lassen Sie sich nicht täuschen und zu »Heldentaten« hinreißen. Keinesfalls sollten Sie mit dem Auto fahren: Aufgrund des Restalkohols sind Sie auch jetzt jedenfalls noch fahruntüchtig!

Alkoholgenuss und Medikamente

Grundsätzlich gilt: Hände weg von Alkohol, wenn Sie Medikamente einnehmen müssen bzw. eingenommen haben. Diese »explosive« Mischung kann sich verhängnisvoll auswirken:

- Alkohol hat einen regelrechten Katalysatoreffekt auf die Wirkung von Schlaf- und Beruhigungsmitteln, starken Schlafmitteln und Psychopharmaka.
- Bei Tuberkulose-, Diabetes-, Gicht- und Epilepsiemedikamenten verringert Alkohol die Wirksamkeit.
- Alkohol verstärkt die Nebenwirkungen von Medikamenten gegen Herzkranzgefäßerkrankungen, Betablockern, durchblutungsfördernden Arzneimitteln und Tetrazyklinen.

HOMÖOPATHIE

Medikament	Potenz	deutsche Bezeichnung	Dosis	Anwendung
Nux vomica	D30	Brechnuss	5-mal täglich 3 Globuli	Bei Kater und verdorbenem Magen, Übelkeit morgens, wenn bei jeder Bewegung der Kopf zu platzen droht und wenn Sie niemanden sehen wollen

Panik ist nicht angebracht

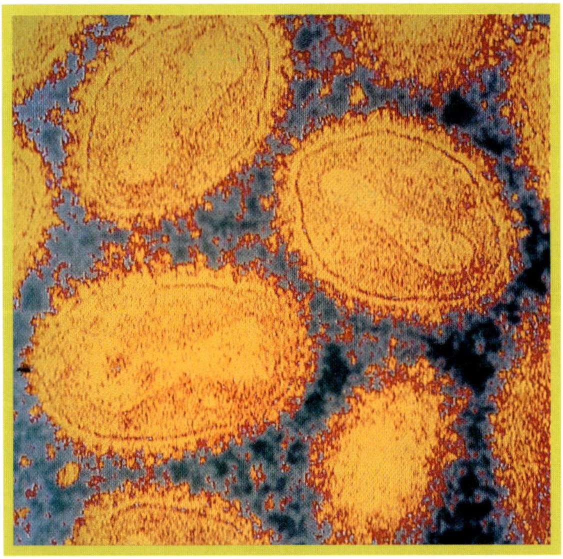

Keuchhusten ist eine lästige und langwierige Krankheit. Erst ähnelt sie einer normalen Erkältung. Dies ist auch der Grund, warum ein Keuchhusten häufig nicht erkannt wird. Doch dann kommt die quälende Atemnot hinzu. Für die Eltern bedeutet diese Kinderkrankheit sechs bis neun Wochen Stress und Sorge. Aber: Bewahren Sie auf jeden Fall Ruhe! Eine bessere Medizin können Sie Ihrem hustenden Kind nicht geben. Die Krankheit tritt normalerweise nicht auf, wenn das Kind vorbeugend geimpft wurde.

Durch die Giftstoffe von Bordetella pertussis wird das Hustenzentrum im Gehirn angegriffen.

Sechs Wochen leiden

Das Ansteckungsrisiko bei Keuchhusten ist ziemlich hoch. Zehn Prozent der Säuglinge und Kleinkinder und 80 Prozent der Kinder im Vorschulalter werden von dieser Krankheit heimgesucht. Ansteckungsgefahr besteht bis zur fünften Woche, wobei Sie in den ersten 14 Tagen am höchsten ist. Nach überstandener Krankheit besteht Immunität, die allerdings mit zunehmendem Alter nachlässt, so dass Erwachsene durchaus mit einer Zweiterkrankung rechnen müssen.

Erstickender Husten

Keuchhusten ist eine typische Kinderkrankheit, verursacht durch Bakterien (Bordetella pertussis), die durch eine Tröpfcheninfektion (anhusten) übertragen werden. Keuchhusten ist potenziell gefährlich und sehr ansteckend für alle Kinder, die nicht geimpft sind oder noch nie an Keuchhusten erkrankt waren. Die Erreger brauchen etwa 14 Tage zum Einnisten.

Keuchhusten ist eine äußerst ansteckende und langwierige Krankheit, wie schon der Volksmund sagt: »Drei Wochen kommt er, drei Wochen steht er, drei Wochen geht er.«

So beugen Sie vor

Eine frühzeitige Keuchhustenimpfung ist der einzig mögliche und wirksame Schutz.

SYMPTOME

I. Phase, erste bis dritte Woche: wie eine Erkältung, entzündeter Rachen, leichtes Fieber, Hüsteln
II. Phase, zweite bis sechste Woche: Heftige, quälende Hustenattacken mit vorgestreckter Zunge, besonders nachts, danach schnelles keuchendes, »juchzendes« Einatmen. Beim Husten rote bis blaue Gesichtsfarbe, Atemnot, Schleimauswurf, oft sogar Erbrechen
III. Phase, dritte bis zehnte Woche: Der Husten bessert sich, der Atem ist weiterhin keuchend

Wann müssen Sie den Arzt rufen?

Bei Verdacht und Auftreten der Keuchhustensymptome. Wenn die Hustenanfälle gehäuft auftreten und die Atemnot extreme Formen annimmt.

Wann muss das Kind ins Krankenhaus?

Wenn die Atmung so stark beeinträchtigt ist, dass Atemstillstand und Ersticken drohen (das betrifft hauptsächlich Säuglinge).

Säuglinge

Keuchhusten kann für Säuglinge im ersten Lebenshalbjahr weitaus gefährlicher sein als für ältere Kinder; sie haben von der Mutter keinen Schutz gegen die Erreger mitbekommen. Neun von zehn Todesfällen, die durch Keuchhusten verursacht werden, betreffen Säuglinge.

Nach Möglichkeit sollten Säuglinge daher von hustenden Kindern fern gehalten werden. Bestand zwischen einem Baby und einem keuchhustenkranken Kind dennoch Kontakt, so ist eine prophylaktische Behandlung des Säuglings mit Antibiotika jedenfalls anzuraten. Bis etwa zwei bis drei Wochen nach den ersten charakteristischen Hustenanfällen ist Keuchhusten ansteckend, wenn er nicht mit Antibiotika behandelt wird. Bei einer entsprechenden Medikation verkürzt sich dieser Zeitraum auf etwa eine Woche.

Nehmen Sie also bereits beim ersten Verdacht, z. B. häufige Hustenanfälle Ihres Kindes, Kontakt zum behandelnden Kinderarzt auf und besprechen Sie mit ihm vorbeugende Behandlungsmöglichkeiten. Eine rechtzeitige Impfung gegen die Krankheitserreger schützt ca. 90 Prozent der geimpften Säuglinge.

Fortschritte durch Kinderkrankheiten?
Impfungen mögen Kinderkrankheiten verhindern, aber ob Sie dem Kind wirklich helfen, wird immer öfter angezweifelt. Vertreter der Naturheilkunde unter den Ärzten betonen, dass überstandene Kinderkrankheiten die allgemeine Infektanfälligkeit mindern. Auch auf allergische Reaktionen soll sich die durchlebte Krankheit verbessernd auswirken. Besonders in der Sprachentwicklung gestörte Kinder zeigen sprunghafte Fortschritte nach überstandenen Kinderkrankheiten.

Erwachsene haben ein geringes Ansteckungsrisiko oder sind sogar durch eine eigene Erkrankung an Keuchhusten in ihrer Kindheit immun. Bei älteren Menschen lässt der Schutz nach und sie sollten sich deshalb in den ersten zwei Wochen von einem Patienten fern halten.

ENTSCHEIDEN SIE NOCH IM FRÜHSTADIUM: ANTIBIOTIKA ODER NICHT?

Sind Sie berufstätig und können Sie sich keinen Urlaub oder keine Beurlaubung erlauben?	ja ☐	nein ☐
Sind Sie oder eine andere nahestehende Person, z. B. der Vater, nicht ständig für Ihr Kind verfügbar?	ja ☐	nein ☐
Haben Sie meist keine Geduld oder stehen Sie unter Stress, wenn etwas nicht so läuft wie Sie es wollen?	ja ☐	nein ☐
Denken Sie bei jedem Hustenanfall gleich an das Schlimmste?	ja ☐	nein ☐
Ekeln Sie sich vor Erbrochenem?	ja ☐	nein ☐
Können Sie Fiebergeruch oder Mundgeruch nicht ertragen?	ja ☐	nein ☐
Können Sie nicht mitansehen, wie Ihr Kind leidet?	ja ☐	nein ☐
Haben Sie zu sich, besonders zu Ihren Krankenpflegefähigkeiten kein Vertrauen?	ja ☐	nein ☐
Haben Sie Angst, angesteckt zu werden?	ja ☐	nein ☐

Wenn Sie auch nur einen Punkt mit ja bestätigen, sollten Sie Ihr Kind mit Antibiotika behandeln lassen. Das geht aber nur im Frühstadium, wenn es noch nicht zu keuchenden Hustenattacken gekommen ist. Mit Antibiotika verläuft die Krankheit wie eine harmlose Erkältung.

Behandlung von Keuchhusten

- Die beste Unterstützung für Ihr Kind: Sie sind rund um die Uhr für Ihr Kind da.
- Sie bleiben ruhig, auch wenn Sie vor Angst und Sorge aus der Haut fahren könnten. Selbst wenn der Husten noch so dramatisch ist: Es besteht kein Grund zur Panik oder Hysterie.

- Signalisieren Sie Ihrem Kind, dass Sie aufpassen und alles im Griff haben.
- Begegnen Sie kindlicher Ungeduld und Gereiztheit sowie außergewöhnlichen Wünschen mit Liebe und Geduld.
- Hat Ihr Kind eine Hustenattacke, halten Sie den Oberkörper aufrecht; den Kopf dabei leicht nach vorn beugen.
- Nehmen Sie Ihr Kind in den Arm, wenn es nach einem Hustenanfall erschöpft ist. Signalisieren Sie ihm, dass es wieder gesund wird.
- Sorgen Sie für Ruhe in der Umgebung des Kindes.
- Kleine Mahlzeiten sind besser als große. Bieten Sie nur leichte Speisen an. Verdünnen Sie Milch mit Sytra-Tee (in der Apotheke erhältlich). Zwingen Sie das Kind nicht zum Essen, auch wenn es abmagert.
- Bieten Sie verschiedene Getränke an: Schleimlösende Hustentees sind sicher hilfreich, aber Kinder werden ihrer schnell überdrüssig. Es darf auch Limonade sein. Aber: Keine Milchgetränke, wenn das Kind Fieber hat.
- Nachdem die Fieberwerte gesunken sind, ist Bettruhe nicht mehr erforderlich. Das Kind kann sich auch draußen bewegen. Beachten Sie die Ansteckungsgefahr für andere Kinder. Kleine Spaziergänge sind angemessen. Nicht herumtoben lassen. Bei Wind im Haus halten.
- Wenn der Husten abgeklungen ist, kann das Kind wieder in den Kindergarten oder die Schule gehen.

Vorsicht mit Beruhigungsmitteln!
Beruhigungsmittel bei der Behandlung von Keuchhusten sind äußerst problematisch. Einerseits nehmen sie dem kleinen Patienten die Angst und Verkrampfung während der Hustenanfälle. Andererseits heilen sie die Krankheit nicht und haben indes starke Nebenwirkungen.

HOMÖOPATHIE

Medikament	deutsche Bezeichnung	Dosis	Anwendung
Pertudoron® 1	Kombinationspräparat	5-mal täglich 5 bis 10 Tropfen	Zusammen mit Pertudoron® 2 einnehmen
Pertudoron® 2	Kombinationspräparat	3-mal täglich 1 bis 5 Tropfen	Zusammen mit Pertudoron® 1 einnehmen, mit Sytra-Tee verdünnen
Drosera olgoplex®	Kombinationspräparat	5-mal täglich 7 bis 10 Tropfen	Zusammen mit Corallium oligoplex® einnehmen

Die unsichtbare Folter

Auch wenn die Schmerzen nahezu unerträglich sind: Vorsicht mit Kopfschmerzmitteln.

Mehr als 70 Millionen Bundesbürger leiden zeitweise unter Kopfschmerzen, mehr als zehn Millionen sogar regelmäßig. Kopfschmerzen sind ein zweifaches Alarmsignal: Erstens muss es einen Grund dafür geben, dass so viele Menschen davon betroffen sind. Zweitens müssen Kopfschmerzen als eine Warnung verstanden werden. Zwar können die meisten Kopfschmerzen mit Mitteln oder Methoden gelindert oder sogar beseitigt werden, was die Ursachen betrifft, besteht jedoch noch Forschungsbedarf.

Ein großer Teil von Kopfschmerzen geht auf das Konto von Muskelverspannungen im Hals-Nacken-Schultern-Bereich sowie von Überbelastungen der Leistungsfähigkeit von Körper und Gehirn.

SYMPTOME

Kopfschmerzen sind vielgestaltig: dumpf, pochend, ziehend, drückend, hämmernd, vorne, seitlich oder im Hinterkopf, selten punktgenau, meist diffus, sie können oberflächlich oder tief liegen. Die Schmerzen können einseitig auftreten, beständig sein, wandern oder ausstrahlen. Begleitsymptome sind mitunter Übelkeit, Erbrechen, Sehschwierigkeiten und Geräuschempfindlichkeit, aber auch Unruhe, Aggressivität, Appetitlosigkeit, Unlust, Müdigkeit und Konzentrationsschwäche.

Der Feind im Kopf

Beachtlich: 165 Kopfschmerzarten sind schon definiert. Schwerpunkt der Forschung ist die Frage, wie es zu Kopfschmerzen kommt. Daraus kann geschlossen werden, wie man sie vermeidet. Eine gute Nachricht gibt es schon: Wer sich bewegt und seinen Körper fit hält, bekommt seltener Kopfschmerzen.

In der Therapie unterscheidet die Medizin zwischen Migräne, Spannungskopfschmerz, Schmerzmittel-Dauerkopfschmerz, zervikogenem Kopfschmerz, posttraumatischem Kopfschmerz und Cluster-Kopfschmerz.

Primäre und sekundäre Kopfschmerzen

Als primäre Kopfschmerzen bezeichnet die Medizin Migräne, Spannungskopfschmerzen, Kombinationskopfschmerzen aus Migräne und Spannungskopfschmerzen, Schmerzmittelkopfschmerzen und zervikogene Kopfschmerzen. Sie vereinigen auf sich mit 90 Prozent die häufigsten Kopfschmerzbeschwerden. Eine Sonderform sind Clusterkopfschmerzen. Sie sind relativ selten, jedoch ungewöhnlich schmerzhaft.

Die meisten Kopfschmerzen sind nur gelegentlich Symptome für Krankheiten, z. B. eine Grippe oder einen grippalen Infekt. Sie werden als sekundäre Kopfschmerzen bezeichnet. Sie verschwinden meist, wenn die Krankheiten überstanden oder geheilt sind.

Migräne
➽ Seite 242

Was eigentlich schmerzt

Für alle Kopfschmerzen gilt: Das Schmerzempfinden kommt nicht aus dem Inneren des Kopfes, sondern aus der Gehirnhaut, der Kopfhaut und ihren Blutgefäßen.

So beugen Sie vor

- Achten Sie auf ausreichende Schlafzeiten und ausgewogene, gesunde Ernährung.
- Genießen Sie An- und Aufreger wie Kaffee und Tee in Maßen.
- Bleiben Sie beim Alkohol und Rauchen im verträglichen Maß.
- Belegen Sie einen Yogakurs oder auch einen Kurs für autogenes Training. Üben Sie Entspannungstechniken.
- Treiben Sie Sport. Bewegen Sie sich häufig an frischer Luft.
- Sind Ihre Blutzuckerwerte in Ordnung? Testen lassen.
- Haben Sie die richtige Brille oder benötigen Sie eine? Das kann der Optiker ermitteln.
- Bei sitzender Arbeit: Entspricht Ihr Stuhl orthopädischen und ergonomischen Anforderungen? Wenn nicht, sorgen Sie für eine gesunde Sitzgelegenheit.
- Erlernen Sie einfache Techniken der Kopfmassage.

- Legen Sie sich ein Riechfläschchen mit speziellen ätherischen Ölen, Aromen oder Düften zu.
- Lüften Sie häufig Büro oder Wohnräume.
- Vermeiden Sie Termindruck, Stress, Konflikte.

Auch seelische Ursachen drücken auf die Nacken- und Schultermuskeln. Die Muskulatur ist angespannt, verspannt und verhärtet. Bewegungen erfolgen wie unter schwerer Last. Natürlich helfen Tabletten, den quälenden Schmerz loszuwerden. Aber er wird wiederkommen. Probieren Sie doch einmal eine andere Methode: Machen Sie Urlaub, verreisen Sie, und lösen Sie dabei oder danach erst einmal Ihr ganz persönliches Problem.

Wann zum Arzt?

- Wenn die Schmerzen regelmäßig wiederkehren.
- Wenn die Schmerzen nicht durch Selbsthilfe oder ASS- bzw. Parazetamol-Schmerzmittel vergehen.

Schnelle Hilfe – wenn der Kopf schmerzt

- Massieren Sie die Schläfen mit Zeige- und Mittelfinger mit kreisenden Bewegungen. Benetzen Sie die Finger vorher mit einem ätherischen Öl: Pfefferminze, Zitrone oder Lavendel.
- Legen Sie sich hin, suchen Sie sich dazu einen ruhigen Platz – abschalten, entspannen.
- Reiben Sie beide Ohrläppchen fest zwischen Daumen und Zeigefinger.
- Drücken Sie den Nasenrücken zwischen den Augen mit Daumen und Zeigefinger fest zusammen.
- Legen Sie eine kalte Packung auf die Stirn. Lassen Sie sie mindestens zehn Minuten liegen.
- Warme Kompressen auf den Nacken legen, dabei entspannt auf dem Bauch liegen. Rotlicht oder Fangopackungen wirken ähnlich.
- Lassen Sie sich den Nacken bis in die Schultern massieren.
- Gymnastische Übungen zur Lockerung der Nacken- und Schultermuskeln können den Schmerz beseitigen: Kopfdrehen, Schulternrollen und Armkreisen können Sie fast überall ausführen, auch im Büro.

Medikamente

- Kopfschmerztabletten sind sehr hilfreich: Präparate mit ASS, Ibuprofen oder parazetamolhaltige Mittel. Aber Vorsicht: Bei zu häufiger Anwendung können Schmerzmittel einen so genannten Analgetikakopfschmerz auslösen.
- Phytotherapeutische Kopfschmerzmittel: Kopfschmerztabletten aus Weidenrindenextrakten. Sie enthalten natürliche ASS.

Alternative Heilmethoden

- Fußreflexzonenmassage: Bei hämmerndem Kopfschmerz im Stirnbereich.

- Aromatherapie: Ein bis zwei Tropfen Basilikum oder Angelika auf ein Taschentuch träufeln und ab und zu daran riechen.
- Träufeln Sie bei Spannungskopfschmerz ein bis zwei Tropfen Pfefferminzöl auf ein Taschentuch und reiben Sie damit Nacken und Schläfen ein. Bewährt haben sich auch Mischungen, z. B.: fünf Tropfen Muskatellersalbei, zwei Tropfen Bergamotte und ein Tropfen Angelika oder zwei Tropfen Limette, zwei Tropfen Sandelholz, ein Tropfen Angelika und ein Tropfen Neroli.
- Nehmen Sie Fußbäder, morgens Rosmarin und abends Lavendel. Massieren Sie bei Spannungskopfschmerz Pfefferminzöl auf Stirn und Schläfen ein.
- Nehmen Sie heiße Senfmehlfußbäder bei heftigem Kopfschmerz (Vorsicht: Es können Hautreizungen auftreten).
- Beruhigungsbad mit Johanniskrautöl. Dosis: 20 bis 30 Tropfen pro Vollbad.

Vorsicht bei Schmerzmitteln: Häufiger Gebrauch führt zu so genanntem Analgetikakopfschmerz.

HOMÖOPATHIE

Medikament	Potenz	deutsche Bezeichnung	Dosis	Anwendung
Bryonia	D6	Zaunrübe	Halbstündlich 5 Globuli über 2 Stunden	Bei berstendem Kopfschmerz von der Stirn bis zum Hinterkopf
Glonoinum	D6	Nitroglyzerin	Halbstündlich 5 Globuli über 2 Stunden	Bei Schmerzen, die wie Wellen auftreten, Pulsschläge wie Hammerschläge
Nux vomica	D12	Brechnuss	Halbstündlich 5 Globuli über 2 Stunden	Bei Stress und Spannungskopfschmerz
Belladonna	D6	Tollkirsche	Halbstündlich 5 Globuli über 2 Stunden	Bei plötzlichen starken Kopfschmerzen, Föhn, Hitze, Sonnenschein

Adressen

Deutsche Schmerzhilfe, Sietwende 20, 21720 Grünendeich, Telefon: 04142/810434, Fax: 04142/810435

Die sichtbare Venenschwäche

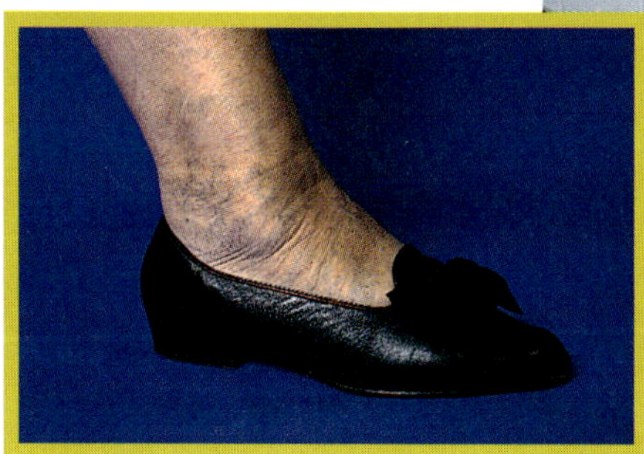

Zu langes Stehen führt zur Bildung von Krampfadern. Legen Sie öfter einmal die Beine hoch und treiben Sie Sport.

Sie winden sich wie blauviolette Schlangen unter der Haut oder treten fein verästelt als Besenreiser in Aktion: Krampfadern oder Varizen. Meist sind sie nur ein ästethisches Problem, sollten allerdings trotzdem sorgfältig beobachtet werden, denn mitunter können sie zu »Wasser« in den Beinen und gefährlichen Thrombosen (Blutgerinnsel) führen. Das Erkrankungsrisiko steigt mit zunehmendem Alter. Frauen sind von Krampfadern häufiger betroffen als Männer, weil sie ein schwächeres Bindegewebe besitzen und dieses elastische Gewebe der entstehenden Krampfader weniger Widerstand bietet.

Menschen mit Krampfadern klagen häufig über geschwollene Beine und müde Füße. Zusätzlich können ein Kribbelgefühl und krampfartige Schmerzen in den Beinen auftreten.

SYMPTOME

Gewundene und geschlängelte, verdrehte Venen mit Knoten und Säckchen mit blaurotem Inhalt, blasig, dicht unter der Haut von Waden und Schenkelinnenseiten verlaufend.
Begleitsymptome: Wasseransammlungen unter der Haut im Knöchelbereich, da die Venenwände durchlässig werden, müde Füße nach längerem Stehen, Hautjucken, Spannungs- und Druckgefühle, mitunter auch Wadenkrämpfe. Bei Frauen können sich die Symptome vor der Menstruation deutlich verstärken.

Soweit die Beine tragen

Krampfadern oder Varizen, wie sie der Mediziner nennt, sind funktionsuntüchtige Venen, in denen das Blut »versackt«.

Wenn das Blut versackt

Ursache der Krampfadern ist zum einen Venenwandschwäche, zum anderen ein Versagen der Venenklappen. Beide Gründe führen zu Blutstauungen und Gefäßerweiterungen insbesondere in den Beinen. Arbeiten die Venenklappen beispielsweise nur ungenügend, wird das in den Beinen gestaute Blut von den tiefer liegenden Venen in die oberflächlichen Venen gedrückt. Da sie nicht von stabilisierender Muskulatur umgeben sind, können sie sich ballonartig dehnen. Die Venenschwäche ist anlagebedingt oder entsteht durch zu hohe Druckbelastung des Venensystems (Stehen, Sitzen, Übergewicht). Bewegungsmangel hat entscheidenden Einfluss auf die Entwicklung von Krampfadern.

Etwa jeder vierte Mann und jede zweite Frau über 40 Jahre leiden unter Krampfadern.

Das Problem – der aufrechte Gang

Das menschliche Venensystem ist ein bisschen älter als der Mensch selbst. Es war schon in unseren Vorfahren vorhanden, die noch auf allen Vieren krochen. Mit dem aufrecht gehenden Menschen begannen die Schwierigkeiten. Statt nur auf maximal Hüfthöhe musste das venöse Blut bis zum Herzen zurückgebracht werden. Sozusagen steil bergauf, gut einen halben Meter höher als bisher, mehrere tausend Liter, Tag für Tag. Wenn sich die Fuß- und Beinmuskulatur bewegt, wird das Blut durch die Muskelbewegung nach oben gepumpt. Beim Stehen lastet jedoch der zehnfache Druck auf den Venenwänden. Das ist auf Dauer zu viel, jedenfalls bei zahlreichen Menschen. Die Venenwände geben nach, weiten sich. Dann können die Venenklappen nicht mehr den rückfließenden Blutstrom abschotten. Das Blut sackt ab, staut sich zunächst in der Wade und presst blaurote Taschen und Knoten in die Venen dicht unter der Wadenoberfläche. Sind Krampfadern einmal vorhanden, verschwinden sie von allein nie mehr. Die sinnvollste Behandlung ist die Verödung oder in schweren Fällen das operative Herausziehen der Venen.

Erbfaktoren …
… spielen bei der Entstehung von Krampfadern wahrscheinlich eine Rolle. Eine große körperliche Statur, Übergewicht, eine vorwiegend sitzende oder stehende Tätigkeit, wenig Bewegung und eine ballaststoffarme Ernährung tragen vermutlich zur Krampfadernbildung bei.

So beugen Sie vor

- Müssen Sie viel sitzen, dann legen Sie sooft wie möglich Ihre Beine hoch.

Die wirkungsvollsten Behandlungsmöglichkeiten sind Verödung und Herausziehen der Venen. Nach dem Eingriff sollten Sie jedenfalls vier bis sechs Wochen lang Kompressionsstrümpfe tragen und sich möglichst viel bewegen. Die noch vorhandenen übernehmen die Funktion der entfernten Venen.

- Stellen Sie die Ernährung auf ballaststoffreiche Kost um, damit ihr Stuhl geschmeidig ist. Harter Stuhl nötigt zum Pressen. Beim Pressen wird der Rückfluss des Blutes durch den Bauchraum behindert. Es können nicht nur Hämorrhoiden entstehen, sondern auch ein Blutstau in den Beinvenen, der zu Krampfadern führt.
- Nehmen Sie ab! Entlasten Sie die Beine.
- Gezielte Gymnastik der Beinmuskulatur erhöht die Venenstabilität, eine starke Muskulatur unterstützt den Blutrückfluss.
- Treiben Sie Sport. Joggen, Wandern, Schwimmen oder Radfahren helfen den strapazierten Venen.

Wann zum Arzt?

Am besten sofort, wenn Sie die entstehenden Krampfadern spüren, beispielsweise wenn Sie häufiger Ihre Beine als »schwer« empfinden oder die Fußgelenke abends geschwollen sind. Spätestens jedoch dann, wenn Sie Rötungen, bemerken, Juckreiz empfinden und schnurartige Schwellungen im Venenbereich auftreten.

Hilfe bei geschwächten Venen

- Unterstützen Sie die Venenklappen: Tragen Sie Kompressionsstrümpfe (Zweizug-Kompressionsstrümpfe Klasse II).
- Unterstützen Sie die Venentätigkeit durch gezielte Bewegung wie Wassertreten oder Aquajogging. Auch kalte Güsse verengen die Venen, dadurch schließen auch die Venenklappen wieder.

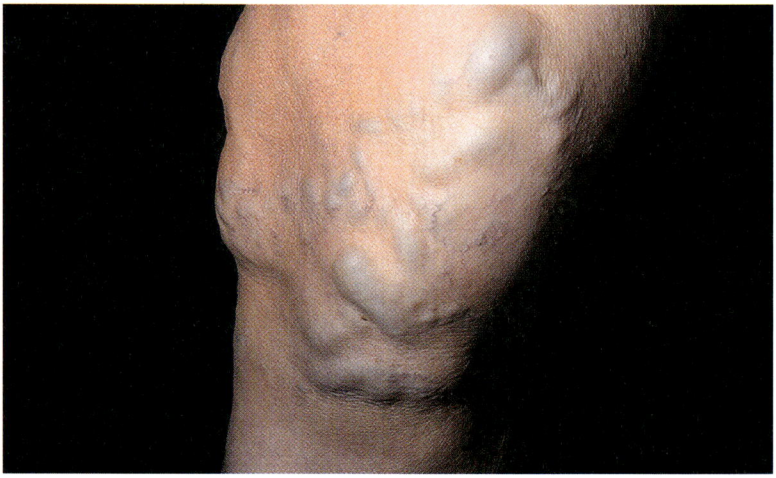

»Prachtexemplare« – lassen Sie es keinesfalls so weit kommen. Krampfadern sind nicht nur unschön, sie bergen auch gesundheitliche Risiken.

- Achten Sie auf ausreichend Vitamin E, um die Fließeigenschaften des Bluts zu verbessern. Bei Menschen über 65 Jahren besteht die Gefahr einer Unterversorgung.
- Die Gerinnungseigenschaften des Bluts können auch äußerlich beeinflusst werden: Heparin, Hirudin und Mucopolysaccharidpolysulfat hemmen die Gerinnungsneigung.
- Fördern Sie die Tätigkeit der Venenwände: Gymnastik, z. B. Kreisen der Füße, Sport und Bewegung bringen die Muskel-Venen-Pumpe in Gang. Das Blut wird wieder nach oben befördert.

Schlagen Sie beim Sitzen die Beine nicht übereinander; dies schnürt die Venen regelrecht ab. Legen Sie die Beine zur Förderung des Blutrückflusses möglichst oft hoch.

Alternative Heilmethoden

- Kalte Zinnkrautwadenwickel helfen: 300 Gramm Zinnkraut (im Reformhaus erhältlich) in einem Liter Wasser weichen, eine Stunde ziehen lassen, dann kochen, abseihen, abkühlen lassen. Hand- oder Geschirrtücher eintauchen, ausdrücken und um die Beine wickeln.
- Unverdünnten Apfelessig mit einem Wattebausch auf die Krampfadern auftragen und trocknen lassen.

HOMÖOPATHIE

Medikament	Potenz	deutsche Bezeichnung	Dosis	Anwendung
Hamamelis	D12	Zaubernuss	3-mal täglich 3 Globuli	Bei schmerzenden Krampfadern
Pulsatilla	D6	Wiesenküchenschelle	3-mal täglich 5 Tropfen	Bei Frauen, die zu Weinerlichkeit neigen
Lachesis	D30	Buschmeister	3-mal täglich 1 Globulus	Bei Krampfadern im Klimakterium

Adressen

Deutsche Gesellschaft für Phlebologie (DGP), c/o Uniklinik Bonn, Sigmund-Freud-Straße 25, 53105 Bonn, Telefon: 0228/2870
Deutsche Gesellschaft Venen, Dr.-Carlo-Schmidt-Straße 204, 90491 Nürnberg, Telefon: 0911/5988600, Fax: 0911/591219
Initiative Venengesundheit, Berliner Straße 60, 60311 Frankfurt/M. Telefon: 069/284383, Fax: 069/284384

Viel mehr als eine Magenreizung

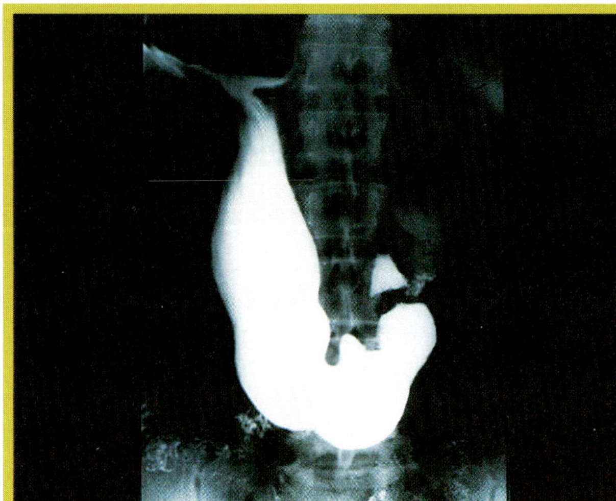

Der nervöse Magen und Magengeschwüre sind in ihrer Symptomatik der Magenschleimhautentzündung sehr ähnlich. Aber es liegen andere Ursachen vor. Im Gegensatz zum nervösen Magen ist eine Gastritis eine Entzündung der Magenschleimhaut durch eine Fremdeinwirkung, beispielsweise zu viel Alkohol, Rauchen oder Infektionen.

Auch der Magen will Behagen

Unser Magen ist ein Muskelsack mit einem Fassungsvolumen von über einem Liter. Er nimmt die Nahrung auf, versetzt sie mit Magensaft und leitet die eigentliche Verdauung ein.

Manche Menschen scheinen mit einem wahren »Pferdemagen« ausgestattet zu sein. Weder üppige Essen noch munteres Durcheinander der Speisen oder Getränke noch seelische Belastungen machen ihnen zu schaffen. Doch vielen Menschen schlägt einfach alles auf den Magen und mit dem ersten Zwicken fangen die Beschwerden an.

SYMPTOME

Plötzliche Schmerzen, auch heftig bis anfall- und krampfartig, begleitet von Völlegefühl, Appetitlosigkeit, aufgetriebenem Oberbauch, Blähungen, Übelkeit bis zum Erbrechen, oft schon direkt nach dem Essen. Es kann zu schweren Magenblutungen kommen.

Ursachen der Gastritis

Die Schleimhaut des Magens ist entzündet. Alkoholgenuss ist wohl die häufigste Ursache, aber auch Medikamente können die Entzündung hervorrufen, z. B. ASS-Schmerzmittel, Antibiotika, Krebsmedikamente, Rheumamittel oder kortisonhaltige Präparate. Es können Verätzungen durch Säuren oder Laugen erfolgt sein oder es liegt eine Infektion durch Viren oder Bakterien vor, z. B. durch Staphylokokken oder Salmonellen. Giftpilze können ebenfalls eine akute Gastritis bewirken.

Hintergrund

Die Magenschleimhaut schützt die Magenwand und den Magenmuskel vor der scharfen ätzenden Magensäure. Trotz dieser enormen Widerstandskraft ist die Magenschleimhaut nicht unverwüstlich. Eine der häufigsten Ursachen ist eine Reizung durch Medikamente. Während für den nervösen Magen Stress, Hetze, Angst, seelische Belastung oder Krisen die Auslöser sind, verursachen »Fremdeinwirkungen« eine Magenschleimhautentzündung, z. B. Überlastungen durch zu viel Essen, Alkohol, Rauchen, Infektionen, schwere Verletzungen wie Verbrennungen oder Operationen.

Magenschleimhautentzündung, Magengeschwüre und Reizmagen sind aufgrund ihrer ähnlichen Symptome nicht eindeutig zu erkennen. Die richtige Diagnose fällt sogar Ärzten schwer. Wenn Sie eine Gastritis vermuten sollten Sie durch Ihren Arzt eine Gastroskopie (Magenspiegelung) veranlassen. Diese Untersuchung dauert nur wenige Minuten. Nur mit einer Magenspiegelung kann eindeutig festgestellt werden, ob eine behandlungsbedürftige Magenschleimhautentzündung besteht.

Chronische Gastritis

Die ständige Magenschleimhautentzündung unterscheidet sich von der akuten Form in der Regel durch das Fehlen der Beschwerden. Nur selten kommt es nach Mahlzeiten zu Schmerzen, Druck- oder Völlegefühl.
Häufigste Ursachen sind ein Rückfluss von Gallenflüssigkeit, aber auch ständige Überforderung durch Alkohol und Rauchen. Nicht selten bewirken auch permanent genutzte Medikamente eine chronische Gastritis. Als Folge können ein Abbau der Magenschleimhaut und Magengeschwüre auftreten. Selbsthilfe ist nicht möglich. Vorbeugende Maßnahmen: Alkohol und Rauchen sowie eine Dauerbelastung durch Medikamente vermeiden. Wenn Sie einen empfindlichen Magen haben, sollten Sie auf extrem kalte und heiße Getränke sowie scharfe Speisen verzichten.

So beugen Sie vor

- Beim Trinken von Alkohol sollten Sie Ihre persönliche Grenze nicht überschreiten.
- Schränken Sie das Rauchen ein. Rauchen Sie vor allem nicht auf nüchternen Magen.
- Beachten Sie den Beipackzettel vor Einnahme einer Arznei – Risiken und Nebenwirkungen.
- Verdorbene Lebensmittel wegwerfen.
- Sammeln und essen Sie nur Pilze, die Sie kennen und sicher identifizieren können.

Behandlung der Gastritis

Hilfreiche Medikamente
Buscopan (Zäpfchen) löst Magenkrämpfe. Metoclopramid lindert Übelkeit und Völlegefühl und beseitigt den Brechreiz.

Liegt der Gastritis eine Infektion zu Grunde, sollten Sie unbedingt Ihrem Arzt die Behandlung überlassen. Beispielsweise kann bei Befall durch Helikobakter pylori mit einer Kombination von Protonenpumpenhemmern und Antibiotika die Krankheit in wenigen Tagen beseitigt werden.

Wann zum Arzt?

• Wenn nach zwei bis drei Tagen keine Besserung eingetreten ist.
• Wenn der Stuhl schwarz ist. Dann ist die Entzündung blutend. Es besteht Lebensgefahr! Das gilt auch für Erbrechen mit Blut.
• Wenn die Magenschmerzen nach dem Genuss von Pilzen aufgetreten sind. Es besteht der Verdacht einer Pilzvergiftung.
• Wenn die Magenschmerzen nach dem Essen verdorbener Lebensmittel aufgetreten sind. Es besteht die Gefahr einer Lebensmittelvergiftung.

Kräutertees lindern die Beschwerden.

Bei zu viel Alkohol oder Rauchen

• Eine Linderung und Förderung der Heilung der akuten Magenschleimhautentzündung aufgrund einer Magenverstimmung, übermäßigen Akoholgenusses oder Rauchens erreichen Sie mit: Abwarten und Tee trinken. Zur Beruhigung: Pfefferminze, Kamille, Schafgarbe. Zur Anregung: Tausendgüldenkraut, schwarzer Tee.
Einen Esslöffel Pfefferminzblätter mit einer Tasse heißem Wasser überbrühen, fünf bis zehn Minuten ziehen lassen, abseihen. Zwei Teelöffel Schafgarbe oder zwei Esslöffel Kamillenblüten mit einer Tasse heißem Wasser überbrühen, etwa zehn Minuten bedeckt ziehen lassen, abseihen. Von den beruhigenden Magentees sollten Sie drei- bis viermal pro Tag eine Tasse frisch zubereiteten Tee langsam und schluckweise trinken.
Überbrühen Sie ein bis zwei Teelöffel Tausendgüldenkraut mit einer Tasse kochen-

dem Wasser; ca. 15 Minuten ziehen lassen, abseihen. Trinken Sie jeweils eine halbe Stunde vor den Mahlzeiten eine Tasse frischen Tee.

- Essen Sie besser nichts Festes. Auch wenn Sie Appetit haben und keine offensichtlichen Gründe dagegen sprechen. Begnügen Sie sich vorerst beispielsweise mit einer kräftigen Fleischbrühe.
- Legen Sie sich ins Bett und nehmen Sie eine Wärmflasche mit.
- Machen Sie morgens eine Kamillenrollkur: Trinken Sie eine Tasse heißen Kamillenblütentee auf nüchternen Magen; legen Sie sich jeweils fünf Minuten auf den Rücken, die linke Seite, den Bauch und die rechte Seite.

Akupressur kann zur Schmerzlinderung beitragen. Lassen Sie sich die Körperpunkte und die Akupressurtechnik von einem Physiotherapeut oder Heilpraktiker erläutern.

Medikamente – die Ursache?

Ist die Gastritis durch Medikamente bedingt, sollten Sie verzichtbare Präparate absetzen. Können Sie auf die Mittel nicht verzichten, sollten Sie Ihren Arzt um schonendere Arzneimittel bitten.

Alternative Heilmethoden

Nehmen Sie ein Heublumenbad. Dazu ein paar Tropfen des Öls (Apotheke) mit Milch oder Sahne mischen und ins Wasser träufeln.

HOMÖOPATHIE

Medikament	Potenz	deutsche Bezeichnung	Dosis	Anwendung
Argentum nitricum	D12	Silbernitrat	1-mal täglich 5 Globuli, maximal 3 Wochen lang	Nach dem Essen Übelkeit, lautes Aufstoßen, aufgetriebener Bauch, krampfende Schmerzen
Lycopodium	D12	Bärlapp	1-mal täglich 5 Globuli, maximal 3 Wochen lang	Bei schwerem und vollem Magen nach dem Essen; bei unzulänglichen, unsicheren, ungeduldigen Personen

Adressen

Deutsche Gesundheitshilfe – Sektion Magen & Darm, Postfach 940303, 60461 Frankfurt/M., Telefon: 069/7894747

Eine klassische Kinderkrankheit

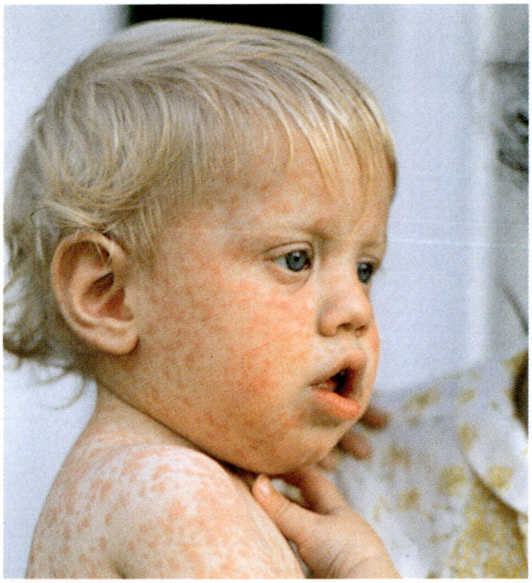

Masern – hellrote Flecken, die sich über den ganzen Körper ausbreiten.

Kinderkrankheiten waren früher weit verbreitet. Kaum ein Kind, dass nicht während der Vorschulzeit oder den ersten Schuljahren an Masern, Röteln, Mumps, Scharlach o. Ä. erkrankt wäre. Die meisten Kinderkrankheiten sind in hohem Maße ansteckend. Da nimmt es kaum Wunder, dass z. B. Masernerkrankungen beinahe epidemisch unter Schul- und Spielkameraden auftraten. Heute verhindern vorbeugende Schutzimpfungen in der Regel eine Infektion.

Hohes Fieber und Flecken auf der Haut

Was aber tun, wenn Ihr Kind nicht geimpft ist und an Masern erkrankt? Erste unverkennbare Anzeichen sind hohes Fieber, Gliederschmerzen, Husten und Schnupfen; hinzu kommt meist eine Rötung und Entzündung der Augenbindehaut. Der typische Hautausschlag ist zunächst hinter den Ohren festzustellen; von dort breitet er sich über den ganzen Körper aus.

Kinderkrankheiten wie Masern fördern die körperliche Entwicklung von Kindern. Überstandene Kinderkrankheiten stärken das Abwehrsystem.

Ursachen der Masern

Masern sind eine Virusinfektion, die durch Kontakt mit Kindern, die bereits an Masern erkrankt sind, übertragen wird (Tröpfcheninfektion). Das Masernvirus (Briarcus morbillorum) gehört zu den hoch ansteckungsfähigen Viren.

Hintergrund der Masern

Eine Masernerkrankung führt zu lebenslanger Immunität. Je früher Kinder an Masern erkranken, umso seltener sind Schädigungen des zentralen Nervensystems, die als Folge auftreten können. Grundsätzlich sollte der Arzt behandeln. Selbsthilfe ist nur begleitend möglich.

SYMPTOME

I. Phase: Müdigkeit, Abgeschlagenheit, Appetitlosigkeit
II. Phase: heftiger Husten, schmerzhafte Halsschmerzen, Schnupfen, auch Bindehautentzündung und erster Fieberschub
III. Phase: zweiter Fieberschub bis zu 40 °C; Lichtempfindlichkeit und hellrote Flecken, anfangs hinter den Ohren, dann über den gesamten Körper ausbreitend. Der Ausschlag juckt normalerweise nicht. Nach drei Tagen werden die Flecken dunkler und verschwinden langsam. Nach vier bis fünf Tagen verschwindet das Fieber. Es verbleiben bräunliche Flecken auf der Haut, die in der Regel nach maximal zwei Wochen verschwinden.
Etwa zeitgleich mit dem Auftreten des Ausschlags treten auf der Wangenschleimhaut im Mund kalkspritzerartige Flecken auf.

Risiko für werdende Mütter
Maserninfektionen können schwerwiegende Auswirkungen auf ungeborene Kinder haben. Wenn Sie schwanger sind und genau wissen, dass Sie in Ihrer Kindheit nie an Masern erkrankt sind, sollten Sie sich vor einer Ansteckung mit Masern schützen. Sollte es dennoch zu einem Kontakt mit Masernerregern gekommen sein, wenden Sie sich unbedingt an Ihren Gynäkologen oder Hausarzt.

Die Kinderkrankheit kann von einer bakteriellen Infektion, z. B. Lungen- oder Gehirnentzündung, begleitet werden. Es kann auch zu einer so genannten Superinfektion des Mittelohrs kommen. Diese Begleitkrankheiten erfordern unbedingt ärztliche Behandlung. Gehirnentzündung aufgrund von Masern ist jedoch sehr selten. Sie tritt unter 1000 Masernfällen einmal auf.

Wann zum Arzt?

- Wenn Ihr Kind fiebert und Hautausschlag hat und jünger als ein Jahr ist.
- Wenn sich der Ausschlag nur sehr langsam entwickelt.
- Wenn das Fieber nicht fünf Tage nach Beginn des Ausschlags zurückgeht.
- Wenn neben den Masern weitere Beschwerden auftreten wie Husten, auffallende Atemgeräusche oder Ohrenschmerzen.
- Wenn das Kind über schwere Kopfschmerzen klagt, nicht ansprechbar oder benommen ist und wenn es erbricht.

Vorbeugende Impfung?

Der menschliche Körper ist gegen Angriffe von Krankheitserregern mit einem funktionstüchtigen Abwehrsystem ausgerüstet. Viele Krankheitserreger können sogar nur ein einziges Mal im Verlauf eines Menschenlebens zuschlagen. Die menschliche Krankheitsabwehr ist mit einer Art Gedächtnis ausgestattet. Diese Immunität, die lebenslang bestehen bleibt, war das Vorbild für die Entwicklung vieler Impfstoffe. Mit Impfungen wird sozusagen eine künstliche Immunität geschaffen. Bei häufig auftretenden Krankheiten, z. B. ansteckenden Kinderkrankheiten, ist der Impfschutz eine sinnvolle Maßnahme, um der Krankheit vorzubeugen. Klassische Kinderkrankheiten wie Masern oder Mumps sind deshalb heute selten geworden. Das führt jedoch bei Eltern immer wieder zu dem Trugschluss, die Krankheiten wären verschwunden. Sie lassen daher unvorsichtigerweise ihre Kinder nicht impfen. Diese Kinder haben jedoch als Erwachsene ein erhöhtes Risiko, an Kinderkrankheiten zu erkranken.

Die Phase der Ansteckungsgefahr beginnt mit dem Auftreten von Husten und Halsschmerzen und endet drei bis fünf Tage nach Erscheinen des Ausschlags.

Vorbeugende Maßnahmen

Lassen Sie Ihr Kind jedenfalls impfen. Dazu wird ein Lebendimpfstoff verabreicht. Diese Impfung kann bis zum dritten Tag nach der Ansteckung einen Ausbruch der Masern verhindern. Nach der Ansteckung vergehen bis zum Ausbruch der Krankheit in der Regel neun bis elf Tage. Generell ist eine Masernimpfung ab dem 15. Lebensmonat möglich. Davor ist das Kind in der Regel durch mütterliche Antikörper geschützt. Es kann auch passiv mit einem Standard-Immunglobulin in den ersten Tagen nach Ansteckung geimpft werden. Bei fehlendem Impfschutz ist eine Vorbeugung jedoch nicht möglich.

Behandlung der Masern

Eine Behandlung im Sinne einer medizinischen Therapie ist wie bei allen Viruserkrankungen nicht möglich. Es können nur die Symptome gelindert werden.

- Lassen Sie das Kind viel trinken. Bieten Sie Tees, Mineralwasser, Säfte mit geringem Fruchtsäuregehalt und erfrischende Wassermischgetränke an. Keine Milch bei Fieber!
- Kühlen Sie mit Wadenwickeln oder Medikamenten (z. B. Benuron-Zäpfchen), wenn das Fieber 40 °C überschreitet.
- Lindern Sie Husten, Schnupfen und Befindlichkeitsstörungen mit handelsüblichen Erkältungsmitteln.
- Lassen Sie Ihr Kind nicht allein. Verdunkeln Sie das Krankenzimmer.
- Sorgen Sie öfters für frische und feuchte Luft zur Linderung der Halsschmerzen.
- Bieten Sie Speisen, z. B. Obst, an.

HOMÖOPATHIE

Medikament	Potenz	deutsche Bezeichnung	Dosis	Anwendung
Aconitum	D6	Eisenhut	Halbstündlich 5 Globuli bis zur Besserung nach maximal 2 Stunden	Bei Masern mit Symptomen einer heftigen Erkältung, abends und nachts ansteigendem Fieber, heißer trockener Haut, Durst, Furchtsamkeit und zunehmender Unruhe und Nervosität
Belladonna	D6	Tollkirsche	Halbstündlich 5 Globuli bis zur Besserung der Beschwerden nach maximal 2 Stunden	Bei erhitztem Körper, heißem Gesicht und kalten Händen und Füßen, krampfhaftem Husten und trockenem Hals
Gelsenium	D6	Falscher Jasmin	Stündlich 5 Globuli bis zur Besserung der Beschwerden nach maximal 2 Stunden	Bei langsamem Beginn von Masern, wenn das Kind müde und wie benommen ist, es keinen Durst hat; bei Husten und Kopfschmerzen
Bryonia	D6	Zaunrübe	Stündlich 5 Globuli bis zur Besserung der Beschwerden nach maximal 5 Stunden	Bei schleppendem Krankheitsverlauf, trockenem Mund und starkem Durst, Kopfschmerzen
Pulsatilla	D12	Wiesenküchenschelle	Stündlich 5 Globuli bis zur Besserung der Beschwerden nach maximal 5 Stunden	Wenn die Erkältungsbeschwerden überwiegen, bei verklebten Lidern und trockenen Lippen, Ohrenschmerzen und geringem Durst

Wenn Sie regelmäßig Ihre Krise kriegen

Die hormonellen Veränderungen vor den »Tagen« können unangenehme Krämpfe auslösen.

Für viele Frauen ist die Periode eine wahre Last. Schmerzen und Benommenheit, Krämpfe und Depressionen gehören bei ihnen zum Erscheinungsbild der Menstruation. Das muss jedoch nicht sein.

Lernen Sie, besser damit umzugehen

Ändern Sie Ihre Einstellung Ihren »Tagen« gegenüber. Immer noch sind diese besonderen Tage mit vielen Vorurteilen behaftet.

Die individuelle psychische und physische Verfassung jeder Frau beeinflussen eventuelle Beschwerden. Eine »Generalursache« gibt es nicht.

SYMPTOME

Dumpfe ziehende Schmerzen im Beckenbereich, die bis zum Rücken, zu den Beinen und zum Oberbauch strahlen, Unterleibskrämpfe mit heftigen Schmerzen, Kopfschmerzen, Übelkeit und Erbrechen sowie Schmerzen in den Brüsten. Begleitet werden die Beschwerden von Reizbarkeit, Benommenheit, Anspannung, manchmal auch Traurigkeit.

Ursachen von Menstruationsbeschwerden

Viele Ursachen sind möglich: Störungen im Hormonhaushalt, organische Veränderungen, aber auch die seelische Verfassung. Auffallend: Es gibt einen Zusammenhang zwischen schmerzfreiem Erleben der Periode und stabilem Selbstvertrauen. Im Umkehrschluss gibt dies Anlass zur Vermutung, dass starke persönliche Probleme eine Ursache für eine schmerzhafte Periode sein könnten. So können emotionale Konflikte, die beispielsweise das Selbstverständnis als Frau oder die Sexualität betreffen, Auslöser der Regelbeschwerden sein. Daraus kann ein Teufelskreis von Ursache und Wirkung entstehen.

Die Schmerzen können auch eine banale Ursache haben: Durch hormonelle Umstellung schwillt die Gebärmutter an, es kommt zur Verkrampfung der Gebärmuttermuskeln, die versuchen, Schleimhaut und Blut abzustoßen. Es kann auch eine Endometriose vorliegen. Grundsätzlich sollten Sie aber Ihren Arzt aufsuchen!

Endometriose – was ist das?
Kleine Schleimhautstückchen aus der Gebärmutter wandern in die Beckenhöhle und setzen sich auf Eierstöcken, Scheide, Gebärmutterhals, Blase und Mastdarm fest. Diese Schleimhautfragmente beginnen mit Einsetzen der Menses zu bluten. Das Blut kann aber nicht abfließen. Dadurch kann eine Zyste wachsen. Das häufigste Symptom für eine Endometriose sind starke Schmerzen und eine ungewöhnlich starke Blutung. In schweren Fällen ist eine Operation nötig, in leichten Fällen reicht eine Behandlung mit Medikamenten.

Ursachen liegen manchmal in der Jugendzeit

Psychologen konnten den ursächlichen Anlass für die Beschwerden bei der Menstruation in einigen Fällen in der Jugendzeit der Betroffenen ermitteln. Wurde die Menses beispielsweise von der Mutter, älteren Schwestern oder Freundinnen wie eine Krankheit behandelt, empfindet auch die betroffene Patientin ihre Periode unterbewusst als Krankheit. Da zum Erscheinungsbild einer Krankheit Schmerzen und ein leidender Zustand gehören, könnten auch sie unterbewusst produziert werden. Dieser Mechanismus kann sich verselbstständigen. Am Ende sind die Schmerzen echt und regelrecht chronisch, die Ursache ist jedoch längst verdrängt oder vergessen.

Wann zum Arzt?

- Bei vorübergehenden leichten funktionellen Störungen kann eine Selbstbehandlung gute Erfolge bringen. Liegen die Ursachen jedoch Monate oder gar Jahre zurück oder liegt der Beginn der Beschwerden nicht in unmittelbarer Vergangenheit, sollte eine Behandlung mit einem Arzt abgesprochen werden.
- Wenn Sie wegen Menstruationsbeschwerden innerhalb des letzten halben Jahres nicht untersucht wurden.
- Wenn Sie die Beschwerden nicht nur während der Periode spüren.

• Wenn Sie an zu starken Blutungen, an Zwischen- oder Schmierblutungen leiden oder die Monatsblutung ausbleibt.
• Wenn Sie bisher beschwerdefrei waren und plötzlich Schmerzen verspüren.
• Wenn Sie ungewöhnlich intensive Krämpfe verspüren.

So beugen Sie vor

Die Menstruation ist kein Tabuthema! **Das Vorbild der Mutter oder der älteren Schwester ist prägend. Behandeln Sie die Menstruation nicht wie eine Krankheit. Diese Haltung kann sich auf die Tochter bzw. Schwester übertragen. Gehen Sie mit dem Thema offen und ohne Scham um. Sie fördern damit das Selbstwertgefühl Ihrer Tochter. Unterstützen Sie ihre Lebensfreude, ihren Erlebnisdrang und lassen Sie sie ihre Sexualität, Geschlechtlichkeit und Lust ungestört entdecken.**

• Wenn Beruf, Haushalt, Partnerschaft und Kinder an Sie hohe Anforderungen stellen, kann es zu Konflikten kommen. Vor allem Überforderung kann sich in schmerzhaften Signalen wie Menstruationsbeschwerden äußern. Versuchen Sie deshalb nicht, überall gleichzeitig Ihre Frau zu stehen. Überprüfen Sie, wo Ihr Einsatz wirklich wichtig ist. Reduzieren Sie Ihre Aufgaben, indem Sie delegieren oder unwichtige Tätigkeiten auf einen späteren Zeitpunkt verschieben.
• Vermeiden Sie nicht den Stress an sich, nur die Überdosis.
• Schlafen Sie ausreichend lange. Reservieren Sie sich Zeit für sich selbst. Lassen Sie auf jede Anspannung eine Zeit der Entspannung folgen. Passen Sie die Anforderungen Ihrem Biorhythmus an.
• Reden Sie über Ihre Schwierigkeiten. Machen Sie aus Ihrer Periode kein mystisches Geheimnis. Sprechen Sie mit Frauen, die ebenfalls darunter leiden, und suchen Sie gemeinsam nach Ursachen und Lösungen.

So helfen Sie sich selbst

• Öfter Pause machen und Tee trinken: Kamillenblütentee und Melissentee wirken beruhigend, Hirtentäscheltee wirkt blutstillend.
• Wärme tut wohl: Die gute alte Wärmflasche oder das Heizkissen auf den Bauch oder den Rücken – die Wirkung ist gleich. Ähnlich entspannend wirkt die Wärme einer Infrarotlampe. Noch besser ist ein feuchtwarmer Wickel. Auch Bäder können zur Entspannung beitragen.
• Gönnen Sie sich auch am Tag Ruhe, wenigstens für fünf Minuten: Unterbrechen Sie Ihre Arbeit mit entspannenden Pausen. Denken Sie dabei aber nicht an die wartende Arbeit oder die nächste Aufgabe. Legen Sie sich hin, schließen Sie die Augen und hören Sie Ihre Lieblingsmusik.

- Bewegung hält Sie in Schwung: Auch wenn Sie glauben, Sie bewegen sich schon genug – meist ist das nur ein subjektiver Eindruck. Gehen Sie spazieren, mit Muße. Geniessen Sie die Natur, die Landschaft, das Wetter, auch wenn es einmal regnet. Tanken Sie Licht und Sauerstoff.
- Reduzieren Sie die Leistung: Auch am Arbeitsplatz müssen Sie nicht ständig volle Pulle arbeiten. Nehmen Sie sich zurück, teilen Sie Ihre Kräfte mit Bedacht ein.
- Nehmen Sie Medikamente mit dem Wirkstoff ASS ein, nicht erst, wenn Sie die Schmerzen nicht mehr aushalten können. Vor allem, wenn Sie wissen, dass Sie tagelang unter krampfartigen Schmerzattacken leiden: Nehmen Sie das Präparat ein paar Tage bevor Ihre Blutung beginnt. ASS-haltige Präparate können die Bildung von Prostaglandinen hemmen, die für wehenähnliche Krämpfe verantwortlich sind.

Nikotin fördert die Gefäßverengung und behindert damit die Durchblutung. Die Beschwerden verstärken sich. Bei Menstruationsbeschwerden gilt demnach: Rauchen einstellen!

Alternative Heilmethoden

Akupunktur, Akupressur und Fußreflexzonenmassage sind sehr hilfreich. Wenden Sie sich an ausgebildete Therapeuten, Heilpraktiker und Fachkräfte.

HOMÖOPATHIE

Medikament	Potenz	deutsche Bezeichnung	Dosis	Anwendung
Chamomilla	D12	Echte Kamille	Halbstündlich 5 Globuli bis zur Besserung nach maximal 2 Stunden	Bei heftigen, kolikartigen Bauchschmerzen, Hitzewallungen und Reizbarkeit
Colocynthis	D6	Koloquinte	Halbstündlich 5 Globuli bis zur Besserung nach maximal 2 Stunden	Bei Bauchkoliken, Schmerzwellen und innerer Unruhe

Adressen

Arbeitskreis Frauenselbsthilfe bei gynäkologischen Problemen e.V., Hindenburgstraße 1a, 32257 Bünde, Telefon: 05223/188320, Fax: 05223/17046

Spannung bis zum Schmerz

Migräneanfälle treten meist überfallartig auf. – Hinlegen, Augen schließen, Ruhe.

Schon Kinder können unter Kopfschmerzattacken leiden und noch immer sind längst nicht alle Fragen zur Migräne geklärt. Wer darunter leidet, muss die Ursache meist selbst herausfinden.

Schmerz sorgt für Zwangspausen

Das Risiko, an Migräne zu erkranken, steigt, wenn bereits in der Verwandtschaft Migräne vorkommt.

Migräne ist relativ häufig. Etwa zehn Prozent der Bevölkerung leidet darunter, wobei es Frauen öfter betrifft als Männer. Migräne tritt meist im Alter zwischen 15 und 40 Jahren auf.

Ursachen der Migräne

Die Auslösefaktoren sind vielfältig. Grundsätzlich spielt die Veranlagung zur Migräne eine Rolle. Vererbung scheint aber nur eine Voraussetzung zu sein. Oftmals löst ein Zusammenwirken verschiedener Bedingungen einen Migräneanfall aus. Aber auch Einzelfaktoren wie Stress und Ärger, Schock, Überanstrengung, Änderung von Gewohnheiten und Klima oder bestimmte Ernährungsfaktoren können Ursache sein. So sollen beispielsweise Schokolade, Rotwein, Käse und andere Milchprodukte, Gebratenes sowie Zitrusfrüchte Migräne erzeugen können. Aber auch Hormone und Licht kommen als Anlässe infrage. Genauso wurden schon Schmerzmittel als Auslöser registriert (z. B. Nitrate, Niefedipin, Phenazetin).

Migränepatienten stehen gewissermaßen unter Dauerstress. Gehirnstrommessungen haben ergeben, dass ihr Gehirn aktiver ist. Zu Migräneanfällen kommt es, wenn die Belastung abnimmt: am Feierabend, am Wochenende oder im Urlaub. Migräne wird durch psychische Faktoren beeinflusst.

SYMPTOME

Heftig pochender Kopfschmerz meist auf einer Seite, mit Sehstörungen, begleitet von Übelkeit und Erbrechen, der anfallartig anhält von zwei Stunden bis zwei Tagen. Migräne tritt in unregelmäßigen Abständen auf. Wer unter Migräne leidet, reagiert empfindlich auf laute Geräusche. Migräne kann sich etwa 30 Minuten vor dem Anfall ankündigen, beispielsweise mit Flimmern, Lichtblitzen oder Sternchen vor den Augen, Einschränkung des Gesichtsfeldes, Ohrensausen, Schwindel, Sprachproblemen oder Hautkribbeln.

Wann zum Arzt?

- Wenn heftige Kopfschmerzen schlagartig auftreten.
- Wenn die Kopfschmerzen länger als vierzehn Tage anhalten.

Kopfschmerzen ➵ Seite 222

So beugen Sie vor

- Halten Sie sich fit. Viel Bewegung und Sport trainieren nicht nur die Muskeln, sondern auch den Kreislauf und die Blutgefäße. Davon profitiert das Gehirn. Ausdauertraining ist empfehlenswert: Jogging, Wandern, Schwimmen, Radfahren.
- Erlernen Sie Entspannungstechniken, wie autogenes Training oder auch muskelentspannende Übungen.
- Vermeiden Sie Unregelmäßigkeiten in Ihrem Tages- und Lebensrhythmus. Sie sind oft Initiatoren für Migräneanfälle.
- Gehen Sie vorsichtig mit Parfümen, Duftstoffen und Aromen um. Duftstoffe gehören zu den Hauptauslösern von Migräne.
- Nehmen Sie sich öfter einmal zurück. Machen Sie eine Pause. Versuchen Sie sich dabei zu entspannen: Ruhe, Dunkelheit, hinlegen, Augen schließen.

Über die Ursachen von Migräne besteht bislang Uneinigkeit. Einig sind sich die Forscher darüber, dass Migränepatienten den Schmerz keineswegs simulieren.

Wenn der Kopf zu bersten droht

Führen Sie ein Schmerz-Tagebuch ...
... um Ihren ganz persönlichen Schmerzauslösern auf die Spur zu kommen. Notieren Sie Ihre Migräneattacken, und schreiben Sie auf, was Sie gegessen haben sowie welche inneren und äußeren Bedingungen herrschten. Vergessen Sie nicht, was Sie schon im Vorfeld und später akut gegen die Schmerzen unternommen haben und wie lange die Attacken jeweils anhielten. Notieren Sie auch die Begleitsymptome.

Was Sie selbst tun können

Was bei Migräne lindernd, schmerzhemmend oder schmerzauslösend wirkt, ist von Patient zu Patient verschieden. Sie müssen mit der »Versuch-und-Irrtum-Methode« die positiven Mittel und Methoden für Ihre Migräne herausfinden.
Wenn sich die Schmerzen ankündigen, sollten Sie sofort eine Pause einlegen. Ruhen Sie aus, am besten, Sie legen sich hin. Augen zu, Dunkelheit, keine Geräusche. Wenn es Ihnen angenehm ist, lassen Sie sich sanft Schultern und Nacken massieren. Wenn Ihnen Wärme gut tut, legen Sie sich unter eine Infrarotlampe, vielleicht hilft auch ein warmes Bad.
Trinken Sie Silberweidenrindentee, eine alte Volksmedizin. Sie ist wirksam, da die Weidenrinde Salizin enthält, einen Stoff, der auch in Schmerzmitteln mit dem Wirkstoff ASS vorkommt. Verwenden Sie einen Kaltauszug: Zwei gehäufte Teelöffel Rinde auf einen halben Liter Wasser geben, acht Stunden ziehen lassen, danach einmal kurz aufkochen, abseihen und den Tee heiß oder kalt über den ganzen Tag verteilt trinken.

Was der Arzt tun kann

Schmerzmittel sind dann angebracht, wenn Sie es nicht mehr aushalten. Sie müssen ausprobieren, was Ihnen besser hilft. Schmerzmittel können unterschiedlich auf Migräne wirken. Einfache Schmerzmittel, z. B. ASS, Parazetamol, lindern die Schmerzen. Vorsicht ist jedoch bei so genannten Kombinationspräparaten, z. B. Spalt, Migränin, geboten.

Alternative Heilmethoden

Akupunktur, transkutane Nervenstimulation und Neuraltherapie haben gute Erfolge bei Schmerzbeseitigung und Heilung aufzuweisen. Wenden Sie sich an Ärzte und Heilpraktiker, die diese Heilmethoden praktizieren.
Versuchen Sie es mit Akupressur: drei bis fünfmal pro Tag, auch wenn Sie keine Schmerzen spüren, den Punkt Tai Yang (die Sonne) massieren. Er liegt etwa einen bis anderthalb Zentimeter hinter und knapp unterhalb des äußeren Endes der Augenbrauen. Dort befindet sich im Schädelknochen eine kleine Vertiefung. Mit den Fingerkuppen jeweils eineinhalb Minuten die nicht oder geringer schmerzende Seite, dann die schmerzende Seite massieren.

HOMÖOPATHIE

Medikament	Potenz	deutsche Bezeichnung	Dosis	Anwendung
Natrium muriaticum	D12	Kochsalz	Halbstündlich 5 Globuli bis zur Besserung nach maximal 2 Stunden	Bei hämmerndem, klopfendem, berstendem Schmerz, Sehstörungen
Cyclamen	D16	Alpenveilchen	Halbstündlich 5 Globuli bis zur Besserung nach maximal 2 Stunden	Bei Schwindel, Benommenheit, bohrendem Schmerz, der in Stirn und Schläfen schießt, Traurigkeit, Reizbarkeit
Sanguinara	D6	Blutwurz	Halbstündlich 5 Globuli bis zur Besserung nach maximal 2 Stunden	Bei Schmerzen auf der rechten Kopfseite, Verschlimmerung durch Lärm, Licht, Bewegung, wiederholung der Attacken in gleichen Abständen
Iris		Schwertlilie	Halbstündlich 5 Globuli bis zur Besserung nach maximal 2 Stunden	Bei Kopfschmerz auf der rechten Seite, andauernder Übelkeit und Stirnkopfschmerz
Pulsatilla	D12	Wiesenküchenschelle	Halbstündlich 5 Globuli bis zur Besserung nach maximal 2 Stunden	Bei halbseitigen, pulsierenden Schmerzen, schwerem Kopf, Linderung an frischer Luft

Adressen

Bundesverband Deutsche Schmerzhilfe e.V., Sietwende 20, 21720 Grünendeich, Telefon: 04142/810434, Fax: 04142/810435
DMKG, Zentrum für Naturheilkunde, Universität Kiel, Niemannsweg 147, 24105 Kiel, Telefon und Fax: 0431/5972603
Migräne Liga e.V., Westerwaldstraße 1, 65462 Ginsheim-Gustavsburg, Telefon und Fax: 06144/2211

Negative Duftmarke

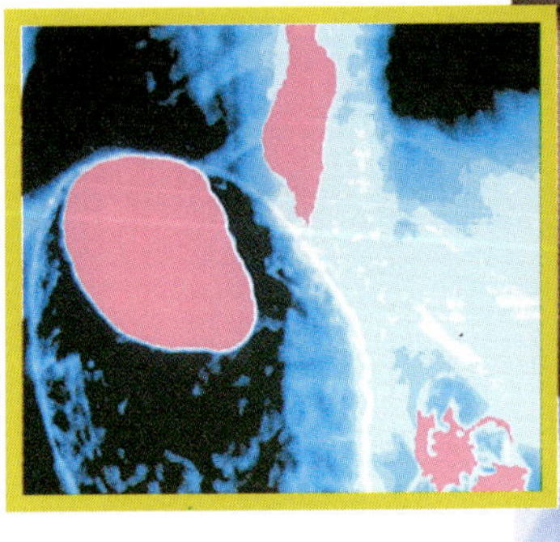

Mundgeruch verhindert oder zerstört Momente trauter Zweisamkeit.

Plötzlicher Mundgeruch ist nicht nur ein Hinweis auf das Essen vom Vortag, er ist auch eine Begleiterscheinung von Krankheiten und eine Auswirkung von Stress oder seelischen Konflikten.

Garantiert nicht kussfreundlich

Jeder Mensch riecht irgendwie aus dem Mund. Dafür tragen die Zusammensetzung des Speichels, die Bakterienflora auf der Mundschleimhaut sowie die Ausdünstungen von Speiseröhre und Lunge die Verantwortung.

Sympathiekiller Mundgeruch! **Mundgeruch macht einsam. Verzichten Sie gegebenenfalls auf Alkohol (»Fahne«) und Tabakgenuss, Zwiebeln und Knoblauch.**

Ursachen des Mundgeruchs

Essen von Zwiebeln, Knoblauch, Lauch oder damit gewürzten Speisen. Käse und Milchprodukte, Alkohol und Tabak hinterlassen ebenfalls unappetitliche Duftmarken. Grundloser Mundgeruch kann ein ernst zu nehmendes Zeichen für Erkrankungen sein.

So beugen Sie vor

Essen Sie Zwiebel- oder Knoblauchgerichte nur dann, wenn der Mundgeruch niemand stören kann. Üben Sie auch Zurückhaltung bei Käse, Milchprodukten und Fisch.

Putzen Sie sich nach dem Essen die Zähne. Mindestens zweimal täglich sollten Sie Ihren Mund gründlich von Speiseresten und Zahnbelag befreien.

Mundschleimhautentzündung
➵ **Seite 248**
Gastritis
➵ **Seite 230**
Bronchitis
➵ **Seite 80**

Behandlung von Mundgeruch in eigener Regie

- Lutschen Sie Pastillen oder Bonbons.
- Kauen Sie Kaugummis mit Zahnreinigungseffekt.
- Kauen Sie ein Büschel Petersilie, das kann Ihren Mundgeruch in Schach halten. Ähnlich wirken Pfefferminze und Salbei.
- Benutzen Sie ein Mundwasser. Das kann den Geruch positiv beeinflussen. Achtung: Mundwässer können die Mundschleimhaut reizen.

Mundwasser selbst gemacht

Mixen Sie sich Ihr eigenes Mundwasser selbst. Die Zutaten erhalten Sie in Naturkosmetikläden oder Apotheken:
Mischen Sie 100 Milliliter Pfefferminz- oder Salbeihydrolat mit je fünf Tropfen Teebaumöl, Lavendel- und Zitronenöl und einem Tropfen Thymianöl.
Von dieser Mischung geben Sie ein paar Tropfen ins Mundspülwasser. Mindestens eine Minute gurgeln, dann ausspucken.

HOMÖOPATHIE

Medikament	Potenz	deutsche Bezeichnung	Dosis	Anwendung
Chamomilla	D12	Echte Kamille	Halbstündlich 5 Globuli bis zur Besserung nach maximal 2 Stunden	Bei Mundgeruch nach dem Essen
Mercuris solubilis	D12	Quecksilber	Stündlich 5 Globuli bis zur Besserung nach maximal 5 Stunden	Bei Mundgeruch nach Zahnextraktion oder nach Entfernen von Amalgamplomben

Adressen

Informationsstelle der Deutschen Zahnärzte, Universitätsstraße 73, 50931 Köln, Telefon: 0221/40010

Wenn der Mund brennt

Vernachlässigte Mundhygiene ist Hauptursache für das Entstehen der Beschwerden.

Im Mund herrscht normalerweise ein ausgeglichenes Verhältnis unter den Bakterien. Sie sind meist nützliche Helfer. Doch wenn sie sich vermehren, schaden sie mehr als sie nützen.

Bakterienvermehrung stoppen

Solange das biologische Gleichgewicht in der Mundhöhle intakt ist, droht auch keine Erkrankungsgefahr.

Das biologische Gleichgewicht in der Mundhöhle kann z. B. durch die Einnahme von Antibiotika gestört werden. Auch Vitamin- und Mineralstoffmangel beeinflussen die Mundflora ungünstig.

SYMPTOME

Rötung und Schwellung der Mundschleimhaut, Brennen im Mund. Mitunter weiße Bläschen und Geschwüre. Belegte Zunge oder dunkelrote Färbung. Begleiterscheinungen: Schmerzen beim Kauen, beeinträchtigter Geschmack und penetranter Mundgeruch; bei Kleinkindern: Fieber.

Ursachen der Mundschleimhautentzündung

Meist sind Bakterien oder Viren für eine Erkrankung verantwortlich. Sie können jedoch erst zuschlagen wenn die Abwehrkräfte geschwächt sind oder ein Mindestmaß an Mundhygiene fehlt. Ein erhöhtes Risiko für eine Mundfäule besteht auch bei Verletzungen der Mundhöhle durch Verbrennungen, scharfkantige Zähne, Essbestecke oder durch Beißen. Tabakrauch und Reaktionen auf

Zahnersatzteile sowie gefährliche Stoffe am Arbeitsplatz können die Ursache für eine Mundschleimhautentzündung sein.
Nicht zuletzt spielen bakterielle Infektionen eine wichtige Rolle bei der Bildung von Mundfäule.

Es gibt immer einen Grund für die ungehemmte Bakterienvermehrung.

Wann zum Arzt?

Wenn trotz Selbstbehandlung die Symtome nicht zurückgehen, die Schmerzen größer werden, das Fieber steigt und wenn sich Geschwüre entwickeln.

So beugen Sie vor

- Pflegen Sie Ihren Mund gründlich.
- Grundsätzlich gilt: Küssen verboten!
- Rauchen Sie weniger oder gar nicht.

Hilfe bei Mundschleimhautentzündung

- Putzen Sie sich die Zähne mehrmals am Tag.
- Geben Sie für die Dauer der Krankheit das Rauchen auf.
- Achten Sie beim Essen darauf, dass die Speisen wenig Säure enthalten und nur mild gewürzt sind.
- Essen Sie Jogurt (natur). Schlucken Sie den Jogurt nicht sofort, sondern machen Sie damit eine Mundspülung.
- Mit Kaliumchlorat (aus der Apotheke) gurgeln.
- Spezielle Pasten (aus der Apotheke) werden auf Wunden im Mund aufgetragen.
- Geschwüre können mit einem Teebeutel behandelt werden: Bereiten Sie sich einen schwarzen Tee. Den Teebeutel lassen Sie abkühlen; wenn er eine verträgliche Temperatur hat, legen Sie den Teebeutel für ca. zehn Minuten auf das Geschwür.

Mundgeschwüre treten mitunter als Begleitsymptome auf. Sie sind sehr schmerzhaft und sollten unbedingt ärztlich behandelt werden: Geschwüre können ein Frühstadium von Mundkrebs sein.

HOMÖOPATHIE

Medikament	Potenz	deutsche Bezeichnung	Dosis	Anwendung
Mercurius solubilis	D12	Quecksilber	1-mal täglich 5 Globuli bis zur Besserung nach maximal 3 Wochen	Bei Schwellungen der Mundschleimhaut, geschwollener Zunge, viel Speichelfluss; wenn das Zahnfleisch blutet

Wer will Ihnen an den Kragen?

Häufig sind Muskelverspannungen die Ursache für Nackenschmerzen. Sport und regelmäßige Bewegung sorgen für Entspannung.

Die sprichwörtliche Angst im Nacken ist weiter verbreitet als Sie denken. Die meisten Nackenschmerzen entstehen durch Angst, Stress, Konflikte oder starke Belastung durch Arbeit und Beruf. Wer darunter leidet, jedoch die Ursache nicht beseitigt, gerät in einen Teufelskreis von Ursache und Wirkung. Eine Beseitigung der Schmerzen kann dauerhaft nur durch einen Abbau seelischer und körperlicher Überlastungen erfolgen.

Nackenschmerzen sind in der Regel das Resultat von Muskelverspannungen. Sie sind lästig und unangenehm. Nur in den seltensten Fällen deuten sie auf eine ernsthafte Erkrankung hin.

Wenn die Last zur dauernden Belastung wird

Körperliche, seelische oder auch geistige Überforderung äußern sich bei vielen Menschen durch Schmerzen im Bereich des Nackens und/oder der Schulter. Die Schmerzen sind ein deutliches Warnsignal des Körpers.

SYMPTOME

Schmerzen, Spannungen, meist diffus im Nacken-Schultern-Bereich, auf Druck punktuell lokalisierbar. Begleitet von Gereiztheit, Unbeweglichkeit, eventuell schiefem, steifem Hals, Müdigkeit, Konzentrationsschwäche; weitere Begleiterscheinungen: Erbrechen oder Fieber.

Ursachen von Nackenschmerzen

Viele Ursachen können Nackenschmerzen auslösen. In der überwiegenden Zahl der Fälle handelt es sich allerdings um Schmerzen, die durch Muskelverspannungen initiiert werden. Nackenschmerzen können eine Reaktion auf Unterkühlungen, z. B. Zugluft oder einfache statische Haltungsfehler sein, z. B. weil der Kopf bei einer Schreibtischtätigkeit ständig vornübergeneigt wird. Auch ständiges Seitwärtsdrehen des Kopfes kann zu einer Überlastung der Nackenmuskeln führen.

Überfordert

Die häufigsten Klagen über Nackenschmerzen werden von Menschen geäußert, die körperlich, geistig oder seelisch gefordert sind. Sie fühlen sich im wahrsten Sinn des Wortes zu sehr belastet. Als Last können wirken: Stress, Überforderung, Konflikte, Probleme, Komplexe, Sorgen, Angst oder Druck. Oft sind Menschen betroffen, die sich ständig beweisen müssen oder die glauben, dass alles an ihnen hängen bleibt. Diese Menschen können meist nicht abschalten und schleppen ihre gedankliche Last ständig mit sich umher. Oft können sie über die Probleme, die sie bedrücken nicht von sich aus sprechen.

Massagen können nicht nur die Symptome beseitigen

Die Sparmaßnahmen im Gesundheitswesen haben bewirkt, dass Massagen nur noch ungern von Ärzten verschrieben werden. Diese Streicheleinheiten wären völlig überflüssig, so der Tenor. Doch das Gegenteil ist der Fall: Kaum ein Medikament kann das Problem der Nackenschmerzen durch Muskelverspannungen so hervorragend lösen. Die Betroffenen können sich bei der Massage richtig entspannen. Und sie spüren, dass sie durch menschliche Kräfte von ihren Lasten befreit und wieder aufgerichtet werden und

Was die Haltung bewirkt

Wer den Kopf einzieht, weil er schwer zu tragen hat, macht unwillkürlich einen Buckel, er ist gebeugt. Dadurch werden die Muskeln im Nacken- und Schulternbereich angespannt. In diesem Zustand werden sie nur unzureichend mit Nährstoffen und Sauerstoff versorgt. Wird die Muskulatur nicht entspannt, verkrampfen sich die Muskeln und verhärten.
Jede Bewegung der verhärteten Muskulatur bedeutet noch mehr Schmerz. Der Betroffene nimmt unwillkürlich eine Schonhaltung ein und verkrampft dadurch noch mehr – ein Teufelskreis.

nicht von chemischen Erzeugnissen. Sie genießen Zuwendung, erfahren Verständnis und können sich zudem meist mit dem Massierenden über ihre Sorgen, Ängste und Konflikte unterhalten. Das kann ein erster Schritt in eine belastungsfreie Zukunft sein.

Wer viel am Schreibtisch und am Computer arbeiten muss, sollte folgende Tipps unbedingt beachten:

- **Wählen Sie einen Bürostuhl, der den ganzen Rücken stützt.**
- **Rollen Sie ein Handtuch zusammen und klemmen Sie es zwischen Rückgrat und Stuhllehne.**
- **Regelmäßig Pausen einlegen: aufstehen, bewegen, eventuell etwas Gymnastik.**
- **Kinn hoch! Vermeiden Sie es, den Nacken fortwährend gebeugt zu halten.**
- **PC-Bildschirm auf Augenhöhe; das verhindert Verkrampfungen im Nackenbereich.**

Entspannung und Stretching helfen

Üben Sie das Entspannen Ihrer Nackenmuskulatur. Wenn Sie am Schreibtisch oder Computer arbeiten: Legen Sie sich eine entspannte Sitzhaltung zu. Lehnen Sie sich zwischendurch öfter zurück – wenn Sie überlegen oder etwas lesen müssen – und legen Sie die Füße auf den Tisch.

Machen Sie regelmäßig Pause. Wenn Sie nicht daran denken, stellen Sie sich einen Wecker. Strecken und recken Sie sich dann. Besser noch: Machen Sie Übungen aus einem Stretchingprogramm. Diese Übungen helfen Ihnen, Ihre verspannte Muskulatur zu dehnen und zu entkrampfen. Erzwingen Sie die Dehnung aber nicht mit Kraft – Sie dürfen bei der Übungsdurchführung keine Schmerzen verspüren.

Vier Übungen für die Hals- und Nackenmuskeln

- Stellen Sie sich aufrecht. Lassen Sie Ihren Kopf sanft nach hinten fallen, bis Sie ein leichtes Ziehen in den Halsmuskeln verspüren. Bleiben Sie zehn Sekunden in dieser Position. Dann lassen Sie den Kopf wieder langsam nach vorne fallen.
- Fassen Sie mit der rechten Hand Ihren Hinterkopf, und ziehen Sie ihn leicht nach vorn und rechts bis Sie ein leichtes Ziehen auf der linken Nackenseite spüren. Das ist der Kapuzenmuskel, er wird jetzt gedehnt. Verharren Sie zehn Sekunden lang in dieser Position, dann vorsichtig nachgeben und loslassen. Wiederholen Sie die Übung mit der linken Hand, um den rechten Teil des Kapuzenmuskels zu dehnen.
- Legen Sie die linke Hand auf das rechte Ohr. Der Arm verläuft dabei über den Kopf. Ziehen Sie nun den Kopf nach links. zehn Sekunden verharren, dann langsam nachgeben. Damit strecken Sie den rechten Kopfwendemuskel. Wiederholen Sie die Übung mit der anderen Hand, um auch den linken Wendemuskel zu dehnen.
- Verschränken Sie beide Hände hinter dem Kopf, und ziehen Sie ihn vorsichtig nach vorn, so dass das Kinn an die Brust stößt. Zehn Sekunden verharren, dann locker lassen. Damit werden die Nackenmuskeln gedehnt.

Suchen Sie sich einen Sport, der Sie entlastet. Schwimmen und Radfahren entlastet die Muskulatur. Vielleicht sagt Ihnen aber auch der Besuch eines Fitnesscenters mehr zu. Hier können Sie an vielen Gymnastikkursen teilnehmen oder sich Übungen zur Kräftigung der Schulter- und Rumpfmuskulatur zeigen lassen.
Wenn Sie seelische Probleme haben, sollten Sie sich einem Therapeuten anvertrauen. Bei derartigen Belastungen können Massagen und Medikamente nur vorübergehend helfen, indem sie die Symptome lindern. Wird die Ursache nicht beseitigt, stellen sich die Nackenschmerzen bald wieder ein.

Meditation und autogenes Training können bei Verspannungen oder Verkrampfungen helfen.

HOMÖOPATHIE

Medikament	Potenz	deutsche Bezeichnung	Dosis	Anwendung
Rhus toxicodendron	D12	Giftsumach	1-mal täglich 5 Globuli bis zur Besserung	Wenn die Schmerzen schwächer geworden sind, der Muskel aber unbeweglich und steif ist
Ruta	D6	Weinraute	3-mal täglich 5 Globuli bis zur Besserung	Wenn noch nach 2 Tagen die Schmerzen gleich stark bestehen
Hypericum perforatum	C12	Johanniskraut	2-mal täglich 3 Globuli bis zur Besserung	Bei eingeklemmten oder verletzten Nerven
Bryonia	D6	Zaunrübe	Stündlich 5 Globuli bis zur Besserung nach maximal 5 Stunden	Bei Verspannungen: Die geringste Bewegung bereitet Ihnen Schmerzen

Adressen

Deutsche Gesellschaft für Muskelkranke e.V., Im Moos 4, 79122 Freiburg, Telefon: 0761/9447-0, Fax: 0761/9447-20
Deutscher Sportärztebund, Bergheimer Straße 118, 69115 Heidelberg, Telefon: 06221/601880, Fax: 06221/601881

Wenn die körpereigene Visitenkarte Macken hat

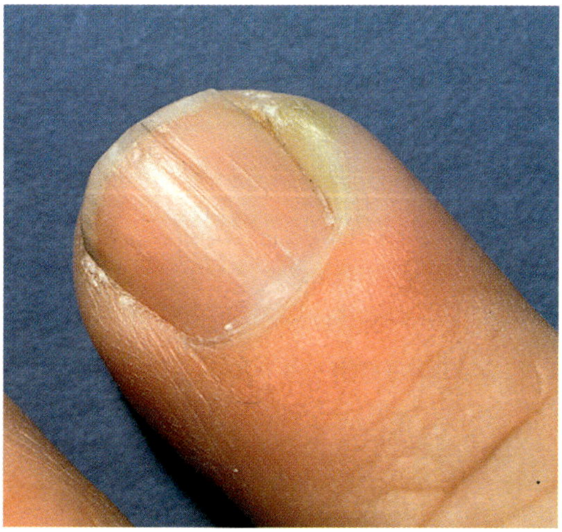

Oftmals hilft nur noch Nagellack, um den Schein der Schönheit zu wahren.

Die Fingernägel waren in der vorgeschichtlichen Zeit des Menschen scharfe Krallen und dienten vor allem als Werkzeuge und Waffen. Heute ist davon nur noch eine bescheidene Schutzfunktion übrig geblieben. Allerdings avancierten die Nägel zum ästhetischen Blickfang.

Die Nägel sind brüchig, fleckig, schuppen sich. Das lässt einen Rückschluss auf Seele und Gesundheit zu.

SYMPTOME

Brüchige, matte, schuppige, verformte, gespaltene und verfärbte oder sich ablösende Finger- oder Zehennägel.

Nagelbettentzündung: rote, angespannte Haut um den Nagel, Druckschmerz, in schweren Fällen Eiterbildung.

Die richtige Pflege für die Nägel

Oft, vor allem bei den Fußnägeln, werden beginnende Veränderungen nicht bemerkt oder missachtet. Eine regelmäßige Nagelpflege ist die sicherste Vorbeugung von Nagelschäden.

Ursachen von Nagelproblemen

Die häufigsten Ursachen sind Verletzungen und Traumatisierungen, Infektionen durch Bakterien oder Pilze, Ernährungsfehler und Vergiftungen. Nicht selten sind Durchblutungsstörungen und Erkrankungen Anlässe für eine Veränderung der Nägel. Es gibt aber auch typische Alterserscheinungen, z. B. Verdickungen.

Ein angeschlagener Nagel deutet oft auf eine Krankheit hin.

Mehr als nur Schutz

Wie die Haare sind auch die Nägel Horngebilde der Oberhaut. Sie geben den Spitzen der Finger und Zehen beim Greifen Halt und Festigkeit und dienen beim Tasten als Widerlager. Die gewölbte Nagelplatte ist sehr fest mit ihrer Unterlage, dem Nagelbett, verbunden. Ihr hinterer Teil steckt in der Nageltasche. Von hier aus wächst der Nagel in die Länge, das Wachstum der Dicke geht vom Nagelbett aus. Die Seitenränder des Nagels sind von einer Hautfalte, dem Nagelfalz, überwölbt. Ein Nagel wächst täglich etwa ein zehntel Millimeter.

Nägel sind ständig der Gefahr kleinerer Verletzungen ausgesetzt: Nässe, Kälte, Chemikalien, Wettereinflüsse oder Reibung sind alltägliche Risikofaktoren.

Eine Nagelbettentzündung ist sehr schmerzhaft

Die Verursacher sind Bakterien. Sie können jedoch erst dann ins Nagelbett eindringen, wenn der Nagel verletzt wurde. Unsachgemäße Nagelpflege, Überbeanspruchung, Unachtsamkeit, aber auch Nägelkauen können Verletzungen hervorrufen.
Fehler bei der Pflege sind: Die Nägel werden zu kurz geschnitten. Vornehmlich an den seitlichen Rändern, dann können die Nägel in das Nagelbett einwachsen. Auch wenn die Nagelhaut unsachgemäß mit einer Schere bearbeitet wird, kann sich das Nagelbett entzünden. Vielfach trägt sogar das Zurückschieben des Nagelhäutchens aus kosmetischen Gründen mit Holz oder Pflegeinstrumenten zur Nagelbettentzündung bei. Das Häutchen liegt normalerweise eng auf dem Nagel an und schützt das Nagelbett vor eindringenden Keimen. Wird es verschoben, entsteht ein Spalt, durch den Bakterien eindringen können.

Achtung!
Vor allem Zuckerkranke und Personen, deren Hände immer wieder länger im Wasser sind, haben ein erhöhtes Entzündungsrisiko.

Wann zum Arzt?

Wenn die Entzündung ungewöhnlich schmerzhaft ist und außerdem stark eitert.

So beugen Sie vor

- Ziehen Sie bei längeren Arbeiten im Wasser, Handschuhe an.
- Halten Sie die Nägel sauber; auch Fußnägel sollten Sie öfter reinigen und pflegen.
- Kürzen Sie die Nägel nicht zu stark, schneiden Sie Nagelhäute auf dem Nagel und am Nagelfalz nicht ab, drücken Sie das auf dem Nagel liegende Häutchen möglichst nicht mit einem Holzstäbchen oder anderen Pflegeinstrumenten nach unten. Ansonsten könnten Keime in das Nagelbett dringen und zu Entzündungen führen.
- Rissige Nagelhaut sollten Sie mit Hautcreme oder mit speziellen Bädern pflegen. Massieren Sie nach dem Baden Nagel und Nagelhaut mit speziellen Cremes oder Ölen.

Sind Bakterien die Auslöser einer Nagelbettentzündung, werden vom Arzt in der Regel Antibiotika (Cremes, Salben) verordnet. Die Entzündung heilt zügig ab. Bei Pilzinfektionen hingegen dauert der Heilungsprozess oftmals Monate. Pilzmittel (Salben, Tabletten) müssen auch dann noch eingenommen werden, wenn die Anzeichen der Entzündung bereits nicht mehr sichtbar sind: Pilze können nach wie vor im Gewebe »eingelagert« sein.

Hilfe bei Nagelbettentzündung

- Finger- oder Fußbad in Teebaumöl – acht Tropfen Teebaumöl in eine kleine Schale mit warmem Wasser, zehn Minuten darin baden. Das Teebaumöl wirkt desinfizierend und pilzhemmend. Wenden Sie das Bad nicht an, wenn Sie auf Teebaumöl allergisch reagieren. Klären Sie zunächst in einen Test Ihre Empfindlichkeit!
- Baden Sie Finger oder Zehen in Eichenrindentee – zwei Teelöffel Eichenrinde mit einem Viertelliter kochendem Wasser brühen, zehn Minuten ziehen lassen, abseihen, abkühlen lassen. Baden Sie Fingerspitzen oder betroffene Zehen zehn Minuten lang darin. Eichenrinde wirkt durch den hohen Gehalt an Gerbsäure adstringierend (zusammenziehend und trocknend).
- Verwenden Sie bei einer eiternden Entzündung Ichthyole (z. B. Ichtholan-Salbe 10%, 20% oder 50%). Sie wirken durch ihren hohen Teergehalt bakterizid. Salben mit diesem Wirkstoff werden dick aufgetragen und zum Schutz der Kleidung mit einer Kompresse, Binde oder einem Pflaster abgedeckt.
- Tragen Sie Ringelblumensalbe auf; lassen Sie sich eine Creme in Ihrer Apotheke nach Ihren Wünschen – fett- oder wasserhaltig – zubereiten.

Aus Hautrissen können Entzündungen entstehen

Die kleinen Hautfetzen rund um den Nagel wären eigentlich nicht der Rede wert. Aber die Haut steht ab und stört, man bleibt damit überall hängen. Da hilft eigentlich nur, das freie Ende abzuschneiden. Doch Vorsicht: Ist die Haut hart und spröde, sollten Sie vorher ein Fingerbad nehmen, z. B. in Teebaumöl. Dann verhindern Sie, dass die Haut beim Abschneiden noch weiter einreißt. Häufig reißen nervöse, unruhige Menschen die Hautfetzen ab. Dann kann aus dem harmlosen Hautfetzen eine schmerzhafte Entzündung entstehen.

Eingewachsene Nägel entstehen ...

... wenn Finger- oder Fußnägel an den seitlichen Rändern zu stark gekürzt werden. Dann wachsen die Nägel in den umgebenden Nagelfalz ein und verursachen Druckschmerzen, die letztlich eine Nagelbettentzündung auslösen können.

So beugen Sie vor

Beugen Sie vor, indem Sie die Nägel, besonders die äußeren Kanten am Nagelfalz, möglichst gerade kürzen (nicht rund). Haben Sie den Nagel nun doch einmal zu kurz geschnitten, verhindern Sie eine Entzündung, indem Sie ein Stoffstückchen vorsichtig unter den Nagelrand schieben und zweimal täglich wechseln. Dann kann der Nagel nicht einwachsen. Sie können sich jedoch auch in einer medizinischen Fußpflege helfen lassen.

Wenn sich eine schmerzhafte Entzündung bemerkbar macht, die Sie selbst nicht eindämmen können, sollten Sie Ihren Arzt aufsuchen. Bei brüchigen oder dicken Nägeln, gelblich verfärbten Fußnägeln, Spaltnägeln, Krallennägeln, sich ablösenden Nägeln, Grübchen oder Tupfen auf Finger- oder Fußnägeln, sollten Sie stets einen Arzt aufsuchen. Nur er kann die Ursachen der Veränderungen feststellen und weitere Behandlungsschritte einleiten. In der Regel genügt bereits eine regelmäßige medizinische Mani- und/oder Pediküre.

Auf die richtige Nagelpflege kommt es an:
- **Nägel regelmäßig schneiden**
- **Zehennägel gerade abschneiden**
- **Nagelhäutchen nicht entfernen**
- **Nagellack und Nagellackentferner nicht zu oft und sparsam verwenden**
- **Brüchige, trockene Nägel in Pflanzenöl baden**
- **Besonders ältere Menschen sollten regelmäßig zur Fußpflege gehen**

HOMÖOPATHIE

Medikament	Potenz	deutsche Bezeichnung	Dosis	Anwendung
Hepar sulfuris	D6	Kalkschwefelleber	3-mal täglich 5 Globuli bis zur Besserung	Bei Nagelbettentzündung mit Eiterbildung

Adressen

Bundesverband Deutscher Kosmetikerinnen, Liesegangstraße 10, 40211 Düsseldorf, Telefon: 0211/365891

Ein Ventil für hohen Druck

Nasenbluten tritt meist ohne ersichtlichen Grund auf.

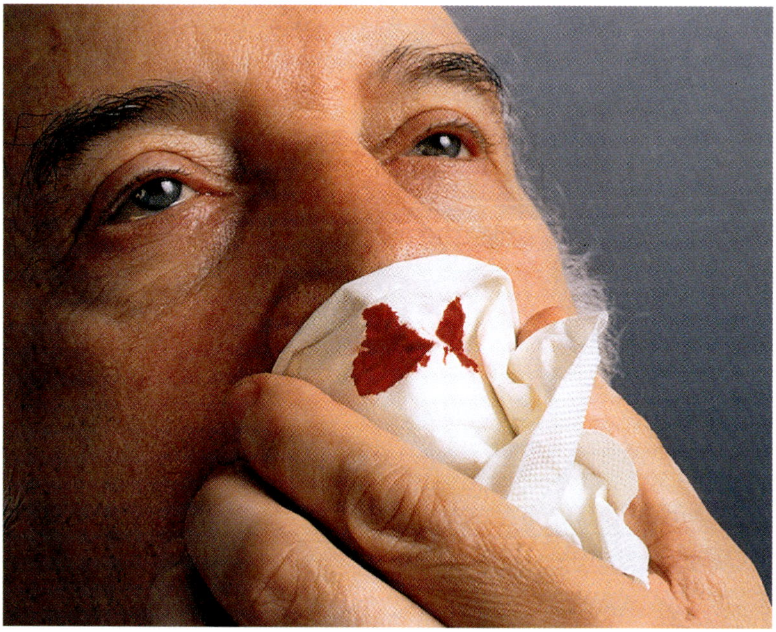

Ohne ersichtlichen Grund kann die Nase bluten. Das muss nicht schlimm sein. Oft stecken starke psychische Anspannungen oder Dauerstress dahinter. In jedem Fall von Nasenbluten: Keinesfalls den Kopf nach hinten legen, sondern nach vorn beugen.

Symptom mit vielen Ursachen

Auch wenn bei Nasenbluten das Blut in regelrechten Bächen aus der Nase fließt, so ist es in der Regel ungefährlich und kann leicht gestoppt werden. Nur in seltenen Fällen kommt es zu extremem Blutverlust.

Es gibt Menschen, die nur dann aus der Nase bluten, wenn sie von einem heftigen Schlag getroffen wurden. Andere wiederum bluten ohne ersichtlichen Grund.

SYMPTOME

Blut tritt aus einem oder beiden Nasenlöchern aus. Meist gibt es keine Schmerzen. Gelegentlich tritt Nasenbluten in Verbindung mit Kopfschmerzen auf.

Ursachen von Nasenbluten

Nasenbluten ist eine Reaktion der Nasenscheidewand im vorderen Teil der Nase auf Verletzungen. Die gut durchbluteten Gefäße liegen sehr nah an der Oberfläche. Schon ein geringer Außendruck, etwa beim Schnäuzen oder durch einen Fremdkörper, z. B. Finger, Bleistift, kann zu Nasenbluten führen. Schläge oder Stöße haben fast immer Nasenbluten zur Folge.

Nasenbluten kann aber auch ein Symptom für einige Infektionskrankheiten sein, z. B. Typhus. Aber auch bei Gefäß- und Kreislauferkrankungen (Bluthochdruck), Vitamin-K-Mangel oder bei Skorbut kann die Nase heftigst bluten. Und auch eine Austrocknung der Nasenschleimhaut kann zu Nasenbluten führen. Beeinflussende Faktoren sind Stress oder große psychische Spannungen. Sie führen zu einer Erhöhung des Blutdrucks. Die feinen Blutgefäße in der Nase können dadurch leicht platzen. Blutverdünnende Medikamente (z. B. Macumar, ASS) und die Antibabypille können Nasenbluten begünstigen.

Kopf nicht nach hinten legen, sondern nach vorne beugen. Das Blut läuft sonst in den Rachen und muss entweder geschluckt oder ausgespuckt werden.

Wann zum Arzt?

- Wenn das Nasenbluten direkt nach einem Schlag auf den Kopf auftrat, ohne dass dabei die Nase verletzt wurde. Dann konnte ein Schädelbruch die Ursache sein. Holen Sie sofort den Rettungsdienst oder den Notarzt!
- Wenn Sie einen Schlag auf den Nacken bekommen haben oder heftig mit dem Kopf angestoßen sind.
- Wenn das Nasenbluten trotz Behandlung noch nach 20 Minuten unvermindert anhält.
- Wenn Sie öfter oder regelmäßig Nasenbluten ohne konkreten Grund bekommen.

Heftiges Schnäuzen kann eine Blutung in der Nase auslösen.

So beugen Sie vor

- Schützen Sie die Nasenschleimhaut vor dem Austrocknen durch regelmäßige Spülungen mit salzhaltigem Wasser.
- Vermeiden Sie heftiges Schnäuzen.
- Stecken Sie keine Fremdkörper in die Nase.

Erste Hilfe – Kopf nach vorn

So helfen Sie sich selbst

- Beugen Sie den Kopf nach vorn, und drücken Sie mit Daumen und Zeigefinger die vordere Nasenhälfte fest zusammen. Den Druck fünf bis zehn Minuten belassen. Dabei müssen Sie durch den Mund atmen.

Vorsicht mit Kosmetik- oder Papiertaschentüchern. Sie können leicht verkleben. Besser eignen sich Watte oder Verbandmull, um die Blutung zu stoppen.

- Kühlen Sie mit Eis. Das mindert den Blutfluss. Dabei wird eine Eispackung auf die Nasenwurzel gedrückt. Legen Sie immer ein Tuch zwischen Kältepackung und Haut, um einen Kälteschaden zu vermeiden.
- Legen Sie einen nassen Lappen oder eine Eispackung in den Nacken (bei Eis: nie direkt auf die Haut legen). Das bewirkt eine Blutstillung in der Nase.
- Formen Sie einen schlanken Tampon aus Watte oder Mull und stecken Sie ihn einfach in die Nase. Drücken Sie dann mit Daumen und Zeigefinger die Nase zusammen. In der Apotheke erhalten Sie blutstillende Nasentampons.
- Den so genannten Löschblatttrick sollten Sie ausprobieren, vielleicht funktioniert er bei Ihnen: Ein kleines Stück Löschblatt zwischen Zähne und Oberlippe legen. Damit kann ein Reiz ausgelöst werden, der die Blutgefäße der Riechschleimhaut zusammenzieht.

Nicht in der Nase bohren!

Der Heilungsprozess der verletzten Blutgefäße dauert etwa sieben bis zehn Tage. Die Blutung ist zwar gestoppt und die Verletzung durch Schorf abgedichtet; wird der Schorf jedoch zu früh entfernt, beginnt die Blutung erneut.

Alternative Heilmethoden

Wenden Sie Akupressur an: Der Druckpunkt zum Abstellen des Nasenblutens liegt im Nacken zwischen dem letzten Halswirbel und dem Kopf. Vorsichtiges Massieren dieser Stelle kann die Blutung stillen.

HOMÖOPATHIE

Medikament	Potenz	deutsche Bezeichnung	Dosis	Anwendung
Arnica	D6	Arnika	Anfangs alle 10 Minuten, später halbstündlich 5 Globuli einnehmen, maximal über 2 Stunden	Nach körperlicher Anstrengung oder Schlag, Stoß oder Verletzung der Nasenschleimhäute
Aconitum	D6	Eisenhut	Anfangs alle 10 Minuten, später halbstündlich 5 Globuli einnehmen, maximal über 2 Stunden	Bei heftiger Erregung und Angst
Phosphorus	D12	Phosphor	Anfangs alle 10 Minuten, später halbstündlich 5 Globuli einnehmen, maximal über 2 Stunden	Bei Neigung zum Nasenbluten oder häufigem Nasenbluten beim Naseputzen
Ferrum phosphoricum	D6	Phosphorsaures Eisen	Anfangs alle 10 Minuten, später halbstündlich 5 Globuli einnehmen, maximal über 2 Stunden	Bei Nasenbluten von Kindern, die empfindlich und schnell erschöpft sind
Hamamelis	D6	Zaubernuss	Anfangs alle 10 Minuten, später halbstündlich 5 Globuli einnehmen, maximal über 2 Stunden	Bei dunklem Blut, Gefühl der Enge in der Nase und Druck zwischen den Augen

Überreaktion der Haut

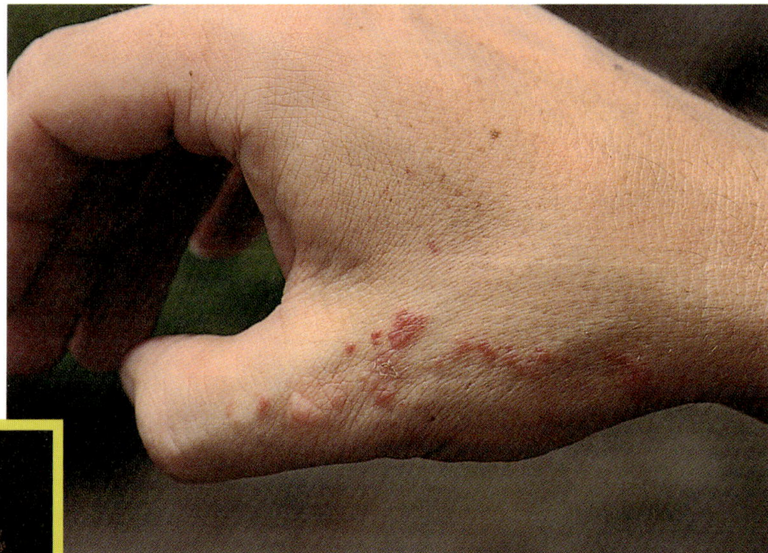

Typische Quaddeln einer Nesselsucht (rechts). Meist ist der Auslöser eine allergische Reaktion auf bestimmte Lebensmittel (unten).

Es ist, als ob Brennnesseln die Haut berührt hätten: Erst sind nur kleine rote Punkte sichtbar, am Ende gibt es dicke Quaddeln oder die Haut ist flächig hellrot angelaufen. In vielen Fällen ist die Nesselsucht nach ein bis zwei Stunden wieder verschwunden. Häufig tritt die Krankheit aber in unperiodischen Schüben auf. Sie ist dann nicht nur lästig, sondern kann sogar gefährlich werden.

Wenn die Haut juckt, brennt und sich rötet

In der Bundesrepublik erkranken jährlich etwa 900.000 Menschen an Nesselsucht, wobei der Frauenanteil doppelt so hoch ist wie der Anteil der Männer.

Die für die Nesselsucht typischen Quaddeln entstehen durch die Abwehrreaktion bestimmter Zellen des Körpers, die besonders in der Nähe von Blutgefäßen zu finden sind. Aufgrund dieser Reaktion wird vermehrt Histamin – ein Gewebshormon – freigesetzt. Die Wände der Gefäße quellen dadurch auf, werden durchlässig, und es entstehen die charakteristischen Schwellungen – gleichsam als Barriere gegen das Allergen.

SYMPTOME

Zunächst punktartige hellrote Flecken, die später zu unterschiedlichen Größen anschwellen. Oft erhaben, nässend und mit quälendem Juckreiz verbunden. Meist beginnt die Nesselsucht an Händen, Hand- und Fußgelenken, Unterarmen und Waden oder auf dem Fußrücken und breitet sich von dort bis zur Körpermitte aus. Es gibt jedoch auch Erkrankungen, die auf umgekehrtem Weg voranschreiten oder nur bestimmte Zonen (z. B. Mund, Unterarme, Unterschenkel, Genital- und Analbereich) belegen.

Ursachen der Nesselsucht

Die Ursachen für das Entstehen bleiben meist unbekannt. Der häufigste Anlass ist jedoch eine allergische Reaktion. In diesem Zusammenhang werden oft Lebensmittel wie Schellfisch, Süd- und Zitrusfrüchte, Kiwis, Nüsse, Sellerie oder Erdbeeren genannt. Neueste Forschungen lassen vermuten, dass eher oder auch ein Hautkontakt mit allergenen Stoffen zur Nesselsucht führt. Solche Stoffe können sein: Parfüm, Säuren und Laugen, Alkohol und Lösungsmittel, Insektengifte, Pflanzensäfte oder -gifte. Ein typischer Allergieauslöser ist beispielsweise Nickel.

Allergie
➳ Seite 22

Medikamente können ebenfalls Nesselsucht bewirken, beispielsweise ASS, Penizillin, Sulfonamide oder auch Barbiturate. Solche Intoleranzen gegenüber Arzneimitteln können lebensgefährliche Auswirkungen haben.

Wespen- und Bienengifte können ebenso Nesselsucht auslösen wie Säfte von Tomaten, Seidelbast, Brennnesseln oder Eisenhut.

Nesselsucht kann allerdings genauso aufgrund psychischer Belastungen ausgelöst werden. Zumindest werden Entwicklung und Verlauf der Krankheit durch die psychische Verfassung beeinflusst.

Achtung Lebensgefahr!

Generell besteht bei massivem Auftreten von Nesselsucht akute Schockgefahr. Nesselsucht ist keine Bagatellerkankung. Besonders bei allergischer Reaktion auf Medikamente besteht die Gefahr eines anaphylaktischen Schocks.

Schock
➳ Seite 326

Nesselsucht vermeiden

- Meiden Sie die Auslöser. Dazu müssen Sie jedoch wissen, auf welchen Stoff Sie mit Hautausschlag reagieren. Ein Allergietest hilft, die entsprechenden Stoffe zu bestimmen.

Fotoallergische Reaktion ...

... nennt man eine Form der Nesselsucht, die erst entsteht, wenn die Sonne auf die betroffenen Hautbereiche scheint. Ohne UV-Licht zeigt die Haut keine oder nur eine schwache Reaktion, erst mithilfe der Sonnenstrahlen entwickelt sich dann eine erhebliche Veränderung. Beispielsweise erzeugen Berührungen mit Blättern und Saft der Herkulesstaude (Riesenbärenklau) bei Sonnenbestrahlung verbrennungsähnliche nässende Reaktionen.

- Meiden Sie Berührungen der unbedeckten Haut mit Gegenständen, die nicht ausdrücklich für Sie als unbedenklich gelten. Darüber hinaus sollten Sie Tuchfühlung mit Pflanzen, Tieren, Chemikalien oder Metallen verhindern.
- Waschen Sie Obst und Gemüse vor dem Verzehr gründlich.
- Achten Sie auf die Zusammensetzung von Lebensmitteln. In der Zutatenliste sind die meisten Inhaltsstoffe aufgeführt. Ist eine Zutat dabei, die bei Ihnen eine Nesselsucht auslöst (Allergietest), wählen Sie ein unbedenkliches Produkt.
- Wenn Sie die Substanz nicht kennen, die bei Ihnen Nesselsucht hervorruft, hilft eventuell eine Umstellung auf Waren aus ökologisch oder biologisch kontrolliertem Anbau.
- Bevor Sie Medikamente einnehmen, lesen Sie unter Nebenwirkungen im Beipackzettel nach, ob allergische Hautreaktionen erfolgen können.
- Bei Nesselsucht durch Nickel: Lackieren Sie alle Gegenstände aus Nickel, die Sie am Körper tragen, mit Zaponlack. Auch Knöpfe und Häkchenverschlüsse von Bodys oder Büstenhaltern kann man damit isolieren.

Hilfe bei Nesselsucht

Wann zum Arzt?

Wenn die Hautrötungen nicht innerhalb von wenigen Stunden verschwunden sind oder Sie häufig darunter leiden, sollten Sie Ihren Arzt aufsuchen.

So helfen Sie sich selbst

- Trocknen Sie nässende, juckende Bläschen mit Eichenrindenaufguss, Bädern mit Tannin oder Extractum Hamamelis aus. Auch Tee aus Roterle enthält adstringierende Gerbsäure. Adstringierende (zusammenziehende) Substanzen gerben die Haut und beseitigen Wasseransammlungen.
- Setzen Sie Antihistaminika (verschreibungspflichtig) ein, wenn Sie es nicht mehr aushalten. Diese Medikamente verringern die Histaminproduktion, die für die Überreaktion der Abwehrkräfte verantwortlich sind. Lassen Sie sich unbedingt von Ihrem Arzt beraten und wägen Sie mit ihm mögliche Nebenwirkungen ab.
- Gute Wirksamkeit haben auch cromoglicinsäurehaltige Medikamente bewiesen. Achtung: Sie wirken erst nach einigen Tagen.

• Sofortige Besserung erzeugen kortisonhaltige Präparate. Auch ihre Anwendung sollten Sie mit dem Arzt absprechen. Äußerlich anwendbare Mittel wie Salben haben verhältnismäßig geringe Nebenwirkungen.
• Pheniramin ist ein wirksames Antiallergikum bei Nesselsucht. Achtung Autofahrer: Der Wirkstoff macht müde.

Stellen Sie eine Salzwasserlösung her: Zwei bis drei Esslöffel Salz in einem Liter Wasser auflösen, ein Handtuch tränken und etwa zehn Minuten auf die juckende Hautpartie legen; anschließend lauwarm abwaschen.

Alternative Heilmethoden

Setzen Sie Teebaumöl ein. Das verringert den Juckreiz. Das Öl wird pur – ein bis zwei Tropfen – auf die juckende Stelle gegeben und sanft verrieben.

HOMÖOPATHIE

Medikament	Potenz	deutsche Bezeichnung	Dosis	Anwendung
Urtica urens	D8	Brennnessel	3-mal täglich 3 Globuli bis zur Besserung nach maximal 1 Woche; halbstündlich 3 Globuli über maximal 1 Tag	Bei akuter allergischer Reaktion Bei brennendem und juckendem Ausschlag
Alumina	D12	Tonerde	3-mal täglich 3 Globuli bis zur Besserung	Bei nicht juckenden kleinen Bläschen
Rhus toxicodendron	D12	Giftsumach	Stündlich 3 Globuli bis zur Besserung	Bei Ausschlag mit Bläschen und wenn sich die Beschwerden bei kühler feuchter Luft verschlimmern

Adressen

Deutsche Haut- und Allergiehilfe, Fontanestraße 14, 53173 Bonn, Telefon: 0228/351091, Fax: 0228/363743
Deutsche Allergie- und Asthmahilfe, Bonusstraße 32, 21079 Hamburg, Telefon: 040/7631322, Fax: 040/7631339

Wie angeflogen

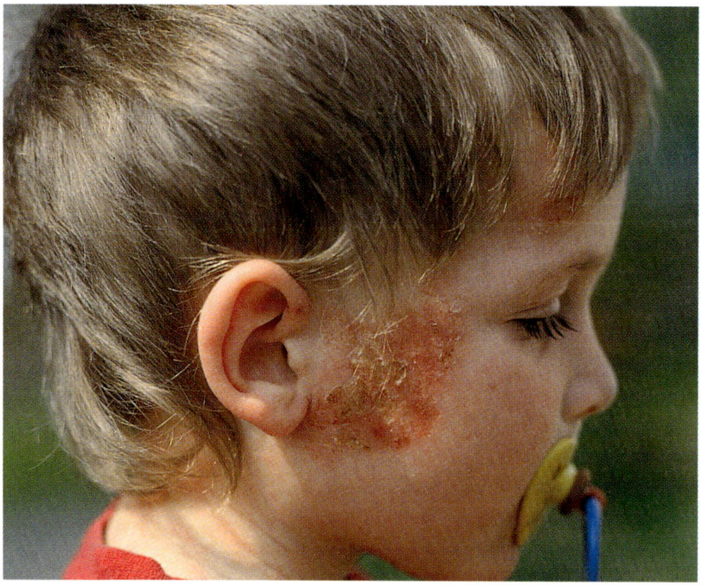

Neurodermitis kann sich in der frühkindlichen Phase entwickeln oder erstmals auftreten.

Quälender Juckreiz, wunde Stellen in Armbeugen, Kniekehlen und am Gesäß: Das ist das Erscheinungsbild einer Neurodermitis. Ständiges Kratzen erzeugt einen Teufelskreis. Es entstehen entzündliche Wunden, die mit erneutem Juckreiz zum Kratzen verleiten. Die Veranlagung für diese Krankheit wird vermutlich vererbt – aber auch Umweltfaktoren scheinen erheblichen Einfluss zu besitzen. Die Krankheit verläuft in Schüben und ist chronisch. Die Behandlung verlangt sehr viel Engagement und Geduld der Betroffenen sowie deren Angehörigen, ist jedoch meist unbefriedigend, denn es gibt keine Heilungsmöglichkeit für diese Erkrankung. Lediglich die Behandlung der Symptome zeigt bislang gute Erfolge.

Rund 17 Millionen Bundesbürger haben die Veranlagung zu Neurodermitis, etwa vier Millionen Menschen leiden darunter. Sieben bis zehn Prozent der Patienten sind Säuglinge.

SYMPTOME

Bei Säuglingen: Milchschorf, ab drittem Monat Rötungen, Bläschenbildung, Schuppung im Gesicht und an der Kopfhaut.
Kleinkinder: Juckende schuppige, manchmal auch nässende gerötete Haut, die meist aufgekratzt wird, trockene, gerötete schuppige Stellen im Gesicht, am Ohrläppchenansatz, hinter den Ohren, im Nacken, in den Armbeugen und Kniekehlen.
Bei Jugendlichen und Erwachsenen sind vielfach auch Gesäß, Hals, Brust und Schultern betroffen. Werden die Stellen aufgekratzt, entstehen oft lokale Infektionen. Beim Bluttest ist ein erhöhter Immunglobulinspiegel festzustellen.

Meist verschwindet Neurodermitis mit der Pubertät

Neurodermitis betrifft alle Altersklassen und Männer ebenso häufig wie Frauen. Mit zunehmendem Alter nimmt die Intensität dieser Erkrankung ab, oft verschwindet sie um das dreißigste Lebensjahr völlig.

Das Risiko, an Neurodermitis zu erkranken, besteht generell in allen Altersklassen. Meist verläuft die Krankheit in Schüben. Durch die Krankheit sind nicht nur die Betroffenen belastet, sondern häufig die ganze Familie. Depressionen, Selbstzweifel und Unsicherheit können psychotherapeutische Hilfe nötig machen.

Ursachen der Neurodermitis

Eine präzise Ursache wurde bisher wissenschaftlich nicht eindeutig belegt. Veranlagung und Umwelteinflüsse sind jedoch zwei bedeutende Ursachenkomponenten. Aber auch psychische Verfassung, Klima und Jahreszeit sind mitbestimmende Faktoren. Bei Babys und Kleinkindern kann Neurodermitis oft durch falsche Ernährung – verfrühte Beikost mit allergenen Inhalten – ausgelöst werden. Selbst wenn dann die Krankheit nicht unmittelbar darauf ausbricht, kann sie noch im Verlauf der nächsten 50 Jahre auftreten.
Bei etwa vier von fünf Kindern besteht die Chance, dass die Krankheit mit der Pubertät verschwindet. Sie kann jedoch später immer wieder auftreten – eine Immunität ist nicht gewährleistet.

Der Neurodermitis keine Chance

- Bei Babys kann eine lange Stillzeit über acht Monate die Gefahr einer Neurodermitis fast völlig ausschalten. Wenn in dieser Zeit Beikost gegeben wird, dann sollte dies frühestens ab dem fünften Monat geschehen. Achten Sie darauf, dass die Nahrung als ausdrücklich allergenfrei gekennzeichnet ist.
- Wird Fertigmilch verwendet, sollte auf so genannte HA-Nahrung (Hypoallergene = nicht allergene Nahrung) zurückgegriffen werden.
- Leiden Sie unter trockener Haut, dann cremen Sie sich regelmäßig mit feuchtigkeitsspendenden Lotionen ein.
- Reizklima, z. B. an der See oder im Hochgebirge, wirkt sich positiv auf Haut und Nervenkostüm aus und hilft im Sinne einer Klimatherapie. Klimakuren sind auch als Vorbeugung geeignet.
- Während der Schwangerschaft sollte die Mutter keinesfalls rauchen, Belastungen durch Passivrauchen vermeiden und auf alkoholische Getränke verzichten. Haustiere sollten aus der häuslichen Umgebung gegebenenfalls entfernt werden.

Die Anlage zu Neurodermitis ist vermutlich erblich und wird zudem durch Umwelteinflüsse verstärkt.

Individuelle Behandlung ist gefragt

Grundsätzlich gilt: Es gibt kein generalisiertes Behandlungsschema. Die Behandlung muss individuell ausgerichtet werden. Selbsthilfe kann zu guten Erfolgen führen.

Kortison – Wundermittel oder Beelzebub?
Kortison ist auch bei Neurodermitis hervorragend geeignet, allerdings sollte es nur in Notsituationen eingesetzt werden. Beispielsweise um den Teufelskreis von Psyche und Krankheit zu unterbrechen.

Wann zum Arzt oder Heilpraktiker?

- Wenn der Verlauf der Neurodermitis schwere Störungen für Gesundheit und Psyche bedingt.
- Wenn die Eltern oder Angehörigen überfordert sind.
- Wenn die Schübe Depressionen hervorrufen.
- Wenn Sie oder das Kind trotz Vorsichtsmaßnahmen die Haut aufkratzen und es zu Infektionen kommt.

Was Sie selbst tun können

- Schaffen Sie eine ausgewogene emotionale Basis. Hilfreich sind Entspannungstechniken oder autogenes Training.
- Beschäftigen Sie Ihre Hände oder das Kind, um vom Kratzen abzulenken. Für Kinder gibt es spezielle Schlafanzüge, die das Kratzen auch nachts verhindern.
- Fahren Sie zum Kuraufenthalt ins Hochgebirge über 1500 Höhenmeter bzw. an die See. Hautärzte befürworten einen Aufenthalt in reizklimatischer Umgebung zur Behandlung von Neurodermitis. Gleiches gilt für die Bestrahlung mit kaltem UV-Licht – es soll die Hautstruktur verbessern.
- Meiden Sie Nahrungsmittel, die als mögliche Auslöser fungieren: z. B. Zitrusfrüchte, Erdbeeren, Eiklar, Nüsse, Schokolade, Sellerie, Kiwi, Hülsenfrüchte, möglicherweise auch Milch oder Soja. Oft werden auch Weißmehl und Zucker als Störenfriede genannt.
- Lindern Sie den Juckreiz mit Kälte. Geben Sie zerstoßene Eiswürfel in eine Plastiktüte, legen Sie ein trockenes Tuch auf die betroffen Stelle, die Eispackung darauf, und fixieren Sie die Packung mit einem Handtuch oder einer Binde. Lassen Sie die Kälte mindestens 15 Minuten einwirken. Sie können auch Cold-Hot-Packs, Kühlgele oder Kühlakkus aus der Tiefkühltruhe benutzen.

Suchen Sie sich eine Selbsthilfegruppe …
… das ist der beste Weg, mit der Krankheit leben zu lernen. Auch wenn innerhalb der Gruppen fragwürdige oder bedenkliche »Therapien« empfohlen werden sollten, bringt der Umgang mit gleichermaßen Betroffenen erhebliche Vorteile.

Vermeiden Sie direkten Hautkontakt mit …

… Reinigungsmitteln, Badezusätzen, Seifen und verwenden Sie stattdessen ausschließlich Ölbäder. Wenn Sie andere Substanzen

verwenden wollen, testen Sie die Mittel zuvor auf Unbedenklichkeit.
... handelsüblichen Cremes und Kosmetika ohne vorhergehende Testphase.
... engen, kratzenden Kleidungsstücken, z. B. Wolle, aber auch grober Synthetik.
... engen Pantoffeln, Schuhen, Stiefeln. Laufen Sie, wann immer möglich, barfuß.

Neurodermitis-Kinder brauchen sehr viel Zuwendung; besonders wichtig sind Hautkontakt und seelische Wärme.

Alternative Heilmethoden

Setzen Sie Teebaumöl ein. Geben Sie ein paar Tropfen davon auf ein Tuch, und reiben Sie damit die juckenden Hautstellen vorsichtig ein. Besonders angenehm: Tröpfeln Sie das Öl auf ein kaltes nasses Tuch und legen Sie es auf die juckende Stelle.

HOMÖOPATHIE

Medikament	Potenz	deutsche Bezeichnung	Dosis	Anwendung
Natrium muriaticum	C200	Kochsalz	1-mal täglich 3 Globuli	Bei Juckreiz. Das Mittel wirkt lang; keine Wiederholung der Gabe
Chamomilla	D30	Echte Kamille	1-mal täglich 3 Globuli	Wenn das Kind unruhig und ärgerlich ist
Antimonium crudum	D6	Schwarzer Sprießglanz	Täglich 5 Globuli bis zur Besserung nach maximal 2 Stunden	Bei Juckreiz, der sich durch Bettwärme verschlimmert
Thuja	C30	Thuja	Alle 2 Tage 1 Globulus	Bei Verschlechterung bei feuchtem Wetter

Adressen

Bundesverband Neurodermitiskranker, Postfach 1165, 56135 Boppard, Telefon: 06742/87130, Fax: 06742/2795
Deutsche Allergie- und Asthmahilfe, Bonusstraße 32, 21079 Hamburg, Telefon: 040/7631322, Fax: 040/7631339

Wenn etwas an die Nieren geht

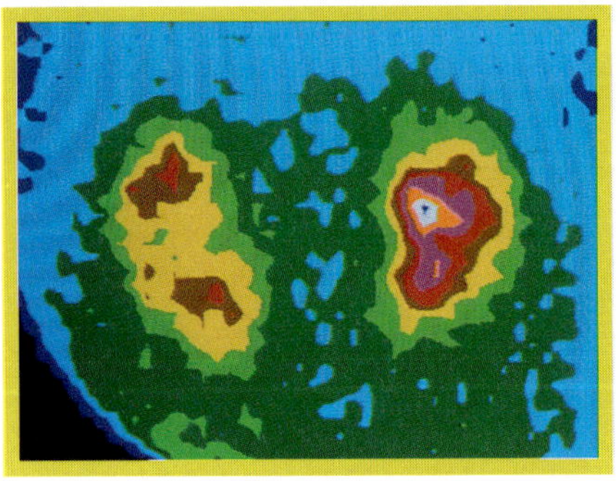

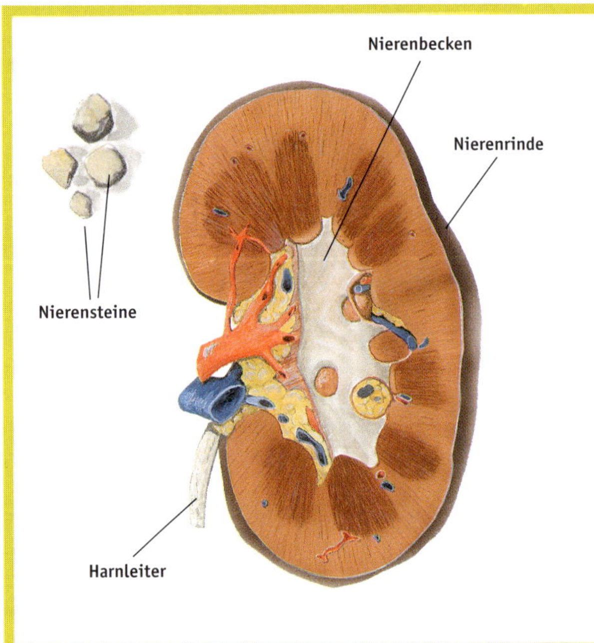

Szintigraphie der Nieren (oben). Deutlich ist rechts ein Nierenstein erkennbar. Schematische Darstellung einer Niere und mehrerer Steine (rechts).

Die wichtigste Maßnahme zur Vorbeugung von Nierensteinen ist Flüssigkeitszufuhr. Ein Erwachsener sollte täglich mindestens zwei Liter trinken.

Nierensteine sind eine Krankheit unserer Zeit. Noch nie waren sie so häufig: Jeder fünfte Deutsche leidet zumindest zeitweise unter Harnsteinablagerungen, allerdings bekommt nur jeder Zwanzigste Nierensteine. Die meisten haben noch nicht einmal Beschwerden. Doch wenn sich die Nierensteine bemerkbar machen, erleiden die Betroffenen Höllenqualen. Nierensteine plagen vorzugsweise Männer.

Die Oxalsäure spielt die wichtigste Rolle

Im Nierenbecken sind Nierensteine meist beschwerdefrei. Schmerzen treten erst auf, wenn die Steine wandern. Nierensteine bilden sich aus Inhaltsstoffen des Urins (Salzen von Mineralen, Säuren). Es gibt drei Steinarten: Oxalatkristalle, Harnsäuresteine sowie Zystin- und Phosphatsteine. Immer mit dabei ist Kalzium, also

Kalk. Die Steine bauen sich aus unterschiedlichen Salzen auf und wachsen in längeren Zeiträumen sowie schichtweise, je nach Anfall der Salze.

SYMPTOME

Bei Nierenkoliken: heftigste, anfallartig auftretende krampfartige Schmerzen mit wellenartiger Ausstrahlung im unteren Körperbereich. Dauer der Koliken von einigen Minuten bis zu mehreren Stunden. Unter Umständen Erbrechen, Frösteln und Blut im Urin.

Ursachen von Nierensteinen

Über die Entstehungsbedingungen von Harn- und Nierensteinen ist relativ wenig bekannt. Stoffwechselstörungen werden als Ursache vermutet. Ein unstrittiger Faktor ist jedoch die verminderte Wasseraufnahme. Wer viel Wasser trinkt, besonders im Sommer bei Hitze, kann dadurch die Steinbildung verhindern.
Ein erhöhtes Risiko für die Entstehung besteht bei:

- Erblicher Veranlagung
- Flüssigkeitsmangel im Körper
- Chronischen Harnwegsinfekten
- Harnstau durch Hindernisse (Narben, Fehlbildungen)
- Ernährung, vor allem oxalsäurehaltige Lebensmittel (Spinat, Rhabarber, Sauerampfer, Tomaten)
- Chronischen Darmerkrankungen
- Schmerzmittelkonsum über lange Zeiträume
- Vitamin-C-Einnahme in Überdosen
- Im Wiederholungsfall, also wenn vorher schon einmal Nierensteine gebildet wurden

Männer erkranken häufiger an Nierensteinen als Frauen. In der Bundesrepublik werden jährlich rund 500.000 Erkrankungen behandelt. Das Risiko steigt mit zunehmendem Alter. Zudem beeinflusst das Wetter die Bildung von Nierensteinen: Bei heißem Wetter wird viel Flüssigkeit über die Haut ausgeschwitzt. Durch diesen – zusätzlichen – Flüssigkeitsverlust konzentriert sich mehr Kalzium im Urin und Steine können sich leichter zusammenballen.

Nicht jeder Stein muss schmerzen

Viele Mineralien können mit Säuren zu Salzen gelöst werden und wieder zu Steinen kristallisieren, z. B. wird aus Natrium Kochsalz. Diese Verbindungen sind jedoch unterschiedlich haltbar, Kochsalz ist z. B. wasserlöslich, und haben unterschiedliche Härten. Als schmerzhafte Nieren- und Harnsteine treten nur extrem haltbare Verbindungen auf, beispielsweise Kalziumoxalat. Magnesiumsteine sind dagegen relativ weiche Verbindungen, also weniger oder gar nicht schmerzhaft.

Lassen Sie von Zeit zu Zeit mit dem Ultraschall die Nieren überprüfen. Das ist schmerzlos und gibt Ihnen Erkenntnis über Sein oder Nichtsein der Steine.

Die richtige Ernährung und viel Flüssigkeit beugen der Steinbildung vor

• Trinken Sie viel. Vor allem Wasser verhindert die Steinbildung. Die tägliche Gesamtmenge der Flüssigkeiten sollte mindestens zwei Liter betragen.

• Hohe Gaben Vitamin C (normaler Bedarf: 0,75 Milligramm pro Tag) können im Körper die Oxalsäureproduktion begünstigen, das kann zur Steinbildung provozieren. Ebenso ungünstig ist ein täglicher Verbrauch von mehr als drei Gramm Kochsalz.

• Essen Sie oxalsäurehaltige Gemüse nur selten und mengenreduziert. Sehr viel Oxalsäure ist in Rhabarber (auch im Kuchen), Sauerampfer (grüne Soße und Suppen), sowie in Tomaten und Spinat enthalten.

• Wenn Sie gerne schwarzen Tee trinken: Auch schwarzer Tee enthält Oxalsäure. Sie wird unschädlich, wenn sie mit Milch gebunden wird.

• Reduzieren Sie Fleisch und Wurstprodukte in Ihrer Ernährung. Bei der Verwertung von Fleisch entsteht im Körper viel Harnsäure. Ein Test beim Arzt bringt Gewissheit. Sie sollten auf Fleisch verzichten, wenn der Wert über 5,5 liegt.

Grundsätzlich gilt bei Nierensteinen:
- Viel trinken
- Kalziumaufnahme verringern
- Oxalsäure vermeiden
- Magnesium und Vitamin B6 zuführen
- Vitamin-A-Zufuhr steigern
- Regelmäßig bewegen und Sport treiben
- Eiweißzufuhr reduzieren
- Salz sparsam verwenden

• Reduzieren Sie auch die Phosphoraufnahme, falls nötig. 800 Milligramm Phosphor reichen aus, im Schnitt sind es jedoch 1400 Milligramm täglich. Zum Vergleich: 30 Gramm Camembert (30 Prozent Fett i.d.Tr.) enthalten 171,1 Milligramm Phosphat, 100 Gramm Schokoladenmousse enthalten 200 Milligramm Phosphat, ein einfacher Cheeseburger (120 Gramm) enthält 240 Milligramm Phosphat, 20 Gramm geröstete und gesalzene Cashewnüsse enthalten 250 Milligramm Phosphat. Essen Sie vielleicht zu viel Fleischwurst, Lyoner, Breslauer, Frankfurter oder Wiener Würstchen, Frischwurstaufschnitt, Schmelzkäse? Darin ist Phosphat sogar als legaler Zusatzstoff enthalten. Vorsicht auch bei getrockneten Bananen oder Artischockenböden. Diese Lebensmittel enthalten allesamt ungewöhnlich hohe Phosphatanteile.

• Auch wenn Kalzium bei der Nierensteinbildung mit von der Partie ist, üben Sie bitte trotzdem keine voreilige Zurückhaltung bei der Aufnahme von Kalzium (Milch und Käse). Der Körper braucht Kalzium dringend für viele Funktionen. Besonders viel davon benötigen Kinder, Schwangere, Stillende und ältere Menschen. Was zu viel ist, wird allerdings über die Nieren und den Urin ausgeschieden. Deshalb: Nicht jeden Tag Kalzium im Übermaß aufnehmen, sondern dem Verbrauch anpassen.

Bewegung kann Nieren- und Harnsteine verhindern

Durch körperliche Belastung wird überschüssiges Kalzium verbraucht und in den Knochen angelegt. Die Knochen unterliegen als Kalziumdepot des Körpers einem ständigen Auf- und Abbau. Dieser Zyklus ist abhängig vom Kalzium- und Vitamin-D-Spiegel im Blut sowie einer Belastung der Muskeln. Arbeiten die Muskeln, erhöht sich die Knochendichte, wenn genügend Kalzium und Vitamin D vorhanden sind. Ist wenig Kalzium im Blut vorhanden, werden die Knochen abgebaut, um mit dem befreiten Kalzium die Körperfunktionen zu gewährleisten. Steigt der Kalziumspiegel durch die Ernährung über die Norm bei fehlender Bewegung oder Gegenwart von Vitamin D an, wird das Mineral über die Nieren ausgeschieden. Wer am Kalzium spart, verringert nicht nur das überschüssige Kalzium, er könnte damit auch seine Knochendichte verringern!

Rhabarber enthält ebenso wie Spinat, Tomaten oder Sauerampfer beachtliche Mengen an Oxalsäure. Vermeiden Sie nach Möglichkeit diese Nahrungsmittel.

Wann zum Arzt?

- Bei einer Kolik.
- Wenn Schmerzen auftreten und Ihnen bekannt ist, dass Sie einen Nierenstein haben.
- Wenn Blut im Urin ist.
- Wenn neben den Schmerzen Fieber auftritt.

Ihr Nieren- oder Harnstein ist wertvoll …

… für Ihre Zukunft. Denn das Risiko, dass sich weitere Steine bilden, steigt mit jedem Stein. Sie sollten deshalb alles daransetzen, Ihren Stein beim Austritt zu erwischen. Der behandelnde Internist kann in einer Laboruntersuchung ermitteln, aus welchen Verbindungen der Stein besteht. Dann wissen Sie genau, ob der Stein eine Folge der Ernährung oder von Stoffwechselstörungen ist. Sie können sich dann mit Ihrem Arzt über weitere Behandlungsschritte beraten.

Behandlung von Nierensteinen

Operationen werden nur im Notfall durchgeführt, z. B. bei Koliken, die nicht abklingen, bei Infektionen und sehr großen Steinen oder bei einer Gefährdung für die Niere, wenn andere Behandlungsmethoden – Zertrümmerung, Entfernung mithilfe einer Schlinge – fehlgeschlagen sind.

Was der Arzt tun kann

Steine, die sich anders nicht auflösen lassen oder zu groß sind, um ausgeschwemmt zu werden, bedürfen eines oparativen Eingriffes. Mittels einer Sonde wird der Stein elektrohydraulisch oder mithilfe von Ultraschall zertrümmert.

Was Sie selbst tun können

- Trinken Sie viel, das hilft, den Stein auszuschwemmen. Bewährt haben sich harntreibende Tees, z. B. Hauhecheltee: Zwei Teelöffel Wurzelstückchen mit 200 Milliliter Wasser aufkochen, acht Stunden ziehen lassen, nochmals kurz aufkochen, abseihen und in kleinen Schlucken trinken. Auch Kamillen-, Bibernelle- sowie Nieren- und Blasentees sind hilfreich.
- Nehmen Sie viel Vitamin A oder besser Betakarotin zu sich. Aus Betakarotin bildet der Körper bedarfsgerecht Vitamin A. Dieses Vitamin wird zur Bildung der Schleimhaut in Blase, Harnleitern und Nieren benötigt. Besonders hohe Dosen von Vitamin A sind in Leber enthalten, reich an Betakarotinen sind Möhren, getrocknete Aprikosen und Brokkoli.

Harn treibende Tees helfen dabei, den Stein aus der Niere auszuschwemmen.

Eine künstliche Zufuhr mit Vitaminpräparaten sollten Sie unbedingt mit Ihrem Arzt abwägen. Vitamin A ist in hohen Dosen giftig. Die tägliche Mindestmenge liegt für Vitamin A bei etwa einem Milligramm, für Betakarotin bei sechs Milligramm. 100 Gramm gekochte Möhren enthalten beispielsweise rund zehn Milligramm Betakarotin, also über das Doppelte des Tagesbedarfs eines Erwachsenen.

- Bringen Sie die Steine zum Wandern. Reiten, Fahren auf holprigen Wegen (mit dem Fahrrad), Hüpfen, Springen oder Treppensteigen bringen den Stein in Bewegung. Je kleiner der Stein ist, desto geringer sind die Schmerzen bei der Passage durch den Harnleiter.
- Leichte Gymnastik: Stellen Sie sich hin, atmen Sie tief ein, und beugen Sie den Oberkörper beim Ausatmen nach vorn. Das spannt die Bauchmuskeln an und befördert den Stein aus dem Nierenbecken in den Harnleiter.
- Machen Sie den Weg frei. Legen Sie eine Wärmflasche auf. Wärme erweitert die Harnleiter und entspannt die Muskulatur von Bauch und Unterleib.
- Auflagen mit warmem Senfbrei wirken schmerzlindernd. Dazu wird der Senfbrei (300 Gramm Senfmehl aus der Apotheke) mit warmem Wasser angerührt und auf ein Tuch gestrichen. Das Tuch wird mit der Senfseite auf den schmerzenden Bereich gelegt. Vorsicht: Testen Sie die Verträglichkeit zunächst an einer kleinen Stelle, denn Senfbrei kann die Haut reizen.

Ist der Stein entfernt, muss seine chemische Zusammensetzung festgestellt werden. Danach richtet sich die weitere Behandlung – Diät –, die die Neubildung von Steinen verhindern soll.

HOMÖOPATHIE

Medikament	Potenz	deutsche Bezeichnung	Dosis	Anwendung
Calcium carbonicum	D12	Kalzium-karbonat	Stündlich 1 Globulus bis zur Besserung nach maximal 5 Stunden	Bei krampfartigen Koliken und zur Verhinderung weiterer Koliken
Magnesium phosphoricum	D6	Phosphorsaure Magnesia	5-minütlich bis halbstündlich 5 Globuli über maximal 2 Stunden	Bei akuten Koliken, heftigen Schmerzen

Haben Sie zu viel um die Ohren?

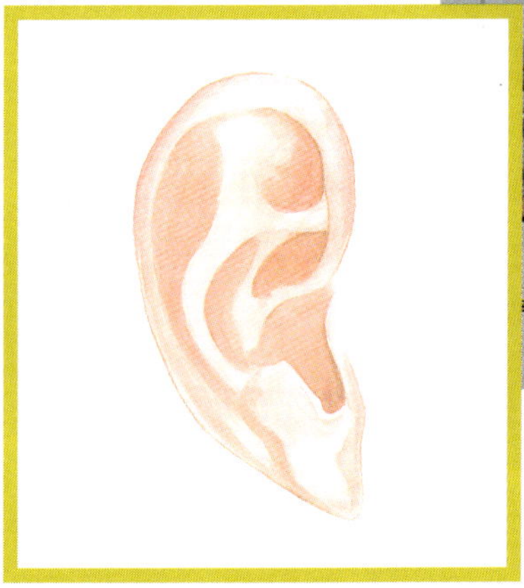

Ein Geräuschbombardement wirkt auf unsere Ohren ein. Diese Gewalt setzt das Gehör unter Stress. Die Unterversorgung des Innenohrs mit Sauerstoff ist die Folge.

Die Ohren lassen sich nicht abschalten. Ob wir wollen oder nicht, in Hörweite müssen wir sämtlichen Lärm und alle Geräusche mit anhören. Die Gehörorgane sind deshalb häufig überfordert.

Der kleine Mann im Ohr

Kein anderer kann die Geräusche hören, nur Sie selbst. Das macht diese Erkrankung, die für die Medizin lediglich als Funktionsstörung des Hörsystems gilt, in der Behandlung so außerordentlich schwierig. Dieser Störung liegen unterschiedlichste Ursachen zu Grunde. Sie sollte jedoch immer als Alarmsignal des Körpers verstanden werden.

SYMPTOME

Ständige Geräusche im Ohr. Sie können dauerhaft sein oder in periodischen Abständen wiederkehren. Begleitsymptom ist häufig Schwerhörigkeit.

Wie es zu Ohrensausen kommen kann

Auslöser sind oft Durchblutungsstörungen, Infekte des Mittelohrs, Bluthochdruck, degenerative Veränderungen des Ohrs, Vergiftungen durch Schwermetalle oder Gase, Viren, ein gutartiger Tumor, plötzliche Lärmentwicklung, aber auch ständiger Lärm.

Wann zum Arzt?

Sofort. Selbst die kleinste Heilungschance sinkt drastisch, je länger die Betroffenen mit der Behandlung warten.

Vorbeugung ist nicht möglich

Ohrensausen kann aus heiterem Himmel auftreten. Es gibt keine allgemein anerkannten Präventivmaßnahmen. Einzige Vorbeugemaßnahme ist Lärmentzug. Wo immer es geht, sollten Sie Lärm ausweichen. Verwenden Sie wenn nötig Lärmschutzstöpsel oder Ohrenschützer.

Ohrenschmalzpfropfe können lästig sein …

… und ängstigen die Betroffenen. Ein Pfropf macht sich durch Hörverlust und möglicherweise auch Ohrensausen bemerkbar. Im Gegensatz zum Ohrensausen oder Hörsturz ist ein Pfropf jedoch harmlos. Dabei ist der Gehörgang mit verfestigtem Ohrenschmalz verstopft. Selbsthilfe ist nicht angebracht, beim Arzt ist die Entfernung des Pfropfs eine Sache von Sekunden.

Was hilft bei Geräuschen im Ohr?

- Schaffen Sie sich eine angenehme Geräuschkulisse. Bei leichtem Ohrensausen können Sie die Ohrgeräusche mit Musik überdecken.
- Entspannen Sie sich.
- Die Anwendung von Präparaten mit Magnesiumnikotinat und Magnesiumadipat können die Durchblutung im Innenohr fördern.
- Sie können die Durchblutung mit Ginkgoextrakten verbessern.

HOMÖOPATHIE

Medikament	Potenz	deutsche Bezeichnung	Dosis	Anwendung
Acidum salicylicum	D6	Salizylsäure	3-mal täglich 10 Globuli bis zur Besserung	Zur Verbesserung der Durchblutung des Innenohrs

Adressen

Deutsche Tinnitus-Liga, Am Lohsiepen 18, 42369 Wuppertal, Telefon: 0202/246520, Fax: 0202/4670932

Wenn vor Schmerz das Hören vergeht

Unsere Ohren sind hoch sensible Sinnesorgane. Entzündungen bereiten manchmal starke Schmerzen.

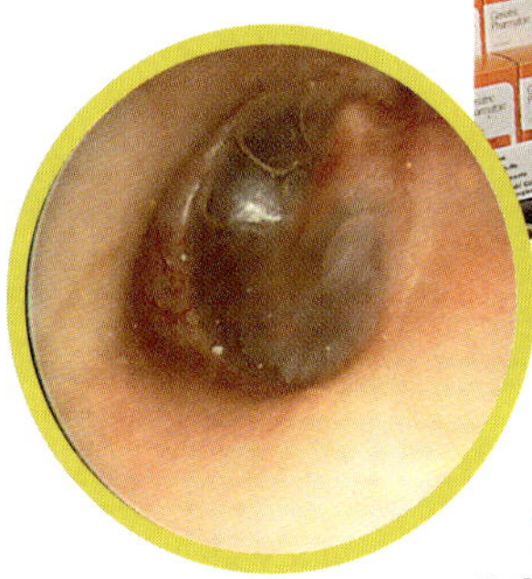

Ohrenschmerzen vergehen in der Regel ohne Komplikationen. Die Nähe zum Gehirn und die stechenden Schmerzen erzeugen jedoch Angst bei den Betroffenen. Besonders oft leiden Kinder unter elf Jahren an einer Mittelohrentzündung. Schlecht verheilte Mittelohrentzündungen können chronisch werden.

Häufiger Begleiter von Erkältungskrankheiten

Eine unbehandelte Mittelohrentzündung kann chronisch werden. Zudem besteht die Gefahr, dass der Knochen hinter dem Ohr in Mitleidenschaft gezogen wird.

Wie eng Ohren-, Nasen- und Rachenraum miteinander verknüpft sind, merkt man spätestens bei einer Erkältung. Kein Schnupfen, keine Halsentzündung, ohne dass es einem unangenehm auf die Ohren drückt.

Das Risiko, zu erkranken, steigt bei Schnupfen, Nasenpolypen, Hals- und Mandelentzündungen sowie nach Mumps, Masern und Scharlach.

Jährlich müssen in der Bundesrepublik etwa 3,5 Millionen Menschen wegen einer Mittelohrentzündung behandelt werden.

SYMPTOME

Ohrenschmerzen: Schmerzen nach Aufenthalt im kalten Wind oder kalten Wasser, nach wenigen Stunden verschwunden, kein Fieber.
Mittelohrentzündung: Gefühl eines vollen Ohrs, Druckgefühl, schwache bis klopfende oder pulsierende starke Schmerzen, hauptsächlich nachts, vermindertes Hörvermögen. Begleitsymptome: Geräusche im Ohr, Kopfschmerzen, Fieber, Schnupfen, Sekretfluss in den ersten drei Tagen, Schwellung der Wange, Schwindel, manchmal auch Übelkeit und Erbrechen.

Ursachen von Ohrenschmerzen

Ohrenschmerzen sind die Folge von lokalen Unterkühlungen. Heftige Ohrenschmerzen sind dagegen ein sicheres Zeichen für eine Mittelohrentzündung. Anlass kann eine vorhergehende Erkältung, Hals-, Mandel- oder Nasennebenhöhlenentzündung sein. Meist dringen Bakterien durch Kanäle (eustachische Röhre) vom Rachenraum zum Mittelohr. Bei Kindern ist diese Röhre kürzer und weiter, deshalb sind sie besonders häufig von Mittelohrentzündungen geplagt. Ist die Röhre durch Nasensekret verstopft, kann Flüssigkeit und Eiter aus dem Mittelohr nicht in den Rachenraum abfließen. Es entsteht Druck hinter dem Trommelfell. Das Trommelfell reißt nach zwei oder drei Tagen ein und das eitrige, teils auch blutige Sekret fließt ab. Das vermindert die Schmerzen sofort erheblich. Das Trommelfell heilt und das Hörvermögen normalisiert sich wieder.

Eine mild verlaufende Mittelohrentzündung …
… weist Ähnlichkeiten mit einem Hörsturz auf. Hauptmerkmal: eingeschränktes Hörvermögen. Deshalb unbedingt einen Facharzt konsultieren.

Chronische Mittelohrentzündung …

… ist meist die Folge einer nicht ausgeheilten akuten Mittelohrentzündung. Es kann jedoch auch eine angeborene Anfälligkeit des Mittelohrs vorliegen. Veränderungen im Ohr und der eustachischen Röhre können ebenfalls zur chronischen Mittelohrentzündung führen. Ein weiterer Grund sind Erreger (Bakterien), die entweder resistent gegen Medikamente oder nicht zu bekämpfen sind (Viren). Ein sicheres Anzeichen der Erkrankung ist das Gefühl, Wasser in den Ohren zu haben. Die Krankheit wird kompliziert, wenn das Trommelfell perforiert ist und Schäden an den Gehörknöchelchen auftreten. Die chronische Mittelohrentzündung verlangt ständige Pflege. Besser ist eine ärztliche Behandlung.

Besonders Kinder zwischen dem ersten und fünften Lebensjahr sowie Erwachsene ab 40 Jahren sind in erster Linie von chronischer Mittelohrentzündung betroffen.

Wann zum Arzt?

- Sobald Sie sicher sind, dass Sie an einer Mittelohrentzündung leiden.
- Wenn die Ohrenschmerzen nach zwei Tagen trotz Selbsthilfe nicht verschwunden sind.

So beugen Sie vor

Ohrenschmerzen …
… sind meist harmlos, wenn sie nach ein paar Stunden verschwunden sind und die Ursache nachvollziehbar ist. Wind, Zug oder ein Spaziergang im Winter ohne Mütze können die Auslöser sein. Treten die Ohrenschmerzen häufig und wiederholt ohne Anlass auf, sollten Sie den Arzt informieren.

- Stärken Sie Ihre allgemeine körperliche Widerstandskraft durch ausreichend Bewegung und Sport.
- Härten Sie sich ab, indem Sie sich nach dem Duschen noch einmal kalt abbrausen.
- Im Winter können Sie durch die vorbeugende Einnahme von Echinazin und vitaminreicher Ernährung Ihre Abwehrkräfte nachhaltig stärken.
- Kurieren Sie Erkältungen in jedem Fall richtig aus. Wird eine Erkältung verschleppt, kann eine Mittelohrentzündung als Folge auftreten.
- Wenn Sie einen Schnupfen haben, sorgen Sie dafür, dass das Sekret abfließen kann. Denn bei verstopfter Nase besteht die Gefahr, dass auch die eustachische Röhre mit Bakterien infiziert wird. Das altbewährte Kamillendampfbad hilft.
- Wenn Sie niesen müssen: Halten Sie sich nicht die Nase zu. Der Druck beim Niesen treibt Sekrete von der Nase samt der Keime durch die eustachische Röhre in das Mittelohr.

Hilfe, wenn die Ohren schmerzen

- Legen Sie sich ins Bett. Bedecken Sie das betroffene Ohr mit einer Wärmflasche oder einer Packung mit heißen Kartoffeln oder Zwiebeln.
- Schlafen Sie nicht flach, dann nehmen die Schmerzen zu. Erhöhen Sie das Kopfkissen, oder schlafen Sie mit erhöhtem Oberkörper.
- Bestrahlen Sie das Ohr mehrmals am Tag mit Infrarotlicht.
- Wenn Sie mit Antibiotika behandelt werden: Setzen Sie auf keinen Fall das Mittel vorzeitig ab. Auch dann nicht, wenn die Beschwerden verschwunden sind.
- Wenn die Schmerzen unerträglich werden oder Sie in Ihrem Tagesablauf behindern, können Sie auch zu einem Schmerzmittel greifen. Dabei genügt allerdings bereits ein einfaches Schmerz-

mittel, z. B. Parazetamol. Bei Kindern und Jugendlichen sollte keinesfalls Aspirin verabreicht werden.

- Halten Sie das betroffene Ohr sauber und trocken. Eitriger Ausfluss sollte mit einem sauberen Tuch vorsichtig entfernt werden.
- Vermeiden Sie das Eindringen von Wasser in das betroffene Ohr.

Wenn Ihre Selbsthilfemaßnahmen binnen 48 Stunden nicht helfen, sollten Sie einen HNO-Arzt aufsuchen.

Alternative Heilmethoden

Bei beginnender Mittelohrentzündung kann Ihnen Teebaumöl schnelle Hilfe bringen.

Träufeln Sie dazu auf einen Wattepad ein bis zwei Tropfen Teebaumöl. Legen Sie die Watte vorsichtig in den Gehörgang. Nie direkt Öl ins Ohr tropfen lassen. Wichtig: Nach zwei Stunden sollten Sie den Pfropf wieder entfernen. Das Ohr keinesfalls länger verschließen, sonst bildet sich eine feuchte Kammer, die das Wachstum von Bakterien begünstigt.

HOMÖOPATHIE

Medikament	Potenz	deutsche Bezeichnung	Dosis	Anwendung
Aconitum	D6	Eisenhut	Halbstündlich 5 Globuli bis zur Besserung nach maximal 2 Stunden	Bei pochenden, stechenden Schmerzen und rotem Ohr nach Aufenthalt im kalten Wind
Belladonna	D6	Tollkirsche	Halbstündlich 5 Globuli bis zur Besserung nach maximal 2 Stunden	Bei bohrenden, klopfenden Schmerzen und Fieber
Ferrum phosphoricum	D6	Phosphorsaures Eisen	Halbstündlich 5 Globuli bis zur Besserung nach maximal 2 Stunden	Bei heftigen Schmerzen und geringer Widerstandskraft
Pulsatilla	D12	Wiesenküchenschelle	Stündlich 5 Globuli bis zur Besserung nach maximal 5 Stunden	Bei Schmerzen, die sich nachts verschlimmern, geschwollenem und rotem Ohr

Wenn die Knochen schwinden

Röntgenaufnahme eines osteoporotischen Knochens (Hüftgelenk).

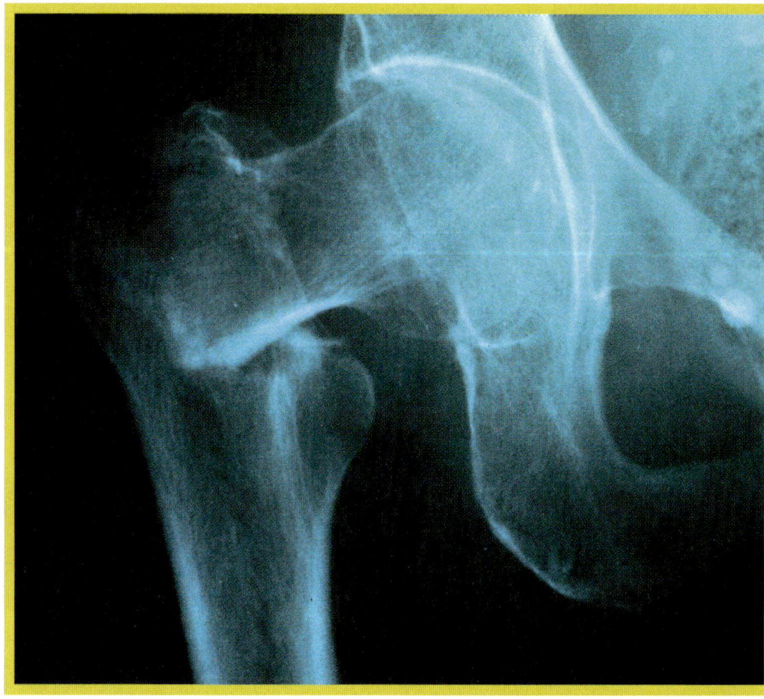

Mit einer Knochendichtemessung kann der Orthopäde exakt feststellen, ob der Knochenschwund den natürlichen Knochenabbau überschreitet.

Trotz zahlreicher Beschreibungen der quälenden Folgen in Prospekten und Zeitschriftenartikeln oder lebendiger Beispiele im Bekanntenkreis, verharren zu viele Betroffene ungläubig im Nichtstun. Alle denken: Mir passiert das nicht. Doch die Krankheit ist nicht wählerisch.

Osteoporose kann verhindert werden

Der Verlust bzw. die Verminderung von Knochensubstanz und -struktur mit einhergehender Bruchanfälligkeit betrifft sowohl Männer als auch Frauen. Letztere sind allerdings gefährdeter. Der Grund: Nach den Wechseljahren produziert der weibliche Körper erheblich weniger des Knochen erhaltenden Hormons Östrogen.

SYMPTOME

Osteoporose meldet sich mit leichten Rückenschmerzen, die sich bis zur Unerträglichkeit (auch im Ruhezustand) steigern können sowie Knochenbrüchen bei alltäglichen Belastungen oder Stürzen, deutliches Kleinerwerden durch Einbrüche der Wirbelkörper in der Wirbelsäule, Verformungen der Wirbelsäule durch den so genannten Witwenbuckel. Mitunter entstehen Hautfalten auf dem Rücken in Form eines Tannenbaums.

Meist sind Frauen nach der Menopause betroffen. Jede vierte Frau über 60 hat Osteoporose. Aber auch Männer sind vor Knochenschwund nicht gefeit. Ein verminderter Testosteronspiegel, Alkoholkonsum und Behandlungen mit Kortisonpräparaten über längere Zeiträume hinweg sind die Gründe dafür.

Eine Stoffwechselkrankheit der Knochen

Mit dem zwanzigsten Lebensjahr erreicht ein Mensch die höchste Knochendichte. Danach beginnt ein natürlicher langsamer, aber kontinuierlicher Knochenabbau. Bis zum siebzigsten Lebensjahr ist bei Frauen und Männern die Knochendichte um etwa 30 Prozent verringert.

Die Osteoporose ist eine schleichend verlaufende Stoffwechselkrankheit der Knochen. Sie bewirkt über den natürlichen Knochenabbau hinaus einen erheblich größeren Knochenschwund. Die Knochen werden porös und verlieren an Masse. Dadurch wird die Belastungsfähigkeit erheblich vermindert. Bei geschrumpften Knochen müssen Sehnen und Muskeln die Belastung ständig ausgleichen. Damit sind sie überlastet und reagieren mit chronischem Hartspann und starken Schmerzen; häufig ist ein Bruch die Folge.

Ursachen für Osteoporose

- Fehlerhafter Knochenaufbau in der Jugend durch ständigen Mangel an Kalzium und Vitamin D.
- Mangel an Sexualhormonen (Östrogen oder Testosteron).
- Mangelhafte Ernährung im Erwachsenenalter, d. h. über längere Zeiträume mangelhafte Kalzium- und Vitamin-D-Aufnahme.
- Mangel an Bewegung und Belastung der Muskulatur.
- Unregelmäßige Monatszyklen (Menstruation) im Alter von 20 bis 40 Jahren.
- Weitere Ursachen sind erbliche Veranlagung, Erkrankungen der Nebenschilddrüse, Entfernung der Eierstöcke, eine Laktoseunverträglichkeit sowie die Einnahme von Kortison über längere Zeiträume hinweg.

Risikofaktoren

- Bei Frauen: frühes Ausbleiben der Menses (vor dem vierzigsten Lebensjahr), Rauchen, Alkoholkonsum, schlanker Körperbau, Kinderlosigkeit und Magersucht.
- Bei Männern: Alkoholkonsum und Behandlungen mit heparin- und kortisonhaltigen Medikamenten

Wann zum Arzt?

- Wenn Sie ständig über Rückenschmerzen klagen.
- Wenn Sie über 40 Jahre alt sind.
- Wenn Sie öfter einen Hexenschuss bekommen.

Wenn Sie osteoporosegefährdet sind, sollten Sie regelmäßig eine Vorsorgeuntersuchung durchführen lassen. Dies gilt insbesondere für Frauen in den Wechseljahren. Auch wenn Sie das Gefühl haben, sich nicht ausreichend mit Kalzium zu versorgen oder wenn Sie keinen Sport treiben, sollten Sie eine Knochendichtemessung vornehmen lassen.

So beugen Sie vor

- Die beste Vorsoge können Jugendliche treffen. Sie sollten zwischen dem 15. und 19. Lebensjahr täglich eine Kalziummenge von 1200 bis 1500 Milligramm aufnehmen.
- Wenn Sie bereits über zwanzig Jahre alt sind, ist Vorsorge dennoch nicht zu spät. Frauen, die sich vor der Menopause befinden, sollten die Kalziumzufuhr auf 900 bis 1000 Milligramm pro Tag erhöhen. Wenn Sie die Menopause überschritten haben, sollten Sie jeden Tag 1500 Milligramm Kalzium aufnehmen. Im Schnitt bekommt man mit einer normalen Ernährung nur etwa 680 Milligramm Kalzium pro Tag in den Körper. Wichtig: Sie müssen täglich mindestens ein halbes Milligramm Vitamin D zuführen.
- Ungeheuer wichtig ist, dass Sie sich viel bewegen, besser noch Ihre Muskeln regelrecht trainieren. Nur wenn die Muskeln arbeiten, wird auch der Knochenaufbau vom Körper betrieben.
- Wenn Sie sich in den Wechseljahren befinden oder die Menopause erreicht haben: Lassen Sie sich Hormone verschreiben, und nehmen Sie die Mittel bis mindestens zum 65. Lebensjahr ein.

Den Knochenschwund behandeln

Bewegung – die wichtigste Maßnahme

Bewegen Sie sich. Am besten lassen Sie möglichst viele Ihrer Muskeln spielen. Wandern, Walking, Jogging, Schwimmen, Aquajogging, Radfahren und Gymnastik sind angemessene Sportarten. Nur regelmäßige Bewegung ist eine wirksame Versicherung gegen den Knochenschwund. Auch wer schon unter Osteoporose leidet, kann damit viel gegen die Krankheit tun.

Tipps, die das Leben mit Osteoporose erleichtern

- Schmerzen können durch Wärmeanwendung und Massage, Bäder oder stabilisierende Krankengymnastik gelindert werden.
- Tragen Sie ein Stützkorsett.
- Achten Sie strikt auf kalziumreiche Ernährung und nehmen Sie gleichzeitig genügend Vitamin D auf.
- Vermeiden Sie Fertiglebensmittel.
- Lassen Sie eine Behandlung mit Medikamenten zu. Ihr Arzt wird Nutzen und Nebenwirkungen mit Ihnen sorgfältig abwägen.
- Geben Sie das Rauchen auf. Rauchen schadet der Knochendichte.
- Verringern Sie den Alkoholkonsum.

Treten Sie einer Selbsthilfegruppe bei
Dort versteht man Ihre Probleme und gibt Ihnen Tipps und Anregungen, wie Ihr Alltag besser funktioniert. Nehmen Sie die Krankheit in den Griff! Dazu gehört, dass Sie alles über die Krankheit erfahren und Ihre Chancen, damit zu leben, richtig einschätzen können.

Alternative Heilmethoden

- Anstelle synthetischer Hormone können Extrakte aus der Wurzel der traubigen Silberkerze wirken.
- Östrogenähnliche Wirkstoffe sind z. B. in Frauenmantel, Sternwurzel, Mönchspfeffer, Rosmarin und Hopfen enthalten.
- Lebensmittel mit einer östrogenähnlichen Wirkung sind: Sojaprodukte, Nüsse und Mandeln, Haferflocken, Mais und Weizenvollkornprodukte.

HOMÖOPATHIE

Medikament	Potenz	deutsche Bezeichnung	Dosis	Anwendung
Strontium carbonicum	D12	Strontiumkarbonat	3-mal täglich 10 Globuli	Bei Schmerzen in der rechten Schulter und Verschlechterung beim Liegen
Silicea	D6	Silizium	3-mal täglich 5 Globuli	Bei Rückenschmerzen während des Sitzens und Mangel an Vitalität

Adressen

Bundesselbsthilfeverband Osteoporose e. V., Kirchfeldstraße 149, 40215 Düsseldorf, Telefon: 0211/319165

Kuratorium Knochengesundheit e. V., Leipzigerstraße 6, 74889 Sinsheim, Telefon: 07261/92170, Fax: 07261/64659

Fürchterliche Tage vor den Tagen

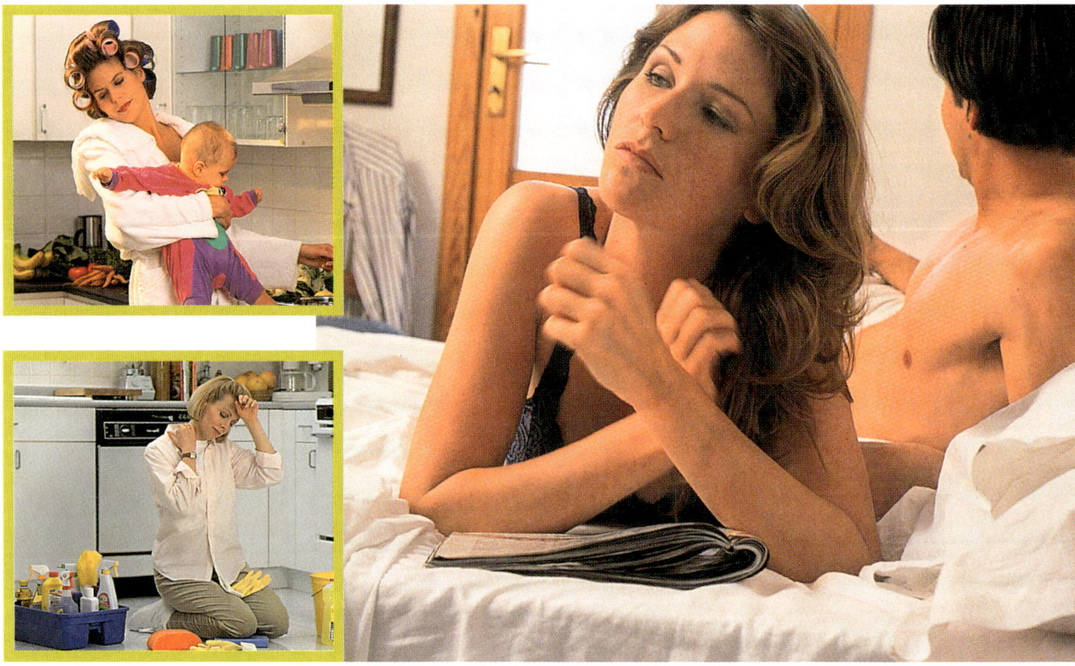

Die Tage vor den »Tagen« – für viele Frauen ein Problem. Von »Putzwut« bis zu sexueller Unlust reicht die Palette der Symptome.

Wenn die Menses und die Tage davor Ihnen die Fröhlichkeit rauben, Sie regelmäßig zum Putzteufel, zur Furie, zum Hausdrachen oder zur Märtyrerin werden, sollten Sie handeln. Denn nicht nur Sie allein leiden, sondern auch Ihre Umgebung macht an diesen Tagen Ihre Krise mit.

Die Hormone spielen verrückt

Die Krankheit wird vielfach von Ärzten als nicht behandlungsbedürftig angesehen. Manche Schulmediziner nennen PMS »Hausfrauensyndrom« und glauben nicht, dass es dafür einen pathologischen Hintergrund gibt. Homöopathen meinen dagegen, dass das PMS grundsätzlich ganzheitlich behandlungsbedürftig ist. Die Selbstbehandlung kann Erfolge bringen. Im Zweifel ist jedoch zunächst eine Diagnose durch einen Arzt oder Heilpraktiker nötig, um organische Leiden auszuschließen.

SYMPTOME

Psychische Symptome: Auffällige Reizbarkeit, unterschwellige Aggressivität, Nervosität, Anspannung, Verletzbarkeit, Überempfindlichkeit, großes Bedürfnis nach Zuwendung, aber auch Alleinsein. Verwandlung von der braven Mutter zur Furie, die ihre Kinder und/oder die Menschen in ihrer Umgebung tyrannisiert.
Körperliche Symptome: Spannungen in der Brust, Speicherung von Wasser im Gewebe, Bildung von Pickeln, Kreuz- und Rückenschmerzen, ziehende Schmerzen im Unterleib, Kopfschmerzen, das Gefühl, unter Druck zu stehen, manchmal auch Heißhunger.

Aus dem Gleichgewicht

Wissenschaftlich ist das PMS nicht eindeutig erforscht. Vermutet werden Veränderungen im Hormonhaushalt. Das Gleichgewicht zwischen Östrogen und Progesteron (Gelbkörperhormon) ist gestört. Mehr Östrogen macht ängstlich und reizbar, zu viel Progesteron erzeugt Müdigkeit und macht depressiv. Möglicherweise herrscht auch Mangel an Vitamin B6, Vitamin E, Magnesium und anderen Mineralien oder Prostaglandin. Es gibt aber auch Hinweise auf psychosoziale Belastungen wie Partnerkonflikte, Unterforderungsgefühle und Ängste. Oft spielt auch eine Rolle, dass eine Frau ihre Menses nicht akzeptiert.

So individuell Frauen hinsichtlich Gewicht, Figur und persönlichem Wohlbefinden sind, so vielfältig können auch die Beschwerden vor der Menstruation sein. Rund ein Drittel aller Frauen leidet unter Begleiterscheinungen, die als prämenstruelles Syndrom bezeichnet werden.

Wann zum Arzt?

- Wenn die Menses generell Unregelmäßigkeiten aufweist (zu lang, zu kurz, unregelmäßig, schmerzhaft).
- Wenn Sie noch nie gynäkologisch untersucht wurden.
- Wenn sich Ihre Persönlichkeit vor der Menses so stark verändert, dass Ihre Freunde Sie kaum wieder erkennen.
- Wenn Sie für sich selbst unberechenbar werden.
- Wenn Sie bisher beschwerdefrei waren und plötzlich Schmerzen auftreten.

So beugen Sie vor

- Verpflichten Sie sich zu termingebundenen sinnvollen Arbeiten und Aufgaben – konkret, bevor Ihre Menses naht –, die Sie unter Menschen bringen. Lenken Sie sich ab, indem Sie sich auf eine besondere Leistung konzentrieren.

• Trinken Sie weniger Kaffee und schwarzen Tee, essen Sie keine Schokolade, verringern Sie Ihren Salzkonsum.

• Erhöhen Sie im letzten Drittel des Zyklus die Zufuhr an Vitamin B6. Vitamin-B6-Bomben sind z.B. frischer Lachs, Multi-Vitamin-Nektar, Kakaopulver, Avocado; der Tagesbedarf von Vitamin B6 liegt zwischen 1,6 und 1,8 Milligramm.

• Verstecken Sie sich nicht im dunkelsten Teil der Wohnung. Gehen Sie spazieren, tanken Sie Sonne und Sauerstoff. Bewegen Sie sich. Gewinnen Sie die Sicherheit, dass nicht das PMS Ihren Tages- und Stimmungsrhythmus bestimmt und so Ihre Verfassung beeinflussen kann.

Wer weiß, wie Sie sich fühlen?
Glauben Sie nur nicht, die kritischen Tage vor der Menses sind nur Ihr persönliches Problem. Darunter leiden viele Frauen. Man schätzt, dass etwa 30 bis 50 Prozent aller Frauen im Alter zwischen 20 und 50 Jahren das PMS spüren. Suchen Sie das Gespräch mit anderen PMS-Betroffenen. Versuchen Sie, gemeinsam die Hintergründe zu analysieren. Und entwickeln Sie gemeinsam Strategien. Helfen Sie sich gegenseitig. Das kann Ihre Beschwerden erheblich lindern.

Auf die richtigen Mineralien kommt es an

Erhöhen Sie die Mineralstoffzufuhr. Das geht bequem und gut mit Präparaten aus dem Lebensmittelhandel oder der Apotheke. Viele Lebensmittel enthalten bereits ausreichende Mengen an Mineralien. Es kommt auf die Auswahl und Zusammenstellung an.

• Magnesium: Die tägliche Zufuhr sollte 300 Milligramm nicht unterschreiten. Magnesiumreich sind z. B. Mangold, weiße Bohnen, getrocknete Bananen, Cashewnüsse, Fenchel, Brokkoli, Müsli und Erdnüsse.

• Erhöhen Sie Ihren Kalziumspiegel, Sie brauchen pro Tag mindestens 1000 Milligramm. Kalziumreich sind z. B. Grünkohl, Hagebutten, Sprotten, Forellen, Emmentaler, entrahmte Milch und Blauschimmelkäse.

• Erhöhen Sie die Kaliumzufuhr. Pro Tag sollten Sie zwischen zwei und vier Gramm aufnehmen. Kaliumreich sind z. B. getrocknete Bananen, Pfifferlinge, weiße Bohnen, Spinat, Avocados und Tomatensaft.

• Erhöhen Sie die Zufuhr an Zink. Täglich brauchen Sie zwischen 12 und 15 Milligramm. Das Spurenelement kommt z. B. in Austern, frischen Sardinen, weißen Bohnen, getrockneten Pfifferlingen und Steinpilzen sowie Weißwürsten, Hamburgern und Steaks reichhaltig vor.

Entspannungshilfen

• Setzen Sie autogenes Training mit positiver Selbstbeeinflussung ein. Fragen Sie Ihren Arzt nach Kursveranstaltern.

• Erlernen Sie Entspannungstechniken, beispielsweise nach Jacobson. Übrigens zur Erinnerung: Sex entspannt Muskeln und Seele und macht angenehm müde.

Alternative Heilmittel

Die Farbtherapie wird mit Erfolg bei der PMS-Behandlung eingesetzt. Farben nehmen Einfluss auf die Hormonausschüttung. Rot dämpft Depressionen und fördert die Lebenskraft. Verzichten Sie jedoch auf diese Farbe, wenn Sie eher aggressiv reagieren. Gelb regt die Hirnanhangsdrüse an; sie ist einer der wichtigsten Hormonproduzenten unseres Körpers. Violett dämpft und beruhigt Aggressionen. Wenn Sie allerdings zu Depressionen neigen, sollten Sie auf Violett verzichten. Achten Sie darauf, dass die Farben in Ihrer unmittelbaren Umgebung dominieren.

HOMÖOPATHIE

Medikament	Potenz	deutsche Bezeichnung	Dosis	Anwendung
Lachesis	D12	Buschmeister	1-mal täglich 5 Globuli	Bei heftigen Kreuzschmerzen unmittelbar vor Einsetzen der Blutung, Reizbarkeit, Ruhelosigkeit
Pulsatilla	D12	Wiesenküchenschelle	1-mal täglich 5 Globuli	Bei Schmerzen im Kopf, den Brüsten, im Unterleib, Überempfindlichkeit
Lycopodium	D12	Bärlapp	1-mal täglich 5 Globuli	Bei krampfartigen Bauchschmerzen, Unwohlsein, Blähbauch, Selbstzweifel, Empfindsamkeit
Nux vomica	D12	Brechnuss	1-mal täglich 5 Globuli	Bei Schmerzen in den Brüsten, im Bauch, Überempfindlichkeit, Kälteempfindlichkeit

Adressen

Arbeitskreis Frauenselbsthilfe bei gynäkologischen Problemen, c/o Maria Krieger, Nernstweg 32, 22765 Hamburg, Telefon: 040/3902190

Wenn aus dem Fluss ein Rinnsal wird

Die Vergrößerung der Prostata (oben) verursacht Druck auf den Harnleiter. Der Harndrang nimmt zu. Mitunter kommt es zu vollständiger Harnverhaltung.

Früher oder später trifft das Leiden beinahe jeden Mann. Doch ob die Prostataanschwellung krankhaft wird, ist von Mann zu Mann unterschiedlich. Jenseits der 50 muss jeder damit rechnen. Der Grund dafür: Auch Männer kommen in die Wechseljahre.

Ein reines Männerproblem

Die Prostata ist ein kastaniengroßes Organ, das den Anfangsteil der männlichen Harnröhre umgibt. Sie besteht aus 30 bis 40 einzelnen Drüsenkläppchen, eingebettet in einem Gerüst aus Bindegewebe und Muskulatur. Die Vergrößerung der Prostata wird durch die numerische Zunahme der Zellen und der Drüsen verursacht.

Ursachen der Prostatavergrößerung

Die Prostata, die Vorsteherdrüse, schwillt an und drückt auf den Harnleiter. Warum das so ist, weiß man immer noch nicht genau, obwohl das Alte-Männer-Leiden schon lange bekannt ist. So viel steht jedoch heute fest: Der Mann um die 50 kommt in die Wechseljahre.

Eine Theorie besagt, dass die Hoden weniger Testosteron produzieren und sich die Ausgangssubstanz, das Dehydrotestosteron, in der Prostata staut und sie deshalb anschwillt.

Die zweite Theorie geht ebenfalls von der verringerten Testosteronproduktion der Hoden aus. Weniger Testosteron würde den Druck der Außendrüse der Prostata auf die Innendrüse mindern, die von weiblichen Hormonen beeinflusst wird. Weil aber die Produktion der weiblichen Hormone weiterhin ungeschmälert funktioniert, würde der Druck der Innendrüse ansteigen und damit auch auf den Harnleiter wirken. Der Harndrang nimmt zu, der Harnstrahl wird schwächer und es kommt zu Harnverhaltung.

SYMPTOME

Schwächer werdender Urinstrahl, Urinieren in der Nacht, plötzlicher Zwang zur Blasenentleerung, verzögerter Beginn des Harnabflusses, zeitweises oder ständiges Harnverhalten, später ständiges Träufeln, Tröpfeln und möglicherweise chronisches nächtliches Einnässen.

Irgendwann erwischt es jeden Mann

Nur drei von zehn Männern über 50 Jahre beklagen überhaupt Symptome. Mit 70 hat allerdings schon jeder Dritte Probleme mit der Prostata. Die Statistik sagt, dass letztlich jeder Zweite Beschwerden hat. Es muss jedoch keinesfalls immer zu den gefürchteten Auswirkungen kommen.

Die räumliche Nähe von Prostata und Harnwegen bedingt, dass eine Prostatavergrößerung den Harnleiter einengen und damit den Urinabfluss aus der Blase behindern kann. Eine Vorbeugung ist nicht möglich. Veränderungen der Prostata können jedoch durch regelmäßige Vorsorgeuntersuchungen frühzeitig erkannt werden.

Was Mann tun kann

- Nutzen Sie regelmäßig das Angebot der Vorsorgeuntersuchungen. Bei einer rektalen Untersuchung kann der Arzt schon kleine Veränderungen ertasten.
- Vermeiden Sie langes Sitzen. Sorgen Sie für ausgleichende Bewegung. Dadurch wird die Durchblutung des Unterkörpers verbessert.
- Meiden Sie kaltes Bier oder kalten Sekt. Kalte Getränke können die Prostata in wenigen Stunden so anschwellen lassen, dass die Harnröhre möglicherweise mit einem Katheder geöffnet werden muss.
- Verringern Sie den Alkoholkonsum. Er führt dazu, dass das Urinieren verspätet einsetzt. Das führt zu psychischem Druck. Beim nächsten Mal klappt es dann erst recht nicht.

Diät halten, meine Herren!

Weg mit dem fetten Schweinebraten. Stattdessen sollten Sie frisches Gemüse, knackige Salate, Obst und viel Rohkost verzehren. Fett sollte nur noch in Form von Ölen mit mehrfach ungesättigten Fettsäuren verwendet werden. Diesen Rückschluss zogen französische Ärzte aus dem Gesundheitszustand von Vietnamesen. Die alten Männer unter den Einheimischen der ehemaligen französischen Kolonie litten nur dann unter einer Prostatavergrößerung, wenn sie sich so ernährten wie ihre Kolonialherren. Ernährten sie sich jedoch aus der relativ fettarmen vietnamesischen Küche, blieben sie von dem Leiden verschont.

Die Prostata liefert etwa 75 Prozent der Sekrete der Samenflüssigkeit. Ohne sie wären die Spermien nicht bewegungsfähig.

Harnverhalt

Die Folge einer abgeklemmten Harnröhre wird Harnverhalt (Ischurie) bezeichnet. Hierbei ist es dem Mann unmöglich, die übervolle Harnblase zu entleeren. Es besteht akute Gefahr einer Blasenüberdehnung mit Restharnbildung. Dieser Restharn stellt einen Nährboden für bakterielle Entzündungen dar und ist die häufigste Ursache von Infektionen der Blase und der Nieren.

Behandlung von Prostatabeschwerden

Wann zum Arzt?

Wenn die Beschwerden nicht mehr zu übersehen sind, ist es allerhöchste Zeit einen Facharzt (Urologen) aufzusuchen:

- Möglicherweise ist eine Operation unvermeidlich. Dafür stehen dem Arzt unterschiedliche Methoden zur Verfügung. Moderner Lasereinsatz beispielsweise erhält im Gegensatz zur Schlingenabhobelung die Fähigkeit zur Ejakulation.
- Thermotherapie nennt sich eine schmerzlose Methode, um die vergrößerte Prostata schrumpfen zu lassen. Dazu wird eine Sonde in den Harnleiter gebracht und die Temperatur der Vorsteherdrüse auf 54 °C erhöht. Das Prostatagewebe wird durch die Wärme zerstört und kann vom Körper abgebaut werden. Die Harnröhre wird dadurch von ihrer Fessel befreit. Die Behandlung ist erst nach mehrfacher Durchführung erfolgreich.

Fragen Sie Ihren Urologen nach dem Medikament Proscar mit dem Wirkstoff Finasterid. Es soll die Prostata um 30 Prozent schrumpfen lassen. Der Wirkstoff blockiert ein Enzym, das am Wachstum der Drüse beteiligt ist.

In Bewegung bleiben

- Langes Sitzen verhindert eine freie Durchblutung des Unterkörpers. Stehen Sie öfter auf, gehen Sie spazieren und lockern Sie Ihre Muskulatur.
- Wenn Sie unter Dauerstress stehen, wenden Sie Entspannungstechniken an oder besuchen Sie einen Kurs für autogenes Training.
- Halten Sie Ihren Stuhl flexibel (Jogurt, Müsli, Ballaststoffe und viel Bewegung). Sorgen Sie für regelmäßigen Stuhlgang, erziehen Sie Ihren Darm zur Pünktlichkeit. Dies können Sie erreichen, indem Sie sich täglich zur gleichen Zeit auf die Toilette setzen. Auch wenn Sie gar nicht müssen, sollten Sie etwa fünf Minuten so tun als ob. Früher oder später wird Ihr Darm diese Lektion verstehen und mit Pünktlichkeit belohnen.

- Wenn Sie Harndrang verspüren, unterdrücken Sie ihn nie. Handeln Sie sofort, gehen Sie zur Toilette und versuchen Sie, Ihre Blase vollständig zu entleeren.

Die Natur hilft

Wenn Sie gerne knabbern: Statt Erdnusskerne können Sie auch Kürbiskerne essen. Sie enthalten den Wirkstoff Sitosterin, der die Prostata abschwellen lässt. Es gibt auch Medikamente aus Kürbissamen.
Präparaten aus Brennnesseln und Sägepalmen wird eine ähnliche Wirkung zugeschrieben. Beweise stehen aber noch aus. In acht von zehn Fällen ist die Einnahme dieser Mittel jedoch erfolgreich, möglicherweise beruht ihre Wirkung auf einem Placeboeffekt. Sie schaden jedenfalls nicht. Medikamente mit Sitosterin sind z. B. Granufink, Prostagutt.
Allerdings: In der normalen Ernährung sind bereits ausreichende Mengen dieses Stoffes – Sitosterin ist so etwas wie pflanzliches Cholesterin – enthalten.

Mäßigen Sie sich beim Trinken. Trinken Sie in der Gesamtmenge nicht weniger als sonst oder als Sie benötigen, dafür jedoch in kleineren Portionen und öfter.

HOMÖOPATHIE

Medikament	Potenz	deutsche Bezeichnung	Dosis	Anwendung
Sabal serrulatum	D6	Sägepalme	3-mal täglich 5 Globuli	Bei Harnstau
Ferrum picrinicum	D6	Eisenpikrat	3-mal täglich 5 Globuli	Bei Harnstau
Arnica	D6	Arnika	3-mal täglich 10 Globuli	Bei Harnstau und einer Verschlimmerung der Beschwerden bei Bewegung
Belladonna	D1	Tollkirsche	5-mal täglich 5 Globuli bis zur Besserung	Bei plötzlichem Harndrang und Unruhe
Lycopodium	D18	Bärlapp	3-mal täglich 3 Globuli	Bei Prostatavergrößerung

Seekrank – auch zu Lande und in der Luft

So manche Fortbewegungsart bringt unser Gehirn aus dem Gleichgewicht – es schüttet Stresshormone aus.

Die technische Entwicklung hat die Evolution schon lange überholt: Der Mensch bewegt sich in immer höherem Tempo zu Lande, in der Luft und auf dem Wasser. Dabei werden ihm eine Vielzahl von Sinneseindrücken geboten – manchmal so viel, dass das Gehirn mit der Verarbeitung nicht mehr nachkommt.

Wenn einer eine Reise tut …

Besonders schlimm wird es, wenn sich Sinneseindrücke widersprechen – beispielsweise auf einer Schiffsreise: Die Augen melden relative Ruhe. Das Gleichgewichtsorgan, das sich im Innenohr befindet, wird von Reizen regelrecht überflutet; es nimmt kleinste Bewegungen und Schwankungen unmittelbar wahr. Wird der Widerspruch zwischen »sehen« und »empfinden« für unser Gehirn als zentraler Meldestelle zu heftig, reagiert es mit hektischer Aktivität. Die unangenehmen Folgen: Schwindel und Übelkeit.

SYMPTOME

Wiederholtes Gähnen, Müdigkeit, Blässe, Appetitlosigkeit, flaues Gefühl im Magen, Kopfschmerzen, Schwindel, Übelkeit, Erbrechen, in schweren Fällen auch Kreislaufbeschwerden, Apathie und Angstzustände.

Ursachen der Reisekrankheit

Bei Reisen vermitteln die Sinnesorgane unterschiedliche Informationen an das Gehirn. Das Gleichgewichtsorgan im Ohr registriert jede Veränderung der Lage, bemerkt Luftlöcher, Aufstiege und Abstiege, Schwanken, Kurven sowie Beschleunigungen und Bremsmanöver. Das Auge registriert jedoch relative Ruhe. Auf diese widersprüchlichen Informationen beider Organe reagiert das Gehirn mit der Ausschüttung von Stresshormonen (Adrenalin, Noradrenalin) und dem Blutdruckregulator Vasopressin. Schwindel und Übelkeit sind die Folge.

Reaktionen sind so verschieden wie Fingerabdrücke

Es gibt Menschen, die selbst starken Seegang verkraften. Andere reagieren schon bei einer harmlosen Kurve mit Brechreiz. Bei Menschen mit weißer oder schwarzer Hautfarbe ist nur jeder zweite von Reise- oder Seekrankheit betroffen, dabei sind ihre Reaktionen und Beschwerden so unterschiedlich wie ihre Fingerabdrücke. Chinesen reagieren dafür ohne Ausnahme mit Schwindel auf Fahrbewegungen.

Der Dominoeffekt

Kümmern Sie sich nicht um Mitreisende, denen schlecht ist, wenn Sie selbst anfällig für Reisekrankheit sind. Dies mag zwar unhöflich oder gar egoistisch sein, dient jedoch ausschließlich dem eigenen Schutz: Versuchen Sie zu helfen, wird es nicht lange dauern, bis auch Sie selbst Seekrank sind – dann erwischt es den Nächsten, dann den Nächsten und den Nächsten …

Unternehmen Sie bereits vor der Reise etwas

So beugen Sie vor

Trainieren Sie Ihr Gleichgewichtsorgan, wenn Sie anfällig für Reisekrankheit sind.

Eine Reihe von Sportarten mit schnellen Bewegungsabläufen von Körper und Augen, wie beispielsweise Tanzen, Eistanz und Eislauf, Tischtennis und Squash, verringern die Empfindlichkeit. Bei diesen Bewegungen stellen Sie selbst vorübergehende Zustände wie auf Autofahrten her.

Mit Düften lässt sich die Übelkeit vertreiben. Vor allem Lavendel gemischt mit Fenchel, Basilikum, Angelika (Engelwurz), Lemongras, Koriander, Zeder und/oder Rosmarin wirken gegen Reisekrankheit.

Bei Autofahrten

- Legen Sie auf langen Fahrten mit dem Auto etwa alle zwei Stunden eine Pause ein. Vertreten Sie sich dabei die Füße, lockern Sie Ihre Muskeln mit ein paar Übungen, z. B. Armkreisen oder Rumpfbeugen. Das hilft nicht nur Ihrem Kreislauf, sondern beugt Ermüdungserscheinungen vor.
- Nehmen Sie Medikamente ein bis zwei Stunden vor Antritt der Reise ein (z. B. Vomex, Vomacur oder Superpep Kaugummi-Dragees).
- Schlagen Sie sich vor der Abfahrt nicht den Magen übermäßig voll. Essen Sie nur leicht verdauliche Kost.
- Versuchen Sie die widersprüchlichen Informationen im Gehirn zu korrigieren: Schauen Sie als Beifahrer möglichst vorne aus dem Fenster.
- Lesen Sie nicht während der Fahrt im Auto, wenn Ihre Augen gleichzeitig die Bewegung der Landschaft registrieren.
- Wenn Sie unbedingt lesen wollen, verändern Sie Körperhaltung oder Sitzposition so, dass Sie ausschließlich auf Ihre Lektüre sehen. Vorbeihuschende Gegenstände, die Sie nur mit den Augenwinkeln sehen, können Reisekrankheit auslösen.
- Tauschen Sie mit dem Fahrer. Am Lenkrad wird Ihnen bestimmt nicht übel.

Bei Schiffsreisen

Bleiben Sie möglichst lange an Deck. Auch bei hartem Seegang sollten Sie nicht unter Deck gehen oder sich in die Kajüte legen. Achten Sie darauf, dass Ihre Kabine mittschiffs liegt, dort ist vom Wellengang am wenigsten zu spüren.

Versuchen Sie es einmal mit Akupressur. Die Chinesen sind im Umgang mit der Reisekrankheit besonders erfahren: Fast alle Chinesen werden seekrank. Der Grund hierfür liegt vermutlich im Aufbau des Nervensystems.

Im Flieger und im Bus

Wenn Sie die Wahl im Flieger und im Bus haben: Setzen Sie sich im Flugzeug zwischen die Tragflächen. Bei Busreisen liegt der beste Platz vorne, direkt hinter den Vorderrädern. Dort haben Sie die beste Sicht und es schaukelt am wenigsten.

Wenn's akut wird

Bei akuter Reisekrankheit: Legen Sie sich hin, lagern Sie die Beine hoch, decken Sie sich warm zu, atmen Sie tief durch und schließen Sie die Augen. Stehen Sie erst wieder auf, wenn sich Ihr Zustand gebessert hat. Wenn Sie Brechreiz empfinden, ist die Einnahme von Medikamenten wenig empfehlenswert.

Alternative Heilmethoden

Akupressur kann Schwindel und Brechreiz vertreiben. Der so genannte Neiguan-Punkt, der Druckpunkt gegen Schwindel und Brechreiz liegt auf der Innenseite des Unterarms, zwei Daumenbreit vor dem Handgelenk. Sie finden den Punkt, wenn Sie die Hand mit der Innenfläche nach oben drehen, nach unten abknicken, so dass die Sehnen deutlich gespannt sind. An beiden Armen eine Minute langsam mit sanftem Druck von Zeige- und Mittelfinger in kreisförmigen Bewegungen von innen nach außen massieren. Die Massage etwa alle 30 Minuten wiederholen.

Reisen Sie bei Nacht. In der Nacht können die Augen Bewegungen nicht so exakt registrieren. Damit steigen die Chancen, die Reise wohlbehalten zu überstehen.

HOMÖOPATHIE

Medikament	Potenz	deutsche Bezeichnung	Dosis	Anwendung
Nux vomica	D12	Brechnuss	Stündlich 5 Globuli bis zur Besserung nach spätestens 5 Stunden	Bei atmosphärischen Veränderungen und Autofahrten
Petroleum	D6	Petroleum	Stündlich 5 Globuli bis zur Besserung nach spätestens 5 Stunden	Bei Appetit trotz Reisekrankheit, saurem und bitterem Aufstoßen
Veratrum album	D6	Weiße Nieswurz	Stündlich 10 Globuli bis zur völligen Beschwerdefreiheit	Bei Angst in der Herzgrube und Magenkatarrh
Tabacum	D6	Tabak	Halbstündlich 5 Globuli bis zur völligen Beschwerdefreiheit, wenn Veratrum nicht wirkt	Bei Blässe, kaltem Schweiß, eiskaltem Körper oder Angst
Colchicum	D6	Herbstzeitlose	Stündlich 5 Globuli bis zur Besserung nach spätestens 5 Stunden	Bei Erbrechen auf Autofahrten und vergleichbaren passiven Bewegungen

Wenn Nervosität und Stress auf die Verdauung schlagen

■ *Die tägliche »Sitzung« ist für viele fast schon ein Ritual.*

Kaum eine andere Körperfunktion ist so von Äußerlichkeiten abhängig wie die Darmfunktion. Essgewohnheiten, Gemütszustand, Bewegung und Ruhe sowie soziale und kulturelle Elemente bestimmen, wie und wann der Darm arbeitet und was er produziert. Stress und Kummer werden damit zwangsläufig zu Verdauungsproblemen.

Es gibt unterschiedliche »Darmtypen«

Was dem einen auf den Magen schlägt, lebt der andere mit einer nervösen Verdauung aus. Manche Menschen verschwenden keinerlei Gedanken an ihre Verdauung, manche genießen das Gefühl der Entleerung und andere haben grundsätzlich Probleme damit. Das Gute daran ist: Meist sind mit einem reizbaren Darm keine weiteren Gesundheitsstörungen verbunden. Ein Reizdarm ist eine Reaktion des Magen-Darm-Traktes auf Stresssituationen oder spezifische Getränke und Nahrungsmittel.

Achtung!
Verdauungsbeschwerden können chronisch werden und damit das alltägliche Leben – Arbeit, Freizeit, Familie – nachhaltig beeinträchtigen.

■ Ursachen des Reizdarms

Der Reizdarm (spastisches Colon) steht in unmittelbarer Beziehung zu den äußeren Lebensumständen. Ihr Darm muss nicht nur Speisen, sondern auch Stress und Probleme verdauen. Fühlt er sich dabei irritiert, lässt das den Rückschluss zu, dass Sie möglicherweise mit den auf Ihnen lastenden Aufgaben überfordert sind. Wie der Mechanismus dieser Beziehung funktioniert, ist bislang nicht eindeutig erklärt. Eine unwillkürliche Beeinflussung der Dickdarmmuskeln wird jedoch vermutet. Stress kann beispielsweise die Tätigkeit des Darms verlangsamen, andererseits aber auch erheblich beschleunigen. Es kann auch eine Nahrungsmittelallergie als Ursache bestehen.

SYMPTOME

Diffuse Bauchschmerzen, unregelmäßiger Wechsel von Verstopfung und Durchfall ohne Anlass, häufiger Stuhlgang, Völlegefühl, Blähungen, Darmgeräusche. Begleitsymptome: Rückenschmerzen, Sodbrennen, Erregung, Appetitmangel, Herzklopfen, Schwäche oder rasche Ermüdung.

Was den Darm irritiert

Über die Hälfte aller Patienten mit Magen-Darm-Beschwerden leiden unter einem Reizdarm. Die Gesundheit der Betroffenen ist im Gegensatz zum geschilderten Krankheitsbild erstaunlich gut. Deshalb gehen viele Fachärzte davon aus, dass psychische Faktoren, vor allem Ängste und ungelöste Konflikte, den Hintergrund für einen Reizdarm bilden.

Welche Speisen und Getränke Ihnen Bauchschmerzen bzw. Darmbeschwerden bereiten, können Sie am besten selbst ermitteln. Streichen Sie die betreffenden Nahrungsmittel von Ihrem Speiseplan. Außerdem sollten Sie Ihre Ernährung auf ballaststoffreiche Kost – langsam – umstellen. Das hält die Darmflora intakt.

Nehmen Sie sich Zeit zum Essen und fürs Gegenteil

So beugen Sie vor

- Meiden Sie Speisen, die zu Verdauungsstörungen führen können, z. B. Bohnen und andere Hülsenfrüchte, Zwiebeln, Knoblauch, Lauch, Vollkornprodukte, Spinat und sämtliche Kohlarten.
- Verändern Sie Ihre Essgewohnheiten: fünf kleine statt drei große Mahlzeiten sind besser zu verdauen.
- Versuchen Sie entspannter, freudiger und mit Genuss zu essen. Kauen Sie die Speisen lange und gründlich durch, bevor Sie sie schlucken.

Wann zum Arzt?

- Wenn der Verdacht besteht, dass sich hinter Ihren Darmbeschwerden eine schwerwiegende Krankheit verbergen könnte.
- Wenn sich die Symptome verschlimmern.
- Wenn Sie unter starken Schmerzen leiden.

Führen Sie ein Tagebuch

Wenn Sie Gewissheit suchen, sollten Sie ein Tagebuch führen. Legen Sie eine Liste an, in die Sie eintragen, was Sie wann und in welchen Mengen gegessen und getrunken haben, welche Tätigkeiten Sie ausgeübt haben, welche familiären, physischen und psychischen Situationen, z. B. Stress, Konflikte, Angst, Ärger, Stimmung, aufgetreten sind, wie Ihr allgemeines Befinden war, wann und wie oft Sie zur Toilette mussten und welche Beschaffenheit Ihr Stuhlgang hatte. Nach acht Wochen haben Sie eine Statistik, aus der Sie beispielsweise ersehen können, auf welche Lebensmittel Sie mit Durchfall und auf welche Sie mit Verstopfung reagieren. Sie können nunmehr beurteilen, wie die Psyche Ihre Verdauung beeinflusst und können somit darangehen, entsprechende Belastungen gezielt abzubauen.

Behandlung des Reizdarms

Eine Behandlung mit Medikamenten ist in der Regel nicht nötig. Enzympräparate, die angeblich verdauungsfördernd wirken, werden von zahlreichen Ärzten und Heilpraktikern aufgrund ihrer nicht ausreichenden Wirkstoffdosierung als unwirksam – und zu teuer – eingestuft.

- Unterdrücken Sie nicht Ihr dringendes Bedürfnis. Reagieren Sie sofort, wenn Sie das Bedürfnis verspüren.
- Ändern Sie Ihre Lebensgewohnheiten: Wenn Sie mittags bislang ein Nickerchen machten, verzichten Sie nun lieber darauf. Gehen Sie stattdessen spazieren. Bewegung bewegt auch Ihren Darm. Besser noch: Treiben Sie Sport – das bringt Ihren Darm auf Trab.
- Entspannen Sie sich. Erlernen Sie Entspannungstechniken. Meditation, Stretching, Biofeedback, autogenes Training.
- Trinken Sie ausreichend. Zwei bis drei Liter alkoholfreie Flüssigkeit pro Tag sollten es jedenfalls sein.
- Vermeiden Sie Milch und Milchprodukte. Lassen Sie zur Sicherheit vom Arzt einen Laktoseintoleranztest durchführen.
- Stellen Sie auf ballaststoffreiche Ernährung um. Folgen Sie der Regel: Je weicher die Kost, umso härter der Stuhl, je härter die Kost, umso weicher der Stuhl. Wenn Sie Ihre Ernährung nicht umstellen wollen, führen Sie Kleie oder Flohsamenschalen (Reformhaus) zu. Gewöhnen Sie Ihren Darm jedoch langsam daran.
- Zwickende Blähungen lassen sich mit einer Wärmflasche und Darmmassage zum Darmausgang bewegen. Streichen Sie dazu langsam mit dem Handballen mit mäßigem Druck im Uhrzeigersinn spiralförmig über Ihren Bauch.
- Heilkräutertees, z. B. Fenchel, Kümmel, Pfefferminze lindern das Völlegefühl.

Tees gegen den gereizten Darm

Geeignet sind Mischungen aus Kümmel, Fenchel, Anis, Kamillenblüten und Schafgarbenkraut. Trinken Sie zwei- bis viermal täglich eine Tasse Ihres Lieblingstees zwischen den Mahlzeiten: ein bis zwei Teelöffel der Kräuter Ihrer Wahl mit Wasser überbrühen, ca. 15 Minuten ziehen lassen, abseihen, langsam trinken.

HOMÖOPATHIE

Medikament	Potenz	deutsche Bezeichnung	Dosis	Anwendung
Acidum phosphoricum	D6	Phosphorsäure	Stündlich 5 Globuli bis zur Besserung nach maximal 5 Stunden	Bei Durchfall
Veratrum album	D6	Weiße Nieswurz	Minütlich 2 Globuli bis zur Besserung nach ½ Stunde	Bei Übelkeit, Erbrechen, Durchfall und übermäßiger Erschöpfung
Nux vomica	D12	Brechnuss	Halbstündlich 5 Globuli bis zur Besserung nach maximal 2 Stunden	Bei Blähungen, Bauchschmerzen, Verstopfung
Graphites	D6	Graphit	Stündlich 5 Globuli bis zur Besserung nach maximal 5 Stunden	Bei Aufstoßen nach dem Essen, untätigem Darm, Verstopfung, schmerzhaft hartem Stuhlgang
Lycopodium	D12	Bärlapp	Halbstündlich 5 Globuli bis zur Besserung nach maximal 5 Stunden	Bei Stoffwechselstörungen, Verstopfung, Blähungen und Durchfall
Platinum	C30	Platin	1-mal täglich 1 Globulus	Bei Verstopfung

Adressen

Deutsche Gesundheitshilfe – Sektion Magen & Darm, Postfach 940303, 60461 Frankfurt/M., Telefon: 069/7894747

Hundert Krankheitsbilder und kaum Heilungschancen

Rheumatische Erkrankungen betreffen oftmals die Fingergelenke.

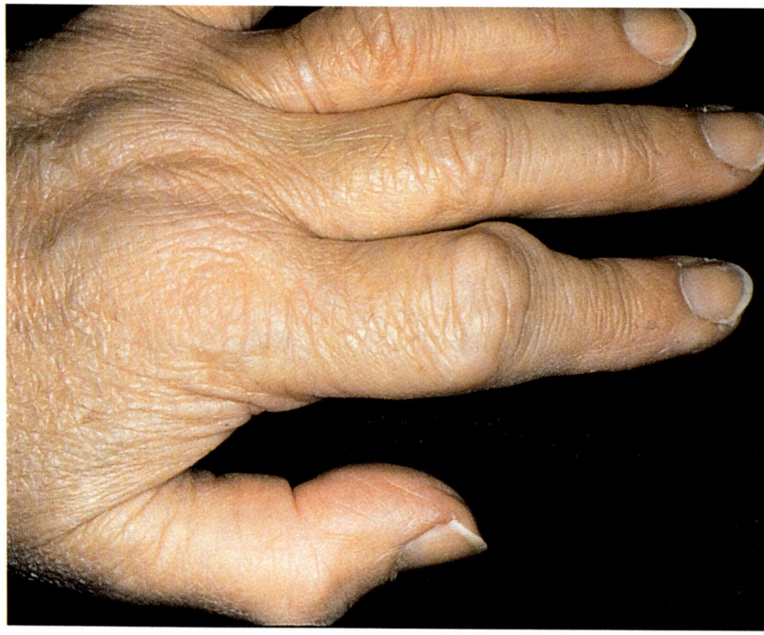

Hinter der Bezeichnung Rheuma stecken an die hundert verschiedene Krankheitsbilder. Grob kann man die Beschwerden in Gelenk- und Weichteilrheuma unterteilen. Es gibt kein einheitliches Behandlungsschema. Maßnahmen zur Schmerzlinderung und zum Erhalt oder zur Verbesserung der Beweglichkeit müssen individuell festgelegt werden.

Arthritis ➳ **Seite 32**
Arthrose ➳ **Seite 36**
Depressionen ➳ **Seite 90**
Gelenkschmerzen ➳ **Seite 144**
Hexenschuss ➳ **Seite 178**
Ischiasbeschwerden ➳ **Seite 204**

SYMPTOME

Akute und chronische Schmerzen und Druckempfindlichkeit, Schmerz bei Bewegung, Morgensteifigkeit, die Schmerzen wandern durch den Körper, geschwollene, heiße Gelenke, Knoten unter der Haut (Rheumaknoten), Muskelverspannungen, Hartspann, letztlich auch zerstörte oder deformierte Gelenke sowie Gelenkversteifung.

Selbsthilfe reduziert Schmerzen

Rheuma ist eine Volkskrankheit, die jeden, ob jung oder alt, plagen kann. Wie sehr der Betroffene davon geprägt wird, ist aber auch von seinem Umgang mit der Erkrankung abhängig.

Ursachen des Rheumas

Rheuma ist ein entzündlicher Prozess im Bindegewebe mit direktem Einfluss auf Gelenke und Gelenkumgebung.

- Für das typische Gelenkrheuma (z. B. chronische Polyarthritis, Arthrose) sind Störungen des Immunsystems verantwortlich. Das Abwehrsystem wendet sich dabei gegen den eigenen Körper. Ursachen: Infektionen durch Bakterien, Knochen-, Gelenk-, Schleimbeutel- und Sehnenscheidenentzündungen sowie Stoffwechselstörungen, Feuchtigkeit und Kälte, Giftstoffe oder Unfälle.
- Überbelastung kann die Ursache degenerativ-entzündlicher Prozesse in Knorpel und Knochen sein.
- Zum so genannten Weichteilrheuma zählen u. a. Entzündungen des Muskelgelenkes, Erkrankungen von Schleimbeutel, Sehnen oder Sehnenscheiden.

Nackenschmerzen
➻ Seite 250
Rückenschmerzen
➻ Seite 308

Selbsthilfemaßnahmen

Selbsthilfe kann eine wirksame Stütze bei der Behandlung der Krankheit sein. Grundsätzlich gilt: Chronische Schmerzzustände werden mit Wärme behandelt, akute, schwellende oder entzündliche Schmerzzustände dagegen mit Kälte.

Ergotherapie
Ergotherapie ist eine Beschäftigungstherapie, die dazu dient, Rheumatikern Arbeitsweisen zu vermitteln, die ihnen alltägliche Arbeiten, Tätigkeiten und Bewegungsabläufe weitgehend schmerzfrei ermöglichen. Rheumapatienten sollen erfahren – und erlernen –, wozu sie trotz ihrer Krankheit auch weiterhin im Stande sind.

Ist Diät sinnvoll?

Die Wirkung einer speziellen Rheumadiät wird bislang angezweifelt. Grundsätzlich gelten folgende Regeln:

- Versuchen Sie jedenfalls abzunehmen. Jedes Gramm weniger entlastet die Knochen und Gelenke.
- Verzichten Sie auf bestimmte tierische Fette. Folgende Lebensmittel sind tabu: Leberwurst, Mettwurst, Salami, Streichwürste, Thunfisch und Heilbutt, Leber von Schwein, Rind und Kalb sowie Hühner-, Schweine-, Rind- und Kalbfleisch und Eigelb. Der Verzehr von linolsäurehaltigen Fetten wie Weizenkeimöl, Diätmargarine und Erdnussöl sollte ebenfalls erheblich eingeschränkt werden.
- Führen Sie täglich zwei bis sechs Gramm Omega-3-Fettsäuren (Fischölfettsäuren) zu. Sie verbessern rheumatische Zustände.

Vermeiden Sie Nahrungsmittel mit einem hohen Anteil an Arachidonsäure: Pflanzenöle, Wurst- und Fleischwaren, Leber. Arachidonsäure beeinflusst chronische Polyarthritis nachteilig.

- Stellen Sie Ihren Speiseplan um. Geben Sie einer laktovegetabilen Ernährung den Vorzug. Diese Ernährungsform stützt sich auf Milch und Milchprodukte sowie alle Arten von Gemüse, Obst und Lebensmittel pflanzlichen Ursprungs.
- Erhöhen Sie die tägliche Zufuhr von Vitamin E auf 400 bis 1200 Milligramm täglich. Damit das Vitamin E wirken kann, müssen jedoch auch gleichzeitig ausreichende Mengen Vitamin C, Zink und Selen zugeführt werden. Beraten Sie sich vorab jedoch eingehend mit Ihrem Arzt.

Möglichst schnell zum Arzt

Je früher Sie bei einer rheumatischen Erkrankung zum Arzt gehen, desto besser sind die Behandlungschancen.

Obst, Gemüse und pflanzliche Lebensmittel sollten verstärkt auf Ihrem Speiseplan stehen.

Behandlung des Rheumas

- Wärmebehandlung: Lindern Sie den Schmerz mit Wärmflaschen, Infrarotlicht, Heizkissen, Umschlägen mit heißen Kartoffeln, heißen Kohlblättern, Heublumenabsud, Senf oder mit Moorbädern
- Ansteigende Bäder oder Überwärmungsbäder mit und ohne Zusätze sind sehr schmerzlindernd. Dabei wird die Wassertemperatur durch zulaufendes Heißwasser von 31 °C auf 37 °C gesteigert. Die Badezeit beträgt etwa 30 Minuten.
- Kältebehandlung: Legen Sie Eis, ein Cold-Hot-Pack (Apotheke), Kühlakkus, eine Kühlgel-Packung, Kältekissen etc. auf die schmerzenden Stellen. Dazu wird die Kältepackung in ein Tuch eingeschlagen und auf die Haut gelegt. Eine Bandage kann zur Fixierung angelegt werden. Die Kältepackung darf keinesfalls auf die bloße Haut gelegt werden, dies kann zu Erfrierungen oder Kälteschäden führen. Zur Kältebehandlung von Händen oder Füßen eignet sich auch kaltes Gas (z. B. Stickstoff), das mit einem Schlauch direkt auf die schmerzenden Bereiche »gesprüht« wird. Derartige Behandlungen sollte jedoch immer ein Arzt durchführen.

Die Psyche kann rheumatische Schmerzzustände auslösen

Meist entsteht ein Teufelskreis aus Ursache und Wirkung. Lassen Sie sich leichte Beruhigungsmittel verschreiben. Auch wenn Sie die Schmerzen dann nicht mehr spüren, sollten Sie unbedingt die Ursache finden. Scheuen Sie sich nicht, einen Psychotherapeuten zu konsultieren.

HOMÖOPATHIE

Medikament	Potenz	deutsche Bezeichnung	Dosis	Anwendung
Acidum benzoicum	D6	Benzoesäure	3-mal täglich 5 Globuli	Bei wandernden Schmerzen in Muskeln und Gelenken
Arnica	D6	Arnika	Stündlich 5 Globuli bis zur Besserung nach maximal 5 Stunden	Bei diffusen Schmerzzuständen und Schwellungen
Aconitum	D6	Eisenhut	Halbstündlich 5 Globuli bis zur Besserung nach maximal 2 Stunden	Bei heißen, roten Gelenken
Rhus toxicodendron	D12	Giftsumach	Stündlich 5 Globuli bis zur Besserung nach maximal 2 Stunden	Bei Schmerzen am Gelenk, die bei Bewegung besser werden
Bryonia	D6	Zaunrübe	Stündlich 5 Globuli bis zur Besserung nach 5 Stunden	Bei geschwollenen Gelenken, die bei jeder Bewegung schmerzen

Adressen

Deutsche Rheumaliga, Rheinallee 69, 53179 Bonn, Telefon: 0228/957500, Fax: 0228/9575020

Die harmlose Schulkinderkrankheit

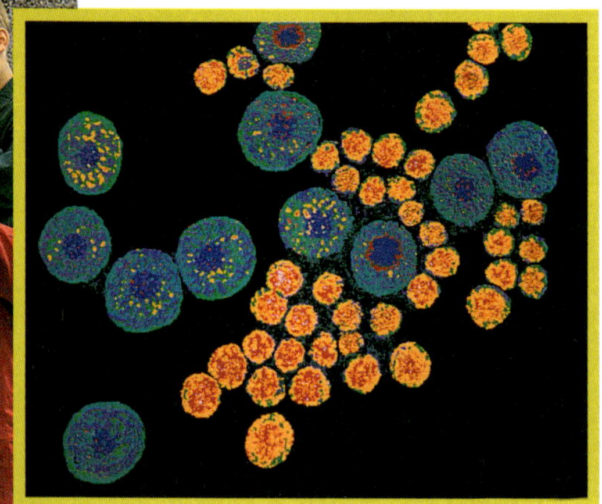

Das Rötelvirus (rechts) wird durch Tröpfcheninfektion übertragen. Bevorzugt befällt die Krankheit Kinder im Schulalter.

Ihr Kind kommt von der Schule nach Hause und Sie entdecken völlig unerwartet hellrote Flecken in seinem Gesicht. Welche Eltern haben diese Situation nicht selbst schon einmal erlebt. Die sichtbaren Zeichen einer Rötelninfektion treten plötzlich auf, sind für Kinder jedoch in der Regel absolut harmlos. Also keine unnötige Panik.

SYMPTOME

Etwa zwei bis drei Wochen nach der Ansteckung Ausschlag mit linsengroßen, hellroten Flecken im Gesicht, der hinter den Ohren beginnt, sich dann über den gesamten Körper ausbreitet. Ertastbare Schwellung der Lymphknoten am Hals und im Nacken.

Geringes oder kein Fieber. Nur sehr selten begleitet von bakteriellen Infekten. Achtung: Die Hälfte aller Rötelninfektionen verlaufen unbemerkt. Sieben Tage vor den ersten Anzeichen besteht jedoch bereits Ansteckungsgefahr

Gefahr besteht nur für Schwangere

Trotz des geringen Risikos für den kleinen Patienten, sollten Sie dennoch einige Vorsichtsmaßnahmen ergreifen, denn Röteln sind äußerst ansteckend und können für Schwangere gefährlich werden.

Ursache und Hintergrund

Das Virus wird durch Tröpfcheninfektion übertragen. Bevorzugt befällt die Krankheit Kinder ab sechs Jahren. Röteln sind im Prinzip harmlos. Eine überstandene Rötelninfektion im Kindesalter führt zu einer lebenslangen Immunität. Eine Behandlung durch einen Arzt ist nur bei zusätzlichen bakteriellen Infekten nötig.

Werdende Mütter …

… sind in den ersten drei Monaten der Schwangerschaft besonders gefährdet. Durch eine Infektion kann das Kind im Mutterleib schwerwiegend geschädigt werden. Infiziert sich die Mutter in den späteren Schwangerschaftsmonaten, kann das ungeborene Kind daran erkranken. Nach der Geburt ist das Kind hochinfektiös, es scheidet über Stuhl und Urin noch monatelang hohe Konzentrationen an Rötelnviren aus. Besteht auch nur der Verdacht, dass Schwangere ohne Antikörper mit Rötelnviren in Kontakt geraten sind, sollten sie umgehend ihren Gynäkologen oder Hausarzt aufsuchen.

Eine Impfung beugt vor

Allgemein gilt: Nur wer geimpft ist, genießt auch optimalen Schutz. Je lückenloser geimpft wird, umso größer sind die Chancen für ungeimpfte Kinder, ungeschoren davonzukommen. Mädchen sollten vor Beginn der Pubertät auf ihre Immunität gegenüber Röteln untersucht werden. Ist der Antikörpertiter zu niedrig, sollte die Impfung unbedingt aufgefrischt werden. Eine Impfung in den ersten Wochen der Schwangerschaft ist dagegen nicht möglich.

So beugen Sie vor

- Lassen Sie Ihr Kind impfen. Die Rötelnimpfung wird bei Kindern im zweiten Lebensjahr durchgeführt.
- Halten Sie an Röteln erkrankte Kinder unbedingt von Schwangeren fern. Im Falle einer Ansteckung besteht die große Gefahr schwerer Fehlbildungen beim ungeborenen Kind.

Behandlung der Röteln

- Lassen Sie das Kind viel trinken.
- Auch wenn Ihr Kind keinen Appetit hat, sollten Sie Speisen, z. B. Obst, anbieten.
- Verlieren Sie nicht die Geduld mit dem kleinen Patienten.

Wann zum Arzt?

- Beim Auftreten von Ohrenschmerzen oder Husten.
- Wenn das Kind Krämpfe hat.
- Wenn das Kind teilnahmslos und unansprechbar wirkt.

Das Kreuz mit dem Kreuz

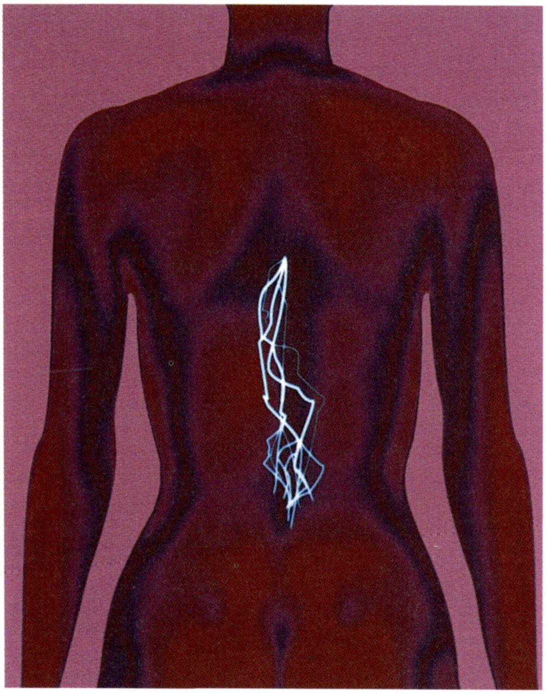

Belastbar, aber doch hoch sensibel: die Wirbelsäule.

Jeder Dritte hat Schmerzen

Hier zu Lande wird gesalbt, massiert, gespritzt und operiert, denn schließlich leidet jeder dritte Bundesbürger unter Kreuzschmerzen. Unsere Wirbelsäule gilt zwar als äußerst belastbar, dennoch treten durch lebenslange Beanspruchung oder lang anhaltende Überbelastung Verschleißerscheinungen an den beweglichen Teilen und tragenden Abschnitten des Rückgrates auf.

Ursachen von Rückenschmerzen

Besonders bei den so genannten unspezifischen Rückenschmerzen ist eine Diagnose äußerst schwierig. Grob lassen sich die Auslöser in drei Hauptbereiche einteilen:
1. Veränderungen der Wirbelsäule und/oder ihrer funktionellen Mechanik, z. B. Osteoporose, Bandscheibenvorfall, Gelenkflächenschaden, Skoliose (seitliche Krümmung der Wirbelsäule), Hohlkreuz oder Rundrücken.
2. Verspannungen der Muskulatur, z. B. Hexenschuss, Ischias, Hartspann im Schulter-Nacken-Bereich (Muskelschmerzen), Überdehnung und/oder Zerrung der Bänder.
3. Folge von Krankheiten, z. B. Osteoarthritis, Arthritis, Krebs, Gebärmutterentzündung oder Niereninfektion.

Blaseninfektion ➳ **Seite 58**
Grippe ➳ **Seite 154**
Hexenschuss ➳ **Seite 178**
Ischiasbeschwerden ➳ **Seite 204**

SYMPTOME

Akute und chronische Schmerzen vom Nacken bis zum Steiß. Ausstrahlungen in Kopf, Beine und Arme. Begleitsymptome: Verlust der Elastizität, gebeugter Gang, steifer Nacken, nachhaltige Bewegungseinschränkung von Hals, Hüfte, Armen und Beinen.

Was auf den Rücken drücken kann

Rückenschmerzen haben ein breites Entstehungsfeld. Sie können eine normale Alterserscheinung sein, durch Haltungsschäden, Bewegungsmangel oder Überlastung entstehen. Mit dieser Überlastung sind sowohl starke körperliche Beanspruchungen durch Bewegung und schwere Arbeiten gemeint als auch die Bürde seelischer Probleme.

Etwa 60 Prozent aller diagnostizierten Rückenschmerzen sind psychisch bedingt. Besonders betroffen sind diejenigen, die glauben, stets Haltung bewahren oder buckeln und ständig den Kopf einziehen zu müssen. Psychische Probleme wie Stress, Konflikte, Selbstzweifel, Kummer, Angst, Wut und Depressionen wirken sich sofort und direkt auf den Rücken aus. Dies erscheint anatomisch durchaus logisch, denn in der Wirbelsäule verläuft das zentrale Nervensystem, der Steuerungsmechanismus für Herzschlag, Atmung und alle Körperfunktionen, die ohne bewussten Antrieb – sozusagen von selbst und unwillkürlich – funktionieren müssen. Von hier aus wird auch die funktionelle Muskelarbeit gesteuert, denn die Nerven regulieren An- und Entspannung der Muskeln. Werden die Nerven psychisch belastet, hat das auch anspannende Folgen für die Muskeln. Es fließt weniger Blut hindurch, die Versorgung mit Sauerstoff wird verringert. Kommt es nicht zur Entspannung, verhärten Muskeln und erzeugen wiederum Schmerzen – ein Teufelskreis entsteht. Wer unter Rückenschmerzen leidet, ist deshalb fast ausschließlich auf die Lösung seiner körperlichen Probleme fixiert. Erst wenn die Schmerzen nachlassen, werden Betroffene den Ursachen gegenüber offener.

»Schreibtischtäter« klagen häufig über Verspannungen und Schmerzen im Schulter-Nacken-Bereich.

Wann zum Arzt?

- Wenn Sie unter Schmerzen leiden, die Haltung und Gang beeinflussen.
- Wenn Sie mit Selbsthilfe keine befriedigenden Erfolge erzielen.
- Wenn Sie glauben, Sie müssten unter der gesamten Last zusammenbrechen.
- Wenn Rückenschmerzen ohne Grund plötzlich auftreten.
- Wenn Sie zusätzlich Fieber haben.

Osteoporose
➾Seite 282
Menstruationsbeschwerden
➾Seite 238

Richten Sie Ihre Wirbelsäule wieder auf!

Lassen Sie sich vom Schmerz nicht niederdrücken! Man kann eine ganze Menge gegen Rückenbeschwerden unternehmen – und manche Vorbeugungsmaßnahme macht sogar Spaß.

So beugen Sie vor

Tai Chi Chuan löst Muskelverspannungen
Tai Chi Chuan (»Schattenboxen«) ist eine Disziplin der Traditionellen Chinesischen Medizin. Mit langsamen, fließenden Bewegungen wird die Rückenmuskulatur entspannt. Zusätzliche Atemübungen und Dehnbewegungen sollen die Harmonie im Körper fördern. Tai Chi Chuan ist durchaus anstrengend und benötigt etwas Zeit und Übung. Kurse werden z. B. von den Volkshochschulen angeboten.

- Trainieren Sie durch Bewegung und Sport die Rücken- und Bauchmuskulatur. Gehen Sie wieder einmal schwimmen. Vor allem Rückenschwimmen entlastet die Wirbelsäule, starke Muskeln stützen sie zusätzlich.
- Schonen Sie Ihren Rücken bei der Arbeit und im Haushalt vor einseitiger Belastung: Unterbrechen Sie Anspannungsphasen mit entspannenden Pausen. Wechseln Sie öfters die Sitz- oder Standposition. Bringen Sie belastete Muskeln zur Entspannung und entlastete Muskeln zur Anspannung. Durchbrechen Sie starre Bewegungsabläufe mit entgegengesetzen bzw. -wirkenden Bewegungen.
- Achten Sie auf die ergonomische Einstellung von Stühlen, Schreibtischen und Geräten: Korrigieren Sie notfalls die Sitzhöhe.
- Wenn Sie am Computer arbeiten: Befindet sich Ihr Bildschirm tatsächlich in Augenhöhe? Liegen die Unterarme vor der Tastatur auch wirklich auf? Ist der Unterarm abgestützt, wenn Sie die Maus bedienen? Schauen Sie ab und zu von der Arbeit auf. Gönnen Sie sich hin und wieder eine Entspannungspause und nutzen Sie jede Gelegenheit für etwas Bewegung.
- Alles, was Sie rollen, schieben oder ziehen können, sollten Sie nicht tragen.
- Wenn Sie schwere Gegenstände heben müssen, gehen Sie dazu in die Hocke. Heben Sie niemals »aus dem Kreuz«!
- Besuchen Sie Kurse zur Vermittlung von Entspannungstechniken, z. B. nach Jacobson oder so genannte Rückenschulen. Sie bringen Ihnen bei, wie Sie sich rückenschonend verhalten können. Auskünfte erteilen Ärzte und Krankenkassen.

Streicheleinheiten für Seele und Körper

Massagen werden von vielen Medizinern nur noch sehr zurückhaltend verschrieben. Sie seien überflüssig, heißt es seit der Gesundheitsreform. Dennoch: Kein Medikament kann das Problem der Rückenschmerzen durch Muskelverspannungen so hervorragend lösen, wie eine Massage. Unter den Händen des Masseurs kann sich die Rückenmuskulatur entspannen. Sie werden erfahren, dass Muskeln und Gelenke, aber auch Körper und Seele nicht unbegrenzt belastbar sind. Und Sie werden feststellen, dass Sie durch menschliche Kräfte von Ihren Lasten befreit und wieder aufgerichtet werden, nicht von chemischen Erzeugnissen. Sie bekommen Zuwendung, Sie erfahren Verständnis für ihre körperliche und seelische Situation, Sie können sich über Ihre Sorgen, Ängste und Konflikte vielleicht sogar unbefangen äußern. Das alles kann ein erster Schritt in eine belastungsfreie Zukunft sein.

Durch Entspannungstechniken und Rückenschulen lernen Sie, wie Sie sich rückenschonend verhalten können.

Was die Haltung bewirkt

Wer den Kopf einzieht, weil er schwer zu tragen hat, macht unwillkürlich einen Buckel, er nimmt sozusagen eine Schonhaltung ein. Das ändert aber nichts an der Körperbeugung, bei der die Muskeln angespannt werden. In diesem Zustand werden sie nur unzureichend mit Nährstoffen und Sauerstoff versorgt. Bei Dauerbelastung verkrampfen sie sich und verhärten. Die Verhärtung schmerzt und jede Bewegung verursacht in der Folge noch mehr Schmerz. Das macht die Betroffenen immer unbeweglicher. Mitleidende in diesem Teufelskreis von Abhängigkeiten sind die Bandscheiben. Auch sie können sich nicht mehr ausreichend erholen. Die Muskeln versuchen – mit kläglichem Erfolg –, die Überbelastung durch Mehrarbeit auszugleichen. Der Betroffene leidet unter Schmerzen und häufig auch Bewegungsunfähigkeit. Das beste Gegenmittel: Gehen Sie aufrecht und sitzen Sie gerade. Dies hat auch unmittelbar Einfluss auf Ihre Psyche.

Das Risiko für Muskelverhärtungen steigt ...

... wenn Sie angespannte Muskeln nicht in den richtigen Abständen entspannen, so z. B. wenn Sie auf den Schreibtisch starren, ohne in regelmäßigen Abständen den Kopf in den Nacken zurückzulehnen, wenn Sie unter Stress und Termindruck arbeiten, wenn Sie sich überfordert oder zurückgesetzt fühlen, wenn Sie Sorgen haben oder unter Ängsten oder Depressionen leiden.

Die Behandlung von Rückenschmerzen sollte zunächst nur Maßnahmen der physikalischen Therapie umfassen. Bewährt haben sich heilgymnastische Übungen, Massagen, Akupunktur und Akupressur sowie die Neuraltherapie. Erst wenn diese Behandlung keine Erfolge zeigt, sollten schmerzstillende, muskelentspannende Medikamente zum Einsatz kommen. Doch Vorsicht: Einige Mittel stehen in dem Verdacht, sehr schnell abhängig zu machen. Ziehen Sie jedenfalls einen Arzt zurate.

Behandlung von Rückenschmerzen

- Üben Sie das Entspannen Ihrer Rückenmuskulatur. Wenn Sie vor dem Computer sitzen, sollten Sie sich eine bequeme Sitzhaltung angewöhnen. Lehnen Sie sich zwischendurch frei zurück – beispielsweise wenn Sie überlegen oder etwas lesen müssen – und legen Sie die Füße auf den Tisch.
- Legen Sie regelmäßig eine Pause ein! Wenn Sie nicht von alleine daran denken, die Arbeit zu unterbrechen, stellen Sie sich einen Wecker. Strecken und recken Sie sich dann. Besser noch: Machen Sie Übungen aus einem Stretchingprogramm. Volkshochschulen, Sportvereine und Krankenkassen bieten entsprechende Kurse an.
- Wenn Sie Probleme oder Konflikte haben, sollten Sie sich einem Therapeuten anvertrauen. Bei derartigen Belastungen können Massagen und Medikamente nur unterstützend helfen.
- Wenn die Schmerzen unerträglich sind, legen Sie sich ins Bett und nehmen Sie eine Wärmflasche mit. Aber nur einen Tag lang, dann sollten Sie sich wieder vorsichtig bewegen. Besuchen Sie ein Thermalbad. Die Wärme entspannt die Muskeln, das Wasser verringert das belastende Gewicht des Körpers.

Linderung chronischer Rückenschmerzen

Für viele Menschen sind Rückenschmerzen alltägliche Begleiter. Einige leiden an ständigen Schmerzen andere wiederum klagen über immer wieder auftretende Beschwerden. Schon eine kleine – falsche – Bewegung kann Rückenschmerzen auslösen. Doch auch gegen chronische Beschwerden gibt es einfache und wirksame Selbsthilfemaßnahmen:

- Ist Ihre Matratze noch in Ordnung oder hängen Sie schon durch? Ähnelt Sie einer Hängematte, sollten Sie als Sofortmaßnahme ein passendes Brett unter die Matratze schieben. Mittelfristig lohnt sich die Anschaffung einer Gesundheitsmatratze, die zwar etwas teurer ist als gewöhnliche Matratzen, dafür aber Ihre Rückenschmerzen deutlich lindert.
- Moderne Wasserbetten sind hervorragend geeignet für Menschen mit Rückenproblemen. Wasserbetten gleichen Druckveränderungen zwischen den unterschiedlichen Körperteilen optimal aus. So können Sie in einer Position die ganze Nacht durchschlafen.
- Schlafen Sie keinesfalls auf dem Bauch. Am besten ist eine stufenartige Schlafposition: Legen Sie ein Kissen oder eine Nacken-

rolle unter Kopf und Nacken; der Rücken sollte möglichst flach auf der Matratze liegen. Schieben Sie ein weiteres Kissen unter die Knie. Diese Position entspannt Muskeln und Rücken.

• Schlafen Sie in der so genannten seitlichen Embryonalstellung. Ein zwischen die Knie geklemmtes Kissen verhindert, dass ein Bein nach vorne rutscht und dadurch die Hüfte verdreht; dies würde ansonsten zusätzlichen Druck auf den Rücken verursachen.

Alternative Heilmethoden

Wenden Sie Akupressur an: Die Druckpunkte für Rückenschmerzen heißen Yaosbu und Shangliao. Massieren Sie sie mit kreisenden Bewegungen (von innen nach außen) von Mittel- und Zeigefinger für jeweils eine Minute.

Die Shangliao-Druckpunkte liegen in den Vertiefungen der Rückenhaut über dem Kreuzbein jeweils rechts und links von der Wirbelsäule. Yaosbu liegt am Ende der Gesäßfalte zwischen Steiß- und Kreuzbein.

Insbesondere alternative Heilmethoden und Therapien werden mit Erfolg bei der Behandlung von Rückenschmerzen angewendet.

HOMÖOPATHIE

Medikament	Potenz	deutsche Bezeichnung	Dosis	Anwendung
Aesculus	D4	Rosskastanie	3-mal täglich 5 Globuli	Bei Schmerzen in Kreuzbein, Lende und Hüfte, die bei Bewegung schlimmer werden
Arnica	D6	Arnika	3-mal täglich 5 Globuli	Wenn Sie sich wie zerschlagen fühlen
Sepia	C30	Tinte vom Tintenfisch	2-mal täglich 3 Globuli	Bei starken Schmerzen

Adressen

Deutscher Sportärztebund, Bergheimer Straße 118, 69115 Heidelberg, Telefon: 06221/601880, Fax: 06221/601881

Bundesverband der Deutschen Rückenschulen (BdR), Rosenheimer Straße 53, 83043 Bad Aibling, Telefon: 08061/5900.

Bundesverband Skoliose Selbsthilfe e.V., Mühlweg 12, 74838 Limbach, Telefon und Fax: 06287/4792

Unangenehm und lästig

Candida albicans sind meist die Auslöser. Ursache kann zu viel oder zu wenig Hygiene sein.

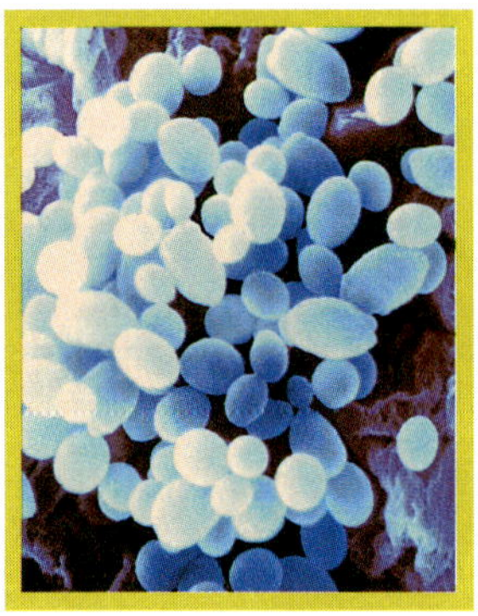

Eine Scheideninfektion kann vielfältige Ursachen haben. Infektionen durch Pilze oder Parasiten (Trichomonaden) gelten als die Hauptursache. Die Erreger können beim Geschlechtsverkehr und durch mangelnde oder übertriebene Hygiene übertragen werden.

No sex please!

Die Auslöser einer Scheideninfektion können beim Koitus übertragen werden. Daher gilt grundsätzlich: Um einer weiteren Übertragung der Erreger und einem Ping-Pong-Effekt vorzubeugen, sollten Sie jedenfalls Kondome benutzen. Solange die Scheide entzündet ist, ist es ratsam, auf Geschlechtsverkehr zu verzichten – zumindest solange, bis Ihr Arzt die Ursache geklärt hat.

Ohne Behandlung besteht die Gefahr einer Gebärmutterentzündung und in der Folge einer Entzündung der Eileiter und Eierstöcke. Dies kann im weiteren Verlauf zu Unfruchtbarkeit führen.

SYMPTOME

Ausfluss mit weißlicher bis gelblicher oder grünlicher Verfärbung, Schwellung der Schamlippen, Jucken, Schmerzen beim Koitus, mitunter unangenehmer bis Übelkeit erregender Geruch, Brennen beim Urinieren.

Ursachen von Scheideninfektionen

Auslöser sind meist Hefepilze (Candida albicans). Sie überwuchern die Scheidenschleimhaut, wenn sich die Vaginalflora verändert hat (z. B. durch die Antibabypille). Manchmal verursachen auch Kolibakterien, die vom After in die Scheide gelangt sind, eine Infektion. Bakterien, die normalerweise auf der Haut oder anderen Schleimhautbereichen siedeln (z. B. Strepto- und Staphylokokken) und durch Abwehrschwäche in den Genitalraum eindringen konnten oder Lebewesen, die durch Geschlechtsverkehr eingebracht wurden, z. B. Chlamydien. Trichomonaden, können jahrelang in der Scheide leben, ohne Symptome auszulösen.

Hintergrund von Scheideninfektionen

Das Scheidenmilieu ist der wichtigste Abwehrmechanismus der Scheide gegenüber fremden Keimen. Eine intakte Vaginalflora enthält eine ausgewogene Kultur aus Bakterien, z. B. Milchsäurebakterien. Physische und psychische Einflüsse können dieses saure Milieu verändern. Dann werden Krankheitserreger nicht oder nur unzureichend bekämpft.

Achtung!

Wenn der Ausfluss trotz Selbstbehandlung nicht zurückgeht und zusätzlich Schmerzen im Unterbauch und gleichzeitig Fieber auftreten, sollten Sie auf jeden Fall einen Gynäkologen aufsuchen. Außerdem ist ärztliche Behandlung dann erforderlich, wenn der Verdacht besteht, dass Sie sich mit einer Geschlechtskrankheit angesteckt haben könnten.

Selbsthilfe bei der Sanierung der Vaginalflora

So beugen Sie vor

Wenden Sie die richtige Hygiene an. Waschen Sie sich täglich im Genitalbereich mit klarem Wasser. Gehen Sie sparsam mit Seife und flüssigen Waschmitteln um. Verzichten Sie auf Scheidenspülungen, Intimsprays und andere Intimpflegemittel. Nach dem Stuhlgang den After immer von vorn nach hinten reinigen. So verhindern Sie, dass Bakterien aus dem Darm an die Schamlippen und damit in die Scheide geraten. Wechseln Sie täglich Ihre Unterwäsche, verzichten Sie auf Slipeinlagen. Auf letzteren gedeihen Keime besonders gut. Tragen Sie Oberbekleidung nicht ohne Slips.

Das Risiko steigt …

- Wenn Sie in den Wechseljahren und darüber sind. Dann hat die Vaginalflora eine andere Zusammensetzung, die Vaginaschleimhaut ist trockener, spröder.
- Wenn Sie eine Spirale tragen.

• Wenn ärztliche Eingriffe kurz zurückliegen, z. B. Gebärmutterausschabung, Schwangerschaftsabbruch.
• Wenn Sie oder Ihr Partner wechselnde Geschlechtspartner haben.

Antibiotika als Ursache?

Sie haben unter einer Infektion gelitten und der Arzt hat Ihnen Antibiotika verschrieben. Dann kann es vorkommen, dass Ihre Vaginalflora durcheinander geraten ist. Wichtige Bakterien, die als Gegenspieler von Pilzen wirken, wurden dadurch kampfunfähig gemacht, die Pilze konnten sich ungehemmt ausbreiten.

Je erfüllter das Liebesleben ist, desto ausgewogener ist die Vaginalflora. Sie ist nicht nur von der körperlichen, sondern auch der hormonellen Konstitution und der Psyche abhängig. Ein unbefriedigendes oder gar nicht stattfindendes Liebesleben kann beispielsweise zu einer trockenen, spröden Schleimhaut der Scheide führen, in der sich die typische Flora nur schwer bilden kann. Der Einfluss der Samenflüssigkeit auf die Scheidenflora ist dabei nicht ausschlaggebend. Das basische Ejakulat wirkt eher neutralisierend auf das saure Scheidenmilieu.

Der Ping-Pong-Effekt

Die Weitergabe der Infektionsursache an seinen Geschlechtspartner nennt man Ping-Pong-Effekt: Eine weitergegebene Infektion kehrt zurück, wenn der Partner nicht dagegen behandelt wird. Erschwerend kommt hinzu, dass Männer nicht unbedingt erkranken oder Symptome verspüren müssen.

Behandlung von Scheideninfektionen

Lassen Sie vom Arzt oder Heilpraktiker durch einen Abstrich abklären, welcher Art die Scheidenentzündung ist. Selbsthilfe ist im akuten Stadium meist nicht empfehlenswert. Nach erfolgreicher Behandlung können Sie dagegen in Selbsthilfe das Scheidenmilieu wieder aufbauen. Es gibt Zäpfchen mit den wichtigen Bakterienstämmen, z. B. Vagiflor (Apotheke). Sie können auch mit Naturjogurt, der Milchsäurebakterien enthält, die Vaginalflora sanieren. Tauchen Sie dazu einen Tampon in den Jogurt, und führen Sie ihn in die Scheide ein.

Alternative Heilmethoden

Nehmen Sie Sitzbäder, ein- bis zweimal täglich in lauwarmem Essigwasser (zwei Esslöffel auf einen Liter Wasser) und trinken Sie nach jeder Mahlzeit eine Tasse Angelika-Wurzel-Tee (ein Teelöffel zerkleinerte Wurzel mit 150 Milliliter kaltem Wasser aufgießen, dann kochen, 10 Minuten ziehen lassen und abseihen).

Adressen

Arbeitskreis Frauenselbsthilfe bei gynäkologischen Problemen, Hindenburgstraße 1a, 32257 Bünde, Telefon: 05227/188320, Fax: 05223/17046

HOMÖOPATHIE

Medikament	Potenz	deutsche Bezeichnung	Dosis	Anwendung
Kreosotum	D6	Buchenholzteer-kreosot	3-mal täglich 5 Globuli bis zur Beschwerdefreiheit	Bei milchigem Ausfluss, stechenden Schmerzen, schmerzhaftem Geschlechtsverkehr
Acidum muriaticum	D12	Salzsäure	1-mal täglich 5 Globuli bis zur Beschwerdefreiheit	Bei Ausfluss, überempfindlichen Geschlechtsorganen, Rückenschmerzen
Mercurius solubilis	D12	Quecksilber	1-mal täglich 5 Globuli bis zur Beschwerdefreiheit	Bei brennendem, Ausfluss, Nervosität, Empfindlichkeit
Sepia	D12	Tinte vom Tintenfisch	1-mal täglich 5 Globuli bis zur Beschwerdefreiheit	Bei übel riechendem Ausfluss, Brennen und Stechen von Scheide und Schamlippen
Pulsatilla	D12	Wiesenküchen-schelle	1-mal täglich 5 Globuli bis zur Beschwerdefreiheit	Bei dickflüssigem Ausfluss, Schmerzen in Vulva und Vagina, die sich beim Liegen verschlimmern
Acidum nitricum	D12	Salpetersäure	1-mal täglich 5 Globuli bis zur Beschwerdefreiheit	Bei braun gefärbtem Ausfluss, Brennen von Scheide und Schamlippen, Rückenschmerzen
Borax	D12	Natrium-tetraborat	1-mal täglich 5 Globuli bis zur Beschwerdefreiheit	Bei klarem, wässrigem oder pastenartigem Ausfluss

Nachts wach im Bett?

Sie haben Schäfchen gezählt und sind bei Tausend noch putzmunter? Sie denken unentwegt, wälzen Probleme oder sich von einer Seite auf die andere? Oder Sie wachen schon wenige Stunden nach dem Einschlafen auf und können dann keinen Schlaf finden? Enorm vielen Menschen ergeht es so. Allein in der Bundesrepublik klagen 25 Millionen Erwachsene über gelegentliche oder chronische Schlafstörungen. Frauen sind von diesem Phänomen übrigens doppelt so oft betroffen wie Männer.

Innere Anspannung und Stress verhindern einen entspannten und tiefen Schlaf.

Der Schlaf ist mit den Glücklichen

Schlafstörungen haben ihre Ursache oft in psychischen Problemen. Ob beruflicher Stress, Prüfungsangst oder Liebeskummer – unbewältigte Probleme verhindern einen gesunden und erholsamen Schlaf. Wer abends unzufrieden ins Bett geht und nicht schlafen kann, steht am Morgen bestimmt nicht frisch und munter auf. Er quält sich durch den Tag, die Probleme vergrößern sich. Spätestens jetzt wird es Zeit, etwas zu unternehmen.

Schlafstörungen werden dann zum Problem, wenn Sie sich am nächsten Tag müde, ausgelaugt und abgeschlagen fühlen. Generell gilt: Wer weniger als sechs Stunden pro Nacht – bzw. Tag – schläft, gefährdet seine Gesundheit in erheblichem Maße.

SYMPTOME

Einschlafstörungen: Der Schlaf will trotz vorhandener Müdigkeit nicht eintreten. Quälendes, oft stundenlanges Wachliegen.
Durchschlafstörungen: Aufwachen schon wenige Stunden nach dem Einschlafen ohne äußeren Grund, dann Einschlafschwierigkeiten.
Vorzeitiges Erwachen: Sie wachen morgens viel zu früh auf und können dann nicht wieder einschlafen.

Ursachen der Schlaflosigkeit

Es gibt nahezu unzählige Ursachen für den nicht gefundenen oder geraubten Schlaf. Eine wesentliche Ursache für das Schläfrigwerden ist die Bildung von Melatonin durch die Zirbeldrüse. Die Erzeugung dieses Hormons ist vom Hell-Dunkel-Rhythmus abhängig. Erst bei Dämmerung setzt die Melatoninausschüttung ein. Wird der Abend durch elektrisches Licht aufgehellt, gerät die Melatoninausschüttung ins Stocken. Sie werden nicht müde.

So beugen Sie vor

- Schlechte Luft, Lufttrockenheit, Wärme, aber auch Kälte können als Schlafverhinderer fungieren. Stellen Sie das ideale Schlafzimmerklima her: mindestens 50 Prozent Luftfeuchtigkeit, maximal 18 °C und viel Sauerstoff.
- Nehmen Sie Medikamente? Dann lesen Sie auf den Beipackzetteln unter Nebenwirkungen nach. Sind in den Präparaten Muntermacher enthalten, wie Koffein oder Theophyllin, Ephedrin, ist die Schlafstörung gewissermassen vorprogrammiert.
- Versuchen Sie, immer zur gleichen Zeit ins Bett zu gehen. Der Körper gewöhnt sich daran. Nutzen Sie den natürlichen Hell-Dunkel-Takt. Vielleicht brauchen Sie vor dem Zubettgehen eine Dämmerstunde? Dann dimmen Sie Ihre elektrische Beleuchtung oder zünden Sie eine Kerze an.
- Frühes Aufwachen in den Frühlings- und Sommermonaten können Sie durch Abdunkelung des Schlafzimmers verhindern. Folge des Hell-Dunkel-Takts ist nicht nur, dass Dunkelheit Müdigkeit erzeugt, sondern dass helles Licht die Aktivität fördert.
- Ist Ihre Matratze noch in Ordnung? Hängen Sie in der Mitte durch? Je besser Sie liegen, desto ausgeruhter sind Sie morgens. Investieren Sie in eine Gesundheitsmatratze.

Es gibt 1001 Gründe für Schlafstörungen

- **Angespanntheit**
- **Nervosität**
- **Stress**
- **Gereiztheit**
- **Schlechtes Gewissen**
- **Hunger**
- **Durst**
- **Bluthochdruck**
- **Liebeskummer**
- **Kälte**
- **Hitze**
- **Voller Magen**
- **Volle Blase**
- **Medikamente**
- **Rheuma**
- **Schlechte Matratze**
- **Alkohol**
- **Schnarchen des Partners**
- **Kratzende Nachtwäsche …**

Entspannung und Gelöstheit garantieren gesunden Schlaf

Entspannung lässt sich lernen

Besuchen Sie einen Kurs, um Entspannungstechniken zu erlernen. Schlaf kann nicht mit Willen herbeigezwungen werden, Entspannung ebenso wenig. Es gibt Techniken für Kopf und Körper, die das Entspannen und damit das Einschlafen erleichtern.

Der einzige Maßstab für das individuelle Schlafbedürfnis ist Ihr Gefühl am nächsten Tag. Fühlen Sie sich bei wenig Schlaf oder trotz mehrfacher Wachphasen ausgeruht, haben Sie ein geringes Schlafbedürfnis.

Behandlung von Schlaflosigkeit

- Meiden Sie Aufregungen zur späten Stunde. Versuchen Sie, Ihre Beziehungs- oder Familienprobleme nicht gerade kurz vor dem Schlafengehen zu diskutieren. Machen Sie stattdessen einen kleinen Spaziergang durch die Abendluft, lesen Sie ein Buch oder spielen Sie ein Spiel.
- Nehmen Sie ein indifferentes, also höchstens 36 °C warmes Bad.
- Lassen Sie sich sanft massieren. Versuchen Sie dabei, Ihren Kopf zu vergessen. Spüren Sie dabei nur Ihren Körper und die Massage. Dieses »innerliche Loslassen« entspannt die Seele.
- Sex entspannt und macht müde. Auch Kuscheln sorgt für eine gute Schlafbasis. Die Wärme eines geliebten Menschen erzeugt das Gefühl von Wohlbehagen und Geborgenheit. Unmittelbare Nähe lässt Pheromone wirken.
- Wenn Sie nach einer halben Stunde nicht eingeschlafen sind, oder 30 Minuten nicht ausreichen, um wieder einzuschlafen, stehen Sie auf. Ziehen Sie sich etwas über, und verlassen Sie das Schlafzimmer. Lenken Sie sich durch einfache Beschäftigungen ab. Erst wenn Sie sich müde fühlen, sollten Sie einen zweiten Anlauf des Einschlafens wagen.

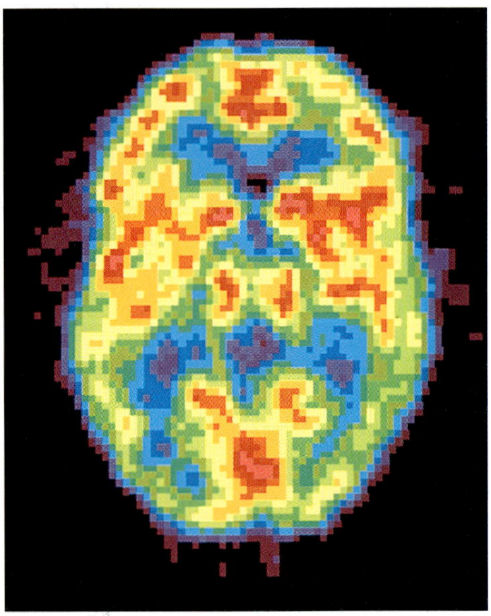

Gehirn während der Tiefschlafphase. Die Gehirnaktivität des Schlafenden gleicht in dieser Phase dem Wachzustand: Er träumt.

Seelische Probleme und unbewältigte Aufgaben …

… sowie Partnerschaftskonflikte, Selbstzweifel und Angst gehören zu den hartnäckigsten Schlafkillern. Nicht ohne Grund, denn wenn alles ruhig ist und der Rest der Familie schläft, lassen sich viele Probleme noch einmal überdenken. Sie haben vielleicht einen Gedanken, der Sie nicht loslässt, beziehungsweise eine Frage, auf die Sie keine Antwort finden. Das kann der Grund sein, warum Sie wach liegen. Stehen Sie auf, und schreiben Sie nieder, was Sie bewegt. Die Beruhigung, dass Sie den Gedanken nun unter keinen Umständen vergessen können, wirkt entspannend.

Bevor Sie sich nur noch müde und kaputt fühlen – gehen Sie zum Arzt

Gehen Sie zum Arzt, wenn Sie bereits über ein hohes Schlafdefizit verfügen. Wenn trotz vieler Selbsthilfemaßnahmen der Zustand der Schlaflosigkeit über zwei Wochen erhalten bleibt oder Sie zudem Appetitlosigkeit und Antriebslosigkeit verspüren und zu nichts mehr Lust haben.

Alternative Heilmethoden

Versuchen Sie es mit Akupressur. Drücken und massieren Sie das »göttliche Tor«. Dieser Druckpunkt liegt auf der Innenseite des Handgelenks unterhalb des Kleinfingerballens, etwa auf der Höhe der mittleren Falte. Die Vertiefung ist deutlich zu spüren und wird für eine Minute kreisförmig mit Mittel- und Zeigefinger massiert.

Der Druckpunkt »Schlaflosigkeit« liegt in der Fersenmitte beider Füße, etwa einen Zentimeter vom Fersenrand entfernt. Drücken Sie sanft mit Mittel- und Zeigefinger, und massieren Sie dann eine Minute kreisförmig von innen nach außen.

Hände weg von Schlaftabletten!
Ein paar Mal dürfen Sie zu Schlaftabletten greifen. Dann sollten Sie andere Mittel und Wege finden, um in Schlaf zu fallen. Schlaftabletten machen medikamentenabhängig und verändern die Schlafqualität negativ!

HOMÖOPATHIE

Medikament	Potenz	deutsche Bezeichnung	Dosis	Anwendung
Ambra	D6	Grauer Amber	Halbstündlich 5 Globuli bis zur Besserung nach maximal 2 Stunden	Bei Müdigkeit, doch im Bett wieder hellwach mit Sorgen und Angst
Ignatia	D12	Brechbohne	Halbstündlich 5 Globuli bis zur Besserung nach maximal 2 Stunden	Bei unruhigem, leichtem Schlaf, Angst vor wichtigen Ereignissen
Coffea	D12	Kaffee	Halbstündlich 5 Globuli bis zur Besserung nach maximal 2 Stunden	Bei Erregung, Überdrehtheit, wenn Sie den Kopf nicht abschalten können
Nux vomica	D12	Brechnuss	Halbstündlich 5 Globuli bis zur Besserung nach maximal 2 Stunden	Wenn Sie nicht abschalten können

Irritationen des Zwerchfells

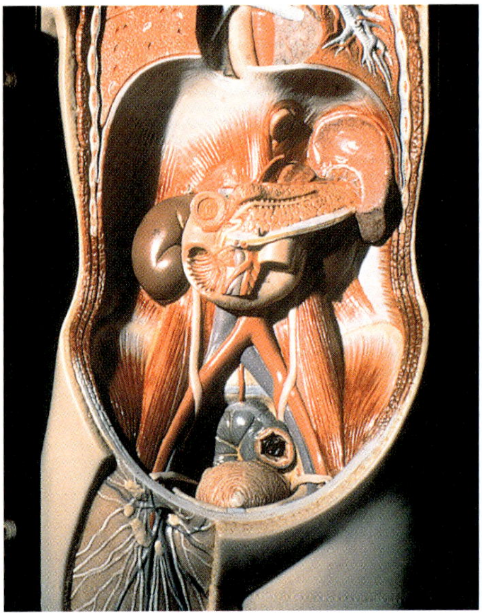

Unser Magen reagiert sehr sensibel auf Irritationen.

Medizinisch ist der Schluckauf harmlos. Anders eingestuft wird das Sodbrennen, die brennende Variante des Aufstoßens. Dabei kommt Magensäure in die Speiseröhre und kann zu Schäden führen.

Hickser, Luft und Säure

Niemand kann erklären, warum es geschieht – aber es passiert jedem einmal oder öfter. Doch das Gute ist: Schluckauf ist nur störend, aber keine ernstzunehmende Gefahr für die Gesundheit.

Ursachen

- Schluckauf: Irritation des Zwerchfells ohne bekannten Grund.
- Aufstoßen: Reaktion auf mit dem Essen verschluckte Luft.
- Saures Aufstoßen (Sodbrennen): Zu voller Magen, Schwäche des Speiseröhrenschließmuskels, Übergewicht, Zwerchfellbruch, Schwangerschaft, Magensäureüberschuss.

Schluckauf wird durch einen unwillkürlichen Nervenimpuls ausgelöst. Bislang konnte keine wissenschaftliche Ursache für diese Irritation des Zwerchfells gefunden werden.

SYMPTOME

- Schluckauf: Plötzliches unwillkürliches Zusammenziehen des Zwerchfells, dem ein rascher Verschluss der Stimmritze folgt, was ein charakteristisches Geräusch, einen Hickser produziert, häufig wiederholend, aber meist nur wenige Minuten anhaltend. In Ausnahmefällen lang anhaltend. Meist verschwindet der Schluckauf von allein.
- Aufstoßen: Das Ablassen von komprimierter Luft aus dem Magen über Speiseröhre und Mund oder Nase, mitunter geräuschvoll.
- Saures Aufstoßen, Sodbrennen: Magensaft oder Teile des Speisebreis steigen die Speiseröhre hoch, vor allem nach dem Essen. Sie hinterlassen einen brennenden, drückenden Schmerz.

So beseitigen Sie Schluckauf

Es gibt 1000 Patentrezepte mit unterschiedlichem Erfolg für das Beseitigen des Schluckaufs. Keine Methode ist jedoch wissenschaftlich gesichert.

- Erhöhen Sie den Kohlendioxidspiegel im Blut. Dazu wird immer wieder der Tütentrick empfohlen: Atmen Sie einfach Ihre Atemluft in eine (luftleere!) Tüte aus, die fest an den Mund gepresst wird. Holen Sie keine frische Luft durch die Nase, sondern atmen Sie die Tütenluft wieder ein. Das können Sie bis zu zehnmal wiederholen.
- Provozieren Sie ein Niesen. Ziehen Sie eine kleine Prise fein gemahlenen Pfeffer oder Schnupftabak in die Nase ein. Das Niesen kann den Schluckauf abstellen.

Nur Babys müssen ein »Bäuerchen« machen. Erwachsene können etwas dagegen tun.

Wann zum Arzt?

Wenn der Schluckauf über Stunden anhält oder regelmäßig wiederkehrt.

So beugen Sie gegen Schluckauf vor

- Trinken Sie nicht in langen gierigen Zügen.
- Sprechen Sie nicht, wenn Sie schlucken.
- Essen Sie langsam, und kauen Sie gut.
- Üben Sie das Atmen, wenn Ihr Atemtakt beim Sprechen durcheinander kommt.
- Die Einnahme von Gewürznelken auf nüchternen Magen soll vor allem bei älteren Menschen Schluckauf verhindern.

Wenn Luft oder Gas sich befreien wollen

Luft oder Gas im Magen suchen sich eine Möglichkeit, um zu entweichen. Sie sollten das Aufstoßen nicht unterdrücken. Fortgesetztes Aufstoßen kann ein Hinweis auf eine Infektion mit Helikobakter-Pylori-Bakterien und damit ein Magengeschwür sein.

Behandlung des Schluckaufs

- Wenn Sie auf Kohlensäure aufstoßen, sollten Sie keine Getränke mit Kohlensäure trinken.
- Sprechen Sie möglichst wenig beim Essen; dann schlucken Sie auch keine Luft.
- Kauen Sie Speisen gut durch. Je feiner der Nahrungsbrei ist, umso weniger Luft gelangt beim Schlucken in den Magen.

Achtung!
Hält der Schluckauf über mehrere Tage oder gar Wochen an, sollten Sie einen Arzt aufsuchen. Die Reizung des Zwerchfells könnte in diesem Falle durch Krankheitserreger hervorgerufen werden. Die Ursachen von dauerhaftem Schluckauf können schwerwiegend sein: Stoffwechselstörungen, Magenschleimhautentzündung, Magengeschwüre, eine Schilddrüsenvergrößerung oder auch eine Tumorerkrankung.

Wenn's Ihnen sauer aufstößt …

Ein altes Hausmittel bei Völlegefühl und leichtem Sodbrennen nach einem üppigen Essen ist ein Gläschen Enzianschnaps.

… gelangt Magensäure mit Teilen des Speisebreis in die Speiseröhre und führt zu einem kratzenden Gefühl hinter dem Brustbein und im Hals, dem so genannten Sodbrennen. Meist hat man zuvor zu hastig, zu viel, zu süß oder zu sauer gegessen. Der Magen reagiert mit Übersäuerung. Häufig tritt saures Aufstoßen bei Übergewicht und Schwangerschaft auf.

Sollte das Sodbrennen nach dem Aufstoßen längere Zeit anhalten, häufig wiederkehren oder von Halsschmerzen und Schluckbeschwerden begleitet sein, sollten Sie unbedingt einen Arzt aufsuchen.

Treten mit dem Sodbrennen gleichzeitig Schmerzen im Oberbauch auf, könnten Gallensteine oder eine Entzündung der Bauchspeicheldrüse vorliegen. Auch ein Zwerchfellbruch führt zu ständigem Sodbrennen. In beiden Fällen müssen Sie den Arzt informieren.

Was gegen Sodbrennen hilft

Neutralisieren Sie mit basischen Präparaten aus der Apotheke die Säure (Antazida, z. B. Kompensan, Bullrich-Salz). Diese Mittel dürfen aber keinesfalls dauernd und über längere Zeit eingenommen werden. Für längerfristige Therapien eignen sich Protonenpumpenhemmer, die auch zur Behandlung von Magengeschwüren verwendet werden. Fragen Sie hierzu Ihren Arzt.

So beugen Sie vor

Beinahe ein Fünftel aller Bundesbürger leidet unter Sodbrennen. Doch die wenigsten Betroffenen suchen deswegen einen Arzt auf. Dabei ist gerade saures Aufstoßen ein Warnsignal des Körpers. Die aufsteigende Magensäure deutet auf ernsthafte Erkrankungen hin, z. B. Gallensteine oder Speiseröhrenkrebs.

- Rauchen Sie weniger. Wer raucht, hat ein hohes Risiko, an einem Magenleiden zu erkranken. Sodbrennen ist eine erste Warnung.
- Trinken Sie weniger Kaffee. Kaffee enthält Gerbsäure. Sie erhöht den Säurespiegel im Magen.
- Trinken Sie weniger Alkohol. Er schädigt die Verdauungsorgane.
- Meiden Sie Süßigkeiten. Sie initiieren oft Sodbrennen durch eine erhöhte Magensäureproduktion. Auch fettes Essen führt zu einer hohen Säurebildung. Essen Sie generell und besonders abends weniger, verzichten Sie dann vor allem auf Fett.
- Ebenso können säurehaltige Speisen Sodbrennen verursachen.
- Sitzen Sie aufrecht beim Essen und danach. Eine gebeugte Haltung drückt auf den Magen. Legen Sie sich nicht direkt nach dem Essen hin.

• Wenn Sie schwanger sind: Öffnen Sie enge Kleidung, die auf den Bauch drückt. Das gilt auch bei Übergewicht (Gürtel lockern).

Sodbrennen in der Schwangerschaft

Bereits zu Beginn der Schwangerschaft kann Sodbrennen einsetzen, da der Magenschließmuskel am Eingang schlaffer wird. Meiden Sie scharfe und schwer verdauliche Kost. Nüsse und trockene Brötchen neutralisieren die Säure.

HOMÖOPATHIE

Medikament	Potenz	deutsche Bezeichnung	Dosis	Anwendung
Nux vomica	D6	Brechnuss	Stündlich 5 Globuli bis zur Besserung über maximal 5 Stunden	Bei vollem Magen, Nikotin- und Alkoholgenuss
Capsicum	D6	Paprika	Stündlich 5 Globuli bis zur Besserung über maximal 5 Stunden	Bei brennenden Schmerzen im Hals, gereiztem Magen vom vielen Trinken und Rauchen
Robinia	D6	Scheinakazie	Stündlich 5 Globuli bis zur Besserung über maximal 5 Stunden	Brennende Magenschmerzen, Sodbrennen mit Erbrechen und Verschlimmerung nach dem Essen und nachts
Iris	D6	Schwertlilie	Stündlich 5 Globuli bis zur Besserung über maximal 5 Stunden	Bei Sodbrennen, wenn sich die Schmerzen im Hals durch kalte Getränke nicht bessern

Adressen

Deutsche Gesundheitshilfe – Sektion Magen & Darm, Postfach 940303, 60461 Frankfurt/M., Telefon: 069/7894747

Keine Panik

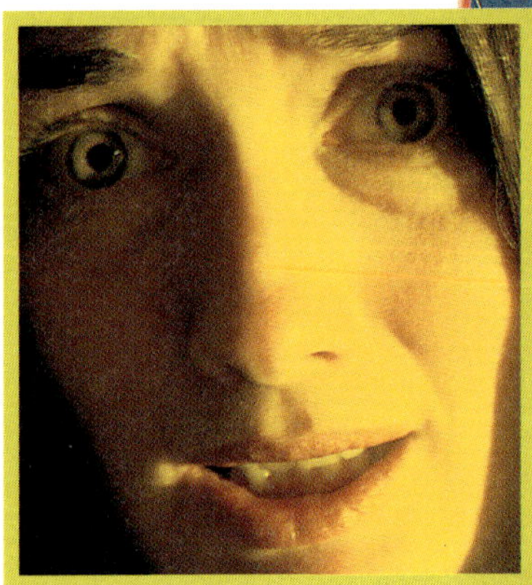

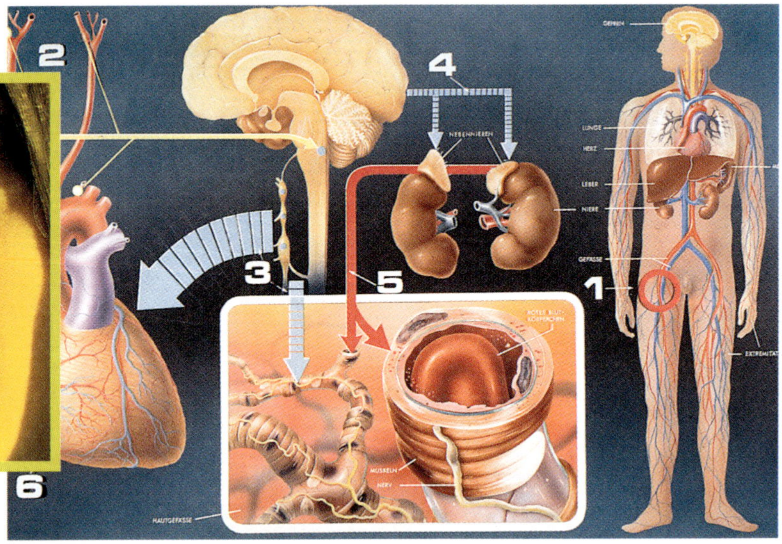

Achtung! Kreislaufversagen ist lebensbedrohlich!

Ein Schock ist ein schweres Kreislaufversagen, bei dem der Blutdruck rapide sinkt und es zu einem Missverhältnis zwischen Blutversorgung und Blutbedarf der Zellen kommt. Es besteht die akute Gefahr einer lebensgefährlichen Unterversorgung von Gehirn und Nervensystem.

Bleiben Sie bei dem Patienten

Nehmen Sie Schockzustände immer ernst. Sie haben meist schwerwiegende Ursachen: starke Blutungen, innere Verletzungen, akute Herzerkrankungen, Hormon- und Stoffwechselstörungen, Vergiftungen, allergische Reaktionen oder psychische Erschütterungen.

Einen Schockpatienten sollte man nie allein lassen. Abgesehen davon, dass er kollabieren könnte, braucht er beruhigende Unterstützung und menschliche Nähe.

SYMPTOME

Blässe im Gesicht, feuchtkalte Haut, in der Regel schwacher, schließlich kaum spürbarer Puls, hastige flache Atmung, Frösteln, trockener Mund, Durstgefühl, Ohnmacht. Bei psychischem Schock: der Puls ist beschleunigt. Bei Blutvergiftung: heiße Haut, der Puls ist drängend.

Erste Hilfe

Grundsätzlich gilt: Bleiben Sie ruhig! Nehmen Sie Schockzustände ernst, aber verfallen Sie keineswegs in Panik. Lediglich bei Unfällen und Vergiftungen sollte umgehend ein Notarzt angefordert werden.

- Den Betroffenen in Rückenlage bringen, Beine hochlagern.
- Bei Ohnmächtigen Atmung kontrollieren, notfalls mit Wiederbelebungsmaßnahmen beginnen.
- Falls eine Blutung besteht, die Blutung unbedingt stillen.
- Den Betroffenen mit einer Decke warm einpacken. Isolierende Unterlage nicht vergessen.
- Den Betroffenen beruhigen, streicheln, ihm gut zureden, keinesfalls allein lassen.
- Kein Essen und keine Flüssigkeiten anbieten oder verabreichen. Auch dann nicht, wenn der Betroffene über Durst klagt.
- Puls (60 bis 80 Schläge pro Minute) und Atmung kontrollieren.
- Wenn nötig, freie Atmung durch Überstreckung des Kopfes in den Nacken erzeugen.
- Ein Riechfläschchen bereithalten. Duftmoleküle ätherischer Öle wirken bei Ohnmacht anregend; besonders geeignet sind Cajeput, Kampfer, Estragon, Basilikum, Lavendel oder Pfefferminze.

Ohnmacht und Bewusstlosigkeit
Als Ohnmacht werden Zustände der Bewusstlosigkeit bis zur Dauer von einer halben Minute bezeichnet. In jedem Fall von Bewusstlosigkeit sollte sicherheitshalber ein Notarzt angefordert werden.

HOMÖOPATHIE

Medikament	Potenz	deutsche Bezeichnung	Dosis	Anwendung
Carbo vegetabilis	D6	Holzkohle	Halbstündlich 5 Globuli bis zur Besserung nach maximal 2 Stunden	Bei kaltem Schweiß, Kollaps, blassem Gesicht, drohender Ohnmacht
Veratrum album	D6	Weiße Nieswurz	Halbstündlich 5 Globuli bis zur Besserung nach maximal 2 Stunden	Bei kaltem Schweiß, Ohnmacht mit Erbrechen oder Durchfall
China	D6	Chinarinde	Viertelstündlich 3 bis 5 Globuli	Bei Kreislaufkollaps mit Blutverlust

Wenn die Haut sich schuppt

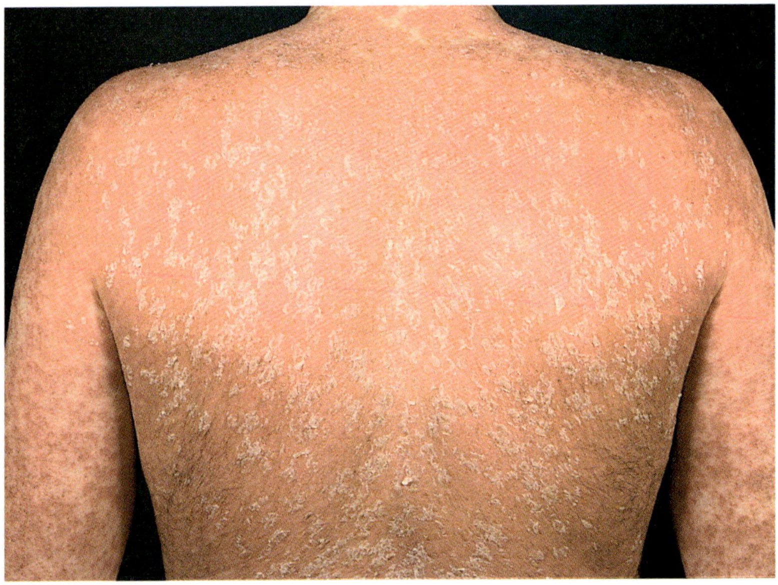

Wie Flechten breiten sich die schuppigen Hautmale über große Bereiche des Körpers aus. Lässt die Rötung nach, bleiben weiße Flecken zurück.

Die Haut ist die »Visitenkarte« eines Menschen. Hautkrankheiten wie die Schuppenflechte beeinträchtigen sowohl das Erscheinungsbild als auch das Selbstwertgefühl des Betroffenen nachhaltig. Doch auch wenn die Behandlung noch immer äußerst langwierig ist, so sind die Chancen, diese Hautkrankheit unter Kontrolle zu bekommen, heute sehr gut.

In der Bundesrepublik sind mehr als zwei Millionen Menschen von Schuppenflechte betroffen, wobei der Anteil von Frauen und Männern annähernd gleich ist. Weltweit leiden etwa 80 bis 120 Millionen Menschen an dieser Hautkrankheit.

SYMPTOME

Rötliche bis rote, auch erhabene, entzündete, mitunter heftig juckende Stellen aller Größen auf der Haut; besonders häufig sind Kopf, Haaransatz, Knie und Ellenbogen befallen. Manchmal sind Nägel durch Grübchenbildung und Ablösung sowie seltener auch Schleimhäute oder Gelenke durch Schwellung, Schmerzen und Steifigkeit in Finger- und Zehengelenken betroffen. Die Haut ist mit silbrig glänzenden Schuppen bedeckt, woher die Krankheit ihren Namen hat. Eine Ausbreitung über den ganzen Körper oder das Auftreten von Pusteln gelten als Sonderformen.

Ursache bislang unbekannt

Es gibt heute zahlreiche hochwirksame Präparate, mit denen Psoriasissymptome gelindert und Hauterscheinungen abgeschwächt werden können.

Was Psoriasis verursacht

Die Ursachen für Schuppenflechte sind bislang unbekannt; die Krankheit wird als nicht heilbar erachtet. Therapiemaßnahmen zielen daher auf Linderung und Besserung der Symptome.

Auslösende Momente

Verletzungen bei Unfällen, Infektionen sowie seelische Belastungen und Stress fungieren meist als Auslöser der Krankheit. Auch Medikamente und Alkohol stehen im Verdacht Psoriasis zu initiieren.

Auslöser der Schuppenflechte ist eine Hautfunktionsstörung, deren Ursachen bis heute nicht eindeutig geklärt sind. Fest steht bislang lediglich, dass sich in den betroffenen Stellen neue Hautzellen etwa zehnmal so schnell bilden wie in gesunder Haut und dabei nur ungenügend ausreifen.

Vererblich – aber nicht ansteckend

Es gibt eine erbliche Veranlagung zur Schuppenflechte: Bestimmte Gene und Umweltfaktoren sind für den Ausbruch der Psoriasis notwendig. Hat nur Vater oder Mutter eine Schuppenflechte, dann besteht für ein Kind ein 25-prozentiges Risiko, ebenfalls darunter zu leiden; haben beide Eltern Schuppenflechte, steigt das Risiko auf 60 bis 70 Prozent. Meist tritt Schuppenflechte zwischen dem 10. und 30. Lebensjahr auf. Psoriasis ist nicht ansteckend. Die Krankheit verläuft meist in Schüben. 90 Prozent der Fälle zeigen Besserung der Krankheit im Sommer. Reizklima (Meer, Hochgebirge) wirkt lindernd – die im Sonnenlicht enthaltenen UV-Strahlungen wirken sich günstig auf die Schuppenflechte aus.

Ein Heilmittel gibt es nicht

Die Medizin kann kein »Wundermittel« gegen Psoriasis anbieten. Medizinische und alternative Therapien zeigen jedoch gute Behandlungserfolge.

Den Schüben vorbeugen

- Pflegen Sie Ihre Haut besonders sorgfältig. Verwenden Sie nur sanfte, parfümfreie Reinigungsmittel. Glätten Sie die rauhen Hautstellen mit Ölen, Lotionen und Cremes.

• Wenn Sie sich rasieren, verwenden Sie keinen Nassrasierer.
• Vermeiden Sie Verletzungen und Hautirritationen, z. B. durch Brennnesseln, Chemikalien oder Insektenstiche. Verhindern Sie unbedingt Sonnenbrände.

Behandlung der Psoriasis

Alleinige äußerliche Behandlung ist langwierig. Innerlich wirkende Mittel sollten jedoch erst eingesetzt werden, wenn die Behandlung mit Salben, Lotionen und Badezusätzen erfolglos bleibt.
• Lindern Sie den Juckreiz mit Kälte. Geben Sie zerstoßene Eiswürfel in eine Plastiktüte, legen Sie ein trockenes Tuch auf die betroffene Stelle, die Eispackung darauf und fixieren Sie die Packung mit einem Handtuch oder einer Binde. Lassen Sie die Kälte mindestens 15 Minuten einwirken.
• Lösen Sie die Schuppen durch Salben mit den Wirkstoffen Azetylsalizylsäure, Harnstoff (z. B. Carabamid Creme Widmer) oder Teerextrakten. Azetylsalizylsäure und Harnstoff weichen die Haut auf, sie müssen deshalb vorsichtig aufgetragen werden.

Achtung! **Hoch konzentrierte Azetylsalizylsäure darf bei Kindern nur äußerst sparsam und nur kurzfristig eingesetzt werden. Ziehen Sie bei der Anwendung unbedingt einen Hautarzt zurate.**

• Verhindern Sie durch Cremes und Salben mit dem Wirkstoff Dithranol (z. B. Psoralon, StieLasan) die übermäßige Verhornung der Haut. Achtung: Nicht erschrecken, Präparate mit diesem Wirkstoff färben gesunde Haut und Wäsche gelb.
• Lassen Sie Sonne und UV-Strahlung gezielt auf die betroffenen Bereiche einwirken. Beachten Sie jedoch unbedingt die Schutzregeln vor Sonnenbrand: Meiden Sie das Sonnenbaden im Sommer zwischen 11 und 15 Uhr, setzen Sie die Haut anfangs nur fünf bis zehn Minuten dem Licht aus. Wichtig: Tragen Sie keine Sonnenschutzmittel auf. Sie verhindern den positiven Effekt der UV-Strahlen.
• Baden Sie in Salzbädern mit Salz aus dem Toten Meer (Apotheken, Drogerien, Reformhäuser). Das Salz schädigt die Haut nicht. Die Anwendung kann zusätzlich zu allen anderen Maßnahmen erfolgen. Die Salzmenge, die man dem Badewasser zusetzt, richtet sich lediglich nach dem subjektiven Empfinden des Patienten. Auch Bäder mit adstringierender Wirkung, z. B. Tannin, Eichenrinde oder Roterle verbessern kurzfristig die Schuppenflechte.
• In schweren Fällen, die sich durch äußerliche Behandlung nicht bessern lassen, können vom Arzt weitere Methoden und Medikamente verordnet werden: Die PUVA-Therapie ist eine Kombination aus UV-Bestrahlung und der Einnahme des Medikaments Methoxsalen. Diese Therapie blockiert die Teilung der Hautzellen. Oder

die Einnahme von Methotrexat, einem Krebsmedikament aus der Chemotherapie sowie eine Behandlung mit Etretinat. Bei allen aufgeführten Mitteln ist ärztliche Beratung erforderlich.

Entspannung macht die Schuppenflechte erträglicher. Vor allem der Juckreiz wird durch Entspannung gemildert. Besuchen Sie einen Kurs zum Erlernen von Entspannungstechniken oder autogenem Training. Fragen Sie bei Ihrer Krankenkasse nach.

Alternative Heilmethoden

Einreibungen mit Teebaumöl-Cremes wirken entzündungshemmend und juckreizstillend. Mischen Sie dazu 30 Tropfen Teebaumöl mit geruchlosem Speiseöl. Füllen Sie das Gemisch in eine dunkle Glasflasche, die vor einer Zerstörung des Ölgemisches durch Licht schützt. Vor Gebrauch schütteln. Reiben Sie betroffene Stellen damit ein. Vermischen Sie eine handelsübliche Feuchtigkeitscreme (50 Gramm) mit acht Tropfen Teebaumöl und tragen Sie die Creme auf die Hautstellen auf.

HOMÖOPATHIE

Medikament	Potenz	deutsche Bezeichnung	Dosis	Anwendung
Acidum formicicum	D6	Ameisensäure	3-mal täglich 3 Globuli	Bei Juckreiz am behaarten Kopfbereich und Haarausfall
Graphites	D12	Graphit	3-mal täglich 3 Globuli	Bei Hauterscheinungen hinter den Ohren
Arsenicum album	D30	Weißes Arsenik	1-mal täglich 3 Globuli	Bei ängstlichen, übergenauen Menschen
Sepia	D30	Tinte vom Tintenfisch	1-mal täglich 3 Globuli	Bei Schuppenflechte an den Nägeln
Lycopodium	D12	Bärlapp	3-mal täglich 3 Globuli	Bei zusätzlichen Blähungen

Adressen

Deutsche Stiftung Psoriasis und Neurodermitis, Fontanestraße 14, 53173 Bonn, Telefon: 0228/351091

Deutscher Psoriasis-Bund e.V., Oberaltenallee 20a, 22081 Hamburg, Telefon: 040/223399, Fax: 040/2270986

Körperliche Notwehr bei Überlastung

Indianer kennen keinen Schmerz. Wer getreu dieser Devise jeden Belastungsschmerz übersieht und einfach weiter arbeitet, riskiert eine schmerzhafte Sehnenscheidenentzündung. Spätestens dann muss eine wesentlich längere Pause eingelegt werden. Eine Sehnenscheidenentzündung birgt ein großes Risiko: Bei späterer Belastung zeigt sie häufig die Bereitschaft zum chronischen Verlauf.

Eine Sehnenscheidenentzündung entsteht oft durch übertriebene sportliche Betätigung.

Kälte lindert die Schmerzen

Das Auftreten einer Sehnenscheidenentzündung weist stets darauf hin, dass Sie zu lange einer gleichförmigen Belastung oder Tätigkeit ausgesetzt waren.

Sehnen verbinden Gelenke und Muskeln sowie Knochen und Muskeln miteinander. Sie übertragen Bewegungen der Muskulatur auf die Knochen. Sehnen sind äußerst zugfest, jedoch nur sehr wenig dehnbar.

SYMPTOME

Akute bis chronische Schmerzen bei der Bewegung in der Sehnenscheide stark tangierter Gliedmaßen (z. B. Unterarm, Finger, Wade). Die Entwicklung der Symptome erfolgt in drei Phasen:
I. Phase: Anhaltender Schmerz nach einseitig belastender langer (Über-)Anstrengung. Im Ruhezustand verschwindet der Schmerz langsam wieder.
II. Phase: Die Schmerzen treten am Anfang von Bewegungen auf, sie werden nach Aufwärmung schwächer, nach Beendigung der Bewegung stärker, meist auch nachts.
III. Phase: Die Schmerzen sind ständig präsent, halten tage- und nächtelang nach der Bewegung an.

Ursachen von Sehnenscheidenentzündungen

Einseitige, pausenlose Belastung der Muskeln, in erster Linie der Streckmuskeln oder unphysiologische Bewegungsabläufe führen zu einer Überbeanspruchung der Sehnen. Dadurch wird die Innenseite der Sehnenscheide rau, bei Bewegung reiben sich die Sehnen daran, es entstehen Schmerzen. Wird die Bewegung dennoch fortgeführt, entzündet sich die Sehnenscheide.

Hintergrund der Sehnenscheidenentzündung

Sport, Arbeit, Hobby und Haushaltstätigkeiten sind die vielfältigsten Verletzungsquellen. Als Risikofaktoren gelten: Überbelastung durch gleichförmige Tätigkeiten wie schreiben auf der Schreibmaschine, Arbeiten am Computer oder Stricken. Fehlende Aufwärmphasen beim Sport. Training oder Sport auf zu hartem Untergrund. Schlecht ausgeheilte Zerrungen oder Muskelanrisse. Bei stärkeren Belastungen kann die Sehne auch abreißen.

Schmerzen nicht ignorieren!
Eine Sehnenscheidenentzündung bemerkt man in der Regel bei körperlicher Anstrengung, z. B. beim Sport. Wenn Sie erste Schmerzen verspüren, sollten Sie sich sofort in physiotherapeutische Behandlung begeben. Wenn Sie die Schmerzen ignorieren und die Sehnen weiterhin belasten, kann ein Sehnenriss die Folge sein. Und dies kann einen operativen Eingriff, auf jeden Fall jedoch eine lange Pause vom Sport nötig machen.

Was Pianisten und Tennisspieler gemeinsam haben

Lassen Sie sich nicht einreden, Sie seien überempfindlich oder gar wehleidig. Sehnenscheidenentzündung ist die Berufskrankheit Nummer eins vieler Musiker und befällt auch trainierte Sportler. Diese nehmen die Erkrankung äußerst ernst.

Wann zum Arzt?

- Wenn schon kleine Bewegungen stark schmerzen.
- Wenn Sie bisher noch nie wegen dieser Schmerzen einen Arzt aufgesucht haben.
- Wenn sich die Beschwerden trotz Selbstbehandlung nicht nach zwei Tagen bessern oder sogar zunehmen.

So beugen Sie vor

- Beachten Sie immer die Aufwärmphase beim Sport.
- Bevorzugen Sie Schuhe mit weichen, dämpfenden Sohlen. Meiden Sie harte Untergründe bei Sport und Training.
- Bleiben Sie in Bewegung. Wer regelmäßig Sport treibt, beschäftigt seine Muskeln und Sehnen. Trainiertes Gewebe kann Belastungen besser verkraften.

• Trainieren Sie Ihren Körper für die Bewegungsabläufe bei der Arbeit und beim Sport. Beginnen Sie ungewohnte Bewegungen zunächst verhalten und steigern Sie die Anforderungen langsam. Wenn Sie bei der Arbeit ungewohnte Bewegungsabläufe von heute auf morgen verrichten sollen, protestieren Sie, und bitten Sie um Einarbeitungs- und Eingewöhnungszeit.

• Bei einseitigen Belastungen durch Arbeit und Sport sollten Sie auf Phasen der Belastung regelmäßig Entspannungsphasen folgen lassen.

• Reagieren Sie auf Schmerzzeichen. Auch wenn Sie den Schmerz noch gut aushalten können, zeigt er schon die Überlastung an. Stellen Sie dann die verursachende Bewegung möglichst rasch ein.

Wenn Sie am Computer arbeiten und Tastatur sowie Maus ohne Handgelenksunterlage bedienen, provozieren Sie eine Sehnenscheidenentzündung. Eine Sehnenscheidenentzündung ist die typische Folge schneller Sportarten wie Squash, Badminton, aber auch Tennis.

Rheumasalben bringen wenig

Rheumasalben erhöhen die Durchblutung der Haut und des darunter liegenden Gewebes. Sehnen und Sehnenscheiden sind jedoch so gut wie gar nicht durchblutet und profitieren daher nicht von den über das vermehrte Blut herangetragenen heilenden Inhaltsstoffen derartiger Präparate.

Behandlung

Werten Sie den Schmerz als Warnsignal. Stellen Sie den schmerzenden Bereich ruhig, bis die Schmerzen nachlassen. Aber auch nicht zu lange: Sehnen und Sehnenscheiden können bei Ruhestellung verkleben, was die Sehnen verkürzt und zur Einschränkung der Beweglichkeit führt. Zur Verhinderung des Verklebens genügen einfache, nicht belastende Bewegungen.

• Legen Sie Eis bei akuten Sehnenscheidenentzündungen auf die schmerzenden Stellen. So wird's gemacht: Füllen Sie zerstoßenes Eis aus dem Tiefkühlfach in eine Plastiktüte, legen Sie dann ein Handtuch über die schmerzende Stelle und darauf den Eisbeutel, den Sie mit einem weiteren Handtuch oder einer Binde fixieren. Belassen Sie die kühlende Packung mindestens 15 Minuten auf der schmerzenden Stelle. Sie können statt Eis auch andere tiefgekühlte Packungen benutzen: Cold-Hot-Packs oder Eisgele.

Bewährt hat sich ein Kältestick: Dazu lassen Sie Wasser in einem Jogurtbecher mit einem Eisstiel gefrieren, mit dem Sie dann über die schmerzende Stelle streichen. Sollte Ihnen die Kältebehandlung Schmerzen bereiten, brechen Sie sie sofort ab. Versuchen Sie stattdessen, mit Wärme Linderung zu erlangen.

• Schmerzt die Sehnenscheidenentzündung schon seit längerem, können Wärmepackungen helfen: Fangopackungen, Wärmflaschen, Heizkissen, heiße Cold-Hot-Packs oder heiße Kartoffeln eignen sich. Fixieren Sie die Packung mit einem Handtuch oder einer Binde. Lassen Sie die Wärme etwa eine Stunde wirken. Dann entfernen Sie die Wärmepackung und lassen die Stelle für 30 Minuten ausruhen.
• Zur Behandlung von älteren Sehnenscheidenentzündungen: Tragen Sie Heparinsalbe oder Heparingel auf, und stellen Sie das Körperteil ruhig.
• Wenn Sie sich selbst nicht helfen können: Lassen Sie sich vom Arzt einen Stützverband anlegen. In schweren Fällen wird der Arzt sich eventuell für eine Ruhigstellung in Gips entscheiden.
• Bei sehr starken Schmerzen hilft ein einfaches Schmerzmittel (ASS, Parazetamol), dann darf die Sehne jedoch nicht belastet werden. Halten Sie vor der Einnahme in jedem Fall Rücksprache mit Ihrem Arzt.
• Kortison ist nur bei der Behandlung schwerer Entzündungen zu empfehlen. Auch bei der Anwendung von Kortison gilt: das Körperteil nicht erneut beanspruchen.

Sehnenscheidenentzündungen sind eine äußerst langwierige Angelegenheit. Je früher Sie mit einer entsprechenden Behandlung oder Therapie beginnen, desto größer sind die Heilungschancen.

HOMÖOPATHIE

Medikament	Potenz	deutsche Bezeichnung	Dosis	Anwendung
Apis	D6	Honigbiene	Stündlich 5 Globuli bis zur Besserung nach maximal 5 Stunden	Bei schmerzenden Stellen, wenn Wärme mit den entzündeten Sehnenscheiden in Berührung kommt
Rhus toxicodendron	D12	Giftsumach	Stündlich 5 Globuli bis zur Besserung nach maximal 5 Stunden	Bei Schmerzen nach erster Bewegung in Ruhestellung
Ruta	D6	Weinraute	Stündlich 5 Globuli bis zur Besserung nach maximal 5 Stunden	Wenn Rhus toxicodendron nicht innerhalb eines Tages wirkt

Ein heißes Souvenir

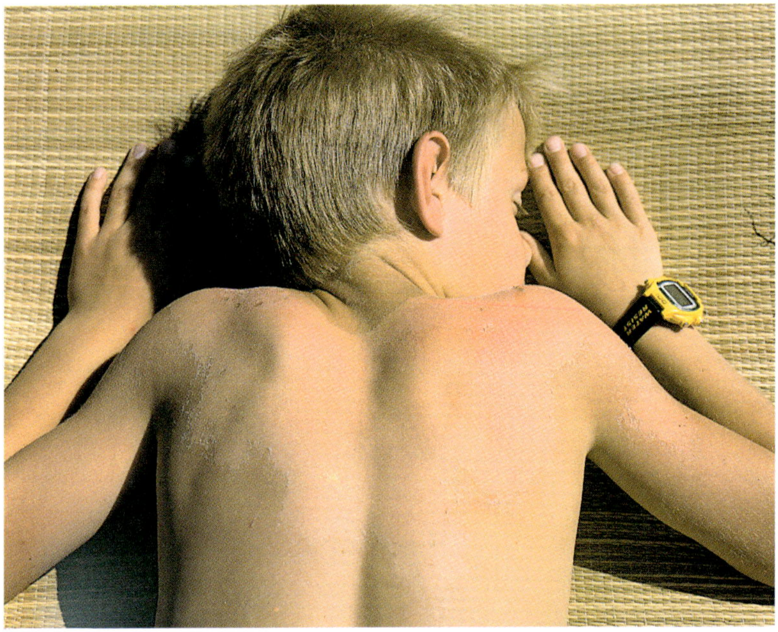

Sommer, Sonne, Sonnenbrand – schmerzhaft und mit hohem Risiko verbunden!

Alle Jahre wieder zieht es Sonnenhungrige an Seen, Strände und in die Freibäder. Kräftig mit Sonnenschutzlotionen eincremen und schon kann nichts mehr passieren. – Falsch! Direkte Sonnenbestrahlung birgt zunehmend Gefahren für die menschliche Haut. Daran ändert auch Sonnenschutzfaktor 50 nur wenig.

Strahlen verbrennen die Haut

Aufgrund der Ausdünnung der Ozonschicht erreichen zunehmend mehr UV-B-Strahlen die Erdoberfläche. Dadurch hat sich die Zeit bis zum Auftreten eines Sonnenbrandes deutlich verkürzt.

Sonnenbrand hat Auswirkungen über das Abklingen der Symptome hinaus. Ärzte sind sich inzwischen darüber einig, dass jeder Sonnenbrand das Hautkrebsrisiko erhöht.

SYMPTOME

Rote, brennende bis schmerzende, heiße, spannende, auch schwellende und später juckende Haut, dazu Bläschen- und Quaddelbildung. Schmerzen bei Berührung oder Druck.

Ursachen des Sonnenbrands

Entzündung der Haut durch UV-Strahlen nach Sonneneinwirkung oder Besuch eines Solariums. Die unsichtbaren UV-Strahlen werden in einen A- und einen B-Typ unterschieden. Typ A ist für die Bräunung der Haut verantwortlich, Typ B erzeugt das Verbrennen der oberen Schicht und die Verletzung der Blutgefäße im darunter befindlichen Gewebe. Inzwischen bestehen jedoch Nachweise, dass auch UV-A-Strahlen die Haut verbrennen und schädigen.

Nicht nur die UV-B-Strahlen schädigen die Haut, auch UV-A-Strahlen können Verbrennungen erzeugen.

Wie die Haut sich schützt

Hautbräune ist die Anreicherung der Basalschicht der Haut mit Pigmenten (Melanin), um sich gegen starkes Sonnenlicht zu schützen. Wird Haut ohne Melanineinlagerung der Sonne ausgesetzt, können die UV-Strahlen ungehindert eindringen (z. B. im Frühling). Ein weiterer Schutzmechanismus der Haut gegen die UV-B-Strahlen ist die Bildung einer so genannten Lichtschwiele, einer Verdickung der Oberhaut. Bis diese Maßnahmen greifen, muss die Haut langsam und behutsam an die Sonne gewöhnt werden. Je nach Jahreszeit, Lichtintensität, Höhe und geographischer Breite variiert die Höchstgrenze für einen Erstaufenthalt in der Sonne zwischen 5 und 15 Minuten.

Hautkrebs kann Folge von Sonnenbrand sein

Sonnenstrahlen erzeugen keinen Krebs. Auch ein einzelner Sonnenbrand ist nicht unmittelbar Ursache dafür. Wie viele Sonnenbrände jedoch bereits zur Entstehung von Hautkrebs ausreichend sind, kann niemand sagen.
Fest steht: Jeder Sonnenbrand schädigt die Haut. Und mit jedem Sonnenbrand wird das Risiko an Krebs zu erkranken größer. Nach jedem Sonnenbrand muss der Körper neue Hautzellen bilden. Defekte Zellen können die Keimzelle für Hautkrebs sein.
Fest steht: Menschen mit vielen Muttermalen sind 16-mal stärker gefährdet, Hautkrebs zu entwickeln, als Menschen mit wenigen Muttermalen. Bei mehr als 50 Muttermalen sollte man sich regelmäßig vom Arzt untersuchen lassen.
Aus amerikanischen Studien geht hervor, dass auch regelmäßiger Gebrauch von Sonnenschutzmitteln nicht vor Hautkrebs schützt.

Hat sich ein Sonnenbrand eingestellt, ist weitere Sonnenbestrahlung der betroffenen Stellen tabu. Es droht sonst eine heftige Entzündungsreaktion. Bis ein Sonnenbrand ausgeheilt ist, vergehen in der Regel drei bis sechs Monate.

Schneeblindheit ist ein Sonnenbrand auf den Augen. Er bewirkt eine Zerstörung der Augenhornhäute. Eis und Schnee reflektieren das Sonnenlicht (wie auch Wasseroberflächen), es ist dadurch wesentlich intensiver.

Die bedenkenlose Anwendung von Sonnenschutzmitteln trägt sogar zur Förderung des Hautkrebses bei. Der Schutz durch die Cremes ist trügerisch und verführerisch. Er verleitet zu langen Aufenthaltszeiten in der Sonne. Der Sonnenbrand wird damit nur hinausgezögert oder in seiner Auswirkung gemindert.

So beugen Sie vor

- Bräunen Sie sich vor der Fahrt in den Urlaub unter heimischer Sonne vor. Pigmente sind der beste Schutz vor der Sonne. In einem Sonnenstudio können Sie die Haut zwar auch an UV-Licht gewöhnen. Dort gibt es jedoch nur UV-A-Licht, das zwar bräunt, aber nicht die Verdickung der Haut, die Lichtschwiele, provoziert. Dies bedeutet: Am Urlaubsort müssen Sie sich wie ungebräunte Personen erst an die Sonne gewöhnen. Wenn Sie das Solarium trotzdem benutzen: nicht am gleichen Tag auch noch in die Sonne gehen.
- Cremen Sie sich etwa eine halbe Stunde vor dem Sonnenbad ein. Schutzcremes entfalten erst nach 20 Minuten ihre Wirkung. Benutzen Sie wasserfeste Cremes, wenn Sie baden. Sonst müssen Sie sich wieder neu eincremen und abwarten, bis die Creme wirkt.
- Meiden Sie starke Sonneneinstrahlung (im Sommer von 11 Uhr bis 15 Uhr). Kalkulieren Sie ein, dass im Süden und auf den Bergen über 500 Meter Höhe andere Lichtverhältnisse herrschen und dass am Wasser sowie bei Eis und Schnee eine zusätzliche Strahlung durch Reflexion besteht; diese ist auch im Schatten wirksam. Denken Sie auch daran, dass die Einwirkungsintensität der Sonne auch von der Ozonschicht abhängig ist.
- Mogeln Sie nicht zu Ihren Gunsten, wenn Sie Ihren Hauttyp und damit den Grad der Gefährdung einschätzen (siehe Seite 339).
- Vertrauen Sie dem Gefühl Ihrer Haut. Wenn es Ihnen auf Schultern oder Oberschenkeln heiss wird, sollten Sie sich in den Schatten zurückziehen.
- Nacktbader sollten Po, Busen und Geschlechtsteile möglichst im Schatten halten. Generell ist die Haut an diesen Stellen empfindlicher. Auch Augen und Kopfhaut (Glatze) reagieren empfindlicher auf UV-Licht.

Eincremen ist ein wichtiger Schutzfaktor. Aber: Überschätzen Sie die Wirkung nicht.

HAUTTYPEN

Typ 1	Typ 2	Typ 3	Typ 4
Haut			
durchscheinend hell, blass	hell	hell bis bräunlich	braun bis oliv
Sommersprossen			
viele	selten	keine	keine
Haare			
rötlich bis weißblond	blond bis bräunlich	dunkelblond, braun	dunkelbraun, schwarz
Augen			
grün, blau, selten bräunlich	grün, blau, grau	grau, braun	braun bis dunkel
Brustwarzen			
sehr hell, fast farblos	hell	braun	dunkelbraun
Typen nach Herkunft			
keltischer Typ	hellhäutiger mitteleuropäischer Typ	dunkelhäutiger mitteleuropäischer Typ	mediterraner Typ
Auswirkung des Sonnenbrandes			
immer schwer und schmerzhaft	meistens schwer und schmerzhaft	meistens mäßig und wenig schmerzhaft	leicht und meist ohne Schmerzen
Bräunung und Reaktion			
keine Bräunung, noch nach 1 bis 2 Tagen weiß, Haut schält sich	wenig Bräunung, Haut schält sich	gute Bräunung	schnelle Bräunung
Eigenschutzzeit der Haut in der Sonne			
5 bis 10 Minuten	10 bis 20 Minuten	20 bis 30 Minuten	30 bis 40 Minuten

Eine Gefahr bei der Benutzung von Sonnenschutzcremes: Ein hoher Hautschutzfaktor verleitet zum langen Aufenthalt in der Sonne. Das kann zu Hitzebeschwerden oder Hitzschlag führen.

- Kleine Kinder sollten grundsätzlich eine Mütze und ein T-Shirt tragen oder im Schatten spielen.
- Sorgen Sie für gute Voraussetzungen zur Bildung der eigenen Schutzfaktoren: Ein wichtiger Beschleuniger beim Wachstum von Zellen ist die Para-Aminobenzoesäure. Sie ist mitverantwortlich für die Pigmentierung. Selbst kleinste Mengen sind hochwirksam. Normalerweise herrscht im menschlichen Körper kein Mangel an Para-Aminobenzoesäure. Gute Spender sind gegebenenfalls Bierhefe, Leber, Spinat, Vollkornprodukte aus Weizen sowie Kartoffeln.

Wann zum Arzt?

- Wenn sich Blasen bilden.
- Wenn die Schmerzen unerträglich sind.
- Wenn Sie fiebern und Ihnen übel wird – dann besteht die Gefahr zusätzlicher ernstzunehmender Hitzebeschwerden.

Was Sie gegen einen Sonnenbrand tun können

Kinder besonders schützen!
Kindern ist das Risiko direkter Sonnenbestrahlung nicht bewusst. Die junge Haut ist noch sehr empfindlich und äußerst Sonnenbrand gefährdet. Schützen Sie Kinderaugen unbedingt mit einer Sonnenbrille. Die Augenlinse von Kindern lässt noch viel Strahlung durch, was einen Sonnenbrand auf der Netzhaut verursachen kann.

- Wenn Sie zu viel Sonne erwischt haben und das warme leichte Brennen auf der Haut verspüren, können Sie Schmerztabletten mit dem Wirkstoff Azetylsalizylsäure einnehmen.
- Kühlen Sie die Haut mit nassen Tüchern, einem kühlen Bad oder kühlenden Gelen.
- Cremen Sie die Haut ein. Verbrannte Haut wird schnell trocken.
- Wenn Sie sich waschen, benutzen Sie keine oder nur wenig Seife; sie zerstört den noch vorhandenen Säurelipidmantel der Haut völlig.
- Ritzen Sie Aloeblätter an und träufeln Sie den Saft auf die gerötete Haut.
- Naturjogurt enthält Bakterienstämme, die für das saure Milieu der Schleimhäute sorgen. Auf der Haut können Sie auch den verletzten Säureschutzmantel reparieren. Cremen Sie sich mit Naturjogurt ein. Nach etwa 15 Minuten können Sie die Masse mit lauwarmem Wasser abwaschen.
- Legen Sie Teebeutel vom schwarzen Tee auf die geschlossenen Augen, wenn der Sonnenbrand Ihre Lider erwischt hat. Die Teeblätter enthalten Gerbsäure, die adstringierend und beruhigend auf die Lider wirkt.
- Trinken Sie viel. Das beugt einer Austrocknung vor.
- Wenn Ihre Beine rot und geschwollen sind: Legen Sie die Beine hoch, damit Blut und Lymphe das Wasser fortbewegen können.

- Bei Sonnenallergie: Tragen Sie Combudoron, eine Mischung aus Arnika und Brennnessel auf. Es gibt das Präparat auch als kühlendes Gel (Apotheke).

Alternative Heilmethoden

Aromatherapie als Soforthilfe: Lavendelöl und Teebaumöl werden pur und direkt auf die verbrannte Haut (nicht auf offene, verletzte Haut) aufgetragen. Ätherische Öle sind keine fettenden Öle. Sie desinfizieren und wirken beruhigend auf die Entzündung.

Tipp!
Wissenschaftliche Tests haben ergeben, dass billige Sonnenschutzmittel genauso gut schützen wie teure.

Noch ein Wort zu Sonnenschutzmitteln

Sonnenschutzmittel – Milch, Lotion, Öl – erreichen erst nach ca. 20 Minuten ihre volle Wirkung. Während des Sonnenbads sollten Sie auf Parfüm, Deodorant oder andere Kosmetika verzichten: An den betreffenden Körperstellen können bleibende Hautverfärbungen entstehen. Tragen Sie Sonnenschutzmittel vor allem an den Körperstellen auf, die besonders empfindlich sind, z. B. die Bereiche hinter den Ohren. Wenn eine Milch, eine Lotion oder ein Öl als »wasserfest« bezeichnet ist, können Sie in der Regel davon ausgehen, dass dies tatsächlich so ist. Doch Achtung: Sonnenschutzmittel schützen nicht vor Hautkrebs.

HOMÖOPATHIE

Medikament	Potenz	deutsche Bezeichnung	Dosis	Anwendung
Natrium muriaticum	D12 bis D30	Kochsalz	1-mal täglich 5 Globuli und 3-mal 20 Tropfen Dermatodron	Bei Sonnenallergie
Cantharis	D200	Spanische Fliege	Alle 5 Minuten 3 bis 4 Tropfen	Bei Sonnenallergie und kleinen Bläschen auf der Haut
Belladonna	D30	Tollkirsche	1-mal 1 Globulus	Bei Rötung und Hautjucken, Durst und Zerschlagenheitsgefühl

Warum zu viel wirklich zu viel ist

Übergewicht – Zivilisationskrankheit und Verursacher vielerlei Beschwerden.

Mit dem Ausdruck »gut beieinander« wird stattliche Körperfülle scherzhaft oder salopp umschrieben. Doch Übergewicht ist beileibe kein Zeichen für beste Gesundheit. Im Gegenteil: Wer zu dick ist, lebt mit einem höheren Krankheitsrisiko.

Nicht Zucker – sondern Fett macht fett

Machen Sie sich von dem Gedanken frei, dass Gewichthalten mit ewigem Hungern verbunden ist. Es kommt auf eine grundsätzliche Umstellung der Essgewohnheiten an.

Ursachen von Übergewicht

Die meisten bekommen das Übergewicht schon in die Wiege gelegt: Die Anlage dazu wird vererbt.

Wenn bei der Ernährung mehr Energie aufgenommen wird, als der Körper verwerten kann, speichert der Organismus diese als Depotfett. Ursache ist meist ein Missverhältnis von Fett zu anderen Bestandteilen der Nahrung. Im Durchschnitt beträgt der täglich aufgenommene Fettanteil 40 bis 45 Prozent. Körperlich notwendig sind jedoch höchstens 30 Prozent. Das Zuviel an Fett kommt zu Stande, weil die Portionen pro Person generell meist zu groß be-

messen oder zu kalorienreich sind. Auch Dünne verzehren – allerdings folgenlos – durchschnittlich mehr Fett als nötig.
Die Anlage zum Dickwerden wird nämlich in erster Linie vererbt. Aber es werden auch Verhaltensweisen, die eine Gewichtszunahme bewirken, bewusst und unbewusst von Generation zu Generation weitergegeben. Ererbte Anlage, Verhalten und Essgewohnheiten bestimmen ein Leben lang den Zeigerausschlag auf der Waage. Wesentlich seltener als im Allgemeinen angenommen, sind Krankheiten, wie Hormon- oder Stoffwechselstörungen, Ursache von Übergewicht.

SYMPTOME

Fettansatz bei Frauen: Brust, Oberschenkel, Schultern und Oberarme, Bauch und Gesäß.

Fettansatz bei Männern: Schultern, Brust, Bauch und Hüften.

Übergewichtige haben ein grundsätzlich erhöhtes Risiko für Erkrankungen. Typisch sind:

- **Bluthochdruck**
- **Arteriosklerose, Herzkranzgefäßerkrankungen, Herzinfarkt**
- **Durchblutungsstörungen im Gehirn, Schlaganfall**
- **Zuckerkrankheit**
- **Lebererkrankungen**
- **Brustkrebs**
- **Prostatakrebs**
- **Verschleißerscheinungen der Gelenke, z. B. Arthrose**
- **Störungen der Regelblutung**

Hintergrund von Übergewicht

Das bequeme Leben beeinflusst das Missverhältnis zwischen Energieaufnahme und Energieumsatz. Zu wenig Bewegung und zu viel sitzende Tätigkeit verhindern eine Verbrennung der aufgenommenen Kalorien. Die Folge: 30 bis 35 Prozent der Bevölkerung in Deutschland sind zu dick, fünf Prozent sind im medizinischen Sinn als »fettleibig« behandlungsbedürftig. Vor allem Kinder legen sich Speckpolster zu. Veränderungen der Ernährungsgewohnheiten (Singlekost, Fastfood, Fix-und-Fertig-Produkte, Tiefkühlkost, Essmoden) und des Familienlebens (keine gemeinsamen Mahlzeiten, Selbstbedienung durch Mikrowelle und Fritteuse) spielen dabei eine erhebliche Rolle. Auch das üppige Angebot an Lebensmitteln ist ein Faktor dieser Entwicklung.

Wann wird Übergewicht zur Fettleibigkeit oder Fettsucht?

Übergewicht wird alles genannt, was das Normalgewicht überschreitet. Erwachsene werden heute nach dem Body-Mass-Index (BMI) beurteilt. Dazu wird das Gewicht in Kilogramm durch das Quadrat der Körpergröße in Meter geteilt. Beispiel: Eine Person wiegt 76 Kilogramm und ist 1,75 Meter groß, dann lautet die Rechnung $76 : 1{,}75^2 = 24{,}82$. Ein BMI von 19 bis 29 repräsentiert je nach Alter das Normalgewicht. Bei 19- bis 24-jährigen besteht

Die empfohlenen Sollmengen der Deutschen Gesellschaft für Ernährung für die ideale Zusammensetzung der Speisen werden vom Durchschnittsbürger in der Praxis überschritten oder nicht erreicht. Deutlich höher als »erlaubt« ist vor allem der Fettverzehr. Bei Kohlenhydraten bleibt der Verzehr unter dem empfohlenen Wert.

beispielsweise unter einem BMI von 19 Untergewicht, über 24 Übergewicht. Ein 65-jähriger Mensch gilt bei einem BMI von 24 bis 29 als »akzeptabel«. Ein BMI von 30 und darüber gilt als behandlungsbedürftig (adipös = fettsüchtig).

Wenn Sie diese Zahl errechnen, sollten Sie beim Arzt zusätzlich eine Fettmessung durchführen lassen. Dabei wird der Unsicherheitsfaktor »Wassergehalt im Körper« ausgeklammert. Wenn Sie die Messung in Abständen – bitte bei demselben Arzt wegen unterschiedlicher Geräte – wiederholen, lässt das Rückschlüsse auf Ihre Ernährung zu.

Übergewicht weltweit auf dem Vormarsch

In Osteuropa, den Mittelmeerländern und den Vereinigten Staaten haben beinahe 40 Prozent der Bevölkerung zwischen 20 und 60 Jahren einen BMI von über 30. Die USA und Deutschland halten weltweit die Spitzenplätze mit den meisten Dicken.

Dicke sind hervorragende Futterverwerter

Wer von Natur aus zur Anlage von Fettreserven ausgerüstet ist, setzt auch bei mäßigen oder sogar kalorienarmen Mahlzeiten schnell Fett an; das ist eine Überlebenstrategie, die seit Millionen Jahren funktioniert. Damit beweisen Dicke auf besonders gewichtige Weise die Effizienz des evolutionären Programms zum Überleben in Notzeiten. Eigentlich sind die Dicken nach den Gesetzmäßigkeiten der Natur auf lange Zeit gesehen durch ihre randvollen Fettspeicher überlebenstauglicher, aber in unserer Kultur fehlen ja die Hungerperioden. Für eine wachsende Minderheit in den so genannten Industrieländern gerät die in allen Zeiten der Menschheitsgeschichte ersehnte ständige Verfügbarkeit von Lebensmitteln aller Art somit zum Beelzebub.

Abspecken – aber bitte sinnvoll und langfristig

- Legen Sie sich keine unsinnigen Verbote auf, die ohnehin nicht einhaltbar sind. Bestehende Gelüste auf bestimmte Lebensmittel wie Schokolade oder Pommes frites, können Sie sich nicht einfach verbieten. Früher oder später werden Sie danach lechzen und dem Gelüst nachgeben. Und weil Sie dann sowieso schon gegen das selbst auferlegte Verbot verstoßen haben, ist meist der ganze gute Vorsatz gefährdet.
- Bitte specken Sie nicht irgendwie mit irgendeiner Diät ab. Es gibt viele Diäten, die nur das Wasser aus dem Körper treiben oder Ihnen durch ihre Monotonie schon bald zum Halse heraushängen. Abnehmen sollte auch Spass machen. Wenn Sie dabei ständig Hunger haben, geraten Sie schnell in einen reglrechten »Diätfrust« .
- Bereiten Sie eine Diät gut vor: Sorgen Sie für Stressfreiheit, gehen Sie keine gesellschaftlichen Essverpflichtungen ein, lehnen Sie Küchendienst für diese Zeit ab.
- Wenn Sie in einem Restaurant in Gesellschaft essen: Bestellen Sie zuerst Ihr bescheidenes Gericht. Wer später dran ist, lässt sich durch die anderen Wünsche leicht in Zugzwang bringen, seine kalorienarme Auswahl kurzfristig zu ändern.
- Wenn Sie unter Hungergefühl leiden: Nehmen Sie bereits vor dem Essen Ballaststoffe auf. Sie quellen im Magen auf.
- Trinken Sie vor jedem Essen zwei Glas Wasser. Dies beeinflusst gleichzeitig Ihre Verdauung positiv.
- Fastenkuren, so genannte Nulldiäten, sollten Sie nur in Absprache mit Ihrem Arzt unternehmen. Bedenken Sie, dass Sie danach auf jeden Fall

Benutzen Sie beim Abspecken die Waage nicht als tägliches Erfolgsbarometer. Einmal wiegen pro Woche genügt. Ihr Gewicht allein gibt keineswegs genau darüber Auskunft, ob Sie abspecken. Wenn Sie neben einer Diät Sport treiben, können Sie Fett verlieren, aber Muskeln aufbauen. Diese positive Veranderung zeigt die Waage jedoch nicht an.

wieder zunehmen (Jo-Jo-Effekt), wenn Sie wieder wie gewohnt essen. Wenn Sie sich zu dieser Form des Abnehmens entschließen, dann nur, wenn Sie anschließend auch Ihre Ernährungsgewohnheiten umstellen.

• Erhöhen Sie Ihr Bewegungspensum. Bewegung ist die wichtigste Maßnahme um abzunehmen. Wichtig ist dabei: täglich mindestens 30 Minuten Sport bzw. Training. Nehmen Sie Rücksicht auf Ihr Gewicht, beginnen Sie mit Sportarten, die Sie nicht belasten: Radfahren, Schwimmen und Aquajogging sind geeignet. Oder Sie besuchen ein Fitnesscenter.

• Sparen Sie am Fett, wo es nur geht. Denn aus Fett, gleichgültig ob Schmalz, Butter, Margarine oder Öl, stellt der Körper ohne großen Aufwand sofort eigenes Körperfett her und lagert es ein.

• Polen Sie Ihren Geschmack um! Übergewichtige mögen vor allem fetthaltige Nahrungsmittel. Mit den richtigen Zutaten oder Gewürzen versehen, schmecken auch fettarme Gerichte sehr gut.

Viel Bewegung und so richtig schwitzen – tägliches Training ist die beste Diätmaßnahme.

• Meiden Sie »Fettnäpfchen« wie Butter, Sahne, Crème fraîche, Eigelb, Speck, Leber, Zunge, Knochenmark, Milz, Käse mit über 45 Prozent Fett; ersetzen Sie Vollmilch durch Magermilch, bevorzugen Sie Produkte mit reduziertem Kaloriengehalt; verzichten Sie gänzlich auf Kalorienbomben wie Torten und fette Desserts.

• Trinken Sie möglichst keinen oder wenig Alkohol! Alkohol hat sehr viel Energie: Ein Gramm Alkohol entspricht sieben Kilokalorien. Zum Vergleich: Ein Gramm Fett hat neun Kilokalorien, ein Gramm Eiweiß nur vier Kilokalorien.

• Vergessen Sie nicht, sich für konsequentes Abnehmverhalten von Zeit zu Zeit zu belohnen. Aber bitte nicht mit Pralinen, Alkohol oder einer anderen kalorienreichen Schleckerei. Es gibt auch nicht essbare Vergnügen: Eine Kinokarte etwa, ein Buch oder ein außerplanmäßiger Einkaufsbummel.

Jo-Jo-Effekt …

… nennt man das Zunehmen nach dem Abnehmen. Dieser Effekt tritt ein, da sich der Körper bei einer Diät auf die Sparrationen einstellt und aus dem Minimum alles herausholt. Er verbrennt die Kalorien auf Sparflamme. Werden die Portionen wieder größer, schaltet er nicht sofort auf normal um. Die größere Menge wird nun besser verwertet als je zuvor. Was zu viel ist, wird als Depotfett in den zuvor geleerten Fettzellen wieder angelegt. Dies macht der Körper, um gegen mögliche Hungerzeiten – wie eine Diät – gewappnet zu sein. Werden mehrere Kuren oder Diäten hintereinander gemacht, schaukelt sich das Gewicht auf diese Weise nach oben, statt nach unten – wie ein Jo-Jo.

Ob Frühjahrs-, Kartoffel-, 7-Tage- oder Punktediät: Gegenüber jeder Diätform, bei der ein Nahrungsmittel ohne Einschränkung, andere hingegen absolut nicht gegessen werden dürfen, ist große Skepsis und äußerste Vorsicht angezeigt. Jede Ernährungsempfehlung, die nicht auf eine mengenbegrenzte Vollwertkost und zugleich Umstellung der Ernährungsgewohnheiten abzielt, ist langfristig nutz- und sinnlos.

So beugen Sie Übergewicht vor

- Essen Sie nur, wenn Sie wirklich Hunger haben. Legen Sie sich beim Essen nur kleine Portionen auf den Teller. Bemessen Sie die Portionen nicht danach, wie viel andere, vor allem viel dünnere Menschen essen. Wenn Sie satt sind, zwängen Sie nichts in sich hinein, um den Teller zu leeren. Auch nicht aus Anstand, weil die Reste für den Abfall zu schade sind oder es so gut schmeckt.
- Stellen Sie Ihre Ernährung um. Weniger Fleisch und tierisches Fett, weniger Wurst und Eier, stattdessen mehr Getreide- und Milchprodukte sowie Gemüse, Salat und Obst. Achten Sie auf biologische Qualität statt auf Quantität.
- Wenn Sie Kalorien benötigen, weil Sie körperlich aktiv sind, essen Sie eiweiß- und kohlenhydrathaltige Kost. Sparen Sie auch an leeren Kalorien, beispielsweise am reinen Zucker, auch wenn Zucker nur unwesentlich zum Dickwerden beiträgt. Meiden Sie Dickmacher wie Schokolade, Tiramisu, Waffeln, Pizza, Fleischkäse oder Nüsse. Verzichten Sie bei kurzen Wegen auf das Auto, fahren Sie mit dem Rad oder gehen Sie zu Fuß.

Adressen

Deutsche Adipositas Gesellschaft, Blumenweg 1, 89294 Oberrath, Telefon und Fax: 08333/4194

Dick & Dünn e.V., Beratungszentrum bei Ess-Störungen, Innsbrucker Straße 25, 10825 Berlin, Telefon: 030/8548442

NAKOS Nationale Kontakt- und Informationsstelle zur Anregung und Unterstützung von Selbsthilfegruppen, Albrecht-Achilles-Straße 65, 10709 Berlin, Telefon: 030/8914019, Fax: 030/8934014

Wenn es wie Feuer brennt

Brandwunden sind äußerst schmerzhaft. Je nach Grad der Verbrennung dauert der Heilungsprozess oftmals sehr lang.

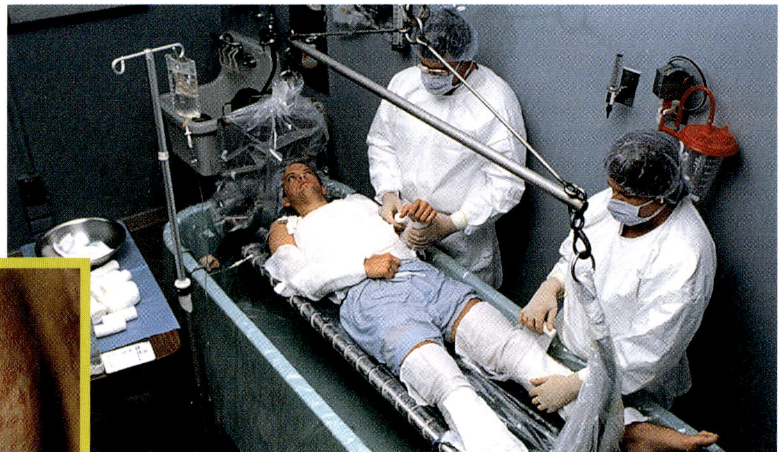

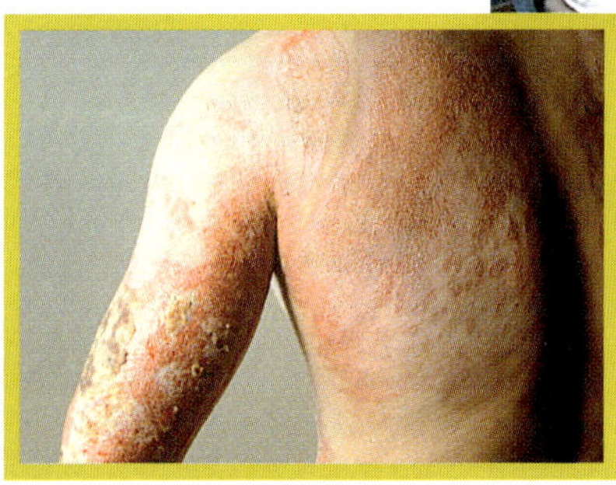

Verletzungen durch Hitze unterscheiden sich von normalen Wunden durch die Schmerzen und den längeren Heilungsprozess. Bei großflächigen Verbrennungen oder Verbrühungen bleiben meist unansehnliche Narben zurück.

Verbrennungen sind komplizierte Verletzungen. Deshalb sollten nur kleine Verletzungen selbst behandelt werden.

SYMPTOME

Verbrennungen I. Grades: rote und entzündete Haut, Berührung und Wärme schmerzhaft.
Verbrennungen II. Grades: Brandblasen, meist nässende Wunden, sehr schmerzhaft.
Verbrennungen III. Grades: weiße Haut, Schäden bis in die Unterhaut, trockene, harte Nekrosen (Zellgewebsveränderungen), tief verschorft, berührungsempfindlich, aber kaum Schmerzen, da die Nerven zerstört sind.

Erste Hilfe bei Brandwunden: Kühlung

Nur kleine Verbrennungen sollten in Selbsthilfe behandelt werden. Die Versorgung von größeren Brandwunden erfordert spezielle sterile Verbände, die nicht mit der Wunde verkleben können.

Ursachen und Hintergründe von Brandverletzungen

Äußerliche Verbrennungen entstehen bei Unfällen oder durch leichtsinnigen Umgang mit Feuer sowie heißen Gegenständen, Dampf und heißem Wasser. Durch die Einwirkung hoher Temperaturen werden Haut und je nach Verbrennungsgrad auch darunter liegende Gewebeschichten abgetötet. Dadurch erscheint der gesamte verletzte Bereich für das körpereigene Immunsystem als Entzündungsherd. Zunächst werden über das Blut die abgestorbenen Gewebezellen abtransportiert. Meist müssen auch noch zusätzliche Infektionen durch Bakterien, Viren oder Pilze abgewehrt oder bekämpft werden.

Verbrennungen I. Grades nässen nur selten und heilen meist spontan ab. Bei Verbrennungen II. Grades erfolgt die spontane Heilung nur noch teilweise. Bei Verbrennungen III. Grades gibt es keinerlei Spontanheilung. Verbrennungen III. Grades müssen in jedem Fall von einem Arzt behandelt werden.

Innerliche Verbrennungen sind das Resultat von Elektrounfällen oder Blitzschlag. Ein Stromschlag führt zu innerer Hitzeeinwirkung und schädigt das Gewebe innen wie außen und kann Herzschäden verursachen.

Vorbeugung
Schalten Sie die Sicherungen aus, bevor Sie Reparaturen an elektrischen Leitungen vornehmen. Ziehen Sie den Stecker, bevor Sie elektrische Geräte mit Werkzeug öffnen. Überlassen Sie Arbeiten am Stromnetz dem Elektriker.

Achtung – Lebensgefahr!

Je nach Ausdehnung der Verbrennungen können die Hautschäden zu lebensbedrohlichen Situationen führen. Bei Kindern bedeuten etwa zehn Prozent verbrannter Haut Lebensgefahr, bei Erwachsenen rechnet man damit ab 15 Prozent.

Neben den akuten Hautschäden kann es besonders bei großflächigen Verbrennungen zu Schock, Nieren- und Lungenversagen (Schocklunge) oder auch Wundinfektionen kommen.

Elektrizität kann verbrennen

Ein Stromschlag, ausgelöst durch schadhafte Elektrogeräte oder unsachgemäße Installationsarbeiten, kann schwere innere und äußere Verbrennungen sowie Herzschäden verursachen. Schnelles und umsichtiges Handeln ist erforderlich:

- Sofort Sicherung ausschalten oder Stecker herausziehen.
- Wenn das nicht geht, müssen Sie sich isolieren, z. B. Gummistiefel anziehen oder auf eine leere Gummiwärmflasche stellen. Ziehen Sie dann den Betroffen vom Stromkreis fort. Berühren Sie dabei mit den Händen keine Gegenstände.
- Verfahren Sie wie bei normaler erster Hilfe weiter.

Wann zum Arzt?

Verbrennungen I. Grades heilen meist selbst ab. Bei Verbrennungen II. Grades und einer Ausdehnung der geschädigten Haut von etwa einer Handfläche bei Erwachsenen – bei Kindern bereits ab einer Größe von etwa drei mal drei Zentimetern – sollten Sie einen Arzt aufsuchen. Verbrennungen III. Grades sind immer ein Fall für den Notarzt.

Achtung!
Verbrennungen und Verbrühungen benötigen als Soforthilfe Kühlung. Dazu muss mindestens 15 Minuten lang kaltes Wasser über die Wunden laufen.

So beugen Sie Verbrennungen vor

- Ist Ihr Erste-Hilfe-Set schnell greifbar? Wenn nicht, suchen Sie sich einen festen Platz, der für alle Erwachsenen zugänglich ist. Wenn Sie das Set in einem Schrank verstauen, markieren Sie die Schranktür mit einem Roten-Kreuz-Symbol.
- Stoppen Sie Leichtsinn, Gedankenlosigkeit und Unbekümmertheit: Überlegen Sie sich, bevor Sie handeln, welche Folgen damit ausgelöst werden oder ausgelöst werden können.
- Benutzen Sie beim Arbeiten mit Feuer oder heißen Gegenständen Hitze abwehrende Handschuhe. Das gilt auch für die Benutzung von Grill oder Mikrowelle.
- Öffnen Sie niemals Kochtöpfe, Wärmflaschen oder Behälter mit heißem Inhalt, wenn sie unter Druck stehen. Sorgen Sie zuerst für Druckausgleich oder Abkühlung.

Das Öl des Lavendels unterstützt die Spontanheilung und wirkt schmerzlindernd.

- Lassen Sie nur Wasser in die Badewanne ein, dass aus einer Mischung von heißem und kaltem Wasser besteht. Lassen Sie niemals heißes Wasser in die leere Wanne laufen.
- Wenn Sie Kinder haben, lehren Sie sie den verantwortungsvollen Umgang mit Hitze und Feuer.
- Lassen Sie offenes Feuer nie unbeaufsichtigt. Das gilt auch für Kerzen in der Wohnung.
- Feuerzeuge, Streichhölzer oder elektronische Anzünder gehören nicht in Kinderhände. Bewahren Sie diese Gegenstände sicher vor dem Zugriff von Kindern auf.
- Lassen Sie niemals elektrische Geräte, die Hitze entwickeln, unbeaufsichtigt, z. B. Bügeleisen, Waffeleisen, Grillgeräte, Toaster, Wasserkocher o. Ä.

Selbsthilfe bei Brandwunden

So behandeln Sie Brandwunden

- Wenden Sie keine Patentrezepte an, weder Mehl, Puder oder Speiseöl. Tragen Sie auch keine Brandsalben auf. Eine absolute Ausnahme stellen ätherische Öle dar, z. B. Lavendelöl. Beachten Sie dabei jedoch unbedingt, dass Sie ausschließlich natürliche, reine Öle verwenden. Lavendelöl unterstützt beispielsweise die Spontanheilung und wirkt schmerzlindernd.
- Öffnen Sie Brandblasen nicht.
- Decken Sie Wunden mit sterilen Tüchern ab.
- Entfernen Sie bei Verbrühungen die nasse Kleidung. Reißen Sie »klebende« Kleidungsstücke nicht ab!
- Verabreichen Sie gegen Schmerzen ein Schmerzmittel mit ASS (Azetylsalizylsäure). Diese Mittel hemmen die Entzündung.
- Trinken Sie viel. Essen Sie vitaminreich. Besonders die Vitamine E und C werden beim Heilungsprozess benötigt. Sie werden für den Aufbau neuer Hautzellen benötigt. Schnell und zuverlässig wirken auch Multivitaminpräparate.

Brauchen Sie eine Tetanusimpfung? Oder nur eine Auffrischung? Sprechen Sie unbedingt mit Ihrem Arzt darüber. Der Tetanusschutz ist eine der wichtigsten Vorbeugemaßnahmen gegen eine Infektion mit dem Erreger des Wundstarrkrampfs.

Alternative Heilmittel

Die Aromatherapie empfiehlt den Einsatz von Lavendelöl. Das unverdünnte Öl wird auf die Wunde getropft und leicht verrieben. Es fördert die Spontanheilung und wirkt schmerzlindernd. Wichtig: Es dürfen nur reine Öle von echtem Lavendel (Lavandula angustifolia oder officinalis) angewendet werden.

In der Aromatherapie wird auch die Anwendung von Teebaumöl empfohlen. Dazu gilt: Probieren Sie an einer kleinen Stelle der Wunde aus, ob Sie das Öl vertragen. Wenn Sie darauf keine Schmerzen spüren, legen Sie teebaumölgetränkte Kompressen (acht Tropfen) auf. Sie wirken desinfizierend und beruhigend auf eiternde Wunden.

HOMÖOPATHIE

Medikament	Potenz	deutsche Bezeichnung	Dosis	Anwendung
Hamamelis	D4	Zaubernuss	2-mal täglich 5 bis 10 Globuli	Bei Verbrennungen

Die plötzliche Leere im Kopf

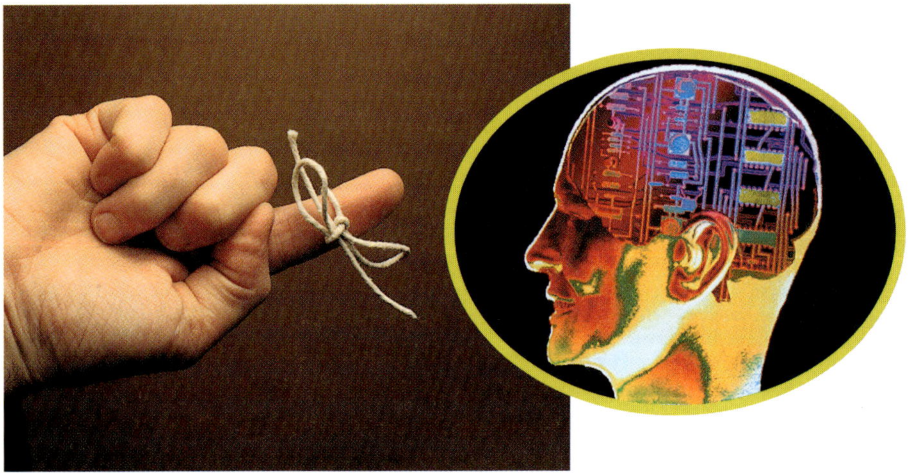

Wenn der Gedächtnisspeicher leer ist, hilft manchmal ein Knoten zur Erinnerung.

Ihr Erinnerungsvermögen spielt Ihnen ständig einen Streich? Sie können sich nicht mehr an Namen erinnern, vergessen Termine, verlegen Ihre Brille? Das ist noch fast normal. Sie sind sich auf der Urlaubsfahrt nicht sicher, dass sie den Herd ausgemacht und die Haustür abgeschlossen haben? Auch das ist noch verständlich.

SYMPTOME

Konzentrationsstörungen, entfallene Gedanken, Namen, Worte, Verwechslungen, Blackouts, Erinnerungsschwäche.

Tricks, um dem Gedächtnis zu helfen

Das Gedächtnis kann man trainieren wie einen Muskel.

Wenn Sie ständig Ihren Schlüssel verlegen und nicht wieder finden oder Ihr Auto im falschen Parkhaus suchen, sollten Sie Ihrem Gedächtnis auf die Sprünge helfen.

Ursachen von Vergesslichkeit

Organisch findet eine Unterversorgung des Gehirns mit Sauerstoff und Nährstoffen statt. Dafür können Stress und Ernährungsfehler verantwortlich sein. Psychisch findet während der Abspeicherung oder dem Abruf von Inhalten eine Überlagerung durch andere Denkprozesse statt.

Vergessen schützt vor Datenstau im Gehirn

Das Vergessen ist eine natürliche Schutzfunktion des Gehirns. Stellen Sie sich vor, Sie würden sich fortwährend an alles jemals Gelernte und Erlebte erinnern? Wie furchtbar! Das Vergessen schützt gewissermaßen unser Gehirn vor Datenstau und Reizüberflutung. In der Regel wird das Unwichtige vergessen, das Wichtige aber bleibt erhalten. Viele Forscher gehen davon aus, dass Erinnerungen zeitlebens gespeichert bleiben und man lediglich Probleme hat, sie nach Wunsch abzurufen. Ein Stichwort, ein Geruch, ein bestimmter Klang oder eine andere Information können die Erinnerung wieder aktivieren. Dies gilt allerdings nur für das Langzeitgedächtnis. Das kurz- und mittelfristige Gedächtnis darf öfter einmal Inhalte verfallen lassen.
Es gibt aber auch Mechanismen, die die Speicherung im Gehirn verdrängen. Besonders dann, wenn diese Informationen schmerzhaft, demütigend oder Furcht erregend sind. Eine weitere Ursache ist die Auslöschung der Erinnerung durch neue Eindrücke oder Neuerlerntes. Dann wird das alte Wissen durch neues ersetzt.

Hitliste des Vergessens

- **83 % vergessen Namen**
- **60 % vergessen, wo sie Dinge hingelegt haben**
- **57 % vergessen Telefonnummern**
- **53 % vergessen Wörter und Begriffe**
- **42 % vergessen Gesichter**
- **41 % verlieren die Orientierung**
- **41 % vergessen, was sie gesagt haben**

Eine Pille gegen das Vergessen gibt es nicht, …

… aber es gibt tatsächlich einen Zusammenhang zwischen der nachlassenden Leistungsfähigkeit eines Gehirns und Nährstoffmangel. Daraus wurde leichtfertig der Schluss gezogen, eine Überversorgung mit Gehirnnährstoffen könne ein Supergedächtnis erzeugen. Das ist bis heute nicht bewiesen. Medikamente gegen das Vergessen gibt es nicht, wohl aber gegen psychische Störungen, die auch die Gehirnleistung verbessern. Sie können nur vom Arzt verordnet und unter seiner Kontrolle verabreicht werden. Es gibt auch Mittel, die das Gehirn besser mit Sauerstoff versorgen. Doch diesen Effekt kann auch schon ein Spaziergang an der frischen Luft bewirken. Andere Mittel wirken durch Mischungen aus Hormonvorstufen, Aminosäuren, Vitaminen und Spurenelementen. Sie sind bei einer ausgewogenen Ernährung überflüssig.

Nicht immer ist Vergesslichkeit harmlos. In schweren Fällen kommt es zu immer wiederkehrenden oder andauernden Gedächtnisstörungen. Dies muss jedoch nicht in allen Fällen einen totalen Verlust des Gedächtnisses bedeuten. Nur 50 Prozent der krankhaft Vergesslichen leiden unter einem Verfall der geistigen Fähigkeiten. Für 30 Prozent sind Stress, Frust oder Beziehungsprobleme die eigentliche Ursache der Vergesslichkeit. Für weitere zwölf Prozent ist die Ursache eine fehlerhafte Ernährung.

So beugen Sie vor

- Vitamin B12 kann Wunder wirken. Bei Vitamin-B12-Mangel treten Vergesslichkeit und Gedächtnisschwund auf. Viel Vitamin B12 befindet sich beispielsweise in Leber, Austern oder Bücklingen.
- Achten Sie auf eine cholinreiche Kost, daraus stellt der Körper Lezithin und den Nervenreizstoff Azetylcholin her. Cholin ist reichlich in Rinderleber, grünen Erbsen und Eiern enthalten.
- Lesen Sie! Wenn Sie Wörter oder Namen vergessen, liegt es vielleicht daran, dass Sie diese Wörter zu selten benützen. Das können Sie durch Lesen ändern.
- Ihre Fantasie kann ein Schlüssel zur Erinnerung sein. Sicher haben Sie es schon selbst bemerkt: Hat ein Gegenstand eine ungewöhnliche Kontur, ein Gesprächspartner ein interessantes Profil oder ein Buch einen merkwürdigen Titel, dann können Sie sich sofort daran erinnern. Das Besondere hat sich also eingeprägt.
- Wenn Sie gewöhnliche Gesichter vergessen, dann helfen Sie sich mit einem einfachen Trick: Hat die Person eher eine kleine oder eine große Nase? Je nachdem, ob klein oder groß, übertreiben Sie ein bisschen: Machen Sie in ihrer Fantasie aus der kleinen Nase eine Ministupsnase und der großen einen Riesenzinken. Oder entdecken Sie Ähnlichkeiten zu bekannten Personen.
- Zehn Minuten tägliches Training sind Nahrung fürs Gehirn: Zum Beispiel für jeden Buchstaben des Alphabets eine Stadt aufschrei-

Mit Vitamin B12 gegen Vergesslichkeit und Gedächtnisschwund. Ein leckeres »Medikament«: Austern.

ben. Am nächsten Tag können Sie variieren und Flüsse, Gebirge, Länder, Tiere, Pflanzen, Getränke oder Vornamen notieren. Bilden Sie Wortketten. Dabei trägt das nachfolgende Wort als Anfangsbuchstaben immer den letzten Buchstaben des vorhergehenden Wortes, z. B. Dackel – Lama – Affe – Esel – L...

- Schlagen Sie eine Zeitung auf und betrachten Sie sich die Bilder. Dann schlagen Sie die Zeitung zu und versuchen, die Bilder aus dem Gedächtnis zu beschreiben. Oder: Schreiben Sie alle Namen der Schüler und Schülerinnen auf, die in Ihre letzte Schulklasse gingen. Wenn Sie nicht gleich darauf kommen, schließen Sie die Augen und stellen sich vor, wie es damals war. Wer saß neben Ihnen, vor Ihnen etc. Versuchen Sie so viele Details wie möglich vor ihrem Auge in »Erinnerung zu rufen«. Wenn's noch immer nicht klappt: Holen Sie das Fotoalbum hervor und versetzen Sie sich in alte Zeiten zurück.

Machen Sie sich einen Knoten als Gedächtnisstütze ins Taschentuch. Wenn Sie nachts einen Gedanken haben, den Sie nicht vergessen wollen, stellen Sie die Pantoffeln übereinander; am nächsten Morgen werden Sie sich fragen, warum die Pantoffeln nicht wie gewohnt nebeneinander stehen. Dann wird es Ihnen wieder einfallen.

Alternative Heilmethoden

Eine Aromatherapie zaubert Konzentrationsfähigkeit herbei. Wenn Sie einen Durchhänger haben und Ihnen nichts mehr einfällt. Mischen Sie zwei Tropfen Zypresse, einen Tropfen Rosmarin, drei Tropfen Grapefruit und zwei Tropfen Lemongrass und geben Sie die Mischung in eine Duftlampe.

HOMÖOPATHIE

Medikament	Potenz	deutsche Bezeichnung	Dosis	Anwendung
Arsenicum album	D12	Weißes Arsenik	Halbstündlich 5 Globuli bis zur Besserung	Bei nachlassender Konzentration

Adressen

Gesellschaft für Gedächtnis und Kreativitätsförderung e.V. Riedstraße 9, 88319 Isny, Telefon: 07562/91008, e-Mail: 075662655-001@t-online.de

Gesellschaft für Gehirntrainig (GfG) Geistig Fit e.V., Marienplatz 6, 85560 Ebersberg, Telefon: 08092/24124, Fax: 08092/20367

Memory Clinic, Germaniastraße 1–3, 45356 Essen, Telefon: 0201/6311133, Fax: 0201/6311141

Was alle Eltern fürchten

Kinder nehmen alles in den Mund. Lassen Sie Zigaretten oder Alkohol nie offen liegen: Höchste Vergiftungsgefahr! Vor Pflanzengiften sollte gewarnt werden.

Es gibt viele Gifte – zu viele, um sie kindersicher zu verpacken oder zu verschließen. Dies gilt vor allem für die Pflanzen in der Natur, im Garten oder auf der Fensterbank. Bei chemischen Mitteln oder Medikamenten kann man vorsorgen. Und wenn trotzdem etwas passiert?

Erbrechen ist nicht immer das beste Mittel

Von Vergiftungen und Verätzungen sind vor allem Kinder sehr häufig betroffen. Beugen Sie vor und bewahren Sie gefährliche Stoffe und Substanzen außerhalb der Reichweite der Jüngsten und Allerjüngsten auf.

Eine Vergiftung ist kein Grund zur Panik – schon gar nicht, wenn Sie darauf vorbereitet sind und wissen, wie Sie damit umzugehen haben.

SYMPTOME

Krampfartige Bauchschmerzen, Atemstörungen, schwacher oder beschleunigter Puls, Erbrechen, Durchfall, Übelkeit, Kopfschmerzen, Schwindel, Bewusstlosigkeit, Schock.

Ursachen von Vergiftungen und Verätzungen

- Verschlucken von Haushaltschemikalien, Wasch- und Reinigungsmitteln, Medikamenten, Alkohol, Nikotin (Zigaretten, Tabak), giftigen Pflanzen oder Pilzen, Lösungsmitteln.
- Verzehr von verdorbenen Lebensmitteln.

Hintergrund von Vergiftungen

Bei Kleinkindern kann es zu Vergiftungen oder Verätzungen kommen, da sie in der oralen Phase alles in den Mund stecken oder weil ältere Kinder Erwachsene nachahmen, z. B. beim Einnehmen von Medikamenten, Trinken von Alkohol, beim Rauchen oder Tabakschnupfen. Kinder sind aber auch sehr neugierig, sie wollen wissen, wie etwas schmeckt. Die Versuch-und-Irrtum-Methode ist allerdings nur harmlos, wenn die Gegenstände, die probiert werden, auch wirklich harmlos sind. Mit giftigen Pflanzen und Pilzen kann es ein gefährliches Spiel werden.

Giftige Pflanzen gibt es überall, sogar in der Wohnung. Sie aus dem Leben der Kinder auszuschließen ist ebenso zwecklos wie unsinnig. Auch Kulturpflanzen wie beispielsweise Rhabarber enthalten Gift in den Blättern und im Sommer auch in den Blattstielen. Und sowohl essbare Pilze als auch Kartoffeln oder Bohnen können im rohen Zustand giftig sein. Das Wissen zum Unterscheiden der Arten und zum Einschätzen der Giftwirkung haben Erwachsene oft nicht.

Es gibt zahlreiche Flüssigkeiten und Substanzen, die sowohl Vergiftungen als auch Verätzungen hervorrufen. Beim Schlucken dieser Stoffe können in der Speiseröhre Wunden entstehen, die sich entzünden und schließlich sogar die Speiseröhre perforieren können. Daher ist stets schnelles und umsichtiges Handeln erforderlich!

Schnelles Eingreifen ist erforderlich

- Sichern Sie einen Rest des verschluckten Stoffes oder der Flüssigkeit, Pflanze, Frucht, des Mittels oder Medikaments. Dies gilt auch für Chemikalien, denn eine Probe der Substanz ist sehr wichtig für die nachfolgende Behandlung.
- Rufen Sie eine Giftnotrufzentrale an (Telefonnummern siehe Seite 359).
- Leisten Sie erste Hilfe: Stellen Sie bei Schock, Ohnmacht oder Bewusstlosigkeit eine stabile Seitenlage her. Überstrecken Sie den Kopf, um die Atmung sicherzustellen.
- Wenn nötig, Herztätigkeit durch Massage erhalten oder wiederherstellen.

Schock
➸ Seite 326

- Falls Medikamente, Alkohol, Tabak, Pilze, Blätter und andere Pflanzenteile oder Beeren verschluckt wurden: Bringen Sie die Person zum Erbrechen (nur wenn sie bei Bewusstsein ist). Dazu geben Sie einen halben Liter Wasser – keine Milch! – zu trinken. Berühren Sie das Zäpfchen im Rachen mit einem Gegenstand, dem Finger oder einem Tuch. Wiederholen Sie diesen Vorgang bis der Magen leer ist und das Erbrochene nur noch aus klarem Schleim besteht.
- Bevor Sie erbrechen lassen, riechen Sie am geöffneten Mund. Bei Vergiftungen mit Benzin, Kohlenwasserstoffen und Lösungsmitteln sowie bei verschluckter Säure oder Lauge darf Erbrechen nicht provoziert werden.

Verbannen Sie keine Pflanze, weil sie giftig ist. Gärten und Blumentöpfe wären nahezu leer. Giftig wirken beispielsweise alle grünen Teile von Kartoffeln und Tomaten, Maiglöckchen, Mohn, Walnussblätter, Dieffenbachie, Hyazinthe, Zaunrübe, Seidelbast, Immergrün, Oleander, Hundspetersilie, Schachbrettblume, Lilien, Farne, Fingerhut, Eisenhut, Rittersporn, Trollblume usw. Fast alle Pflanzenteile schmecken bitter oder brennen im Mund, sind hart oder führen sofort zu Schwellungen der Mundschleimhäute.

Beugen Sie vor

- Klären Sie Ihr Kind von Anfang an auf. Sagen Sie ihm immer wieder, was giftig ist und was nicht. Dazu müssen Sie aber auch selbst genau darüber Bescheid wissen.
- Bewahren Sie Haushaltschemikalien, Reinigungs- und Waschmittel entweder in kindersicheren Gefäßen oder in Schränken auf, die mit einer Kindersicherung versehen sind.
- Verschließen Sie Toilettenreiniger und Geschirrspülmittel. Diese Mittel sind ätzend.
- Gießen Sie niemals giftige Substanzen, ätzende Flüssigkeiten, Schädlingsbekämpfungs- und Unkrautvernichtungsmittel oder Benzin, Kohlenwasserstoffe sowie Lösungsmittel zur Aufbewahrung in Flaschen, die vorher mit einem Lebensmittel gefüllt waren.
- Verschließen Sie Alkohol, vor allem Schnaps, kindersicher. Entfernen Sie sämtliche Alkoholreste aus Flaschen und Gläsern, wenn eine Feier beendet ist. Lassen Sie niemals Gläser und Flaschen mit Resten unbeaufsichtigt.
- Bewahren Sie Zigarren und Zigaretten außer Reichweite von Kleinkindern auf. Auch Aschenbecher mit Kippen sind eine Gefahr.
- Legen Sie sich eine Kopie mit den Telefonnummern der Giftnotrufzentralen ins Telefonbuch.

Verätzungen …

… von Mund, Speiseröhre und Magen können durch Trinken von Säuren oder Laugen entstehen. Dann gilt: Viel Wasser – keine Milch! – trinken und keinesfalls erbrechen lassen.

Grüne Pflanzenteile, Samen und Früchte können Vergiftungen verursachen. Klären Sie Ihre Kinder von Anfang an darüber auf.

Bei äußerlichen Verätzungen auf der Haut: behindernde Kleidung entfernen, so lange wie möglich viel Wasser über die verätzten Stellen laufen lassen. Verätzungen des Auges müssen bis zur ärztlichen Versorgung mit Wasser gespült werden, am besten mit einer Handbrause (ins geöffnete Auge). Falls nicht vorhanden, Wasser aus einer Kanne bei zurückgelegtem Kopf etwa aus zehn Zentimeter Höhe ins geöffnete Auge gießen.

Adressen

Giftnotrufzentralen in Deutschland:
Baden Württemberg: 0761/270-4361; Fax: 0761/270-4457
Bayern/München: 089/19240
Bayern/Nürnberg: 0911/396-2451; Fax: 0911/396-2205
Berlin: 030/450-53555, 450-53565; Fax: 030/450-53909
Berlin und Brandenburg: 030/19240
Bremen, Hamburg, Schleswig-Holstein, Niedersachsen: 0551/19240
Hessen und Rheinland-Pfalz: 06131/19240
Mecklenburg-Vorpommern, Sachsen, Sachsen-Anhalt, Thüringen: 0361/730-730; Fax: 0361/730-7317
Nordrhein-Westfalen: 0228/287-3211; 287-3333; Fax: 0228/287-3314
Saarland: 06841/19240
Ausland:
Österreich: 0222/406-4343; Fax: 0222/40400-4225
Schweiz: 01/251-5151; Fax: 01/252-8833

Giftnotruf
Richtiges Reagieren kann bei Vergiftungen und Verätzungen lebensrettend sein. Folgende Angaben sollten Sie bei einem Giftnotruf unbedingt machen:

- **Alter der vergifteten Person**
- **Art und Konzentration des Giftstoffs**
- **Eingenommene Menge**
- **Zeitpunkt der Einnahme**
- **Symptome**
- **Bereits getroffene Maßnahmen**

Verstaucht oder gebrochen?

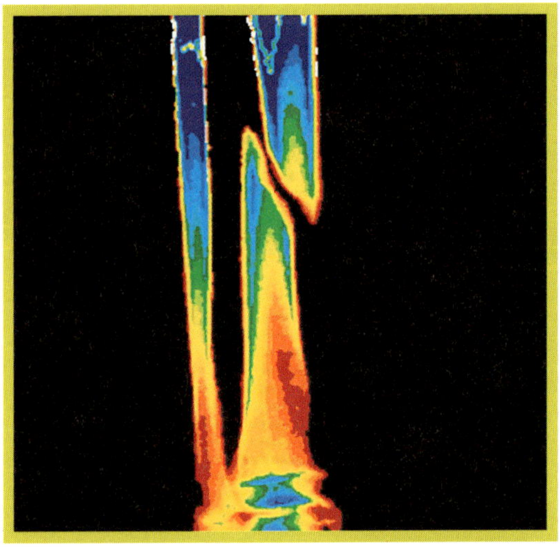

Ob Verstauchung oder Bruch, beide Verletzungen sind sehr schmerzhaft. Zur exakten Diagnose ist die Röntgenaufnahme unerlässlich.

Diese Frage kann im Zweifel nur durch ein Röntgenbild beantwortet werden. Ganz gleich jedoch, ob verstaucht oder gebrochen, das verletzte Körperteil muss in jedem Fall mit einer Schienung ruhig gestellt werden. Im Erste-Hilfe-Fall ist Improvisationstalent gefragt, denn wer führt schon ständig eine Schiene mit sich? Dann können eine Zeitung oder ein Kleiderbügel aus Draht zweckfremde aber hilfreiche Dienste leisten.

Kälte ist das allererste Mittel

Generell gilt: Verstauchungen und Knochenbrüche sollten vom Arzt diagnostiziert und behandelt werden. Bei unsachgemäßer Selbstbehandlung können die Folgeschäden äußerst schwerwiegend sein. Daher sollte sich Selbsthilfe ausschließlich auf erste Hilfe beschränken und die ärztlichen Maßnahmen hilfreich unterstützen, wobei Kälte die ersten Schmerzen am besten lindert.

Die häufigsten Brüche sind Unterarmbrüche. Ebenfalls extrem gefährdet sind die Daumen. Das Risiko eines Oberschenkelhalsbruches steigt mit zunehmendem Alter.

SYMPTOME

Verstauchung: Diffuse, unterschiedlich starke Schmerzen an Gelenken oder in Gelenknähe, häufig Anschwellen des umliegenden Gewebes, eingeschränkte Bewegungsmöglichkeit. Bewegung verursacht große Schmerzen. Mitunter verkrampfen sich die Muskeln in unmittelbarer Nähe der Verstauchung.
Knochenbruch: Diffuse, starke Schmerzen, rasches, fast explosionsartiges Anschwellen des umliegenden Gewebes. Jede Bewegung ist mit extremen Schmerzen verbunden. Das Körperteil nimmt mitunter eine anormale Form an. Eine abnorme Beweglichkeit ist meist ein sicheres Anzeichen für einen Bruch. Bei offenen Brüchen ragen Knochenteile aus dem Körper.

Umgeknickt, verdreht, überdehnt

Verstauchungen (Distorsionen) sind Verletzungen des Band-Kapsel-Apparates der jeweils betroffenen Gelenke. Man unterscheidet zwischen einer Überdehnung, einer Band-Kapsel-Zerrung, und einem Band-Kapsel-Riss. Die Übergänge zwischen Zerrung und Riss der Gewebefasern mit unterschiedlichen Stabilitätsverlusten des Gelenkes sind fließend. Oft kommt es im Verletzungsbereich zu inneren Blutungen. Sprunggelenke und Fingergelenke sind die durch Verstauchungen am häufigsten betroffenen Gelenke.

Wenn die Belastung für den Knochen zu groß wird

Das Knochengewebe zeichnet sich aufgrund seiner Bauweise durch eine enorme Stütz- und Tragfähigkeit sowie eine außergewöhnliche Flexibilität aus. Trotzdem kann es durch äußere Gewalteinwirkung zu nicht vorgesehenen Belastungen kommen und die Beanspruchungstoleranzen können überschritten werden – der Knochen bricht.

Diese Überbelastung kann direkt erfolgen, also durch äußere Einwirkung, z. B. Schlag, Sturz oder Stoß oder indirekt durch eine Überlastung während einer Bewegung, z. B. Schienbeinbruch durch Verdrehen des Fußes. Einige Knochen sind besonders bruchgefährdet: Hand, Handgelenk, Sprunggelenk, Schlüsselbein, Oberschenkelhals und Hüfte.

Ältere Menschen sind aufgrund des altersbedingten Abbaus von Knochenmasse gefährdeter, junge Menschen tragen jedoch ein fast ebenso großes Risiko, da sie die Belastbarkeit der Knochen überschätzen. Als so genannte »Knochenbrecher« gelten beispielsweise Alpinski, Eishockey, Squash und einige Ballsportarten.

Kräftigen Sie Bänder, Gelenke und Knochen

- Bleiben Sie fit. Ständige Bewegung und regelmäßiger Sport sorgen für eine optimale Knochenmasse. Durch Muskelkraft belastete Knochen bauen Knochenmasse auf. Sie können dadurch selbst starken Belastungen standhalten.
- Auch Bänder, Sehnen und Gelenkkapseln werden durch Bewegung und Sport belastbarer und sind damit besser gegen Verstauchungen geschützt. Betreiben Sie Sportarten, die möglichst viele Muskeln aktivieren. Trainieren Sie ebenfalls Muskeln, die nicht genügend bewegt werden, mit gezielter Bewegung. So kräftigt beispielsweise das Barfußlaufen – im Sand oder Gras – die seitliche Unterschenkelmuskulatur.
- Für jeden Sport gilt unbedingt: Wärmen Sie Ihre Muskeln zuvor ausgiebig auf. Setzen Sie Dehnungsübungen ein. Gönnen Sie sich nach Phasen der Anstrengung eine Pause. Mehrere kurze Pausen sind effektiver als eine längere. Achten Sie unbedingt darauf, dass Sie richtig bekleidet sind. Tragen Sie Schutzkleidung.

Hilfe bei Verstauchung oder Bruch

Erste Hilfe bei Verstauchungen oder Knochenbrüchen erfordert Improvisationstalent. Denn wer trägt schon immer eine passende Schiene bei sich?

Wann zum Arzt?

Wenn Sie annehmen, dass es sich um eine Verstauchung oder einen Knochenbruch handelt. Knochenbrüche dürfen nur vom Arzt behandelt werden. Manipulationen, z. B. das Zurechtrücken aus anormalen Positionen, müssen unbedingt unterbleiben. Abgesehen von den heftigen Schmerzen, die damit dem Verletzten zugefügt werden, besteht die Gefahr, dass aus geschlossenen Brüchen offene Brüche werden.

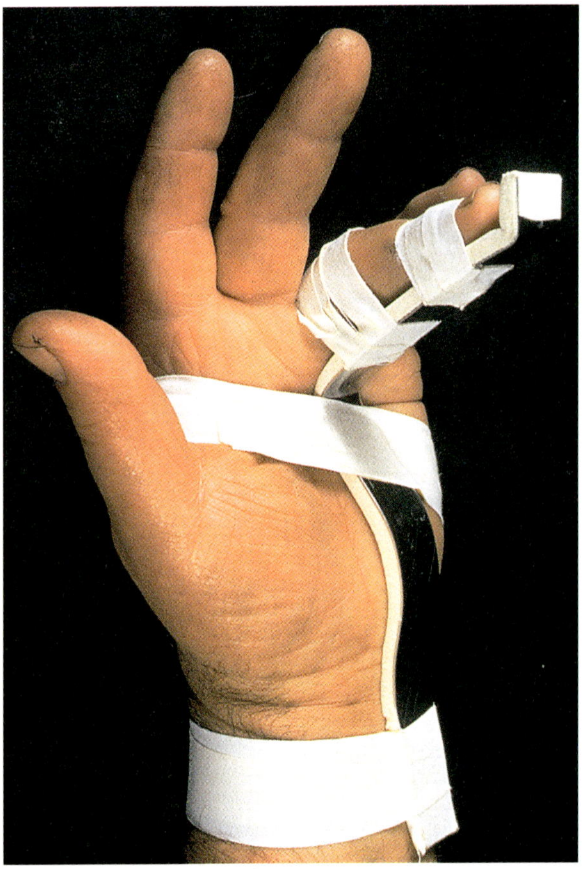

Sofortmaßnahmen bei Verstauchungen und Knochenbrüchen

Körperteile mit Verstauchungen und Knochenbrüchen dürfen nicht mehr belastet werden. Stellen Sie das Körperteil samt seiner Gelenke ruhig. Lagern Sie bei einem Beinbruch beispielsweise das Bein hoch und fixieren Sie das Kniegelenk mit einem Stützverband (Tapeverband) oder einer Schiene. Wenn Sie keine Schiene oder kein Tape zur Hand haben, sollten Sie improvisieren: Ein Schirm, eine Weidenrute, eine biegsame Metallstange oder ein formbarer steifer Draht können als Schienenersatz genutzt werden, Schals, Dreiecktücher oder zusammengefaltete T-Shirts dienen zur Befestigung.

- Beim Arm können eine gefaltete Zeitung, ein großer Autoatlas oder ein u-förmig gebogenes Kunststoffteil wertvolle Dienste leisten.
- Falls eine Blutung besteht, z. B. bei einem offenen Knochenbruch, müssen Sie die Blutung mit einer sterilen Wundauflage abdecken oder falls möglich stillen.
- Wenn der Verletzte unter Schock steht, müssen Sie beachten, dass der Verletzte nichts isst oder trinkt.
- Kühlen Sie mit Eisbeuteln oder kalten Packungen die verletzte Stelle zur Schmerzlinderung und Verhinderung einer Schwellung.

Bei Knochenbrüchen so lange kühlen, bis ärztliche Hilfe eintrifft bzw. erfolgt. Bei Verstauchungen muss mindestens 30 Minuten gekühlt werden. Erneuern Sie die Kühlpackung mehrmals.

Grundsätzlich gilt bei Verstauchungen und Brüchen: Es dürfen lediglich Stützmaßnahmen zur Entlastung erfolgen, z. B. durch Unterlegen von Kissen, Rollen, Decken, Kleidungsstücken etc. Bei Verletzungen der Wirbelsäule dürfen Verletzte keinesfalls bewegt werden.

Weitere Maßnahmen bei Verstauchungen

- Bei Verstauchungen des Sprunggelenks sollte sich der Verletzte nicht den Schuh ausziehen oder durch einen Helfer ausziehen lassen. Der Schuh wirkt wie eine Kompresse gegen die einsetzende Schwellung. Um das Gelenk zu kühlen, kann der Fuß samt Schuh mit kaltem Wasser übergossen werden.
- Bandagieren Sie die Verstauchung nach der Kühlung mit einem Kompressionsverband und lagern Sie das betroffene Körperteil hoch.
- Lindern Sie starke Schmerzen mit Schmerzmitteln (z. B. ASS).
- Wenn die Schmerzen nachlassen und die Schwellung zurückgeht, kann das Gelenk mit leichten Übungen bewegt werden.
- Mit Enzympräparaten (Apotheke) kann der Abbau der Schwellung beschleunigt werden.

HOMÖOPATHIE

Medikament	Potenz	deutsche Bezeichnung	Dosis	Anwendung
Ferrum phosphoricum	D6	Phosphorsaures Eisen	Viertelstündlich 1 Globulus	Bei Blutergüssen, Weichteilverletzungen (Verstauchungen) und entzündlichen Vorgängen sowie bei frischen Brüchen mit Bluterguss, Schmerzen und Entzündung
Calcium phosphoricum	D6	Phosphorsaurer Kalk	3-mal täglich 1 Globulus	Im Wechsel mit Calcium fluoratum bei Knochenbrüchen zur Unterstützung der Heilung
Calcium fluoratum	D12	Kalziumfluorid	3-mal täglich 1 Globulus	Im Wechsel mit Calcium phosphoricum bei Knochenbrüchen zur Unterstützung der Heilung

Wenn nichts mehr geht

Wenn bei Ihnen der Gang zur Toilette zur ersehnten Hauptsache geworden ist, sollten Sie sich fragen, ob Sie daran nicht endlich etwas ändern wollen. Das stille Örtchen ist zwar lebenswichtig, aber es sollte nicht Ihr ganzes Denken, Sinnen und Trachten oder sogar den gesamten Tagesablauf beherrschen. Weitaus besser ist es, wenn Sie Ihren Darm auf Touren bringen.

Auch wenn der hilfsbereite junge Mann eindeutig die Richtung weist – es gibt Tage, an denen einfach »nichts geht«.

Je härter Sie essen, umso weicher der Stuhl

Ganz wichtig bei Verstopfung ist: Lassen Sie sich nicht verunsichern! Jeder Mensch hat seinen eigenen Rhythmus – gönnen Sie sich und Ihrem Körper die Zeit, diesen zu finden.

Keine Panik, wenn Sie nur dreimal pro Woche »können« – dies ist durchaus normal. Von Verstopfung spricht man erst, wenn es länger als drei Tage nicht zu Stuhlgang kommt.

SYMPTOME

Harter Stuhl, mangelhafte Entleerung oder das Unvermögen, Kot auszuscheiden, trotz heftigen Stuhldrangs. Manchmal schmerzhaft und mit Kraftanstrengung verbunden. Länger als drei Tage kein Stuhlgang. Im weiteren Verlauf kolikartige Bauchschmerzen.

Ursachen einer Verstopfung

- Unterdrückung des Stuhldrangs durch Stress, Termindruck (Zeitnot), psychische Probleme.
- Bewegungsmangel.
- Fehlerhafte Ernährung, mit ballaststoffarmer Kost und/oder mit stopfenden Nahrungsmitteln, z. B. sehr zuckerhaltigen Lebensmitteln, Weißmehlprodukten, Bananen und Schokolade und/oder zu geringer Flüssigkeitszufuhr.
- Krankheiten des Darms, z. B. Hämorrhoiden und/oder der Nervenbahnen.

Hämorrhoiden ➳ Seite 166

- Nebenwirkungen von Medikamenten, z. B. Antibiotika, kodeinhaltigen Hustenmitteln und Schmerzmitteln.
- Operationen.
- Ortswechsel, z. B. im Urlaub; dies gilt medizinisch jedoch als normale Reaktion.

Was hinter einer Verstopfung stecken kann

Unter chronischer Verstopfung leiden viele Menschen, die glauben, man müsse täglich zur Toilette. Doch die tägliche Darmentleerung ist ein Idealfall. Viele Menschen können nur alle zwei Tage, andere nur an jedem dritten Tag. Nur wenn mehr als drei Tage zwischen den Stuhlgängen liegen, handelt es sich um eine Verstopfung.
Wer sehr besorgt um seinen Stuhlgang ist und auf täglichen Erfolg hofft, gerät bei Unregelmäßigkeiten schnell in einen Teufelskreis von Erwartung und dem Gefühl des Versagens.
Chronische Auswirkungen haben beispielsweise Ernährungsfehler, Bewegungsmangel, Übergewicht sowie psychische und sexuelle Konflikte.

Wann zum Arzt?

- Bei schlagartig auftretender Verstopfung ohne Änderung der Lebensgewohnheiten.
- Wenn sich die Verstopfung nach sieben Tagen trotz Selbsthilfe nicht auflöst.

Bringen Sie Ihren Darm auf Trab

Trimmen Sie sich und Ihren Darm. Bei körperlicher Bewegung wird auch der Darm aktiver. Jeder Schritt hilft, den Nahrungsbrei schneller durch den Darm zu bewegen.
Erhöhen Sie den Anteil an Ballaststoffen im Essen. Stellen Sie sich auf Vollkornprodukte um – aber behutsam. Ihr Verdauungssystem muss sich erst an die ungewohnte Kost gewöhnen. Rohes Gemüse und Obst, Säfte und viel andere Flüssigkeit beschleunigen die Verdauung ebenfalls.
Trinken Sie vor dem Frühstück zwei Glas Mineralwasser. Das aktiviert den Darm ebenso wie geschrotete Leinsamen oder ein Müsli.
Folgen Sie dem Stuhldrang. Gehen Sie zur Toilette, wenn Sie müssen, und lassen Sie sich dabei nicht hetzen.

Es gibt einige Medikamente, die als Nebenwirkung Verstopfung verursachen. Prüfen Sie die Packungsbeilage genau und beraten Sie sich gegebenenfalls mit Ihrem Arzt. Nachstehende Medikamente können verantwortlich sein:

- **Antihistaminika**
- **Kalziumtabletten**
- **Entwässerungsmittel**
- **Betäubungsmittel**
- **Beruhigungsmittel**
- **Trizyklische Antidepressiva**

Abführmittel können eine hilfreiche Lösung sein…

…jedoch nur bei akuten Verstopfungen. Selbst mild wirkende Präparate sind nicht zur Langzeitbehandlung geeignet. Abführmittel stören den Wasser- und Mineralstoffhaushalt empfindlich. Sie schädigen die Darmmuskulatur nachhaltig. Dadurch wird der Darm noch träger.

Was Sie für Ihre Verdauung tun können

Machen Sie eine Trinkkur mit Mineral- oder Heilwasser mit einem hohen Gehalt an Natrium oder Magnesiumsulfat. Diese Salze wirken abführend.

- Bewegen Sie sich. Je öfter, umso besser. Das bringt auch den Darm auf Trab. Denn bei Bewegungsmangel wird auch der Darm träge.
- Machen Sie einen Einlauf. Dieses alte Hausmittel ist bewährt und völlig harmlos. Dabei läuft etwa ein halber Liter körperwarmes Wasser aus einem Behälter durch einen Schlauch und ein Klistier über den Anus in den Enddarm. Es gibt auch Einmalklistierspritzen (Apotheke).
- Trinken Sie Sauerkrautsaft. Sauerkraut enthält Milchsäurebakterien. Diese Verdauungsförderer unterstützen die Darmtätigkeit. Auch Jogurt, Kefir oder Salzgurken können die Entleerung anregen. Weitere Lebensmittel mit abführender Wirkung: Rhabarber, Pflaumen, Feigen, Melonen, frischer Trauben- und Apfelsaft.

Schon bei den ersten Symptomen einer Verstopfung, sollten Sie Ihre Ernährungsgewohnheiten umstellen: Setzen Sie verstärkt Obst, rohes Gemüse und Öl auf Ihren Speiseplan.

- Schlucken Sie Rizinusöl. Das wirkt schlagartig. Ein bis zwei Löffel des unverdaulichen Öls bewirken im Darm nach etwa zwei Stunden eine spontane Reaktion. Rizinusöl ist kein Mittel für jeden Tag, aber es ist sehr gut für die Reiseapotheke geeignet.
- Trinken Sie Wasser mit Glaubersalz. Glaubersalz (Apotheke) wird in warmem Wasser gelöst und getrunken. Nach wenigen Stunden stellt sich eine durchschlagende Wirkung ein. Aber auch Glaubersalz ist kein Mittel zur Langzeitbehandlung.
- Trainieren Sie den Darm zu mehr Pünktlichkeit. Setzen Sie sich jeden Tag zur gleichen Zeit auf die Toilette, ob Sie müssen oder nicht. Lesen Sie dabei Zeitung und warten Sie etwa zehn Minuten lang gelassen ab, was passiert. Wenn nichts passiert, sollten Sie nicht verzagen und weitermachen. Mit der Zeit wird Ihr Darm auf die unmissverständliche Aufforderung reagieren.

Reizdarm ➳ Seite 298

- Sie haben Blähungen? Wenn Ihre schmerzhafte Verstopfung immer nach Blähungen auftritt, leiden Sie unter einem Reizdarm. Dann sollten Sie herausfinden, was die Blähungen bewirkt. Lassen Sie diese Speisen in Zukunft einfach weg und Sie sind möglicherweise auch Ihre Verstopfung los.
- Pressen Sie nicht. Mit Gewalt bewirken Sie höchstens Schmer-

zen und Verletzungen. Dadurch können Hämorrhoiden entstehen oder es kommt zu Fissuren, schmerzhaften und blutigen Rissen am Anus, die unbedingt behandelt werden müssen.

• Sie bevorzugen pflanzliche Abführmittel? Diese sind nicht harmloser als chemisch hergestellte Präparate. Die Natur ist meist nur ein Vorbild der Chemie. Die hilfreichen Kräuterextrakte sind für kurzzeitigen Gebrauch jedoch gut geeignet. Über längere Zeit eingenommen, machen sie Ihren Darm genauso abhängig wie Abführpillen aus dem Chemielabor. Anthrachinonhaltige Mittel stehen im Verdacht, bei ständiger Verwendung Dickdarmkrebs zu begünstigen. Die einzigen Abführmittel, die ohne Langzeitschäden wirken, sind faserreiche Ballaststoffe.

Ein altes Hausmittel: Abführtees

Abführtees aus Sennesblättern, Sennesfrüchten, Fenchel, Kamillenblüten und Pfefferminzblättern wirken natürlich und äußerst gründlich, sind jedoch nicht als Dauertherapie geeignet. Die Wirkung tritt nach ca. zwölf Stunden ein. Nebenwirkungen: Bei Überdosierung krampfartige Bauchschmerzen und dünnflüssiger Stuhl. Während einer Schwangerschaft oder der Stillzeit sollten Sie jedoch keinesfalls zu Abführtees greifen: Die Wirkstoffe können beim Säugling Durchfall auslösen.

Erhöhen Sie die Flüssigkeitszufuhr. Mineralwässer oder milchsäurehaltige Säfte sind besonders gut geeignet.

HOMÖOPATHIE

Medikament	Potenz	deutsche Bezeichnung	Dosis	Anwendung
Alumnia	D6	Aluminium	3-mal täglich 2 Globuli	Bei schmerzhaftem Stuhlgang und langer Dauer

Adressen

Deutsche Gesundheitshilfe – Sektion Magen & Darm, Postfach 940303, 60461 Frankfurt/M., Telefon: 069/7894747

Unschön und schmerzhaft

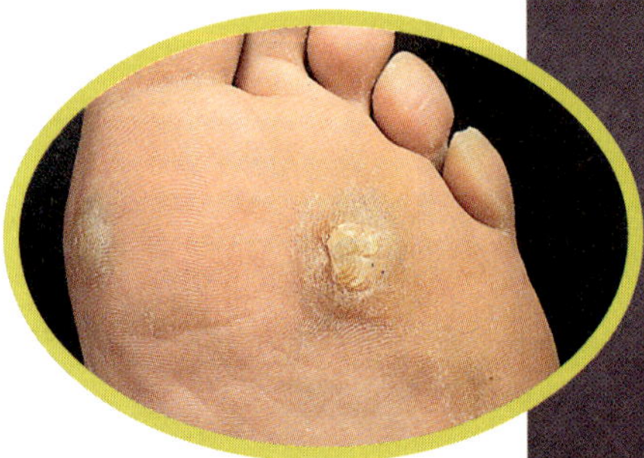

Warzen sind unschön, lästig und manchmal schmerzhaft. Eine Behandlung kann äußerst langwierig sein.

Das Warzenvirus liegt sozusagen in der Luft. Daher können Warzen aus heiterem Himmel auftreten, aber auch ebenso einfach wieder verschwinden.

Zu alledem auch noch ansteckend

Bei beschwerdefreien Warzen sollte daher erst einmal abgewartet werden. Nur wenn sie sich vermehren, sollten Gegenmaßnahmen eingeleitet werden. Aber Vorsicht: Warzen sind ansteckend. Nur ein Arzt darf sie operieren.

Warzen werden durch einen Virus verursacht – darum sind sie auch ansteckend.

Ursachen von Warzen

Der Erreger ist das Papillon-Virus. Eine Infektion erfolgt meist in Schwimmbädern, Fitnesscentern, Turnhallen oder Duschen. Das Virus kann auch durch Blut übertragen werden. Vorgeschädigte Haut kann dadurch besonders leicht infiziert werden. Je nach Erregertyp treten Warzen an unterschiedlichen Stellen auf.

SYMPTOME

Linsen- bis bohnengroße dunkel gefärbte erhabene Wucherungen der Oberhaut. Bevorzugte Warzenstellen sind: Hände, Gesicht und Genitalbereich. Ausnahme: Warzen auf den Fußsohlen wachsen dornartig ins Gewebe. Sie sind meist von einer Schwiele bedeckt.

Schutzmaßnahmen zur Vorbeugung

- Laufen Sie in öffentlichen Bädern niemals barfuß.
- Wenn ein Familienmitglied Warzen hat, benutzen Sie nie seine Waschlappen, Handtücher und Kosmetika.
- Trainieren Sie Ihre Haut. Duschen Sie öfter kalt oder trimmen Sie Ihre Fußdurchblutung mit Wechselbädern.

Das können Sie gegen Warzen tun

- Warzenpflaster können helfen. Doch Vorsicht: Das Pflaster enthält Salizylsäure. Sie weicht die Haut auf. Wird das Pflaster auf gesunde Haut geklebt, gibt es Hautschäden und Entzündungen.
- Entfernen Sie bei Fußsohlenwarzen zunächst die abdeckende Schwiele. Dazu können Sie Tinkturen benutzen oder Sie tragen mit einem Hornhauthobel die schmerzfreie Hornhaut ab.
- Tropfen Sie Teebaumöl dreimal täglich direkt auf die Warze.
- Lassen Sie sich in der Apotheke eine Ringelblumensalbe anrühren. Sie eignet sich gut zur Behandlung von Gesichtswarzen.

Warzen sind lästig und äußerst hartnäckig. Sie können sich allen Anstrengungen, sie loszuwerden, widersetzen. Die unschönen und manchmal schmerzhaften Auswüchse führen ein seltsames Eigenleben. Lassen Sie sich jedoch nicht dazu verleiten, Warzen mit scharfen Instrumenten zu »behandeln«. Dies sollte gegebenenfalls nur ein Arzt tun.

HOMÖOPATHIE

Medikament	Potenz	deutsche Bezeichnung	Dosis	Anwendung
Causticum	D12	Ätzstoff	1-mal täglich 5 Globuli	Bei harten gezackten Warzen
Thuja	D6	Thuja	3-mal täglich 5 Globuli	Bei weichen Warzen

Abschied von der Fruchtbarkeit

Wenn die Östrogenproduktion (oben) abnimmt beginnt die Menopause. Doch keine Panik: Die Wechseljahre können sehr belebend sein.

Die Natur hat Frauen eine hormonelle Sollbruchstelle eingebaut, damit Sie im Alter keine Kinder mehr bekommen. Doch dies hat nichts mit Lust und Sex und schon gar nichts mit nachlassender Weiblichkeit zu tun.

Die Wechseljahre können ein neuer Anfang sein

Für viele Frauen eröffnet sich nach der Menopause ein völlig anderes, neues Leben. Zunächst jedoch können sie damit eine ganze Menge Schwierigkeiten haben.

Gegen Wechseljahre gibt es kein Mittel. Aber gegen die Beschwerden sind einige Kräutchen gewachsen.

Ursachen der Beschwerden

Medizinisch: Übergang (Wechsel) von der geschlechtsreifen Frau in die geschlechtliche Altersphase. Dabei wird das Hormon Östrogen nur noch eingeschränkt in den Eierstöcken erzeugt. Stattdessen steigt die Erzeugung gonadotroper und androgener Hormone an. Der Abbau der Östrogenproduktion kann mit dem vierzigsten Lebensjahr beginnen und erreicht mit maximal 55 Jahren eine völlige Einstellung. Im Gehirn führt der Östrogenmangel zu einer Fehlsteuerung der Körpertemperaturen, denn Hypothalamus und Hypophyse arbeiten noch eine Zeit lang so, als wäre das Östrogen vorhanden.

Hintergrund der Beschwerden

Mit den Wechseljahren verbindet sich die landläufige Vorstellung, dass die Frau nun ihre Attraktivität verliert. Besonders Männer werten die hormonelle Sollbruchstelle leichtfertig als negativ. Sie setzen den Verlust der Fruchtbarkeit gleich mit einem Versiegen der sexuellen Lust. Doch da liegen sie falsch. Die Lust wird vom Hormon Testosteron bestimmt und das wird auch von einer Frau über 50 in zuverlässiger Menge erzeugt.

Die Dauer der Wechseljahre ist individuell unterschiedlich. Die Menopause kann lediglich sechs Monate dauern, sich aber auch über drei Jahre erstrecken.

SYMPTOME

Regelblutungen werden seltener und bleiben völlig aus (Menopause); Hitzewallungen, manchmal im Wechsel mit Kälteschauern, Unruhe, nächtliches Schwitzen, häufigeres Urinieren, trockene Scheide.

Es treten begleitend vielfach psychische Veränderungen auf: Herzklopfen, Schlaflosigkeit, Nervosität, Weinerlichkeit, Beklemmung, Konzentrationsschwierigkeiten und sexuelles Desinteresse.

Der Mediziner kann helfen

Keine Frau muss die Beschwerden hinnehmen. Wenn sie lästig sind, sollten Sie Ihren Frauenarzt aufsuchen.

Extrakte aus der nordamerikanischen Silberkerze enthalten Stoffe mit einer schwachen Östrogenwirkung. Präparate mit diesem Wirkstoff (z. B. Klimadynon, Remifemin) können die Wechseljahrebeschwerden lindern.

Wann zum Arzt?

- Bei häufigen und heftigen Blutungen während der Wechseljahre oder wenn Gerinnsel und Gewebeteile im Blut enthalten sind.
- Bei Blutungen nach dem Geschlechtsverkehr und Zwischenblutungen oder Schmerzen während der Periode.
- Bei heftigen ungewohnten Beschwerden.

Pille oder nicht Pille?

Zum Ausgleich des Östrogenverlusts wird von vielen Ärzten die Pille empfohlen, andere Mediziner sind jedoch ausdrückliche Gegner der Hormongaben. Sie warnen, dass mit der Pille auch die Gefahr für Brustkrebs verbunden sei. Doch das ist nur die halbe Wahrheit. Die Pille ist trotz dieses Nachteils mit allen Vorteilen die derzeit beste Lösung. Sie beseitigt nicht nur alle Probleme der Wechseljahre, sie verringert auch das Risiko von Herz-Kreislauf-Erkrankungen, Herzinfarkt, Darmkrebs und Osteoporose.

Arteriosklerose ➳ Seite 28
Osteoporose ➳ Seite 282

Sie können selbst eine ganze Menge tun

- Trinken Sie Salbeitee gegen Schweißausbrüche. Zwei Teelöffel Salbei (getrocknet oder frisch), fein geschnitten mit 250 Milliliter kochendem Wasser überbrühen, zehn Minuten ziehen lassen, abseihen, langsam trinken.
- Wechselfußbäder sind ein Gegenmittel gegen die Temperaturfehlsteuerung. Stellen Sie zwei Wannen oder Eimer auf, in den einen Behälter gießen Sie Wasser mit 38 °C, in den anderen Behälter füllen Sie Wasser mit etwa 10 °C. Stellen Sie sich mit beiden Füßen fünf Sekunden lang ins warme, dann zehn Sekunden lang ins kalte Wasser; fünf- bis zehnmal wiederholen.
- Regen Sie sich nicht über die Veränderungen und ihre Folgen auf – das ändert sowieso nichts. Bleiben Sie gelassen, wenn die Hitzewallungen kommen.
- Kleiden Sie sich so, dass Sie auf Hitzewallungen unauffällig mit Ausziehen reagieren können.
- Drosseln Sie die Heizung. Wärme kann die Hitzewallungen auslösen. Auch heißes Essen kann einen Hitzeschub provozieren.
- Trinken Sie viel Wasser. Wenn es Ihnen zu fade schmeckt, verbessern Sie es mit einem Spritzer Zitronensaft.
- Vorsicht bei Kaffee. Mehr als zwei Tassen täglich sollten Ihnen reichen. Kaffee begünstigt und verstärkt Stresserscheinungen. Das können Sie bei Hitzewallungen nicht gebrauchen.
- Bleiben Sie am Ball, auch beim Sex. Sex kann die Hitzewallungen regelrecht unterdrücken, denn Sex regt die Östrogenproduktion wieder an.
- Gleitmittel helfen. Die trockene Scheide kann ein Problem beim Sex sein. Gleitcremes oder eine zerdrückte Kapsel Vitamin E können die verlorene Feuchtigkeit ersetzen.
- Trainieren Sie Ihre Beckenbodenmuskeln. Das schafft Ihnen und Ihrem Partner neue Gefühle beim Sex und schützt Sie gleichzeitig vor einer Blasenschwäche. Die Übung ist einfach: Stellen Sie sich vor, Sie würden Urin ablassen. Versuchen Sie, den Urinfluss zu unterbrechen. Dazu ziehen Sie die Muskeln der Vagina

Genießen Sie diese Lebensphase …
… auch wenn Ihnen die echte Lebensfreude vorübergehend abhanden gekommen ist. Lernen Sie diese Phase zu schätzen und in vollen Zügen zu genießen. Sie sind befreit von der lästigen Empfängnisverhütung, die psychischen und physischen Beschwerden der Monatsblutung bleiben zukünftig aus, die Gefahr einer – ungewollten – Schwangerschaft ist vorbei. Sorgen Sie also für neuen Schwung!

fest zusammen. Die Spannung etwa zwei Sekunden anhalten und dann lockern. Das wiederholen Sie, sooft Sie können. Sie können diese Übung überall äußerst diskret ausführen.

- Bleiben Sie in Bewegung. Tun Sie etwas für Ihre körperliche Fitness. Das strafft Ihre Muskeln und härtet Sie ab.

Sprechen Sie mit Ihrem Partner über Ihre Bedürfnisse und Empfindungen, damit Sie auch während der Wechseljahre ein erfülltes Sexualleben haben.

Alternative Heilmethoden

Mit Aromatherapien stärken Sie das Gefühl für die eigene Weiblichkeit. Düfte wirken zugleich erotisierend und luststeigernd. Mischen Sie sich einen Wohlfühlcocktail; er wirkt als Pflegemittel bei trockener Vaginalschleimhaut: 50 Milliliter Aloe-vera-Öl, drei Tropfen Limette, zwei Tropfen Geranie, zwei Tropfen Ylang-Ylang, zwei Tropfen Muskatellersalbei, zwei Tropfen Zeder und zwei Tropfen Lavendel.

HOMÖOPATHIE

Medikament	Potenz	deutsche Bezeichnung	Dosis	Anwendung
Lachesis	D12	Buschmeister	1-mal täglich 3 Globuli	Bei häufigen Hitzewallungen
Sulfur	D12	Schwefel	1-mal täglich 5 Globuli	Bei Hitzewallungen und brennend heißen Füßen und Händen
Sepia	D12	Tinte vom Tintenfisch	1-mal täglich 5 Globuli	Bei Hitzewallungen mit Schweißausbrüchen, Ohnmachtsneigung, Übelkeit am Morgen
Pulsatilla	D12	Wiesenküchenschelle	1-mal täglich 5 Globuli	Bei Depression und Ängstlichkeit
Cimifuga	D12	Silberkerze	1-mal täglich 5 Globuli	Bei Unruhe und Gereiztheit
Natrium muriaticum	D12	Kochsalz	1-mal täglich 5 Globuli	Wenn Sie Schmerzen beim Sex haben

Vorsicht Ansteckungsgefahr

Das typische Erscheinungsbild - linsengroße rote Flecken im Gesicht.

Die Kinderkrankheit ist für Kinder harmlos, für Erwachsene schwerwiegend. Schwangere sollten sich vor der Krankheit hüten. Innerhalb der ersten drei Monate können die Viren dem Embryo schwere Schäden zufügen.

Für Erwachsene ist eine Infektion nicht harmlos

Als Erwachsener brauchen Sie dann keine Ansteckung zu fürchten, wenn Sie als Kind die Krankeit durchgestanden und dadurch Immunität erworben haben.

SYMPTOME

Zunächst Kopf- und Gliederschmerzen. Meistens gefolgt von Fieber. Dann vom Gesicht aus beginnend und sich über den ganzen Körper ausbreitend linsengroße rote juckende Flecken, die zu Pusteln wachsen können.

Ursachen von Windpocken

Varicella-Zoster-Viren sind die Auslöser der Krankheit. Sie wird durch Tröpfchen- und Schmierinfektion übertragen. Das Virus ist sehr leicht und wird mit dem Wind weitergegeben. Daher auch der Name »Wind«-pocken. Auch in einer Entfernung von etwa zehn Metern vom Patienten kann man sich noch infizieren.

Bevor Symptome zu bemerken sind, ist die Krankheit bereits ansteckend. Eine Isolation kommt daher meist zu spät.

Hintergrund von Windpocken

Wer einmal an Windpocken erkrankt ist, bleibt in der Regel sein Leben lang immun. Das Virus verschwindet jedoch nicht aus dem Körper, sondern zieht sich in Nervenzellen zurück. Dort wird es von der Immunabwehr an einer Ausbreitung im Körper gehindert. Sind die Abwehrkräfte geschwächt, kann das Virus eine Gürtelrose auslösen.

Gürtelrose ➳ Seite 158

Wann zum Arzt?

- Wenn zu den Windpocken noch Kopfschmerzen, Krämpfe oder ein steifer Nacken auftreten.
- Wenn die Windpocken Eiter absondern.
- Wenn das Kind taumelt und Sprachstörungen hat.

Vorbeugung hilft nichts

Zwischen Ansteckung und Ausbruch der Krankheit vergehen ca. 14 Tage. Ansteckend ist die Krankheit schon nach zwei Tagen sowie sechs Tage nach Abklingen der äußeren Krankheitszeichen.

Betupfen Sie die Windpocken mit Lotion oder Puder. Das bringt Linderung durch Kühlung. Empfehlenswert: Lotion alba aquosa aus der Apotheke.

Wie Sie Ihrem Kind helfen können

- Kürzen Sie die Nägel, damit sich das Kind nicht kratzen kann. Aufgekratzte Pusteln können sich infizieren.
- Vermindern Sie den Juckreiz durch feine glatte Bett-, Unter- und Nachtwäsche.
- Wenn Mund und Augen befallen sind: Spülen und gurgeln mit Salzwasser (ein Teelöffel Salz auf ein Glas Wasser).
- Baden und duschen (lauwarm) sind ausdrücklich erlaubt und lindern den Juckreiz. Dies beugt einer Infektion der Pusteln vor.
- Keine Bettruhe, außer bei Fieber. Kranke Kinder dürfen sogar an die Luft.
- Geben Sie Ihrem Kind viel zu trinken, z. B. Saft, Wasser oder Tee. Auch Milch ist erlaubt – außer bei Fieber. Kinder im Kindergartenalter freuen sich übrigens, wenn sie noch einmal eine Flasche bekommen.
- Beschäftigen Sie sich mit Ihrem Kind: Vorlesen, Ratespiele, Mal- und Bastelstunden strengen wenig an und vertreiben die Langeweile im Krankenzimmer.

HOMÖOPATHIE

Medikament	Potenz	deutsche Bezeichnung	Dosis	Anwendung
Rhus toxicodendron	D12	Giftsumach	Stündlich 5 Globuli bis zur Besserung nach maximal 5 Stunden	Bei starkem Juckreiz und starkem Brennen, Unruhe, schlechtem Schlaf

Abreibung Therapeutische Technik nach Kneipp. Eine kräftige mechanische Einwirkung nach einem flüchtigen Kältereiz regt Durchblutung und Stoffwechsel an, härtet ab und wirkt beruhigend auf das Nervensystem. Abreibungen können gezielt an Oberkörper, Armen, Beinen, Rücken oder am ganzen Körper erfolgen.

Arzneimitteltypen Die Abgabe von Arzneimitteln ist einem strengen Reglement unterworfen:
- Rezeptpflichtige Arzneimittel sind nur in Apotheken erhältlich. Zum Kauf ist ein ärztliches Rezept nötig.
- Apothekenpflichtige Arzneimittel werden nur in Apotheken verkauft. Sie sind rezeptfrei, können also ohne ärztliches Rezept jederzeit problemlos erworben werden.
- Frei käufliche Medikamente werden nicht nur in Apotheken sondern auch in Drogerien, Reformhäusern, Naturkosmetikläden und Lebensmittelläden verkauft, in der Regel handelt es sich um Nahrungsergänzungsmittel.
- Homöopathische Arzneimittel unterliegen bis zur Potenzierung von D3 der Rezeptpflicht; ab D4 sind registrierte Homöopathika frei käuflich. Im Gegensatz zu konventionellen Arzneimitteln enthalten die Etiketten und Packungen homöopathischer Mittel keine Angabe über eine therapeutische Indikation und keinen Hinweis über die einzunehmende Dosis. Es gibt auch keine Beipackzettel mit der Auflistung eventueller Nebenwirkungen.

Bach-Blütentherapie Therapie mit den Auszügen bestimmter Pflanzen, die durch den englischen Arzt Edward Bach entwickelt wurde. Sie ähnelt in ihrem Ansatz der Homöopathie. Mit Bach-Blüten sollen negative Seelen- und Gemütszustände als krankheitsauslösende Faktoren geheilt werden. Die 38 Blütenessenzen der Bach-Arzneimittel sind in Deutschland nicht zugelassen. Die Therapie ist wissenschaftlich umstritten. Der Einsatz der Bach-Blüten sollte auf vorbeugende Maßnahmen und die Behandlung von Befindlichkeitsstörungen beschränkt bleiben oder nur ergänzend zur konventionellen Behandlung erfolgen.

Chi Gong Meditative Therapie in der Traditionellen Chinesischen Medizin als Prophylaxe und zur Bekämpfung von Krankheiten. Nach chinesischer Vorstellung soll das Chi, die Lebensenergie, verbessert und entwickelt werden.

Eiter Die weiße, gelbliche oder grüngelbe Absonderung aus Entzündungen besteht hauptsächlich aus abgestorbenen weißen Blutkörperchen, abgestorbenem Gewebe, lebenden und toten Bakterien. Eiterbildung ist eine Abwehrreaktion des Körpers gegen Bakterien. Eiter muss entfernt werden, da sonst die Gefahr einer Blutvergiftung besteht.

Ergotherapie In der Ergotherapie (= Beschäftigungstherapie) erlernt der Patient leichtere und angenehmere Bewegungsabläufe, um seine Arbeit trotz einer Erkrankung, z. B. Rheuma, ausführen zu können.

Feldenkrais Spezielle Entspannungstherapie, die Bewusstheit durch Bewegung vermittelt. Es gilt, Bewegungen nicht als starre Übungen zu verstehen, sondern sich dabei selbst zu beobachten und mit den gegenwärtigen Lebensprozessen in Verbindung zu bringen, um sich dabei neu zu erfahren. In Einzelarbeit werden vom Therapeuten durch Betasten und Verschieben von Muskeln sowie durch Bewegung der Gelenke und Gliedmaßen neue Bewegungen angeregt und eingeübt.

Heusack Ein Stoffbeutel wird mit Heublumensamen gefüllt und als Wärmeträger bei Gallen-, Nieren- oder Darmkoliken zur Schmerzlinderung eingesetzt. Der Heusack wird vor der Anwendung in einem Topf mit Dampf auf ca. 45 °C erhitzt, in ein Handtuch gewickelt und etwa eine Stunde auf den schmerzenden Bereich gelegt.

Hormone Körpereigene Substanzen, die eine spezifische Wirkung auf eine Vielzahl von Körperfunktionen haben. Hormone werden von Drüsen wie Eierstöcken, Hoden, Hypophyse, Nebennieren, Nebennierenrinde, Pankreas, Thymus- und Schilddrüse erzeugt. Hormone regeln biochemische Prozesse, fungieren als Botenstoffe oder stimulieren.

Inhalation Das Einatmen ätherischer Öle in Verbindung mit Dampf. Inhalation ist ein altes Hausmittel zur Linderung von Atemwegserkrankungen. Dampf und ätherisches Öl verflüssigen den Schleim von Nase, Rachen und Bronchien.

Pilze Unter diesem Begriff werden mehr als 100.000 verschiedene verbreitete Arten zusammengefasst. Darunter befinden sich sowohl Speisepilze als auch mikroskopisch kleine Lebewesen, die zu harmlosen, aber auch tödlichen Erkrankungen führen können. Pilze können parasitär direkt die Haut, Nägel oder andere Bereiche des Körpers befallen und zu Infektionen führen.

Rolfing Tiefenmassage, mit der verkürzte und gezerrte Sehnen und Muskeln in ihre ursprüngliche Form gebracht werden. Beim Rolfing übt der Therapeut hohen Druck auf stimmte Punkte des Bindegewebes und das Muskel umhüllende Gewebe aus. Die Behandlung kann sehr schmerzhaft sein; eine wissenschaftliche Anerkennung fehlt.

Superinfektion Infektion, die sich zu einer bestehenden, Infektion oder im Anschluss daran einstellt. Eine Superinfektion kann durch einen resistenten Stamm des ursprünglichen Erregers oder einen weiteren Mikroorganismus hervorgerufen werden. Die Verursacher einer Superinfektion stammen nicht selten aus der körpereigenen Mikroorganismenflora. Sie können wirksam werden, wenn Medikamente gegen die ursprüngliche Infektion, z. B. Antibiotika, das Gleichgewicht der körpereigenen Mikroorganismenflora stören.

Tai Chi Chuan Das chinesische Schattenboxen war ursprünglich eine Form der Selbstverteidigung. Heute steht der gesundheitliche Aspekt dieser Bewegungsmeditation im Vordergrund. Tai Chi Chuan entspannt und beugt psychosomatischen Störungen vor.

Titer Die Menge eines Antikörpers oder eines Antigens. Ein hoher Titer zeigt an, dass der Körper gegen eine bestimmte Erkrankung Abwehrstoffe gebildet hat.

Überwärmungsbad Vollbad oder Teilbad, das künstlich Fieber erzeugt. Es stärkt das Abwehrsystem und aktiviert den Soffwechsel sowie das hormonelle System. Das Prinzip besteht darin, ein warmes Bad von etwa 34 °C bis 35 °C in etwa 10 bis 20 Minuten durch Nachgießen von heißem Wasser auf maximal 42 °C zu erhöhen. Das Bad hat eine effektive Wirkung, z.B. bei chronisch kalten Händen oder Füßen, Asthma und Rheuma, belastet jedoch Herz und Kreislauf sehr stark.

Viren Die kleinsten bekannten Krankheitserreger. Viren können harmlose Erkrankungen, z. B. eine Erkältungsgrippe, aber auch unheilbare Erkrankungen, z. B. Aids, auslösen. Gegen Viren entwickelt der menschliche Körper bei einer Erkrankung in der Regel zielgerichtet wirkende Antikörper. Sind sie einmal gebildet, können die gleichen Viren normalerweise kein zweites Mal zu einer Erkrankung führen.

Yoga Indische Methode, um Körperhaltungen, Bewegungen und eine spezielle Atemtechnik im Einklang auszuführen. Yogaübungen verbessern die Atmung, beruhigen das vegetative Nervensystem und können Verspannungen beseitigen. Bei den Übungen werden die Muskeln langsam gedehnt. Dadurch wird der Körper geschmeidig. Yoga sollte unter Anleitung erlernt werden; danach kann täglich und allein geübt werden.

Zyste Umkapselter Hohlraum im Körpergewebe, der mit Flüssigkeit gefüllt ist. Theoretisch kann sich überall im Körper eine Zyste bilden. Sie entsteht in der Regel durch eine Störung, z. B. wenn Talg eine Talgdrüse verstopft. Wenn Zysten schmerzen, müssen sie vom Arzt operativ entfernt werden.

Über den Autor

Wolfgang Thielke, Jahrgang 1948, ehemals Chefredakteur des Verbrauchermagazins Lebensmittel aktuell, Redakteur bei Bunte, Eltern und bei Tageszeitungen, arbeitet heute als freier Journalist, Autor und Redakteur für verschiedene Verlage und das Fernsehen. Sein Schwerpunkt sind vor allem Themen zur Gesundheit und zu gesunder Ernährung.

Medizinische Beratung

Dr. med. Raimund Eisert, Arzt für innere Medizin
Dr. med. Gerhard Klein, Praktischer Arzt

Homöopathische Beratung

Michael Aulbach, Heilpraktiker

Pharmakologische Beratung

Michael Herrmann, Apotheker
Dr. Clemens Hock, Apotheker

Haftungsausschluss

Der Inhalt dieses Buches ist sorgfältig recherchiert und erarbeitet worden. Dennoch können weder Autor noch Verlag für alle Angaben im Buch eine Haftung übernehmen.

Impressum

Weltbild Buchverlag

Redaktion: Michael Kraft, Monika Zilliken
Bildredaktion: Miriam Zöller
Grafische Gestaltung und DTP/Satz:
Dirk Risch, München · Berlin
Repro: Fotolito Longo, Frangart
Druck und Bindung: Neue Stalling GmbH, Oldenburg

Gedruckt auf chlorfrei gebleichtem Papier

Printed in Germany

ISBN 3-89604-742-6

Die Deutsche Bibliothek – CIP-Einheitsaufnahme

Thielke, Wolfgang:
Das praktische Kursbuch Hausmittel: Krankheiten vorbeugen, erkennen und selbst behandeln. Die besten Hausmittel gegen alle Krankheiten und Beschwerden / Wolfgang Thielke. – Augsburg: Weltbild Verlag, 1998
ISBN 3-89604-742-6

Weiterführende Literatur

Barone u.a.: Das große Buch der Hausmittel. Mosaik Verlag. München 1996
Belitz/Grosch: Lehrbuch der Lebensmittelchemie. Springer Verlag. Heidelberg 1992
Benner, K.U.: Gesundheit und Medizin heute. Midena Verlag. Augsburg 1995
Brokmeier, A. A.: Manuelle Therapie. Enke Verlag. Stuttgart 1995
Corazza u.a.: Kursbuch Gesundheit. Verlag Kiepenheuer & Witsch. Köln 1997
Domschke u.a.: Therapie-Handbuch. Verlag Urban & Schwarzenberg. München 1997
Faller, A.: Der Körper des Menschen. Thieme Verlag. Stuttgart 1988
Frisch, H.: Programmierte Untersuchung des Bewegungsapparates. 1995
Hamann u.a.: Massage in Bild und Wort. Gustav Fischer Verlag. Stuttgart 1988
Hoffmann, P.: Positvlisten Lebensmittel. Hoffmann & Hoffmann-Verlag. Frankfurt/M. 1995
Hofmann/Lydtin: Gesunde Ernährung und Krankenkost. Birken Verlag. Martinsried 1985
Kasper, H.: Ernährungsmedizin und Diätetik. Urban und Schwarzenberg. München 1996
Kolb/Miltner: Gedächtnis-Training. Verlag Gräfe und Unzer. München 1997
Krämer u.a.: Klinikleitfaden Orthopädie. Jungjohann Verlag. Neckarsulm 1993
Leibold, G.: Das große Buch der Naturheilkunde. Bassermann Verlag. Niedernhausen 1995
Lindner, E.: Toxikologie der Nahrungsmittel. Thieme Verlag. Stuttgart 1991
Platzer, W.: Taschenatlas der Anatomie: Bewegungsapparat. Thieme Verlag. Stuttgart 1986
Pollmer u.a.: Liebe geht durch die Nase. Kiepenheuer & Witsch. Köln 1997
Schwabenthan/Weigert: Damit Ihr Kind sich wohl fühlt. Mosaik Verlag. München 1984
Sobotta: Atlas der Anatomie des Menschen. Verlag Urban & Schwarzenberg. München 1988
Stellmann, H. M.: Kinderkrankheiten natürlich behandeln. Verlag Gräfe und Unzer. München 1991
Stumpf, W.: Homöopathie. Verlag Gräfe und Unzer. München 1997
Thor-Wiedemann/Fichtelmann: Der Gesundheitswegweiser. Knaur Verlag. München 1995
Timm, M.: Gesundheit in Frage und Antwort: die bunte Klinik. Midena Verlag. Augsburg 1997
Werner, M.: Ätherische Öle für Wohlbefinden ... Verlag Gräfe und Unzer. München 1997
Zittlau/Kriegisch/Heinke: Hausmittel. Südwest Verlag. München 1997

Wer weiter in das Thema Selbstbehandlung und –medikation eintauchen möchte, dem seien nebenstehende Titel zur weiteren Lektüre empfohlen. Sie alle enthalten aktuelle und umfangreiche Informationen rund um die richtige Anwendung von Hausmitteln.

Bilderberg, Archiv der Fotografen, Hamburg: 17 (E. Grames), 22 (Nomi Baumgartl), 40 (W. Volz), 42 und 44 (Frieder Blickle), 46 (Aurora), 76 (Nomi Baumgartl), 82 (E. Grames), 84 (Reinhart Wolf), 86 (Andrej Reiser), 87 (Frieder Blickle), 90 und 92 (Nomi Baumgartl), 94 (Milan Horacek), 96 (Wolfgang Kunz), 100 (Hans-J. Ellerbrock), 111 (Wolfgang Kunz), 122 (S. Elleringmann), 125 (J. Kornsteadt), 131 (Milan Horacek), 168 (Frieder Blickle), 186 und 248 (nonstock); Bilder Pur/ Okapia, München: 148, 162, 238, 246, 248 (T.J. Florian/Rainbow), 254 (L. Lessin/P. Arnold Inc. und Janfot/Naturbild), 258 (Jeffrey Telner), 262 (C. Grizmek), 266 (E. Geduldig/Naturbild), 270 (CNRI), 278 (SIU/P. Arnold und Uselmann), 290 (J. Telner), 326 (Dan McCoy/Rainbow und C.-W. Röhrig), 352 (CNRI und Terry Why); Andreas Brücklmair, Augsburg: 58; Foto Traudl Bühler, Augsburg: 20, 38, 48, 60, 104, 174, 356; Dermatologische Klinik und Polyklinik der Ludwig-Maximilian-Universität München: 106; Food Archiv, München: 7, 232, 262, 274, 304; Renate Hudack, Augsburg: 350; Jens Kron, Augsburg: 18, 28, 47, 54, 56, 68, 226, 346; Melcer & Medien GmbH & Co KG, Augsburg: 24; MEV Verlag, Augsburg: 54, 58, 98, 294, 309, 332; Bildarchiv Okapia KG, Berlin: 14 (Neufried), 20 (M.P. Kage), 26 (CNRI und J. & L. Weber/P. Arnold), 30 (S. Camazine/Science Source), 34 (J.D. Laredo/CNRI), 36 (NAS/J. Prince), 38 und 42 (CNRI), 50 (J. Watney/PR Science Sc), 66 (Jeffrey Telner und Birke, Blobel, Gottschalk), 80 (CNRI), 106 (Photri Inc,), 134 (M. P. Kage), 138 (Frauke Friedrichs), 140 (D. Scharf/P. Arnold Inc.), 144 (CNRI), 148 (NAS/ Photo Researchers), 150 (NAS/Biophoto Associates), 154 und 158 (CDC/PR Science Source), 158 (Dr. med. J. Müller), 162 (CNRI und M. Uselmann), 170 (Institut Pasteur/CNRI), 174 (C. Voigt), 176 (M. Cooper/P. Arnold Inc.), 178 (S. Camazine/NAS), 188 (M.P. Kage), 200 (B. Svensson), 204 (NAS/M. Gadomski), 210 (M.P. Kage), 214 (B. Longcore/ Science Sc.), 216 (Photri Inc.), 218 (M.P. Kage), 222 (B. Longcore/Science Sc.), 226 (J. Telner), 228 (Dr. med. J.P. Müller), 230 (NAS/Biophoto Associates), 234 (L. Georgia/PR Science Sc.), 242 (F. Friedrichs), 282 (S. Camazine/NAS), 298 (Frauke Friedrichs), 302 (J. Watney/PR Science Sc.), 306 (CDC/RG/P. Arnold), 308 (R.S. Winter/NAS), 314 (M.P. Kage), 320 (Hank Morgan/Rainbow), 322 (Photri Inc.), 328 (Neufried), 348 (Photri Inc. und NAS/Stan Levy), 360 (S. Camazine/NAS), 362 (NAS/Biophoto Associates), 368 (Neufried), 370 (P. Harrington/ P. Arnold Inc.), 374 (U. Saountsis); PhotoPress Bildagentur GmbH, Stockdorf/München: 14, 170 (Gerhard), 182 (Gerhard und Hackenberg), 188 (Kopper), 200 und 202 (Aska), 273 (Seve), 276 (Hardtke), 306 (Hapf), 354 (Kiepke), 356 (Dr. Köck), 359 (Dr. E. Bach), 364 (Seve), 368 (Dr. Bahnmüller); Studio für Illustration und Fotografie Sascha Wuillemet, München: 50, 62, 64, 84, 93, 108, 123, 166, 270, 276, 314; ZEFA Zentrale Farbbild Agentur GmbH, Frankfurt: 6 (Masterfile), 8 (Zisch), 10 (Masterfile), 26 (Dr. Mueller), 70 (Nikos und Normann), 76 (Wartenberg), 80 (G. Baden), 96 (Maehl), 100 (A. Schneider), 114 (Rossenbach), 116 (C. Voigt), 118 (Boddenberg), 120 (Wartenberg), 128 (Wartenberg und Hackenberg), 134 (Keller), 140 (Kotoh), 142 (Pfander), 160 (Rosenfeld), 164 (Boddenberg), 178 (C. Voigt), 191 (Eisele), 194 (Wartenberg und Rosse), 197 (Pannell), 208 (Justitz), 210 (Steiner), 214 (K. Rothenborg), 222 (Pfander), 238 (Zisch), 242 und 246 (Wartenberg), 250 (Plaeth und Madison), 259 (Wartenberg), 260 (Index Stock), 286 (Keller, Wartenberg und S. Oskar), 311 (C. Voigt), 318 (H.G. Rossi), 336 (Janicek) 338 (Pfander), 342 (Norman und Wartenberg), 345 (Liepe), 367 (Schmidt), 370 (H.G. Rossi)

Umschlagbilder: Foto Traudel Bühler, Augsburg; Renate Hudack, Augsburg; Mauritius. Die Bildagentur, Mittenwald: Aula I; Studio für Illustration und Fotografie Sascha Wuillemet, München

Register

Beschwerden und Symptome

Heilmittel